세상의 속도를
따라잡고 싶다면

# Do it!

리액트 개발자라면 이렇게 해야 인정받는다!

# 리액트로
# 웹앱 만들기
## with 타입스크립트

리액트 + 익스프레스 + 몽고DB로 만드는 SPA와 API 서버

테일윈드CSS, 훅,
리덕스, 라우팅을 활용한
최신 실무 코드 수록!

전 마이크로소프트 수석 컨설턴트

전예홍 지음

이지스 퍼블리싱

세상의 속도를 따라잡고 싶다면 **Do it!**
변화의 속도를 즐기게 될 것입니다.

# Do it!
# 리액트로 웹앱 만들기 with 타입스크립트

• 이 책은 2023년 1월에 출간된 《Do it! 리액트 모던 웹 개발 with 타입스크립트》의 전면 개정판입니다.

**개정 1판 발행** • 2024년 3월 30일

**초판 1쇄** • 2023년 1월 9일
**초판 2쇄** • 2023년 9월 15일

**지은이** • 전예홍
**펴낸이** • 이지연
**펴낸곳** • 이지스퍼블리싱(주)
**출판사 등록번호** • 제313-2010-123호
**주소** • 서울특별시 마포구 잔다리로 109 이지스빌딩 4층(우편번호 04003)
**대표전화** • 02-325-1722 | **팩스** • 02-326-1723
**홈페이지** • www.easyspub.co.kr | **페이스북** • www.facebook.com/easyspub
Do it! 스터디룸 카페 • cafe.naver.com/doitstudyroom | **인스타그램** • instagram.com/easyspub_it

**총괄** • 최윤미 | **기획 및 책임편집** • 이인호 | IT 2팀 • 한승우, 신지윤, 이소연 | **알파테스터** • 문주영
**기술지원** • 이영수 | **교정교열** • 박명희 | **표지, 본문 디자인** • 트인글터 | **인쇄** • 보광문화사
**마케팅** • 박정현, 한송이, 이나리 | **독자지원** • 박애림, 오경신
**영업 및 교재 문의** • 이주동, 김요한(support@easyspub.co.kr)

ISBN 979-11-6303-564-0 93000
가격 40,000원

# 리액트 개발자라면
# 이렇게 코딩해야 인정받습니다!

### 싱글 페이지 애플리케이션(SPA)과 REST API 서버를 만들면서
### 풀스택 모던 웹 개발의 디자인 패턴을 배운다!

최근 10년간은 리액트와 함께한 나날이었습니다. 처음 집필을 시작할 때부터 제 마음은 리액트를 향해 있었고, 《Do it! 타입스크립트 프로그래밍》과 《Do it! 리액트 네이티브 앱 프로그래밍》을 거쳐 이 책을 집필하면서 마침내 리액트 3부작을 완성했습니다.

**리액트는 개발자가 애플리케이션을 자유롭게 구현할 수 있도록 보장해 주는 프레임워크입니다.** 다만 이런 자유로움은 왕왕 코드를 잘못 작성하게 하는 원인이 되기도 합니다. 그래서 제 경험을 거울삼아 리액트 코드를 어떻게 구성하고 작성해야 하는지 알려 드리고 싶었습니다.

**이 책은 리액트의 가장 기초인 JSX 구문에서 시작하여 REST API 서버까지 만들어 봅니다.** 그리고 이 큰 줄기 속에서 테일윈드CSS를 통한 컴포넌트 스타일링, 리액트 훅과 리덕스, 라우터 등 최신 웹 기술을 배울 수 있습니다.

새로운 프로그래밍 지식을 가장 빠르게 습득하는 길은 잘 동작하는 코드를 무작정 따라서 작성해 보고 실행해 보는 것입니다. 그런데 잘 동작하는 코드가 없으면 수고가 필요하므로 자칫하면 흥미를 잃을 수 있습니다. 이 책은 그러한 수고를 대신하여 **가장 빠르게 리액트를 습득할 수 있도록 실무 수준의 완성도 높은 코드를 담았습니다.** 이 코드를 실행해 보고 원리를 이해하면서 활용할 수 있기를 기대합니다.

이 책은 기획부터 집필, 편집, 출판에 이르기까지 이인호 편집자를 비롯해 이지스퍼블리싱 출판사와 긴밀한 협업으로 탄생했습니다. 그간의 나날들을 회상하며 고마움을 전합니다.

전예홍 드림

---

• 이 책은 2023년에 출간된 초판본에 독자의 의견을 반영해 전면 개정했습니다.

## 실무 코드로 제대로 배웠습니다

웹 애플리케이션을 개발할 때 코딩 패턴에 변화를 줄 만한 책입니다. **리액트의 핵심 개념을 이해하고 코딩 패턴을 개선하고 싶은** 분들께 강력 추천합니다.

— GIS 공간정보 개발자 **이영수**

## 리액트를 100% 활용하는 내용으로 가득해요!

이 책에는 리액트와 타입스크립트 입문자는 물론이고 자바스크립트에 익숙한 숙련자에게도 유용한 내용이 많습니다. 입문자라면 **리액트의 핵심 개념과 사용법**을 빠르게 익힐 수 있으며, 숙련자는 **리액트 훅과 리덕스 상태 관리 프로젝트 구현 방법**을 배울 수 있습니다.

책에서 소개하는 트렐로-라이크(trello-like) 애플리케이션의 여러 기능을 리액트로 구현하면서 핵심 개념은 물론 타입스크립트의 코딩 기법도 배울 수 있으며, 책을 따라 기능을 하나하나 추가하다 보면 완성된 웹 애플리케이션을 얻을 수 있습니다.

— 웹 프런트엔드 개발자 **문주영**

## 보라, 이 멋진 코드를!

전예홍 선생님 책의 최대 강점은 '코드'에 있습니다. 국내에서 흔히 볼 수 없는 디자인 패턴을 엿볼 수 있기 때문이죠. 그 원동력은 프로그래밍 언어나 프레임워크를 100% 이해하고 활용하는 데 있다고 생각합니다. 수십 줄짜리 코드를 단 두세 줄로 작성하는 마법을 보고 있으면 감탄이 절로 나옵니다. 그뿐만 아니라 **오류와 해킹 방지, 성능을 고려해 코드를 어떻게 작성해야 하는지 최적화 방법**까지 알려 줍니다. 리액트 책이지만 디자인 패턴 책으로 삼아도 괜찮겠다고 생각한 이유입니다.

선생님의 세 번째 책을 내면서 감회가 새로웠습니다. 웹 개발 분야가 워낙 변화무쌍하지만 트렌드를 최대한 반영하고 싶었습니다. 그리고 리액트 훅, 리덕스, 라우터 같은 핵심 주제를 공식 설명서를 뛰어넘는 수준으로 쉽고 친절하게 담고 싶었고, **테일윈드CSS 등으로 이왕이면 예쁜 결과물**을 보여 주고 싶었습니다. 이러한 바람들을 모아 이 책을 완성했습니다.

전예홍 선생님을 만난 것은 행운이었습니다. 부디 이 책이 널리 퍼져 제가 경험한 것을 많은 사람들도 느낄 수 있기를 기도합니다.

— IT 전문서 편집자 **이인호**

**01장**
리액트 개발 준비

리액트 프로젝트에 필요한 다양한 도구를 설치하는 방법을 설명합니다. 개발을 돕는 부수 도구와 확장 기능, 각종 설정 등도 소개합니다. 그리고 첫 번째 리액트 프로젝트를 만들고 실행합니다.

**02장**
리액트 동작 원리

리액트 프레임워크를 이해하는 데 핵심인 가상 DOM, JSX 구문, 컴포넌트, 컴포넌트 속성, 이벤트 처리 등을 설명합니다. 마지막에는 웹 페이지에 드래그 앤 드롭 이벤트와 파일 드롭 이벤트를 처리하는 실습도 해봅니다.

**03장**
컴포넌트 CSS 스타일링

폰트, 이미지, 아이콘 등을 이용해 컴포넌트를 예쁘게 보이게 하는 리액트 방식의 웹 스타일링을 설명합니다. 최근 인기 있는 테일윈드CSS를 사용하는 방법과 daisyui 플러그인의 주요 CSS 컴포넌트도 알아봅니다.

**04장**
함수 컴포넌트와 리액트 훅

함수 컴포넌트와 함께 다양한 리액트 훅의 개념과 사용법을 설명합니다. useMemo, useCallback, useState, useEffect, useLayoutEffect, useRef, useImperativeHandle, useContext와 같은 리액트 훅과 이들을 결합하여 사용하는 커스텀 훅도 알아봅니다.

**05장**
상태 관리와 리덕스 패키지

리액트 프레임워크용 앱 수준 상태 관리 패키지인 리덕스의 동작 원리와 다양한 기능을 설명합니다. 그리고 지금까지 배운 내용을 바탕으로 업무 관리 소프트웨어인 트렐로(Trello)와 비슷한 웹 애플리케이션을 완성합니다.

**06장**
리액트 라우터

클라이언트 쪽 라우팅 패키지인 리액트 라우터를 설명합니다. 그리고 이를 활용해 내비게이션 메뉴와 회원 가입, 로그인/로그아웃 기능을 갖춘 랜딩 페이지를 만듭니다.

**07장**
몽고DB와 API 서버

Node.js 환경에서 익스프레스 프레임워크와 몽고DB를 활용하여 REST API 서버를 만들고 지금까지 만든 웹 애플리케이션을 동작하게 하는 방법을 설명합니다. 그리고 토큰 인증 방식으로 회원 인증과 로그인 기능도 구현합니다.

**05**장

## 프로젝트 관리 소프트웨어인 '트렐로' 따라 만들기!

목록 위에 카드 추가    목록 아래에 카드 추가    목록 추가

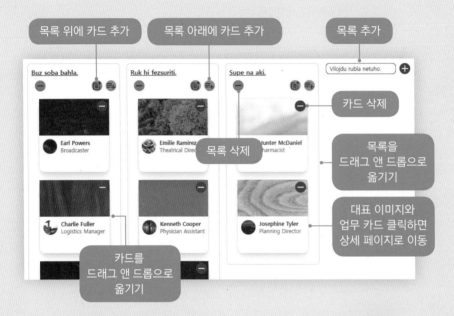

카드 삭제

목록을
드래그 앤 드롭으로
옮기기

대표 이미지와
업무 카드 클릭하면
상세 페이지로 이동

목록 삭제

카드를
드래그 앤 드롭으로
옮기기

**06**장

## 제품이나 서비스를 소개하는 랜딩 페이지 만들기!

회원 가입과
로그인 버튼

홈 버튼

히어로 영역

보드로
이동

프로모션 영역

바닥글

## Do it! 코드를 따라서 작성해 보세요

이 책에서는 실습이 있는 절마다 새 프로젝트를 만들고 시작합니다. 그리고 책에서 **Do it!**으로 시작하는 상자에는 실습할 코드를 담았으며, **T**나 **M**으로 시작하는 상자에는 터미널이나 몽고셸에서 실행할 명령을 담았습니다.

> - **Do it!**: 실습할 코드(01~07장)
> - **T**: 터미널에서 실행할 명령(01~07장)
> - **M**: 몽고셸에서 실행할 명령(07장)

## 실습할 때 참고해 보세요

내가 코드를 정확하게 작성했는지 확인하고 싶다면 이지스퍼블리싱 자료실에서 제공하는 전체 소스와 비교하며 공부해 보세요.

> - 이지스퍼블리싱 홈페이지: www.easyspub.co.kr → [자료실]
>   → 'Do it! 리액트로 웹앱 만들기 with 타입스크립트'로 검색

## 이지스 플랫폼 — 연결되면 더 큰 가치를 만들 수 있어요

### 'Do it! 스터디룸' 카페에서 친구들과 함께 공부!

cafe.naver.com/doitstudyroom

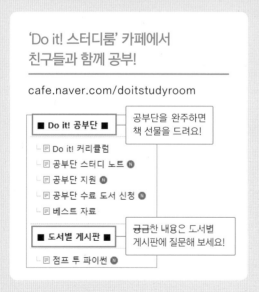

### 독자 설문 참여하면 6가지 혜택!

의견도 보내고 선물도 받고!

1. 추첨을 통해 소정의 선물 증정
2. 이 책의 업데이트 정보 및 개정 안내
3. 저자가 보내는 새로운 소식
4. 출간될 도서의 베타테스트 참여 기회
5. 출판사 이벤트 소식
6. 이지스 소식지 구독 기회

# 15차시 완성!

한 학기 강의용 교재로도 좋습니다. 15차시로 계획을 세우고 학습을 진행해 보세요.
리액트 개발 경험이 있다면 더 빠르게 진행할 수도 있습니다.

| 차시 | 장 | 주제 | 완료 날짜 |
|------|-----|------|-----------|
| 1차시 | 01 리액트 개발 준비 | 리액트 설치와 기타 개발 도구 준비 | / |
| 2차시 | 02 리액트 동작 원리 | 가상 DOM과 JSX 구문 | / |
| 3차시 | | 컴포넌트와 이벤트 속성 | / |
| 4차시 | 03 컴포넌트 CSS 스타일링 | CSS 스타일링 | / |
| 5차시 | | 테일윈드CSS 스타일링 | / |
| 6차시 | | 플렉스 레이아웃과 daisyui 프레임워크 | / |
| 7차시 | 04 함수 컴포넌트와 리액트 훅 | useMemo, useCallback 훅 | / |
| 8차시 | | useState, useEffect, useLayoutEffect 훅 | / |
| 9차시 | | useRef, useImperativeHandle, useContext 훅 | / |
| 10차시 | 05 상태 관리와 리덕스 패키지 | 리덕스 기본 개념과 리듀서 활용 | / |
| 11차시 | | 리덕스 미들웨어 | / |
| 12차시 | | 트렐로 따라 만들기 | / |
| 13차시 | 06 리액트 라우터 | 라우터 기본 개념, Outlet 컴포넌트와 중첩 라우팅, 공개·비공개 라우팅 | / |
| 14차시 | 07 몽고DB와 API 서버 | 몽고DB 사용 | / |
| 15차시 | | REST API 서버와 회원 인증 | / |

# 리액트 개발 준비

이 장에서는 리액트 프레임워크를 소개하고 윈도우와 macOS에서 프로그램 설치, 환경 설정 등 리액트 개발을 준비합니다. 그리고 첫 번째 리액트 프로젝트를 만들어서 실행해 봅니다. 힘차게 시작해 봅시다.

# 01-1 리액트 프레임워크 이해하기

리액트$^{React}$는 2013년에 페이스북에서 발표한 오픈소스 자바스크립트 프레임워크입니다. 리액트 프레임워크는 **가상 DOM**$^{document\ object\ model}$과 **JSX**$^{JavaScript\ XML}$라는 새로운 방식으로 동작하는 프레임워크입니다.

요즘 웹 개발은 **프런트엔드**$^{frontend}$와 **백엔드**$^{backend}$로 분리하여 표현하곤 합니다. 여기서 프런트엔드 개발이란 웹 브라우저를 대상으로 사용자에게 보여지는 부분을 자바스크립트 언어로 작성하는 것을 의미하고, 백엔드 개발은 프런트엔드에서 요구하는 데이터를 제공하는 형태의 개발을 의미합니다. 이런 관점에서 리액트는 앵귤러$^{Angular}$, 뷰$^{Vue.js}$와 함께 대표적인 프런트엔드 자바스크립트 프레임워크로 분류합니다.

## 싱글 페이지 애플리케이션(SPA)이란?

웹 서버는 웹 브라우저가 요청하는 다양한 유형의 자원$^{resource}$을 제공하는 역할을 합니다. 웹 브라우저에서 웹 서버가 제공하는 자원을 얻으려면 주소 창에 'http://웹_서버/자원1'과 같은 URL 문자열을 HTTP 프로토콜을 사용하여 웹 서버에 요청해야 하는데, 이를 **HTTP 요청**이라고 합니다. HTTP 요청을 받은 웹 서버는 해당 자원을 웹 브라우저에 보내 주는데, 이를 **HTTP 응답**이라고 합니다. 그리고 웹 브라우저는 웹 서버에서 보내온 HTTP 응답 데이터를 사용자가 볼 수 있도록 웹 페이지 화면에 보여 주는데, 이를 **렌더링**$^{rendering}$이라고 합니다.

어떤 웹 페이지가 처음 응답받은 자원을 렌더링한 뒤 다시 다른 자원을 요청하면, 과거에 렌더링한 내용을 모두 지웁니다. 그리고 새로 수신한 자원을 렌더링하는데 이 과정에서 웹 페이지는 약간의 깜박임(새로 고침)이 생깁니다. 웹 브라우저에서 주소 창으로 다양한 자원을 요청하는 방식으로 동작하는 웹 서버는 이런 깜박임 현상을 피할 수 없습니다.

싱글 페이지 애플리케이션    VS    멀티 페이지 애플리케이션

그림 1-1 SPA와 MPA 비교

그런데 주소 창으로 요청하는 자원이 하나뿐이라면 이런 깜박임은 일어나지 않습니다. 리액트 프레임워크로 만드는 웹 애플리케이션은 index.html 파일 1개로 동작합니다. 따라서 웹 서버에 자원을 한 번만 요청하므로 화면 깜박임 현상이 발생하지 않습니다. 즉, 리액트 프레임워크는 백엔드에서 받은 JSON 데이터를 해석하여 현재 화면에서 사용자가 새로 요청한 부분만 동적으로 화면을 생성합니다.

이런 방식의 웹 애플리케이션을 **싱글 페이지 애플리케이션**<sup>single page application, SPA</sup>이라고 합니다. 그리고 사용자 요청이 있을 때마다 완전히 새로운 HTML을 전달받는 기존 방식을 멀티 페이지 애플리케이션<sup>multi page applicaiton, MPA</sup>이라고 합니다.

따라서 리액트는 '싱글 페이지 애플리케이션을 만드는 프런트엔드 자바스크립트 프레임워크'라고 소개할 수 있습니다.

## 클라이언트에서 동작하는 템플릿 엔진

웹 서버는 대부분 HTML 템플릿 엔진을 제공합니다. 템플릿 엔진은 HTML 문서를 DB 등에서 추출한 데이터와 결합하여 쉽게 만들어 줍니다. 그런데 프런트엔드에도 템플릿 엔진이 필요합니다. 프런트엔드는 백엔드에서 제공하는 JSON 데이터를 해석하여 자바스크립트 객체들의 조합을 얻은 다음, 이 객체들을 다시 웹 브라우저가 이해할 수 있는 DOM 객체로 변환해 줘야 합니다.<sup>*</sup>

> \* DOM 객체로 변환하는 과정은 「02-1」절에서 다시 설명합니다.

즉, 서버 쪽 템플릿 엔진의 출력물은 HTML이지만, 프런트엔드 쪽 템플릿 엔진의 출력물은 DOM 객체들의 조합이라는 차이만 있을 뿐, 데이터와 템플릿을 조합하여 출력물을 만들어 낸다는 동작 원리는 같습니다.

리액트, 앵귤러, 뷰 등 프런트엔드 프레임워크는 자바스크립트 객체를 DOM 객체로 전환해 주는 역할을 수행한다는 공통점이 있습니다. 한마디로 **프런트엔드 프레임워크란 클라이언트(웹 브라우저)에서 동작하는 템플릿 엔진**이라고 말할 수 있습니다.

다음은 npm 트렌드 사이트에서 2018년부터 2024년까지 리액트와 앵귤러, 뷰의 동향을 나타낸 그래프입니다.

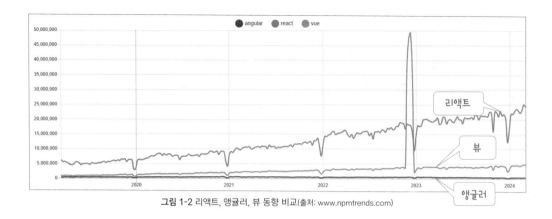

그림 1-2 리액트, 앵귤러, 뷰 동향 비교(출처: www.npmtrends.com)

**리액트를 개발하려면 자바스크립트를 얼마나 알아야 할까?**

리액트 초기 버전 때는 ES3 자바스크립트를 허용했지만 버전 14부터는 ES5 이상으로만 개발할 수 있도록 설계를 바꿨습니다. 또한 리액트 16 버전은 ES6 이상으로만 개발할 수 있도록 다시 설계를 바꿨습니다. 따라서 리액트를 개발하려면 ES6 자바스크립트를 어느 정도는 다룰 줄 알아야 합니다.

## 리액트 버전 18 특징

2022년 3월 29일 리액트 버전 18이 발표되었습니다. 리액트 버전 18은 동시성<sup>concurrent React</sup>, 자동 일괄처리<sup>automatic batching</sup>, 트랜지션<sup>transition</sup>, 향상된 서버–측 렌더링<sup>server-side rendering</sup> 등 과거 버전에서 미진했던 부분을 개선했으며 완전히 새롭게 선보이는 기능도 제공합니다. 다만 이런 새로운 기능들은 Next.js처럼 리액트 기반 프레임워크들의 기능 향상에 초점이 맞춰져 있으므로 개발자 코드에서 직접 사용하는 일은 드물 것으로 생각합니다.

이 책은 모든 실습에서 리액트 버전 18을 사용하지만, useDeferredValue와 같은 리액트 18에서 새로 등장한 기능들은 사용하지 않습니다. 따라서 리액트 버전 17처럼 구 버전을 사용한 리액트 프로젝트에서도 이 책의 실습 코드를 대부분 사용할 수 있습니다.

# 01-2 윈도우에서 리액트 개발 환경 만들기

리액트는 윈도우, macOS, 리눅스 등 운영체제에 따라 개발 도구를 설치하는 방법은 조금씩 다르지만, 설치 후 개발 과정은 모두 같습니다. 먼저 윈도우에서 개발 도구를 설치하는 방법을 살펴보겠습니다.

그런데 개발용 도구는 윈도우의 업데이트에 민감하므로 항상 최신 버전으로 유지해야 합니다. 윈도우 업데이트를 소홀히하면 잘 동작하던 개발 도구가 어느 날 갑자기 동작하지 않을 수 있습니다. 따라서 개발 도구를 설치하기 전에 윈도우를 최신 버전으로 업데이트하기 바랍니다. 여기서 말하는 윈도우 업데이트 목적은 최신 기능 설치가 아니라 버그 픽스[bug fix]*에 있습니다.

\* 컴퓨터 시스템 또는 프로그램 안에 있는 버그를 수정하여 정상으로 작동하게 만드는 작업을 말합니다.

이번 절에서 설치하는 프로그램은 다음과 같습니다.

표 1-1 설치할 개발 도구

| 프로그램명 | 용도 | 운영체제 | 기타 |
|---|---|---|---|
| Node.js | 웹 서버 개발 플랫폼 | 윈도우/macOS | 필수 |
| VSCode | 소스 코드 편집기 | 윈도우/macOS | 권장 |
| scoop | 윈도우용 설치 프로그램 | 윈도우 | 권장 |
| Homebrew | macOS용 설치 프로그램 | macOS | 권장 |
| touch | 파일 관리 유틸리티 | 윈도우 | 선택 |
| Chrome | 웹 브라우저 | 윈도우/macOS | 권장 |

## scoop 설치하기

macOS나 리눅스에서는 웹 개발에 필요한 개발 도구들을 brew나 apt라는 프로그램으로 쉽게 설치할 수 있습니다. 반면에 윈도우에서는 그러한 프로그램을 제공하지 않으므로 일일이 해당 웹 사이트에서 내려받아 설치해야 하는 번거로움이 있습니다.

이 책은 이러한 번거로움을 덜고자 scoop라는 윈도우용 설치 프로그램을 사용합니다. scoop는 brew나 apt와 같은 방식으로 명령 줄에서 프로그램을 쉽게 설치하게 해주는 프로그램입니다. 또한 `scoop update *` 명령 한 번이면 scoop로 설치한 모든 프로그램을 한꺼번에 업데이트할 수 있어서 편리합니다.

**스쿠프를 꼭 설치해야 할까?**

물론 scoop를 꼭 설치해야 하는 것은 아닙니다. Node.js나 VSCode 등을 각 웹 사이트에서 직접 내려받아 설치하고 싶다면 scoop를 설치하지 않아도 됩니다. 또한 내 컴퓨터에 각 개발 도구가 이미 설치되었는데 scoop로 중복해서 설치하면 버전이 꼬일 수 있으므로 먼저 설치한 도구를 사용하는 것이 좋습니다. 하지만 각 개발 도구 사용에 익숙하지 않거나 기존 버전을 깨끗이 지우고 새로 시작하고 싶다면 scoop로 통합 관리하는 것을 추천합니다.

scoop 설치는 윈도우 파워셸에서 합니다. 윈도우 파워셸은 윈도우 시작 단추를 마우스 오른쪽으로 클릭한 후 [Window PowerShell]*을 선택하면 실행됩니다.

\* 관리자 모드 파워셸에서 scoop를 설치하려면 복잡하므로 일반 파워셸을 실행하세요.

그림 1-3 파워셸 실행하기

scoop를 설치하기 전에 우선 환경 변수를 설정해야 합니다. 파워셸에서 다음 두 명령을 실행하면 scoop로 설치할 프로그램의 위치(C:\Scoop)를 지정하는 환경 변수 'Scoop'를 만듭니다.

```
T 터미널                                                      – ☐ ✕
> $env:SCOOP='C:\Scoop'
> [Environment]::SetEnvironmentVariable('Scoop', $env:SCOOP, 'User')
```

이제 윈도우 실행 규칙을 변경하는 다음 명령을 실행하고 "모두 예"를 의미하는 ⟨A⟩를 입력
후 Enter 를 누릅니다.

그림 1-4 실행 규칙 변경하기

이어서 다음 명령으로 scoop를 설치합니다. 초록색 글자로 "Scoop was installed successfully!"
라는 메시지가 나타나면 scoop를 올바로 설치*한 것입     ✱ 만약 설치하다가 문제가 발생하면 다음 주소에
니다.                                              방문해 최신 안내를 확인하기 바랍니다.
                                                  github.com/ScoopInstaller/Install

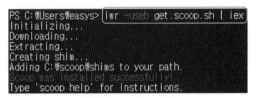

그림 1-5 scoop 설치하기

다음 명령으로 git과 aria2라는 프로그램도 추가로 설치합니다. scoop로 설치한 프로그램은
C:\scoop\apps에서 확인할 수 있습니다.

## Node.js 설치하기

Node.js는 자바스크립트 웹 서버를 개발하는 프로그램입니다. 리액트 개발은 Node.js 버전에 영향을 받습니다. 따라서 너무 최신 버전이 아니면서 지원이 확실한 LTS[long term support] 버전을 사용하는 것이 바람직합니다. 파워셸에서 다음 명령을 실행해 Node.js를 설치하고 버전을 확인합니다.

```
T 터미널                                                  — □ ✕
> scoop install nodejs-lts
> node -v
```

## VScode 설치하기

비주얼 스튜디오 코드(이하 VSCode)는 마이크로소프트에서 제공하는 오픈소스 코드 편집기입니다. VSCode는 다음 명령으로 설치합니다.

\* VSCode는 'code.visualstudio.com/download'에서 64비트 윈도우 버전을 내려받아 설치해도 됩니다.

```
T 터미널                                                  — □ ✕
> scoop bucket add extras
> scoop install vscode
```

예홍쌤의 한마디

**VSCode 업데이트하는 방법**

scoop로 설치한 VSCode를 업데이트할 때는 VSCode 말고 파워셸에서 `scoop update *` 명령으로 해야 합니다. 그래야만 scoop가 VSCode 최신 버전을 기억합니다.

그러고 나서 윈도우 탐색기에서 디렉터리나 소스 파일을 마우스 오른쪽으로 눌렀을 때 VSCode로 실행할 수 있도록 다음 명령을 실행합니다.

```
T 터미널                                                  — □ ✕
> cd c:\scoop\apps\vscode\current
> ./install-context.reg
```

이제 파일 탐색기를 열고 C 드라이브 아래 rcp\*란 이름으로 디렉터리를 만듭니다. 그리고 rcp 디렉터리를 마

\* 이 책의 모든 실습 프로젝트는 rcp 디렉터리에 만듭니다.

우스 오른쪽으로 클릭하여 [Open with Code]를 실행하면 해당 디렉터리를 대상으로 VSCode 가 실행됩니다. VSCode는 「01-4」절에서 개발 환경을 설정할 것이므로 열어 두고 다음 도 구를 계속 설치합니다.

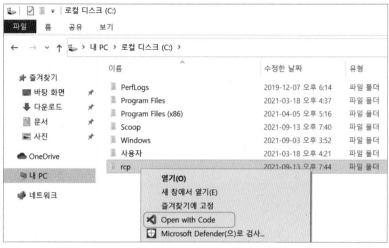

그림 1-6 디렉터리 기준으로 VSCode 실행하기

## touch 프로그램 설치하기

touch는 macOS나 리눅스에서 간단한 명령으로 파일이나 디렉터리를 만들어 주는 유틸리티 입니다. 윈도우는 touch를 기본으로 제공하지 않으므로 다음 명령으로 touch를 설치합니다.

## 크롬 브라우저 설치하기

이 책은 웹 표준을 잘 지키고 점유율이 가장 높은 크롬을 기본 웹 브라우저로 사용합니다. 다 음은 크롬 브라우저를 설치하고 실행하는 명령입니다.

이제 윈도우 환경에서 리액트 개발을 위한 도구를 모두 설치했습니다.

# 01-3 macOS에서 리액트 개발 환경 만들기

## 홈브루 설치하기

홈브루<sup>Homebrew</sup>는 macOS에서 사용하는 설치 프로그램입니다. brew.sh 사이트에 방문하여 첫 화면에 보이는 코드를 복사하고 다음처럼 터미널에 붙여 넣어 실행합니다.

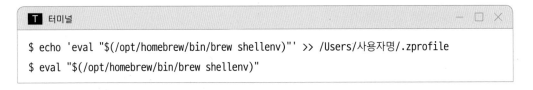

```
$ /bin/bash -c "$(curl -fsSL
https://raw.githubusercontent.com/Homebrew/install/HEAD/install.sh)"
```

설치가 완료되면 안내 메시지 중 '===> Next steps:' 항목에 표시된 다음 명령을 그대로 복사해서 실행합니다. '사용자명'에는 시스템의 사용자 이름이 표시됩니다.

```
$ echo 'eval "$(/opt/homebrew/bin/brew shellenv)"' >> /Users/사용자명/.zprofile
$ eval "$(/opt/homebrew/bin/brew shellenv)"
```

## Node.js 설치하기

윈도우 10과 달리 macOS나 리눅스에서는 보통 nvm<sup>node version manager</sup>으로 Node.js를 설치합니다. 터미널에서 다음 명령을 실행합니다. nvm 홈 페이지(github.com/nvm-sh/nvm)에 명시된 nvm 설치 명령입니다.

```
$ curl -o- https://raw.githubusercontent.com/nvm-sh/nvm/v0.39.1/install.sh ¦ bash
```

명령이 실행되고 나면 $HOME/.bash_profile 파일에 다음 내용이 삽입됩니다.

.base_profile에 삽입되는 내용

```
export NVM_DIR="$HOME/.nvm"
[ -s "$NVM_DIR/nvm.sh" ] && \. "$NVM_DIR/nvm.sh"  # This loads nvm
[ -s "$NVM_DIR/bash_completion" ] && \. "$NVM_DIR/bash_completion"  # This loads nvm
bash_completion
```

이제 이 내용이 셸에 반영될 수 있도록 다음 명령을 실행합니다.

🅃 터미널  — □ ✕

```
$ source ./.bash_profile
```

이제 nvm을 사용하여 Node.js를 설치할 준비가 되었습니다. 먼저 다음 명령으로 가장 최신 LTS 버전을 확인합니다.

🅃 터미널  — □ ✕

```
$ nvm ls-remote
```

출력 결과에서 오른쪽에 '(Latest LTS:)'가 붙은 버전을 찾습니다. 현재는 v16.17.0이 가장 최신 LTS 버전이므로 다음 명령으로 Node.js를 설치합니다. 그리고 Node.js가 정상으로 설치되었는지 버전을 확인합니다.

🅃 터미널  — □ ✕

```
$ nvm install v16.17.0
$ node -v
```

## VSCode 설치하기

터미널에서 다음 명령으로 VSCode를 설치합니다. 설치를 완료하면 론치패드에서 VSCode 아이콘을 찾아 실행합니다.

🅃 터미널  — □ ✕

```
$ brew install --cask visual-studio-code
```

## 크롬 브라우저 설치하기

마지막으로 구글 크롬 브라우저를 설치할 차례입니다. 이미 크롬을 설치한 사람은 이 과정을 생략합니다. 크롬은 다음 명령으로 설치할 수 있습니다.

```
$ brew install --cask google-chrome
```

이제 macOS에서 리액트 개발을 위한 도구를 모두 설치했습니다. 다음으로 VSCode의 개발 환경을 설정해 보겠습니다.

# 01-4 VSCode 개발 환경 설정하기

리액트 개발은 보통 VSCode를 기본 편집기로 사용합니다. 그런데 VSCode에서 타입스크립트로 리액트 프로젝트를 개발할 때에 몇 가지 환경을 설정해 주면 좀 더 편리하게 개발할 수 있습니다. 또한 이 책을 실습하는 데 필요한 확장 프로그램들도 설치해 보겠습니다.

표 1-2 확장 프로그램 설치

| 프로그램명 | 용도 | 운영체제 | 기타 |
|---|---|---|---|
| 프리티어 | 코드 정렬 | | 권장 |
| 테일윈드CSS | CSS 스타일링 | | 필수 |
| 헤드윈드 | 테일윈드CSS 클래스 분류기 | 윈도우/macOS | 선택 |
| 포스트CSS | CSS 구문 강조 표시 | | 선택 |

## 색 테마 변경하기

VSCode는 다양한 색 테마를 제공합니다. 기본으로 어두운 색 테마로 시작하지만 이 책은 흰 종이에 인쇄할 때 더 깔끔하게 보이는 밝은 색 테마를 사용합니다. VSCode의 테마를 변경하려면 [File → Preferences → Color Theme] 메뉴를 실행한 다음 목록에서 원하는 색 테마를 고르면 됩니다.

## 한국어 언어 팩 설치하기

VSCode는 기본으로 영문 버전입니다. 이를 한국어로 바꾸려면 한국어 언어 팩을 설치합니다. 한국어 언어 팩은 VSCode의 확장extension 마켓플레이스에서 내려받아 설치합니다. VSCode의 왼쪽 메뉴 바에서 확장 아이콘(🔡)을 선택하거나, [View → Extension] 메뉴를 실행하면 마켓플레이스가 열립니다. 그다음 마켓플레이스 검색 창에서 "Korean"을 입력하고 마이크로소프트가 제공하는 한국어 언어 팩을 찾아 〈Install〉을 클릭합니다. 설치가 끝나면 VSCode를 다시 시작해 보세요. 메뉴 등이 한글로 나옵니다.

그림 1-7 한국어 언어 팩 설치(VSCode 마켓플레이스)

## 편집기 설정 파일 이해하기

VSCode는 다양한 설정을 제공합니다. [파일 → 기본 설정 → **설정**] 메뉴(macOS에서는 Command+, 키)를 실행하면 설정 화면을 볼 수 있습니다. 이제 설정 화면에서 소스 코드의 탭 tab 크기를 기본값 4에서 2로 바꾸겠습니다.

그림 1-8 설정 화면에서 탭 크기를 4에서 2로 변경하기

VSCode는 설정 화면에서 바꾼 내용을 settings.json이란 파일에 저장해 놓습니다. 이제 다음 화면처럼 단축키 Ctrl+Shift+P(macOS는 Command+Shift+P)를 눌러 나타난 메뉴에서 "User Settings"를 입력하고 아래 목록에서 [**기본 설정: 사용자 설정 열기(JSON)**]*를 선택합니다.

\* Defalut Settings를 열지 않도록 주의하세요. 해당 파일은 VSCode의 기본 설정 파일이므로 많은 내용이 포함돼 있습니다.

그림 1-9 settings.json 파일 열기

그러면 다음 화면처럼 settings.json 파일의 내용을 볼 수 있습니다. 앞서 색 테마와 탭 크기를 바꿨으므로 그에 해당하는 키와 값을 볼 수 있습니다.

---

**Do it!** 설정 파일 보기 · settings.json

```
01  {
02    "workbench.colorTheme": "Default Light+",
03    "editor.tabSize": 2,
04  }
```

## 프리티어 설치와 설정하기

프리티어Prettier는 코드에서 띄어쓰기, 들여쓰기, 탭, 줄바꿈 등을 일정한 패턴으로 보기 좋게 정리해 주는 프로그램입니다. 이 프로그램을 설치해 보겠습니다. VSCode 확장 마켓플레이스에서 'prettier'로 검색한 후 [Prettier – Code formatter]를 설치합니다.

그림 1-10 프리티어 설치

그런데 프리티어는 설치하고 나서 settings.json 파일에 다음처럼 설정해 줘야 제대로 동작합니다. settings.json 파일을 열고 다음 코드를 작성합니다.*    * 기존 코드(탭 크기 설정) 마지막에 쉼표를 꼭 입력한 후 작성하세요.
04~05행은 VSCode의 기본 포매터를 프리티어로 설정하고
파일을 저장할 때 항상 프리티어를 동작하게 합니다. 그리고 06~08행은 타입스크립트 파일 (파일 확장자 .ts와 .tsx)일 때 프리티어가 기본으로 동작하게 합니다.

```
01  {
02    "workbench.colorTheme": "Visual Studio Light",
03    "editor.tabSize": 2,
04    "editor.defaultFormatter": "esbenp.prettier-vscode",
05    "editor.formatOnSave": true,
06    "[typescript]": {
07      "editor.formatOnPaste": true,
08      "editor.formatOnSave": true,
09      "editor.defaultFormatter": "esbenp.prettier-vscode"
10    }
11  }
```

## 테일윈드CSS 설치하기

이 책은 리액트 컴포넌트의 스타일링을 위해 테일윈드CSS<sup>Tailwind CSS</sup>라는 프레임워크를 사용합니다. 이 프로그램은 CSS 스타일링 코드를 좀 더 쉽게 작성할 수 있도록 해줍니다. VSCode 확장 마켓플레이스에서 **"Tailwind CSS"**로 검색하여 설치합니다.

그림 1-11 테일윈드CSS 설치

## 헤드윈드 설치하기

헤드윈드<sup>Headwind</sup>는 테일윈드CSS 관련 코드를 이해하기 쉬운 순서로 재배치해 주는 프로그램입니다. VSCode 확장 마켓플레이스에서 **"Headwind"**로 검색하여 설치합니다.

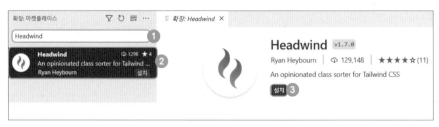

그림 1-12 헤드윈드 설치

## 포스트CSS 설치하기

3장에서 자세히 알아보겠지만 VSCode는 테일윈드CSS의 `@tailwind base;`와 같은 CSS 구문을 만나면 경고 메시지를 출력합니다. 그 이유는 `@tailwind` 규칙은 표준이 아니기 때문입니다. 이 불필요한 경고 메시지는 포스트CSS[PostCSS]라는 프로그램을 설치하면 없앨 수 있습니다. VSCode 확장 마켓플레이스에서 "PostCSS"로 검색하여 설치합니다.

그림 1-13 포스트CSS 설치

## VSCode에서 터미널 열기

VSCode는 윈도우 파워셸 같은 터미널 기능을 지원합니다. VSCode에서 터미널 창을 보이게(또는 안 보이게) 하려면 [터미널 → 새 터미널] 메뉴를 선택하거나 Ctrl + ˋ 를 누릅니다. 그러면 편집 창 아래쪽에 다음과 같은 터미널 창이 나타납니다.

그림 1-14 터미널 창

터미널을 여러 개 열 수도 있습니다. 터미널 오른쪽 위에서 더하기 아이콘(＋)을 클릭하면 새로운 터미널이 열리면서 터미널 목록이 보입니다. 목록에서 원하는 터미널을 선택해서 사용할 수 있습니다. 여러 터미널을 분할해서 보고 싶으면 분할 아이콘(▥)을, 특정 터미널을 닫을 때는 휴지통 아이콘(🗑)을 클릭합니다.

그림 1-15 다중 터미널 창

**macOS에서 기본 터미널 설정하기**

macOS에서는 VSCode의 터미널이 zsh로 열리므로 bash_profile이 적용되지 않습니다. 따라서 설정에서 'terminal.intergrated.Default Profile: Osx'을 검색하여 [bash]로 변경합니다.

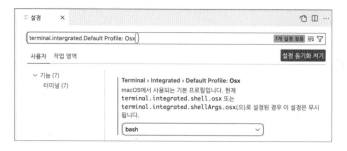

## 타입스크립트 컴파일러 설치하기

VSCode 터미널*에서 다음 명령으로 타입스크립트 컴파일러를 설치합니다.

> \* macOS에서는 bash 터미널에서 실행합니다.

```
> npm i -g typescript ts-node
```

타입스크립트 컴파일러는 이 책을 실습하는 데 꼭 필요하므로 다음 명령으로 제대로 설치됐는지 확인합니다. 버전*이 출력되면 제대로 설치된 것입니다.

> \* 버전은 책과 달라도 실습하는 데 큰 지장은 없으나 만약 변경 사항이 생기면 이 책의 소통 채널을 참고하세요.

```
> tsc -v
Version 4.8.3
> ts-node -v
v10.9.1
```

## 타입스크립트 프로그램 만들고 컴파일하기

타입스크립트 컴파일러를 설치했으므로 이제 타입스크립트 프로그램을 만들고 컴파일해 보겠습니다. VSCode 터미널(C:\rcp)에서 다음 명령으로 ch01\ch01_4\src 디렉터리를 만들고 `touch` 명령으로 src 디렉터리에 index.ts 파일을 만듭니다.* 참고로 macOS에서는 `mkdir` 다음에 `-p`를 붙입니다.

\* 파일은 touch 명령으로 만들지 않고 [파일 → 새 파일] 메뉴로 만들 수도 있습니다.

```
> mkdir ch01/ch01_4/src
> touch ch01/ch01_4/src/index.ts
> cd ch01/ch01_4
```

그러면 다음처럼 프로젝트 디렉터리(rcp) 아래에 ch01/ch01_4/src 디렉터리가 생기고 그 아래에 index.ts 파일이 생기는 것을 확인할 수 있습니다.

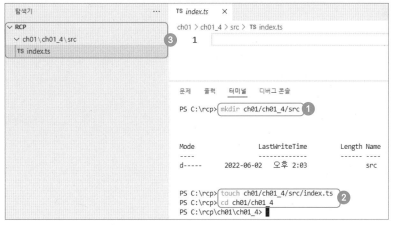

그림 1-16 디렉터리와 파일 생성된 모습

이제 VSCode 편집기에서 src/index.ts 파일에 다음 내용을 입력하고 Ctrl+S(macOS는 Command+S)를 눌러 저장합니다.

**Do it!** 인덱스 파일 작성하기 • src/index.ts

```
01  console.log("Hello world!");
```

그리고 VSCode 터미널에서 다음 명령을 실행하면 src/index.ts 파일의 실행 결과를 확인할 수 있습니다.

```
> ts-node src/index.ts
Hello world!
```

## 프리티어로 소스 정리해 보기

프리티어를 사용하려면 먼저 디렉터리에 .prettierrc.js 파일을 만들어야 합니다. 이 파일은 프리티어가 소스 코드를 정리할 때 참조하는 파일이므로 타입스크립트가 아닌 자바스크립트로 구현합니다. 터미널에서 다음 명령으로 .prettierrc.js 파일을 만듭니다.

```
> touch .prettierrc.js
```

.prettierrc.js 파일을 열고 다음 내용을 입력한 후 저장합니다. 코드에서 02행은 문자열에서 큰따옴표 대신 작은따옴표로 바꾸라는 설정이고, 03행은 세미콜론(;)이 붙은 문장에서 세미콜론을 모두 지우라는 설정입니다.

**Do it!** 프리티어 설정하기 • prettierrc.js

```
01  module.exports = {
02    singleQuote: true,
03    semi: false,
04  }
```

이제 index.ts 파일에서 마지막 줄에 Enter 를 눌러 파일 내용이 변경되도록 하고 저장해 보세요. 그러면 프리티어가 자동으로 동작하여 큰따옴표를 작은따옴표로 변경하고, 세미콜론이 제거된 모습을 볼 수 있습니다.

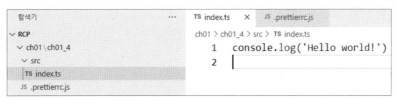

그림 1-17 프리티어가 동작해 코드를 정리한 모습

**프리티어가 제대로 동작하지 않을 때**

VSCode는 여러 개의 포매터를 기본으로 탑재하고 있으므로 가끔 충돌이 나서 프리티어가 동작하지 않을 때가 있습니다. 이때는 Ctrl + Shift + P 를 누른 다음 [Format Document] 명령을 한 번 실행해 줍니다. 자세한 내용은 프리티어 확장 도구 설치 화면에 나타난 도움말 문서를 참고하기 바랍니다. 또한 .prettierrc.js 파일을 잘못 작성하면 프리티어가 동작하지 않으므로 올바르게 작성했는지 확인해 보세요.

## 특정 코드에서 프리티어 동작하지 않게 하기

코드를 작성하다 보면 여러 가지 이유로 소스 코드의 특정 줄에서 프리티어가 동작하지 않게 하고 싶을 때가 있습니다. 이때에는 다음 코드에서 02행처럼 프리티어 무시 주석을 작성합니다. 그러면 03행에 프리티어를 적용하지 않습니다.

**Do it!** 소스 정리 생략하기 • src/index.ts

```
01  console.log('Hello world!')
02  // prettier-ignore
03  console.log("Hello");
```

다음 그림은 02행의 // prettier-ignore 주석 효과로 03행에서는 01행과 다르게 큰따옴표, 세미콜론이 그대로 남아 있는 것을 볼 수 있습니다.

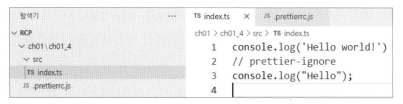

그림 1-18 프리티어 무시 주석을 사용한 예

다만 **프리티어 무시 주석은 타입스크립트 컴파일러의 타입 체크 기능을 무력화**합니다. 따라서 개발이 끝난 코드에만 무시 주석을 적용해야 합니다. 만약 개발이 끝난 코드를 다시 수정해야 한다면 무시 주석을 제거하여 타입스크립트 컴파일러가 인라인 컴파일 기능을 정상으로 수행하도록 해줘야 합니다.

# 01-5 첫 번째 리액트 프로젝트 만들기

리액트 프로젝트는 create-react-app(이하 CRA)이라는 이름의 프로그램으로 만듭니다. 이번 절에서는 CRA로 리액트 프로젝트를 만들어 보고 기본으로 알아야 할 내용을 살펴보겠습니다.

리액트 프로젝트를 만들기에 앞서 npx라는 프로그램을 알아보겠습니다. npm[node pakage manager]은 Node.js 프로젝트에서 개발에 유익한 다양한 오픈 소스 라이브러리를 쉽게 설치해 사용할 수 있게 합니다. 그런데 Node.js 패키지 중에는 라이브러리가 아니라 CRA처럼 독립적으로 실행할 수 있는 프로그램도 있습니다. 이처럼 프로그램 형태로 동작하는 패키지는 원래 npm i -g 형태로 설치해야 하지만 계속해서 업데이트되므로 최신 버전을 유지하기가 번거롭습니다.

npx는 이런 버전 문제를 극복하고자 만들어졌습니다. npx는 패키지들의 가장 최신 버전을 찾아내 npm i -g 명령으로 설치해 주는 프로그램입니다.


## 리액트 프로젝트 만들기

리액트 웹 애플리케이션은 CRA라는 프로그램으로 Node.js 프로젝트를 생성해서 제작합니다. 다음은 CRA로 타입스크립트용 리액트 프로젝트를 생성하는 명령입니다. 이 명령은 npx\*를 사용하므로 언제나 최신 버전의 CRA를 사용합니다.

\* npx는 npm 5.2.0 버전부터 새로 추가된 패키지 실행 도구입니다.

---

**타입스크립트 기반 리액트 프로젝트 생성 명령**

```
npx create-react-app 프로젝트_이름 --template typescript
```

---

이제 윈노우 파워셀을 실행하고 rcp/ch01 디렉터리에서 다음 명령을 실행합니다. 그러면 ch01_5라는 이름의 타입스크립트용 리액트 프로젝트를 생성합니다. 그리고 ch01_5 디렉터리를 대상으로 VSCode를 실행합니다.

```
> npx create-react-app ch01_5 --template typescript
> code ch01_5
```

\* npx 명령을 실행할 때 "Ok to proceed? (y)"라는 메시지가 나타나면 Enter 를 누르세요.

## 리액트 프로젝트 구조

다음은 CRA로 만든 ch01_5 리액트 프로젝트의 디렉터리와 파일들을 보여 줍니다. 왼쪽 탐색기에 public과 src 디렉터리가 보이며 각각의 디렉터리에는 타입스크립트 파일은 물론 다양한 파일을 볼 수 있습니다.

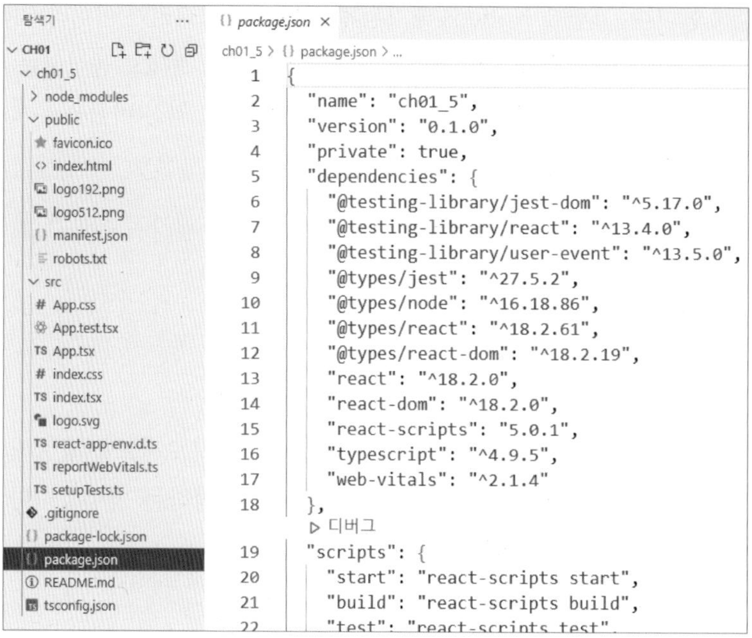

그림 1-19 리액트 프로젝트 구조

## package.json 파일 보기

리액트 프로젝트는 기본적으로 Node.js 프로젝트입니다. 그리고 모든 Node.js 프로젝트는 루트 디렉터리(여기서는 ch01_5)에 항상 package.json 파일이 있습니다. CRA로 생성한 프로젝트의 package.json 파일 내용은 다음과 같습니다.

```
package.json 파일 내용

{
  ... (생략) ...
  "dependencies": {
    ... (생략) ...
    "@types/node": "^16.18.86",
    "@types/react": "^18.2.61",
    "@types/react-dom": "^18.2.19",
    "react": "^18.2.0",
    "react-dom": "^18.2.0",
    "react-scripts": "5.0.1",
    "typescript": "^4.9.5",
    "web-vitals": "^2.1.4"

  },
  "scripts": {
    "start": "react-scripts start",
    "build": "react-scripts build",
    ... (생략) ...
  },
  ... (생략) ...
}
```

\* 여러분이 실습할 때는 버전이 더 최신일 수 있습니다.

## 애플리케이션 실행하기

package.json 파일의 "scripts" 항목에는 package.json 파일이 있는 디렉터리에서 실행할 수 있는 명령어가 정의되어 있습니다. 예를 들어 터미널에서 npm start 명령을 실행하면 실제로는 react-scripts start 명령이 실행됩니다. start 명령은 프로젝트를 개발 모드로 실행하고, build 명령은 빌드 모드\*로 실행합니다. 두 모드의 차이점은 잠시 후 설명합니다.

\* 배포 모드 또는 프로덕션 모드라고도 합니다.

```
T  터미널                                              — □ ×

> npm run start    # 개발 모드
> npm run build    # 빌드 모드
```

## 웹팩과 번들 파일

**웹팩**<sup>webpack</sup>은 프런트엔드 프레임워크에서 사용하는 대표적인 모듈 번들러<sup>module bundler</sup>입니다. 웹 애플리케이션은 자바스크립트 코드뿐만 아니라 다양한 이미지 파일, CSS 파일, HTML 파일로 구성되는데, 웹팩에서는 이처럼 애플리케이션이 동작하는 데 필요한 파일을 모듈이라고 합니다. 웹팩은 다양한 입력 모듈을 결합하여 훨씬 단순한 형태의 모듈로 변환해 주는 역할을 합니다. 이때 웹팩의 결과물을 **번들**<sup>bundle</sup>이라고 합니다.

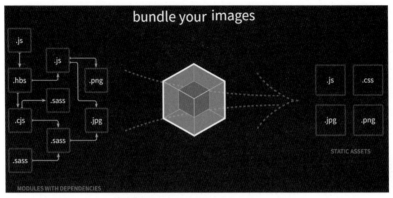

그림 1-20 웹팩 동작 원리(출처: webpack.js.org)

앞서 리액트 프로젝트 구조에서 여러 종류의 파일 확장자를 보았는데, 이 파일들은 react-scripts 프로그램이 실행하는 웹팩의 입력 모듈입니다. 그런데 웹팩은 빌드 모드일 때와 개발 모드일 때의 동작 방식이 서로 다릅니다.

## 빌드 모드로 실행하기

VSCode에서 터미널을 열고 다음 명령으로 ch01_5 리액트 프로젝트를 빌드 모드로 실행합니다.

그러면 웹팩은 프로젝트 디렉터리의 파일을 모두 모아 이름에 main이나 chunk라는 단어가 있는 번들 파일들을 만들어 줍니다.

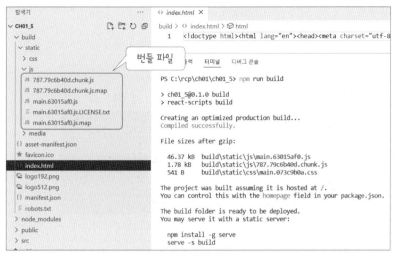

그림 1-21 빌드 모드로 실행한 모습

VSCode 탐색기를 보면 build 디렉터리가 새로 생겼고 이 폴더에 index.html 파일도 보입니다. 이처럼 빌드 모드로 실행할 때에 웹팩은 리액트 프로젝트의 다양한 파일들을 입력으로 하여 번들 파일을 몇 개 생성한 다음, public 디렉터리 안에 있는 index.html 파일을 바탕으로 번들 파일들을 반영한 새로운 index.html 파일을 build 디렉터리에 만들어 줍니다.

이제 웹 서버를 가동하고 웹 브라우저에서 리액트 애플리케이션을 실행해 보겠습니다. 터미널의 출력 결과에 맨 마지막에 있는 명령은 웹 서버 역할을 하는 serve 프로그램을 설치하고 실행하라는 의미입니다. 그대로 실행해 보겠습니다.

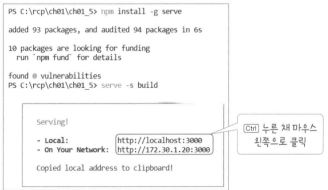

그림 1-22 serve 설치와 실행

이제 웹 브라우저를 실행하고 출력 결과에 나온 대로 http://localhost:3000에 접속해 봅니다. 그러면 리액트 애플리케이션이 실행됩니다.

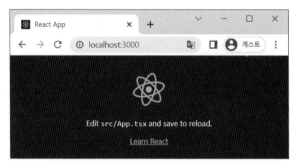

그림 1-23 리액트 애플리케이션을 실행한 모습

이렇게 만든 build 디렉터리를 nginx나 아파치 서버와 같은 자신의 웹 서버에 올리면 애플리케이션을 사용자에게 바로 서비스할 수 있습니다.

### 개발 모드로 실행하기

이제 리액트 프로젝트를 개발 모드로 실행해 보겠습니다. 앞서 터미널에서 서버가 동작하고 있으므로 Ctrl+C를 눌러 서버를 중지합니다. 그리고 터미널에서 npm start 명령을 실행하면 서버를 따로 구동하지 않아도 다음처럼 웹 브라우저가 실행되고 리액트 애플리케이션이 실행됩니다. 터미널을 보면 앞서 빌드 모드로 실행했을 때와는 출력 내용이 조금 다른 것을 알 수 있는데, 이는 웹팩이 서버로 동작하기 때문입니다.

그림 1-24 개발 모드로 실행한 모습

npm start 명령을 실행하면 npm run build 때와는 다르게 명령이 종료되지 않고 계속 동작합니다. 이는 npm start 명령으로 동작한 react-scripts start가 내부적으로 웹팩을 서버 형태로 구동하기 때문입니다.

그림 1-25 개발 모드로 실행할 때의 웹팩

react-scripts start 명령으로 실행된 웹팩 서버는 리액트 프로젝트 디렉터리의 파일들을 빌드하여 번들 파일로 만든 다음, 이를 반영한 index.html 파일을 생성합니다. 그리고 react-scripts가 웹 브라우저를 실행하고 http://localhost:3000 주소로 접속합니다. 그다음 웹팩이 준비해 둔 index.html에서 <scripts> 태그의 자바스크립트 코드를 실행해 웹 페이지를 화면에 보여 줍니다.

## 소스 코드 수정해 보기

이제 개발 모드로 실행 중인 프로젝트의 소스 코드를 수정하면 어떤 일이 발생하는지 살펴보겠습니다. src/App.tsx 파일을 열어 모든 내용을 지우고 다음 코드로 교체합니다. 그리고 저장합니다.

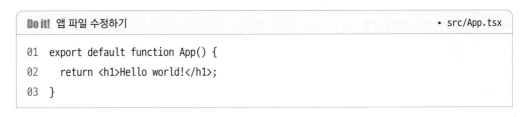

```
01  export default function App() {
02    return <h1>Hello world!</h1>;
03  }
```

코드를 수정하고 저장한 것 외에는 특별히 다른 작업을 하지 않았는데도 웹 브라우저에는 수정한 내용이 즉시 반영됩니다. 이것은 핫 모듈 교체 기능 덕분입니다.

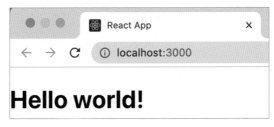
그림 1-26 수정한 소스가 즉시 반영된 모습

## 개발 모드에서 핫 모듈 교체

개발 모드는 말 그대로 프로젝트를 개발할 때 사용하는 모드입니다. 개발 모드의 핵심은 소스 코드를 수정하거나 기능을 추가하면 변경 사항이 즉각즉각 웹 브라우저에 반영되어 눈으로 확인할 수 있어서 개발자의 생산성을 높여 주는 것입니다. 웹팩은 이 기능을 **핫 모듈 교체**<sup>hot module replacement, HMR\*</sup>라고 합니다.

* 핫 모듈 교체는 핫 리로딩(hot reloading)이라고도 합니다.

웹팩 서버는 처음 빌드한 번들 파일들을 웹 브라우저 쪽 index.html 파일에 반영합니다. 이와 동시에 프로젝트 디렉터리에 새로운 파일이 생기거나 기존 파일이 삭제, 변경되는지를 감시합니다. 그리고 처음 빌드한 번들과 다른 부분이 생기면 해당 부분만 빌드한 뒤, 이를 웹 브라우저의 자바스크립트 코드에 심어 둔 웹팩 코드와 협업하여 변경된 내용을 실시간으로 반영해 줍니다.

### 핫 모듈 교체 기능은 완벽하지 않아요!

핫 모듈 교체는 정교하게 동작하지만 100% 완벽하지는 않습니다. 개발하다가 원하는 결과가 나오지 않을 때는 웹 페이지를 새로 고침해 보세요. 그러면 핫 모듈 교체를 강제로 수행합니다.

## 프리티어 적용하기

앞서 「01-4」절에서 VSCode에 프리티어를 설치했습니다. 프리티어가 동작하려면 프로젝트의 package.json 파일이 있는 디렉터리(ch01_5)에 .prettierrc.js라는 구성 파일이 있어야 합니다. 현재 VSCode 터미널에는 `npm start` 명령이 실행되고 있으므로 터미널을 분할하거나 또 하나를 열어서 다음 명령으로 .prettierrc.js 파일을 만듭니다.

```
> touch .prettierrc.js
```

이 책의 모든 실습 프로젝트는 다음과 같은 내용으로 .prettierrc.js 파일을 사용합니다. 따라서 여기서 만든 구성 파일을 복사해서 사용합니다.

```
01  module.exports = {
02    bracketSpacing: false,
03    jsxBracketSameLine: true,
04    singleQuote: true,
05    trailingComma: 'none',
06    arrowParens: 'avoid',
07    semi: false,
08    printWidth: 90
09  }
```

## console.log를 사용하는 디버깅

이제 src/App.tsx 파일을 열고 다음 코드를 추가하고 저장합니다. 앞에서 만든 프리티어 구성 파일이 적용되어 03행 끝에 있던 세미콜론이 없어지는 것을 확인할 수 있습니다.

**Do it!** console.log 사용하기 • src/App.tsx

```
01  export default function App() {
02    console.log('App called.')
03    return <h1>Hello world!</h1>
04  }
```

console.log는 자바스크립트가 기본으로 제공하는 함수입니다. 이 함수의 출력 내용은 웹 브라우저에서 F12 를 누르면 나타나는 개발 도구 창의 [Console] 탭에서 확인할 수 있습니다. 이 기능으로 변숫값을 확인하거나 실행 흐름을 파악하는 등 간단한 디버깅을 할 수 있습니다.

그림 1-27 웹 브라우저 개발 도구 창의 [Console] 탭에서 확인한 console.log 출력 모습

## 그럴듯한 가짜 데이터 만들기

리액트로 애플리케이션을 개발하다 보면 실제 데이터가 필요할 때가 있습니다. 그런데 실제 데이터를 얻기 어려울 때는 그럴듯한 가짜 데이터를 임시로 사용할 수 있습니다. 이럴 때에 외부 패키지의 도움을 받으면 편리합니다.

### Node.js용 외부 패키지 설치하는 방법

npm은 package.json 파일이 있는 디렉터리에서 실행하는 명령으로, 프로젝트 구현에 필요한 다양한 오픈소스 패키지를 npm install 또는 간단히 npm i 명령으로 설치할 수 있습니다. 설치 명령에는 다음처럼 2가지 옵션을 줄 수 있습니다.

표 1-3 npm 설치 옵션

| npm i 옵션 | 의미 | 단축 명령 |
|---|---|---|
| --save | 실행에 필요한 패키지 설치. package.json 파일의 "dependencies" 항목에 등록됨 | -S |
| --save-dev | 개발에 필요한 패키지 설치. package.json 파일의 "devDependencies" 항목에 등록됨 | -D |

그런데 Node.js 패키지는 자바스크립트로 개발된 것도 있고 타입스크립트로 개발된 것도 있습니다. 만약 자바스크립트로 개발된 패키지를 타입스크립트에서 사용하려면 @types/로 시작하는 타입 라이브러리를 추가로 설치해 줘야 합니다.

이렇게 npm i 명령으로 패키지를 설치하면 package.json 파일이 있는 디렉터리에 node_modules라는 서브 디렉터리가 생기고 여기에 패키지가 설치됩니다.

예홍쌤의
한마디

**프로젝트를 공유할 때는 node_modules 디렉터리를 지우세요.**

'npm i 패키지명' 명령은 프로젝트를 직접 만들어서 필요한 패키지를 설치할 때 수행합니다. 하지만 깃허브 등에서 다른 사람이 생성한 프로젝트를 내려받아 사용할 때는 패키지 이름 없이 'npm I' 명령만 실행합니다. 그러면 package.json 파일에서 "dependencies"와 "devDependencies" 항목에 명시된 모든 패키지를 한꺼번에 설치할 수 있습니다. 따라서 깃허브 등에 소스 코드를 공유할 때는 파일 용량이 큰 node_modules 디렉터리를 지우고 올립니다.

## chance, luxon 패키지 설치하기

chance 패키지는 다양한 종류의 그럴듯한 가짜 데이터를 제공해 줍니다. 또한 luxon 패키지는 '2021/10/6'과 같은 날짜를 '20분 전' 형태로 만들어 주는 유용한 기능을 제공합니다. chance와 luxon은 자바스크립트로 구현되어 있으므로, 타입스크립트에서 사용하려면 @types/chance, @types/luxon 타입 라이브러리가 추가로 필요합니다.

이 책의 실습 프로젝트에서 chance와 luxon 패키지를 사용하므로 VSCode의 터미널 (ch01_5)에서 `npm i` 명령으로 두 패키지를 설치합니다.

```
T 터미널                                                  — □ ✕

> npm i chance luxon
> npm i -D @types/chance @types/luxon
```

다음은 이 명령으로 package.json 파일에 추가된 패키지 명세를 보여 줍니다. `npm i`로 설치한 패키지는 dependencies에, `npm i -D`로 설치한 패키지는 devDependencies 항목에 추가됩니다.

```
chance와 luxon이 반영된 package.json

{
  ... (생략) ...
  "dependencies": {
    ... (생략) ...
    "chance": "^1.1.11",
    "luxon": "^3.4.4",
  },
  ... (생략) ...
  "devDependencies": {
    ... (생략) ...
    "@types/chance": "^1.1.6",
    "@types/luxon": "^3.4.2"
  }
}
```

\* 여러분이 실습할 때는 버전이 더 최신일 수 있습니다.

앞에서 설치한 chance와 luxon 패키지를 이용해 프로젝트에 필요한 그럴듯한 가짜 데이터를 만들어 보겠습니다. 다음 명령으로 src 디렉터리에 data 서브 디렉터리를 만들고 필요한 디렉터리와 파일을 생성합니다.

```
T  터미널                                                           — ☐ ✕

> cd src
> mkdir data
> cd data
> touch index.ts util.ts image.ts chance.ts date.ts
> cd ../..
```

## util.ts 파일 작성하기

방금 생성한 파일 가운데에 util.ts를 열고 다음 코드를 작성합니다. 가짜 데이터를 만들 때 도움을 주는 함수를 정의한 것입니다.

**Do it!** 가짜 데이터를 만드는 함수 정의하기 • src/data/util.ts

```
01  export const makeArray = (length: number) => new Array(length).fill(null)
02  export const range = (min: number, max: number): number[] =>
03    makeArray(max - min).map((notUsed, index) => index + min)
04  export const random = (min: number, max: number): number =>
05  Math.floor(Math.random() * (max - min)) + min
```

makeArray 함수는 자바스크립트가 기본으로 제공하는 **Array** 클래스를 좀 더 간결하게 사용하려고 만들었습니다. **Array**는 클래스이므로 다음처럼 new 연산자로 인스턴스를 만들어야 합니다.

```
const array = new Array   // 또는 간단히 []
```

만일 빈 배열이 아니라 아이템 개수가 있는 배열을 만들고 싶다면 다음처럼 생성할 수 있습니다. 그러면 자바스크립트는 아이템 개수 만큼 **undefined**가 있는 배열을 만들어 줍니다.

```
const array = new Array(아이템 개수)   // [undefined, undefined, ....]
```

그런데 undefined로 채운 배열에서는 map 메서드를 사용할 수 없습니다.

```
[undefined].map(콜백_함수)    // 오류!
```

그런데 흥미롭게도 fill 메서드를 호출하면 런타임 오류가 발생하지 않습니다. 따라서 다음 코드처럼 배열에 담긴 undefined값들을 모두 null로 바꾸고, null로 채운 배열에 map 메서드를 적용하면 런타임 오류가 더 이상 발생하지 않습니다.

```
[undefined].fill(null).map(콜백_함수)    // 오류 발생하지 않음
```

때로는 [시작_값, …, 끝_값] 형태의 배열이 필요할 때가 있습니다. 이때에 makeArray는 아이템 개수만큼 null값으로 채운 배열을 반환하므로 적용할 수 없습니다. 다만 map 함수는 콜백 함수의 2번째 매개변수에 배열의 인덱스값을 제공하므로 이를 이용하여 range 함수를 만들었습니다.

random 함수는 min과 max 범위에서의 무작위 정수를 반환합니다. 이 함수는 이미지를 임의의 크기로 생성할 때 유용합니다.

## image.ts 파일 작성하기

Lorem Picsum(picsum.photos/)은 다양한 테마의 고해상도 이미지를 제공하는 사이트입니다. 이 사이트에서 제공하는 무료 이미지의 URL은 다음 image.ts 파일에서 picsumUrl 함수를 호출하여 얻을 수 있습니다.

**Do it!** 이미지 파일 가져오기                                    • src/data/image.ts

```
01  import * as U from './util'
02  // prettier-ignore
03  export const picsumUrl = (width: number, height: number): string =>
        `https://picsum.photos/${width}/${height}`        공유 사이트에서 이미지 얻기
04  export const randomImage = (
05    w: number = 1000,
06    h: number = 800,
07    delta: number = 200
08  ): string => picsumUrl(U.random(w, w + delta), U.random(h, h + delta))
09
```

```
10   export const randomAvatar = () => {
11     const size = U.random(200, 400)
12     return picsumUrl(size, size)
13   }
```

## chance.ts 파일 작성하기

이제 util.ts와 image.ts 파일에 정의한 함수들을 사용해 chance.ts 파일을 다음처럼 구현합니다.

```
01   import Chance from 'chance'
02   const chance = new Chance()
03
04   export const randomUUID = () => chance.guid()
05   export const randomName = () => chance.name()
06   export const randomEmail = () => chance.email()
07   export const randomId = () => chance.fbid() // facebook id
08   export const randomJobTitle = () => chance.profession()
09   export const randomCompanyName = () => chance.company()
10   export const randomSentence = (words = 5) => chance.sentence({words})
11   export const randomTitleText = (words = 3) => chance.sentence({words})
12   export const randomParagraphs = (sentences = 3) => chance.paragraph({sentences})
```

## date.ts 파일 작성하기

앞에서 설치한 luxon 패키지는 '19시간 전' 형태로 날짜를 만들 때 필요한 DateTime 객체를 제공합니다.

```
import {DateTime} from 'luxon'
```

그리고 이 DateTime으로 다음 코드를 사용하면 '19시간 전'과 같은 문자열을 만들 수 있습니다.

```
DateTime.fromJSDate(Date_객체).startOf('day').toRelative()
```

이런 코드를 좀 더 간결하게 호출하고자 date.ts 파일에 다음 코드를 작성합니다.

**Do it!** date.ts 파일 작성하기　　　　　　　　　　　　　　　• src/data/date.ts

```
01  import {DateTime} from 'luxon'
02
03  export const makeRandomPastDate = () => {
04    const value = new Date().valueOf()
05    const n = 100000
06    return new Date(value - Math.floor(Math.random() * n * n))
07  }
08
09  export const makeRelativeDate = (date: Date) =>
10    DateTime.fromJSDate(date).startOf('day').toRelative()
11  export const randomRelativeDate = () => makeRelativeDate(makeRandomPastDate())
12
13  export const makeDayMonthYear = (date: Date) =>
14    DateTime.fromJSDate(date).toLocaleString(DateTime.DATE_FULL)
15  export const randomDayMonthYear = () => makeDayMonthYear(makeRandomPastDate())
```

## index.ts 파일 작성하기

src/data 디렉터리의 index.ts 파일은 src/data 디렉터리에 구현한 기능을 호출하는 쪽에서 간편하게 쓸 수 있게 하는 것을 목적으로 합니다. 지금까지 구현한 내용을 export * 구문으로 다시 내보내 주어, 호출하는 쪽에서 util의 것인지 image의 것인지 일일이 알지 못해도 호출할 수 있습니다.

**Do it!** 인덱스 파일에 추가하기　　　　　　　　　　　　　　　• src/data/index.ts

```
01  export * from './util'
02  export * from './image'
03  export * from './chance'
04  export * from './date'
```

## 가짜 데이터 사용해 보기

이제 src/App.tsx 파일에 다음 코드를 작성하여 src/data에 구현한 가짜 데이터 함수들을 사용해 보겠습니다. 이 코드의 구체적인 의미는 「02-2」절에서 알아보겠습니다.

**Do it!** 가짜 데이터 사용해 보기 • src/App.tsx

```
01  import * as D from './data'
02
03  export default function App() {
04    return (
05      <div>
06        <p>
07          {D.randomName()}, {D.randomJobTitle()}, {D.randomDayMonthYear()}
08        </p>
09        <img src={D.randomAvatar()} height="50" />
10        <img src={D.randomImage()} height="300" />
11      </div>
12    )
13  }
```

터미널에서 npm start 명령이 실행되고 있으면 변경된 소스가 자동으로 반영되어 웹 브라우저에 표시되는 내용이 다음처럼 바뀝니다.[*] 만약 npm start 명령이 실행되고 있지 않다면 VSCode 터미널에서 실행합니다.[**]

[*] 만약 변경된 코드가 적용되지 않으면 Ctrl+R 을 눌러 웹 페이지를 새로 고침해 줍니다.

[**] npm start 명령은 프로젝트 루트인 ..\ch01_5 에서 실행합니다.

그림 1-28 그럴듯하게 생성된 가짜 데이터

## 프로젝트 정리하기

이제 다음 장 프로젝트 실습을 위해 npm start 명령이 실행되고 있는 터미널에서 Ctrl+C를 눌러 프로그램을 정지합니다. 그리고 디스크 용량도 절약하고 나중에 깃허브 등에 올릴 때를 대비해 node_modules 디렉터리와 package-lock.json 파일을 다음 명령으로 지워도 좋습니다. node_modules 디렉터리에 있는 패키지들은 npm i 명령으로 언제든지 다시 설치할 수 있습니다.

```
  터미널                                                              —  □  ✕
> rm -r -force node_modules    // (macOS와 리눅스는 rm -rf node_modules)
> rm package-lock.json
```

참고로 node_modules 디렉터리를 지우면 편집기의 소스 파일에서 다음처럼 붉은 줄이 나타나는데, 이는 node_modules 디렉터리에 설치된 패키지들을 제거하여 나타난 현상이므로 무시해도 됩니다.

```
TS App.tsx 7, M  ✕    TS util.ts   U      TS image.ts U    TS chance.ts 1, U      TS date.ts 1, U

src > TS App.tsx > ...
   1 │ import * as D from './data'
   2 │
   3 │ export default function App() {
   4 │   return (
   5 │     <div>
   6 │       <p>
   7 │         {D.randomName()}, {D.randomJobTitle()}, {D.randomDayMonthYear()}
   8 │       </p>
   9 │       <img src={D.randomAvatar()} height="50" />
  10 │       <img src={D.randomImage()} height="300" />
  11 │     </div>
  12 │   )
  13 │ }
```

그림 1-29 node_modules 디렉터리를 지우면 나타나는 오류

다음 장에서는 src/App.tsx 파일의 코드 내용과 관련된 리액트 프레임워크의 동작 원리를 알아보겠습니다.

# 리액트 동작 원리

이 장에서는 리액트 프레임워크의 3가지 구성 요소인 가상 돔과 JSX, 그리고 컴포넌트를 알아봅니다.

# 02-1 가상 DOM 이해하기

리액트 프레임워크를 구성하는 기본 3요소는 **가상 DOM**<sup>virtual DOM</sup>과 JSX<sup>JavaScript XML</sup> 구문, 그리고 **컴포넌트**<sup>component</sup>입니다. 먼저 가상 DOM을 알아보겠습니다.

### 프로젝트 만들기

새로운 리액트 프로젝트를 만들겠습니다. 리액트 프로젝트를 만드는 자세한 설명은 01장을 참고하되, 주의할 점은 디렉터리와 파일 이름을 책에서 제시하는 대로 작성해야 실습하는 명령, 코드 등이 제대로 동작한다는 것입니다. 01장에서 확인했듯이 필자는 C 드라이브에 rcp라는 폴더를 만들고 여기에서 리액트 프로젝트를 만들었습니다. 즉, C:₩rcp가 이 책 전체의 루트 디렉터리입니다.

명령 프롬프트를 열고 C:₩rcp에서 다음 명령으로 ch02 디렉터리를 만든 뒤 ch02_1이라는 이름의 리액트 프로젝트를 생성합니다. 그리고 ch02_1 디렉터리를 대상으로 VSCode를 실행합니다.

```
T 터미널                                                    – □ ✕

> mkdir ch02
> cd ch02
> npx create-react-app ch02_1 --template typescript
> code ch02_1
```

VSCode가 실행되면 터미널을 하나 열고 「01-5」절에서 작성했던 src/data 디렉터리와 .prettierrc.js 파일을 다음 명령으로 복사합니다.

```
T 터미널                                                    – □ ✕

> cp -r ../../ch01/ch01_5/src/data ./src
> cp -r ../../ch01/ch01_5/.* .
```

마지막으로 chance와 luxon 패키지를 설치한 뒤 npm start 명령을 실행합니다. 이처럼 리액트 프로젝트를 개발 모드로 실행해 놓고 실습을 진행하면 변경된 파일이 즉각 반영돼 편리합니다.

```
T 터미널                                              — □ ×

> npm i chance luxon
> npm i -D @types/chance @types/luxon
> npm start
```

## index.tsx 파일 살펴보기

다음 코드는 CRA가 생성해 준 src/index.tsx 파일의 주요 내용으로, 음영으로 표시한 부분이 리액트 개발과 직접 관련된 코드입니다. 리액트 18 버전에서는 과거 버전들과 달리 이런 형태의 코드를 사용해야 합니다.

CRA가 생성해 준 리액트 18 버전 index.tsx

```
01   import React from 'react'
02   import ReactDOM from 'react-dom/client;
03   import './index.css'
04   import App from './App'
05   import reportWebVitals from './reportWebVitals'
06
07   const root = ReactDOM.createRoot(
08     document.getElementById('root') as HTMLElement
09   )
10   root.render(
11     <React.StrictMode>
12       <App />
13     </React.StrictMode>
14   )
15
16   // If you want to start measuring performance in your app, pass a function
17   // to log results (for example: reportWebVitals(console.log))
18   // or send to an analytics endpoint. Learn more: https://bit.ly/CRA-vitals
19   reportWebVitals()
```

04행의 **App**은 리액트 프레임워크에서 **컴포넌트**라고 하는데 「02-3」절에서 알아볼 것입니다. 07~14행은 리액트의 핵심 기능을 모두 보여 줍니다. 그리고 11행의 **React.StrictMode**는 코드가 잘못되었는지 판단하여 적절한 오류 메시지를 보여 주는 컴포넌트입니다. 마지막 줄의 **reportWebVitals**은 앱의 성능을 측정하는 기능으로, 리액트 개발과는 직접 관련이 없습니다.

### 리액트 17 버전과 index.tsx 코드 비교하기

다음 코드는 리액트 17 버전에서 사용하는 src/index.tsx 파일 내용입니다.

리액트 17 버전 index.tsx

```
01  import React from 'react'
02  import ReactDOM from 'react-dom'
03  import App from './App'
04
05  ReactDOM.render(<App />, document.getElementById('root'))
```

만약 이 코드를 지금 프로젝트의 index.tsx 파일에 적용하면 웹 브라우저 개발 도구의 콘솔 창에는 다음과 같은 경고 메시지가 나타납니다. 즉, 리액트 18 버전을 사용할 때는 이렇게 구현하지 말라는 의미입니다.

그림 2-1 리액트 17 버전용 index.tsx 파일 사용 시 콘솔 창에 나타난 경고 메시지

앞서 보인 리액트 18 버전의 index.tsx 파일에서 핵심 코드를 적용해 보면 콘솔 창의 오류 메시지가 사라집니다. 리액트 18 버전의 src/index.tsx 파일 내용이 이렇게 바뀐 것은 「01-1」절에서 잠시 언급했던 서버 쪽 렌더링 기능이 향상된 것과 관련이 있습니다.

리액트 18 버전용으로 변경한 index.tsx

```
01  import React from 'react'
02  import ReactDOM from 'react-dom/client'
03  import App from './App'
04
05  const root = ReactDOM.createRoot(document.getElementById('root') as HTMLElement)
06  root.render(<App />)
```

### react와 react-dom 패키지

리액트 프로젝트는 항상 react와 react-dom 패키지가 필요합니다. 이 가운데 react는 다음 그림에서 보듯이 리액트 앱이 동작하는 환경과 무관하게 공통으로 사용하는 기능을 제공하는 패키지입니다. 반면에 react-dom/client를 비롯하여 react-dom/server, react-native 등 이른바 **렌더러**<sup>renderer</sup>라고 하는 패키지는 앱이 동작하는 환경(플랫폼)에 종속적인 기능을 제공하는 데 특화된 패키지입니다.

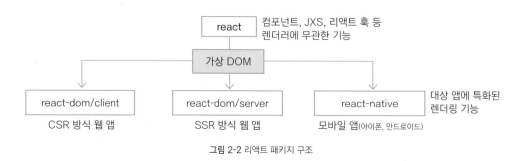

그림 2-2 리액트 패키지 구조

이 그림은 CSR<sup>client-side rendering</sup> 방식으로 동작하는 앱은 react와 react-dom/client 패키지 조합, SSR<sup>server-side rendering</sup> 방식으로 동작하는 앱은 react와 react-dom/server 조합, 모바일 앱은 react와 react-native 조합으로 만든다는 것을 보여 줍니다. 그리고 이 그림에서 react와 렌더러 패키지의 경계에는 가상 DOM이라는 메커니즘이 자리 잡고 있습니다. 가상 DOM의 의미를 알려면 먼저 XML 마크업 언어를 알아야 합니다.

### XML 마크업 언어

오래전부터 사람들은 쉽게 작성할 수 있고 컴퓨터도 그 의미를 쉽게 파악할 수 있는 특수한 형식의 텍스트를 고안했는데, 이를 **마크업 언어**<sup>markup language</sup>라고 합니다.

예를 들어 다음 텍스트는 쉼표(,)를 구분자로 하여 Jack과 32를 구분하는데, 사람들은 이 텍스트를 보고 "이름이 Jack, 나이가 32인가?"처럼 추측할 수 있습니다. 하지만 컴퓨터는 Jack과 32를 구분하여 추출할 수는 있지만 Jack이 이름을, 32가 나이를 나타내는지는 알기 어렵습니다.

```
Jack, 32
```

그러나 이 텍스트를 다음처럼 Jack과 32의 의미가 분명하도록 바꾸면, 이제는 사람과 컴퓨터 모두 그 의미를 확실히 파악할 수 있게 됩니다. 이 텍스트는 마크업 언어 가운데 가장 많이 사용하는 XML<sup>extensible markup language</sup> 문서 규약을 적용하여 작성한 것입니다.

```
<Person name="Jack" age="32"/>
```

웹 분야에서 **문서**<sup>document</sup>는 마크업 언어로 작성한 텍스트가 담긴 파일이나 인터넷 망을 통해 전송되는 **스트림**<sup>stream</sup>을 의미합니다. 즉, XML 형식으로 작성한 문자열은 XML 문서, HTML 형식으로 작성한 문자열은 HTML 문서라고 합니다. 이 관점에 따르면 XML이나 HTML 규격을 따르지 않는 문자열이 담긴 파일이나 스트림은 문서라고 하지 않습니다.

XML이나 HTML 문서는 여러 가지 **요소**<sup>element</sup>로 구성됩니다. 예를 들어 다음 HTML 문서는 리액트 프로젝트 구성에서 public 디렉터리에 있는 index.html 파일을 보인 것입니다. 이 HTML 문서는 html, head, meta, body, div 등의 HTML 요소로 구성됩니다.

index.html 파일 내용

```
<!DOCTYPE html>
<html lang="en">
  <head>
    <meta charset="utf-8" />
    <link rel="icon" href="%PUBLIC_URL%/favicon.ico" />
    <meta name="viewport" content="width=device-width, initial-scale=1" />
    <meta name="theme-color" content="#000000" />
    <meta name="description" content="Web site created using create-react-app"/>
    <link rel="apple-touch-icon" href="%PUBLIC_URL%/logo192.png" />
    <link rel="manifest" href="%PUBLIC_URL%/manifest.json" />
    <title>React App</title>
  </head>
  <body>
    <noscript>You need to enable JavaScript to run this app.</noscript>
    <div id="root"></div>
  </body>
</html>
```

웹 브라우저는 HTML 문서의 여러 요소를 다음처럼 트리 구조<sup>tree structure</sup>로 파악하는데, 그 모습이 계단 모양과 비슷해서 계단 구조<sup>cascading tree</sup>라고도 합니다.

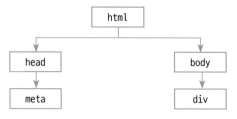

그림 2-3 HTML 문서의 트리 구조

HTML 문서의 트리 구조에서 각 요소를 기준으로 자신보다 아래에 있으면 **자식 요소**<sup>child element</sup>, 위에 있으면 **부모 요소**<sup>parent element</sup>라고 합니다. 그런데 div 요소 관점에서 보면 부모 요소가 body와 html 2개인데, body는 div에 가까운 부모 요소이고, html은 body보다는 먼 부모 요소입니다.

그림 2-4 부모 요소와 자식 요소의 관계

## 문서 객체 모델이란?

웹 브라우저는 HTML 형식의 문자열을 화면에 출력할 때 문자열을 분석<sup>parsing</sup>하여 어떤 특별한 형식의 자바스크립트 객체 조합으로 바꿉니다. 이 특별한 형식의 자바스크립트 객체는 모두 자신의 특징에 맞는 인터페이스를 구현하는데, 이들 인터페이스를 총칭하여 **문서 객체 모델**<sup>document object model, DOM</sup>이라고 합니다.

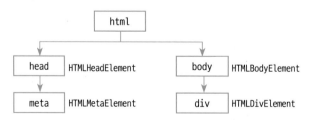

그림 2-5 문서 객체 모델

웹 브라우저의 자바스크립트 엔진은 window라는 이름의 전역 변수를 기본으로 제공합니다. 여기서 window는 웹 브라우저의 특정 웹 페이지를 의미하는 객체입니다. window 객체는 Window 타입 객체로서 Window 타입을 **브라우저 객체 모델**browser object model, BOM이라고 합니다.

## document 객체

웹 페이지가 HTML 문서를 화면에 출력할 때 window 객체는 document라는 이름의 속성 객체로 HTML 문서 기능을 사용할 수 있게 해줍니다. HTML 문서의 html 요소는 오직 1개만 있어야 하므로, window.document(혹은 줄여서 그냥 document)는 html 요소를 의미합니다.

## document.head와 document.body 객체

그리고 HTML 문서의 html 요소는 head와 body 태그를 1개씩만 가질 수 있습니다. document 객체는 이런 조건에 맞추어 head 요소를 의미하는 head 속성 객체와 body 요소를 의미하는 body 속성 객체를 제공합니다.

## document.createElement 메서드

자바스크립트를 포함한 대부분의 프로그래밍 언어에서 인터페이스는 객체가 제공해야 할 여러 기능을 구체적으로 정의한 규약specification입니다. 웹 브라우저는 DOM의 다양한 인터페이스를 각각의 목적에 맞게 구현한 객체로 생성할 수 있도록 document.createElement 메서드를 제공합니다. 다음은 MDN^Mozilla development network 웹 사이트에서 발췌한 createElement의 사용법입니다.

```
let element = document.createElement(tagName[, options]);
```

다음 코드는 div 요소를 자바스크립트로 생성하는 예입니다.

```
let newDiv = document.createElement("div")
```

## HTMLElement 인터페이스

그런데 바로 앞 코드에서 `newDiv` 변수의 타입은 무엇일까요? `HTMLElement`는 모든 종류의 HTML 요소가 구현하는 인터페이스입니다. 일부 요소는 이 인터페이스를 직접 구현하기도 하지만, 다음 그림에서 보듯 대부분 `HTMLElement`를 상속한 자신들의 인터페이스를 구현합니다. 인터페이스 이름이 얼핏 복잡해 보이지만 **HTML요소명Element** 형태의 이름 규칙을 발견할 수 있습니다. 이 인터페이스의 상속 구조를 참고할 때 `newDiv` 객체의 타입은 `HTMLDivElement`임을 알 수 있습니다.

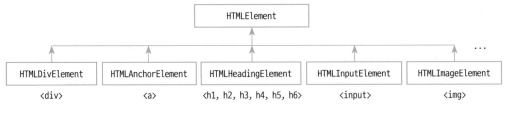

그림 2-6 HTMLElement 상속 인터페이스 예

## HTMLElement의 부모 요소 상속 구조

그런데 `HTMLElement` 자체는 다음 그림에서 보듯이 부모 인터페이스 3개를 상속합니다. 이 가운데 **Node** 타입을 간단히 살펴보겠습니다.

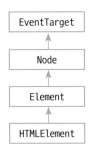

그림 2-7 HTMLElement의 부모 인터페이스 상속 구조

`HTMLElement`의 부모 인터페이스인 `Node`는 `appendChild` 메서드를 제공합니다. `HTMLElement`는 모든 HTML 태그의 부모 인터페이스이므로 모든 HTML 태그는 `appendChild` 메서드를 가집니다. 다음 코드는 MDN에서 발췌한 `appendChild` 사용법입니다.

```
let aChild = element.appendChild(aChild);
```

다음 코드는 appendChild와 관련된 좀 더 구체적인 예입니다. 이 코드는 자바스크립트로 HTML 요소를 웹 페이지에 나타나게 하려면 createElement와 appendChild 과정을 거쳐야 합니다.

```
let p = document.createElement("p")   // <p> 요소 생성
// <p> 요소를 <body>의 마지막 자식 요소로 추가
document.body.appendChild(p)   // 렌더링
```

이 코드에서 createElement가 HTML DOM 요소 객체를 생성해 주는 역할을 한다면, appendChild는 생성된 DOM 객체를 웹 브라우저 화면에 출력해 주는 역할을 합니다. 여기서 DOM 객체를 웹 브라우저 화면에 나타나게 하는 것을 **렌더링**<sup>rendering</sup>이라고 합니다.

이 코드에서는 p라는 객체 1개만 생성했지만 실제로는 많은 DOM 객체가 한꺼번에 생성되고, 각각의 DOM 객체는 appendChild 호출을 거쳐 부모/자식 관계로 얽힌 거대한 트리 구조가 생성됩니다. 웹 브라우저에서는 이 DOM 객체들의 트리 구조를 **DOM 트리**라고 합니다.

## 자바스크립트만 사용하는 프런트엔드 개발(물리 DOM)

다음 코드는 리액트 프로젝트를 만들 때 생성된 src/index.tsx 파일 내용을 리액트와 상관없는 자바스크립트 코드만으로 구현한 것입니다. 05행의 pPhysicalDOM은 리액트와 상관없으므로 그냥 DOM 객체라고 합니다. 하지만 잠시 후에 설명할 리액트의 가상 DOM 객체와 구분하려면 **물리 DOM**<sup>physical DOM</sup> 객체라고 할 수 있습니다.

**Do it! 물리 DOM 객체 사용** • src/index.tsx

```
01   import React from 'react'
02
03   let pPhysicalDOM = document.createElement('p')
04   pPhysicalDOM.innerText = 'Hello physical DOM world!'
05   document.body.appendChild(pPhysicalDOM)
```

index.tsx 코드를 이렇게 저장해 보면 웹 브라우저에서는 05행의 문자열이 화면에 나타납니다. 그리고 웹 브라우저의 개발 도구(F12)를 열고 첫 번째 [Elements] 탭에서 현재 렌더링된 HTML 요소들의 DOM 구조를 볼 수 있습니다. 여기까지는 리액트와 상관없는 일반적인 자바스크립트만을 사용하는 프런트엔드 개발입니다. 이제 이 코드를 리액트 방식으로 구현하면 어떻게 되는지 알아보겠습니다.

**그림 2-8** 웹 브라우저 개발 도구 창의 [Elements] 탭 내용

## 리액트를 사용하는 프런트엔드 개발(가상 DOM)

웹 브라우저의 document.createElement와 유사하게 react 패키지는 createElement라는 함수를 제공합니다. 이 함수의 사용법을 알아보겠습니다. src/index.tsx 파일에 `React.createElement` 코드를 입력하고 마우스 오른쪽을 누르면 나타나는 메뉴에서 [**정의로 이동**]을 선택합니다.

**그림 2-9** [정의로 이동] 선택

그러면 VSCode 편집기는 다음과 같은 내용을 보여 줍니다. 다만 `React.createElement`는 같은 이름으로 몇 가지 버전이 있습니다. 이 절의 내용에 적합한 `React.createElement` 함수 선언문은 다음과 같습니다.* <sub></sub>

\* 타입스크립트용 createElement 선언문은 「02-4」절에서 알아봅니다.

**그림 2-10** createElement 선언문

createElement의 첫 번째 매개변수 type의 타입은 FunctionComponent<P>, Component Class<P>, string 중에서 하나일 수 있습니다. 2번째 매개변수는 props 변수 이름 뒤에 ?가 붙었으므로 생략할 수 있는 **선택 매개변수**optional argument입니다. 따라서 <p> 요소를 생성하고 싶다면 다음처럼 'p' 문자열을 사용합니다.

```
const p = React.createElement('p')
```

그런데 만일 <p>Hello world!</p> 형태의 HTML을 생성하려고 할 때 XML 구문에서 'Hello world!' 문자열은 유효한 HTML 요소이므로, 이 문자열은 <p> 요소의 자식 요소가 될 수 있습니다. 즉, 앞에서 본 물리 DOM 버전의 04~05행 코드는 리액트 프레임워크 사용 버전으로는 다음처럼 구현할 수 있습니다.

```
const pVirtualDOM = React.createElement('p', null, 'Hello world!')
```

이 코드를 src/index.tsx 파일에 적용해 보겠습니다. 그런데 파일을 저장해 보면 조금 전과 달리 웹 브라우저에는 아무것도 보이지 않습니다. 하지만 07행의 주석을 풀고 다시 저장하면 텍스트가 나타납니다.

**Do it!** 가상 DOM 객체 사용        • src/index.tsx

```
01  import React from 'react'
02  import ReactDOM from 'react-dom/client'
03
04  const pVirtualDOM = React.createElement('p', null, 'Hello virtual DOM world!')
05  const root = ReactDOM.createRoot(document.getElementById('root') as HTMLElement)
06
07  // root.render(pVirtualDOM)
```

### root.render 메서드

앞서 물리 DOM 버전은 05행에 document.body.appendChild(pPhysicalDOM) 코드가 있었습니다. 이 코드는 pPhysicalDOM 객체를 DOM 트리에 추가해 주며, 그 결과 pPhysicalDOM 객체가 화면에 나타납니다.

이 원리를 가상 DOM 버전에 적용해 보면 pVirtualDOM은 생성만 되었을 뿐 아직 가상 DOM 트리에 추가되지 않았습니다. 여기서 기억해야 할 것은 document.body.appendChild(pVirtualDOM)과 같은 코드를 만들 수 없다는 것입니다. pVirtualDOM은 document.body.appendChild가 이해할 수 있는 DOM 객체가 아니기 때문입니다.

따라서 pVirtualDOM이 화면에 나타나려면 document.body.appendChild가 아닌 다른 방법을 사용해야 합니다. 07행에 주석으로 처리한 root.render 함수가 이 역할, 즉 가상 DOM을 물리 DOM으로 전환해 주는 기능을 합니다.

화면에 무엇인가를 보이게 하는 것을 렌더링이라고 하는데, 리액트에서 가상 DOM 객체의 렌더링은 react-dom 렌더러가 수행합니다. 07행의 root.render(pVirtualDOM) 부분이 가상 DOM 객체를 화면에 렌더링하려고 시도하는 부분입니다. 그런데 root.render 메서드는 변환한 가상 DOM 객체를 부착^append할 물리 DOM 객체가 필요합니다.

HTMLElement의 부모 인터페이스인 Element는 문자열 타입의 id라는 이름의 속성을 제공합니다. 앞서 본 src/index.html 파일에는 다음처럼 id 속성값이 root인 <div> 요소가 있는데, 리액트에서는 이 요소가 ReactDOM.createRoot가 필요로 하는 역할을 수행합니다.

• src/index.html

```
... (생략) ...
<div id="root"/>
... (생략) ...
```

### document.getElementById 메서드

document 객체는 id 속성과 관련하여 getElementById 메서드를 제공하는데, 이 메서드는 이미 생성된 특정 물리 DOM 객체를 찾아주는 역할을 합니다. 다음 코드는 id 속성값이 'root'인 DOM 객체를 찾아냅니다.

```
let rootDiv = document.getElementByid('root')
```

다음은 가상 DOM 버전으로 수정한 src/index.tsx 코드가 실행되었을 때 웹 브라우저 개발 도구의 [Elements] 탭 화면입니다. 앞서 살펴본 물리 DOM과 달리 <p> 요소가 <body>가 아닌 <div id="root"> 요소의 자식 요소로 동작하는 것이 눈길을 끕니다.

그림 2-11 리액트 가상 DOM이 물리 DOM으로 렌더링되어 나타난 웹 화면

## index.tsx 코드 의미 알아보기

이제 src/index.tsx 코드를 조금 다른 관점에서 생각해 보겠습니다. 다음 코드는 앞에서 사용한 src/index.tsx 파일에서 04행과 05행의 순서를 바꾼 것입니다.

```tsx
Do it! 인덱스 파일 완성                                          • src/index.tsx
01  import React from 'react'
02  import ReactDOM from 'react-dom/client'
03
04  const root = ReactDOM.createRoot(document.getElementById('root') as HTMLElement)
05  const pVirtualDOM = React.createElement('p', null, 'Hello virtual DOM world!')
06
07  root.render(pVirtualDOM)
```

이 코드를 그림으로 표현하면 다음과 같습니다. 리액트는 React.createElement 함수로 다양한 HTML 요소를 가상 DOM 트리 구조로 구현한 뒤, render 메서드가 호출되는 순간 이 가상 DOM 트리를 물리 DOM 트리로 변환해 줍니다.

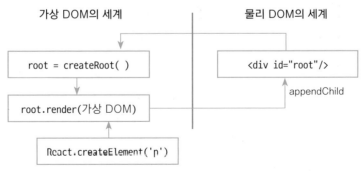

그림 2-12 리액트의 역할(최초 렌더링 시)

처음에는 "뭘 이리 복잡하게 구현할까?"라는 의문이 생길 수 있습니다. 이 의문은 가상 DOM 트리가 물리 DOM 트리로 처음 바뀔 때, 즉 처음 렌더링될 때만을 생각하면 타당할 수 있습니

다. 하지만 최초 렌더링 이후 가상 DOM 트리 구조에 변화가 생겨, 이 변화를 사용자에게 알리려고 다시 렌더링되는 상황을 생각하면 마음이 달라집니다.

예를 들어 앞의 코드에서 `<p>` 요소가 'Hello virtual DOM world!'가 아닌 'Welcome to our site!'를 화면에 나타내야 하는 경우를 생각해 보겠습니다. 이때는 가상 DOM 트리를 물리 DOM 트리로 변환하는 문제가 아니라, 이미 존재하는 물리 DOM 트리에 특정 HTML 요소의 속성값을 바꾸는 문제입니다. 즉, 더 이상 `createElement`와 `appendChild`의 문제가 아니라, 다음 그림에서 보듯 특정 HTML 요소의 DOM 객체를 찾아 해당 요소의 속성값(여기서는 `innerText`)을 변경하는 문제입니다.

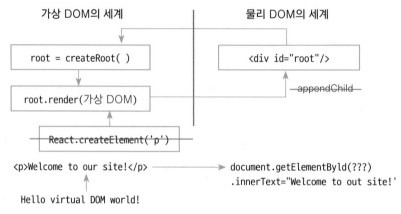

그림 2-13 리액트의 역할(재렌더링 시)

그리고 이 문제를 일반화하여 "임의의 물리 DOM 트리에서 일부 HTML 요소의 속성값이 변경될 때 이를 탐지하여 DOM 트리에 반영할 수 있는가?"라는 문제로 바꿔 생각해 보겠습니다. 사실 이 문제는 물리 DOM 세계에서 일어나지 않습니다. 속성값을 바꿔야 하는 HTML 요소를 `document.getElementById('아이디')`로 찾아 해당 요소의 DOM 객체를 얻은 뒤, DOM 객체가 제공하는 속성이나 메서드로 원하는 작업을 하면 그만이기 때문입니다.

하지만 정작 문제는 '아이디' 부분에 있습니다. 즉, HTML 요소를 `<p>`처럼 간결하게 사용하지 못하고, 항상 `<p id='아이디'>` 형태로 id 속성을 명시해 줘야 합니다. 또한 이처럼 id 속성값을 부여해야 하는 HTML 요소가 많아질수록 서로 중복되지 않게 아이디값을 만드는 것도 쉽지 않습니다. 리액트는 가상 DOM이라는 개념을 도입하여 이 아이디 문제를 해결하고 있습니다.

지금까지 리액트 프레임워크의 동작 원리를 알아보았습니다. 이제 VSCode 터미널에서 Ctrl +C를 눌러 `npm start` 명령을 종료합니다. 다음 절에서는 `React.createElement` 호출을 간소하게 해주는 JSX 구문을 알아보겠습니다.

# 02-2 JSX 구문 이해하기

오늘날 리액트 프레임워크가 널리 사용될 수 있는 것은 JSX가 결정적인 역할을 했기 때문입니다. 이 절에서는 JSX를 알아봅니다.

**프로젝트 만들기**

ch02 디렉터리에서 다음 명령으로 ch02_2라는 이름의 리액트 프로젝트를 생성한 후 ch02_2 디렉터리를 대상으로 VSCode를 실행합니다.

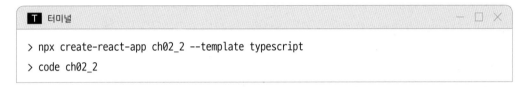

```
> npx create-react-app ch02_2 --template typescript
> code ch02_2
```

VSCode가 실행되면 터미널을 하나 열고 다음 명령으로 「02-1」절의 src/data 디렉터리와 .prettierrc.js 파일을 복사합니다.

```
> cp -r ../ch02_1/src/data ./src/data
> cp -r ../ch02_1/.* .
```

마지막으로 chance와 luxon 패키지를 설치한 뒤 npm start 명령을 실행합니다.

```
> npm i chance luxon
> npm i -D @types/chance @types/luxon
> npm start
```

## React.createElement 호출의 복잡성 문제

「02-1」절에서 언급한 React.createElement는 가상 DOM 객체를 만들어 주는 함수이지만, 다음처럼 HTML 요소가 부모/자식 관계로 구성되면 코드가 지나치게 복잡해지는 문제가 있습니다.

```
<ul>
  <li>
    <a href='http://www.google.com'>
      <p>go to google</p>
    </a>
  </li>
</ul>
```

이 HTML 코드를 React.createElement 호출로 구현하면 다음과 같습니다. 그런데 06~12행을 보면 그 의미가 직관적으로 다가오지 않습니다.

**Do it!** 리액트로 구현 • src/index.tsx

```
01  import React from 'react'
02  import ReactDOM from 'react-dom/client'
03
04  const CE = React.createElement
05
06  const rootVirtualDOM = CE('ul', null, [
07    CE('li', null, [
08      CE('a', {href: 'http://www.google.com', target: '_blank'}, [
09        CE('p', null, 'go to google')
10      ])
11    ])
12  ])
13  const root = ReactDOM.createRoot(document.getElementById('root') as HTMLElement)
14  root.render(rootVirtualDOM)
```

\* 리액트 팀은 04행처럼 React.createElement를 CE 등 좀 더 작성하기 쉬운 이름으로 고쳐서 사용할 것을 권합니다.

리액트 팀은 이러한 React.createElement 호출의 복잡성을 해결하고자 자바스크립트 언어에 없는 JSX 기능을 언어 확장<sup>language extension</sup> 형태로 추가했습니다. 이 JSX 기능은 리액트 프레임워크가 널리 사용되게 하는 결정적인 역할을 했습니다.

앞의 코드를 JSX 버전으로 다시 작성하면 다음과 같습니다. 04~10행에서 JSX 코드를 볼 수 있습니다. 이 JSX 코드는 자바스크립트 코드라기보다 그냥 HTML처럼 보이는데, 이는 JSX가 자바스크립트 문법에 JSX라는 새로운 문법을 추가한 형태로 동작할 수 있도록 설계되었기 때문입니다.

**Do it!** JSX 버전으로 변경                                 • src/index.tsx

```tsx
01  import ReactDOM from 'react-dom/client'
02
03  const rootVirtualDOM = (
04    <ul>
05      <li>
06        <a href="http://www.google.com" target="_blank">
07          <p>go to Google</p>
08        </a>
09      </li>
10    </ul>
11  )
12
13  const root = ReactDOM.createRoot(document.getElementById('root') as HTMLElement)
14  root.render(rootVirtualDOM)
```

**React 임포트 구문이 사라졌어요!**

리액트 17 이전 버전에서는 JSX 구문이 있는 파일은 반드시 import React from 'react' 문을 사용해야 했습니다. 그러나 리액트는 설계를 개선하여 17 이후 버전부터는 JSX 문이 있더라도 React를 임포트하는 문을 생략할 수 있게 했습니다.

## JSX = JavaScript + XML

JSX는 'JavaScript XML'의 줄임말로서 XML 구문에 자바스크립트 코드를 결합하는 용도로 만들어진 구문입니다. 앞서 언급한 대로 JSX는 `React.createElement` 호출 코드를 간결하게 하려고 고안한 것으로, 자바스크립트 언어를 확장하는 방식으로 구현되었습니다.

여기서 "자바스크립트 언어를 확장한다"는 의미는 표준 ESNext 자바스크립트나 타입스크립트 문법 자체에는 JSX 구문이 없다는 의미입니다. 리액트 제작사인 페이스북은 마치 JSX 구문이 표준 자바스크립트 문법에 포함되어 있는 것처럼 동작하도록 설계했습니다.

이에 따라 리액트 코드 작성자는 복잡한 `React.createElement` 호출 코드를 여러 번 작성하는 대신 훨씬 간결한 JSX 코드만 작성하면 되므로 개발 생산성이 크게 향상됩니다.

## XML 용어 알아보기

XML 규약은 다음처럼 div와 같은 요소를 홑화살괄호 <>로 감싼 시작 태그를 <div>처럼 만들고 </div>처럼 끝 태그를 붙인 <div></div> 형태가 기본입니다. 그리고 시작 태그에는 `id`, `style`과 같은 속성<sup>attribute</sup>을 함께 기술할 수 있으며, 속성값은 항상 ''이나 "" 따옴표로 감싸 줘야 합니다.

그림 2-14 XML 규약 용어

또한 시작 태그와 끝 태그 사이에는 <h1>Hello world</h1>와 같은 자식 요소를 삽입할 수 있습니다. 만일 'Hello world'처럼 자식 요소가 문자열일 때는 따옴표를 생략합니다. 만일 자식 요소가 없다면 <요소명/> 형태로 표현할 수 있는데, 이를 스스로 닫는 태그<sup>self-closing tag</sup>라고 합니다.

## XML(혹은 HTML5) 표준 준수

그런데 리액트의 JSX 구문 분석기는 웹 브라우저의 그것과는 전혀 무관합니다. 웹 브라우저의 HTML 구문 분석기는 HTML4 등 하위 호환성<sup>backward compatibility</sup>을 보장하므로 XML 규약에 조금 어긋나게 HTML을 작성해도 되지만, 리액트에서 JSX 구문을 작성할 때는 XML 규약을 엄격하게 준수해야 합니다.

예를 들어 HTML4에 익숙한 개발자나 디자이너는 스스로 닫는 태그 형태를 지키지 않을 때가 종종 있습니다. 그런데 리액트의 JSX 구문 분석기는 이런 형태의 코드를 이해하지 못하므로 오류가 발생합니다. 이 오류 메시지는 길어서 처음 만나면 당황하게 됩니다.

**잘못 구현한 예**

```
<input type="text">
<img src="some url">
```

즉, JSX에서는 반드시 다음처럼 스스로 닫는 태그를 사용해서 XML 규약을 준수해야 합니다.

**옳게 구현한 예**

```
<input type="text"/>
<img src="some url"/>
```

## JSX 구문에서 중괄호의 의미

그런데 XML에 자바스크립트 코드를 삽입하려면 XML 문법에는 없는 기능이 필요합니다. JSX는 다음 코드에서 보듯 XML 구조에 중괄호 {}를 사용하여 자바스크립트 코드를 감싸는 형태의 문법을 제공합니다.

```
<p>
  {/* string must be wrapped by Text */}
</p>
```

이런 식으로 XML에 자바스크립트 코드를 삽입할 수 있어서 다음처럼 자바스크립트 변수에 들어 있는 값을 XML 구문 안에 표현할 수도 있습니다.

```
const hello = 'Hello world!'
<p>{hello}</p>
```

그런데 JSX 구문에서 중괄호 안의 자바스크립트 코드는 반드시 return 키워드 없이 값만을 반환해야 합니다. 이처럼 return 키워드 없이 값을 반환하는 구문을 타입스크립트(혹은 ESNext 자바스크립트)에서는 표현식이라고 합니다.

## 표현식과 실행문, 그리고 JSX

다음 그림에서는 VSCode가 "식이 필요합니다."라는 오류 메시지를 내고 있습니다.

그림 2-15 JSX 문에 return 키워드가 있는 실행문 때문에 발생한 오류

이 오류 메시지에서 '식'은 표현식을 의미합니다. **표현식**<sup>expression</sup>이란 return 키워드 없이 어떤 값을 반환하는 코드를 뜻합니다. 프로그래밍 언어에서 표현식이란 1, true, 'Hello world!'처럼 값으로 평가되는 어떤 것입니다. 즉, 표현식이란 1+1과 같은 코드 조각, 함수 호출로 반환되는 값 등 값이 될 수 있는 모든 것을 의미합니다.

표현식과 대비되는 개념은 **실행문**<sup>execution statement</sup>입니다. 실행문은 그 자체로는 '값'이 아닙니다. 예를 들어 앞의 그림에서 if 문을 JSX 코드 안에서 사용했으므로 오류가 발생한 것입니다. 물론 switch~case 문이나 for 문 또한 실행문이므로 JSX 코드 안에서 사용할 수 없습니다.

다음 그림은 훨씬 더 이해하기 어려운 오류 메시지를 보여 주는데, console.log 호출은 가상 DOM 객체를 반환하지 않는 실행문이어서 오류가 발생한 것입니다. 즉, JSX 코드를 구성하는 한 줄 한 줄 모두 React.createElement 호출 코드로 변환되어야 하는데, console.log는 React.createElement 호출로 변환할 수 없어서 오류가 발생합니다.

그림 2-16 JSX 문에 console.log 호출이 있어서 발생한 오류

---

\* 이 2가지 오류의 해결 방법은 「02-3」절에서 알아봅니다.

## 배열과 JSX 구문

JSX 구문은 React.createElement 함수 호출을 간결하게 할 목적으로 만들어졌습니다. 즉, JSX 구문은 단순화된 React.createElement 호출이므로 반환값은 가상 DOM 객체입니다. 따라서 변수나 배열에 담을 수 있습니다.

다음 코드는 JSX 문 3개를 children 배열에 담아 ul의 자식 컴포넌트로 렌더링합니다.

**Do it!** 배열과 JSX 구문 • src/index.tsx

```tsx
01  import ReactDOM from 'react-dom/client'
02
03  const children = [
04    <li>
05      <a href="http://www.google.com" target="_blank">
06        <p>go to Google</p>
07      </a>
08    </li>,
09    <li>
10      <a href="http://www.facebook.com" target="_blank">
11        <p>go to Facebook</p>
12      </a>
13    </li>,
14    <li>
15      <a href="http://www.twitter.com" target="_blank">
16        <p>go to Twitter</p>
17      </a>
18    </li>
19  ]
20  const rootVirtualDOM = <ul>{children}</ul>
21
22  const root = ReactDOM.createRoot(document.getElementById('root') as HTMLElement)
23  root.render(rootVirtualDOM)
```

이 코드가 실행된 웹 브라우저의 개발 도구 창을 보면 실제로 \<ul\>\<li\>\<a\>\<p\>...\</p\>\</a\>\</li\>\</ul\> 형태의 물리 DOM을 생성한다는 것을 확인할 수 있습니다. 즉, JSX 문은 React.createElement 호출이므로 변수에 담을 수도 있고, 지금처럼 배열에 JSX 문을 여러 개 담을 수도 있습니다.

그림 2-17 웹 브라우저 개발 도구 창의 [Elements] 탭에 보인 DOM 구조

## 배열을 JSX 문으로 만들 때 주의 사항

JSX 문에서 자식 컴포넌트가 여러 개일 때는 반드시 XML 작성 원칙을 준수해야 합니다.
XML 문법에서 XML 요소는 부모 없이 존재하지 못합니다. JSX 역시 XML이므로 컴포넌트
여러 개를 배열로 담은 children 변수가 부모 컴포넌트 없이 {children} 형태로 존재할 수 없
습니다. 다음 코드에서 나타난 오류는 {children}이 자신을 감싸는 부모 요소 없이 독립해서
사용되었기 때문입니다.

그림 2-18 부모 요소 없이 {children}이 사용돼서 발생한 오류

## 데이터 배열을 컴포넌트 배열로 만들기

다음 코드는 앞선 코드를 발전시켜 Array 클래스가 제공하는 map 메서드로 내용이 조금씩 다
른 컴포넌트의 배열로 만드는 예입니다.

**Do it! 컴포넌트 배열** • src/index.tsx

```
01  import ReactDOM from 'react-dom/client'
02
03  const children = [0, 1, 2].map((n: number) => <h3>Hello world! {n}</h3>)
04  const rootVirtualDOM = <div>{children}</div>
05
06  const root = ReactDOM.createRoot(document.getElementById('root') as HTMLElement)
07  root.render(rootVirtualDOM)
```

그런데 웹 브라우저에선 HTML이 정상으로 보이지만, 개발 도구 창의 [Console] 탭에는 다음 경고 메시지가 출력됩니다. 이 경고 메시지의 원인과 해결 방법은 「02-4」절에서 알아봅니다.

그림 2-19 key 속성값이 없어 나타난 리액트 경고 메시지

다음은 좀 더 발전시켜 「01-5」절에서 만들었던 가짜 데이터 유틸리티 함수로 10개 요소의 배열을 만들어서 렌더링하는 코드입니다.

```tsx
Do it! 가짜 데이터 배열 렌더링                              • src/index.tsx
01  import ReactDOM from 'react-dom/client'
02  import * as D from './data'
03
04  const children = D.makeArray(10).map((notUsed, index) => (
05    <div key={index}>
06      <p>{D.randomId()}</p>
07      <p>{D.randomName()}</p>
08      <p>{D.randomJobTitle()}</p>
09      <p>{D.randomSentence()}</p>
10      <img src={D.randomAvatar()} width={100} height={100} />
11    </div>
12  ))
13  const rootVirtualDOM = <div>{children}</div>
14
15  const root = ReactDOM.createRoot(document.getElementById('root') as HTMLElement)
16  root.render(rootVirtualDOM)
```

1000043076253920

Hulda Butler

Database Manager

Gicifep tajse lep duf usha.

이제 VSCode 터미널에서 Ctrl+C를 눌러 npm start 명령을 종료합니다. 다음 절에서는 컴포넌트를 알아보겠습니다.

# 02-3 컴포넌트 이해하기

컴포넌트는 가상 DOM, JSX와 함께 리액트의 핵심 기능입니다. 그런데 리액트에서 컴포넌트는 두 종류로 클래스 컴포넌트와 함수 컴포넌트가 있습니다. 이 절에서는 리액트 컴포넌트의 기본 개념과 두 종류의 컴포넌트 구현 방법을 알아봅니다.

프로젝트 만들기

ch02 디렉터리에서 다음 명령으로 ch02_3이라는 이름의 리액트 프로젝트를 생성한 후 ch02_3 디렉터리를 대상으로 VSCode를 실행합니다.

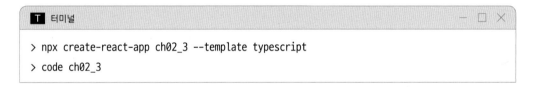

```
> npx create-react-app ch02_3 --template typescript
> code ch02_3
```

VSCode가 실행되면 터미널을 하나 열고 다음 명령으로 「02-2」절의 src/data 디렉터리와 .prettierrc.js 파일을 복사합니다.

```
> cp -r ../ch02_2/src/data ./src/data
> cp -r ../ch02_2/.* .
```

마지막으로 chance와 luxon 패키지를 설치한 뒤 npm start 명령을 실행합니다.

```
> npm i chance luxon
> npm i -D @types/chance @types/luxon
> npm start
```

## 컴포넌트란?

**컴포넌트**<sup>component</sup>는 객체지향 언어의 원조인 스몰토크<sup>Smalltalk</sup>에서 유래한 매우 오래된 용어입니다. 스몰토크에서 컴포넌트는 화면 UI를 처리하는 클래스를 의미합니다. 스몰토크 설계 이론에 따르면 컴포넌트는 **모델-뷰-컨트롤러**<sup>model-view-controller, MVC</sup> 설계 지침에 따라 구현된 클래스여야 합니다. 여기서 모델은 앱의 데이터 부분, 뷰는 모델을 화면에 렌더링하는 부분, 컨트롤러는 사용자의 키보드와 마우스 입력을 수신받아 모델과 뷰에 적절한 형태로 반영하는 역할을 하는 부분을 의미합니다.

스몰토크 컴포넌트 개념은 매우 일반적이어서 사실 거의 모든 프로그래밍 언어와 프레임워크는 이 개념을 그대로 빌려서 사용하고 있습니다. 리액트에서 컴포넌트 또한 스몰토크의 컴포넌트와 개념적으로 같습니다.

다만 리액트는 16.8 버전 이후 **리액트 훅**<sup>react hooks</sup>이라는 새로운 메커니즘을 고안해 내면서 객체지향 언어에서 의미하는 클래스가 아니라 단순한 함수 형태로도 컴포넌트를 구현할 수 있게 되었습니다. 또한 리액트 팀은 가능한 한 함수 컴포넌트와 리액트 훅을 사용하라고 권합니다.

## 리액트 컴포넌트와 사용자 컴포넌트

그런데 리액트에서 컴포넌트라는 용어는 구체적으로 리액트 프레임워크가 제공하는 리액트 제공 컴포넌트(줄여서 리액트 컴포넌트)와 사용자가 구현하는 사용자 정의 컴포넌트(줄여서 사용자 컴포넌트)라는 2가지 의미를 포함합니다. 리액트 컴포넌트의 이름은 div, h1처럼 첫 글자를 소문자로 시작하는 반면, 사용자 컴포넌트의 이름은 MyComponent처럼 첫 글자를 대문자로 시작하는 카멜 표기법<sup>camel-case notation</sup>을 따릅니다.

### 리액트 컴포넌트

리액트는 HTML5의 각 태그에 대응하는 리액트 컴포넌트를 제공합니다. 다음 JSX 문에서 h1은 HTML 태그가 아니라 리액트 프레임워크가 제공하는 h1 컴포넌트입니다.

```
const h1 = <h1>Hello world!</h1>
```

그런데 리액트가 제공하는 컴포넌트를 React.createElement로 생성할 때는 다음처럼 컴포넌트 타입에 'h1'과 같은 문자열을 입력해야 합니다.

```
const h1 = React.createElement('h1', null, 'Hello world!')
```

리액트가 컴포넌트를 이런 방식으로 설계한 것은 HTML5 태그에 해당하는 컴포넌트 이름을 일일이 임포트하지 않게 하려는 의도입니다.

```
// 이런 방식은 코드 작성을 너무 번거롭게 합니다.
import {h1, h2, div, span} from 'react'
```

### 사용자 컴포넌트

앞서 「02-1」절에서 다음 React.createElement 함수 선언문을 본 적이 있습니다. 이 선언문은 첫 번째 매개변수인 type의 타입이 string일 수도 있지만 FunctionComponent<P> 또는 ComponentClass<P> 타입일 수도 있습니다.

React.createElement 선언문

```
function createElement<P extends {}>(
  type: FunctionComponent<P> | ComponentClass<P> | string,
  props?: Attributes & P | null,
  ...children: ReactNode[]): ReactElement<P>;
```

리액트에서 함수 방식 컴포넌트의 타입은 FunctionComponent<P>이고 클래스 방식 컴포넌트의 타입은 ComponentClass<P>입니다. 여기서 타입 변수 P는 Property의 머리글자로서, 속성은 잠시 후에 알아보겠습니다.

### 사용자 컴포넌트는 왜 구현하는가?

리액트를 처음 접할 때 드는 의문은 "사용자 컴포넌트를 왜 구현하는가?"입니다. 이제 이 의문의 해답을 찾기 위해 「02-2」절에서 본 코드를 가져와 보겠습니다. 이 코드에서 주목할 부분은 03~11행의 JSX 코드 때문에 index.tsx 파일 내용이 복잡해 보인다는 것입니다.

```
... (생략) ...
const rootVirtualDOM = (
  <ul>
    <li>
      <a href="http://www.google.com" target="_blank">
        <p>go to Google</p>
      </a>
    </li>
  </ul>
)
... (생략) ...
```

이 코드를 src/App.tsx 파일로 옮기겠습니다. 리액트에서는 이런 형태의 컴포넌트를 함수 컴
포넌트라고 합니다. 함수 컴포넌트는 잠시 후에 자세하게 알아보겠습니다.

**Do it!** 기본 함수 컴포넌트      • src/App.tsx

```
01  export default function App() {
02    return (
03      <ul>
04        <li>
05          <a href="http://www.google.com">
06            <p>go to Google</p>
07          </a>
08        </li>
09      </ul>
10    )
11  }
```

그러면 src/index.tsx 코드는 다음처럼 매우 간결해집니다. 즉, 복잡한 JSX 부분을 App과 같
은 새로운 컴포넌트 쪽에 옮겨 구현하면 App을 사용하는 쪽 코드(여기서는 index.tsx)를 단순
화할 수 있습니다.

```
01  import ReactDOM from 'react-dom/client'
02  import App from './App'
03
04  const root = ReactDOM.createRoot(document.getElementById('root') as HTMLElement)
05  root.render(<App />)
```

결국 사용자 컴포넌트를 만드는 이유는 React.createElement 호출이나 JSX 문으로 생성하는 가상 DOM 생성 코드를 사용자 컴포넌트 쪽으로 이동하여 코드를 간결하게 하려는 데 목적이 있습니다.

## 클래스 컴포넌트 만들기

리액트에서 컴포넌트는 클래스 기반 컴포넌트와 함수형 컴포넌트가 있습니다. 먼저 역사적으로 유래가 깊은 클래스 기반 컴포넌트를 구현하는 방법부터 알아보겠습니다. 리액트에서 클래스 컴포넌트는 반드시 react 패키지가 제공하는 Component 클래스를 상속해야 합니다.

```
import React, {Component} from 'react'
export default class ClassComponent extends Component {}
```

그리고 Component를 상속한 클래스 컴포넌트는 render라는 이름의 메서드를 포함해야 하며, render 메서드는 null이나 React.createElement 호출로 얻은 반환값, 또는 JSX 문 등으로 가상 DOM 객체를 반환해야 합니다. 여기서 null값은 '반환할 가상 DOM 객체가 없다'는 의미입니다.

다음 코드는 클래스 컴포넌트를 컴파일 오류만 나지 않도록 가장 간소하게 구현한 예입니다.

```
import {Component} from 'react'

export default class ClassComponent extends Component {
  render() { return null }
}
```

## App.tsx를 클래스 컴포넌트 방식으로 구현하기

이제 App.tsx를 클래스 컴포넌트 방식으로 구현해 보겠습니다. 03행에서 App은 Component 클래스를 상속하고 04행에서 render 메서드를 구현합니다. 또한 05행에서 JSX 구문으로 구현된 가상 DOM 객체를 반환합니다. 코드를 실행해 보면 앞서 함수 컴포넌트 방식으로 구현한 결과와 똑같은 화면을 웹 브라우저에서 볼 수 있습니다.

```tsx
Do it! 클래스 컴포넌트로 구현                                    • src/App.tsx
01  import {Component} from 'react'
02
03  export default class App extends Component {
04    render() {
05      return (
06        <ul>
07          <li>
08            <a href="http://www.google.com">
09              <p>go to Google</p>
10            </a>
11          </li>
12        </ul>
13      )
14    }
15  }
```

## JSX 구문만으로는 부족한 로직 추가하기

컴포넌트 개념을 도입하면 render 메서드에 JSX 구문뿐만 아니라 다양한 로직을 타입스크립트 코드와 함께 구현할 수 있습니다. 「02-2」절에서 "식이 필요합니다."라는 오류 메시지를 본 적이 있습니다. 이제 이 오류를 어떻게 해결하는지 살펴보겠습니다.

다음 코드에서 05~06행은 JSX 구문이 아니라 일반적인 타입스크립트 코드입니다. 이처럼 타입스크립트 코드와 JSX 구문을 함께 쓸 수 있게 하는 것이 사용자 컴포넌트를 제작하는 또 다른 이유입니다.

```tsx
01  import {Component} from 'react'
02
03  export default class App extends Component {
04    render() {
05      const isLoading = true
06      if (isLoading) return <p>loading...</p>
07
08      return (
09        <ul>
10          <li>
11            <a href="http://www.google.com">
12              <p>go to Google</p>
13            </a>
14          </li>
15        </ul>
16      )
17    }
18  }
```

이 코드의 또 다른 구현 방법은 단축 평가<sup>short circuit</sup> 형태로 구현하는 것입니다. 다음 코드에서 15행은 isLoading 변숫값이 true이므로 <p>loading...</P>를 반환합니다. 반면에 16행은 false이므로 undefined를 반환합니다. JSX 구문 분석기는 undefined나 null인 문장은 그냥 무시하면 그만이므로 유효한 JSX 문이 됩니다.

```tsx
01  import {Component} from 'react'
02
03  export default class App extends Component {
04    render() {
05      const isLoading = true
06      const children = (
07        <li>
08          <a href="http://www.google.com">
09            <p>go to Google</p>
10          </a>
```

```
11         </li>
12      )
13      return (
14        <div>
15          {isLoading && <p>loading...</p>}
16          {!isLoading && <ul>{children}</ul>}
17        </div>
18      )
19    }
20  }
```

마지막으로 또 다른 다른 방법은 JSX 문은 결국 React.createElement 호출의 반환값이므로
앞선 2가지 방법을 결합하여 isLoading값에 따라 분기하는 JSX 문 2개를 children과 같은
변수에 담아 해결하는 것입니다.

**Do it!** isLoading값에 따라 분기        • src/App.tsx

```
01  import {Component} from 'react'
02
03  export default class App extends Component {
04    render() {
05      const isLoading = true
06      const children = isLoading ? (
07        <p>loading...</p>
08      ) : (
09        <ul>
10          <li>
11            <a href="http://www.google.com">
12              <p>go to Google</p>
13            </a>
14          </li>
15        </ul>
16      )
17      return <div>{children}</div>
18    }
19  }
```

이번엔 App 컴포넌트에서 render 부분의 10~14행 내용을 ClassComponent라는 사용자 컴포넌트로 만들어 옮겨 보겠습니다. VSCode에서 새로운 터미널을 하나 더 열거나 분할한 후 다음 명령으로 src 디렉터리에 ClassComponent.tsx 파일을 생성합니다.

```
T  터미널                                                          —  □  ×

> touch src/ClassComponent.tsx
```

이 파일을 열고 ClassComponent 컴포넌트를 다음처럼 구현합니다.

**Do it!** 클래스 컴포넌트로 분리                                    • src/ClassComponent.tsx
```
01  import {Component} from 'react'
02
03  export default class ClassComponent extends Component {
04    render() {
05      return (
06        <li>
07          <a href="http://www.google.com">
08            <p>go to Google</p>
09          </a>
10        </li>
11      )
12    }
13  }
```

다시 src/App.tsx 파일을 열고 ClassComponent를 사용하는 형태로 수정합니다. 다음 코드는 앞서 작성한 ClassComponent를 2번 사용합니다. 실행 결과를 보면 ClassComponent를 2번 사용했으므로 웹 브라우저에는 'go to Google' 링크가 2번 나타납니다.

**Do it!** 클래스 컴포넌트 사용 형태로 수정                              • src/App.tsx
```
01  import {Component} from 'react'
02  import ClassComponent from './ClassComponent'
03
04  export default class App extends Component {
05    render() {
06      return (
```

```
07        <ul>
08          <ClassComponent />
09          <ClassComponent />
10        </ul>
11      )
12    }
13  }
```

▶ 실행 결과

그런데 만약 ClassComponent를 사용하는 쪽 코드를 다음처럼 구현할 수 있다면 좀 더 융통성 있을 것입니다. 리액트 프레임워크는 사용자 컴포넌트를 이처럼 구현할 수 있게 하는 '속성'이라는 기능을 제공합니다. 일단 다음 코드는 오류가 발생합니다. ClassComponent에 속성을 구현하여 이 코드가 정상으로 동작하도록 만들어 보겠습니다.

**Do it!** 오류가 발생하는 코드 • src/App.tsx

```
01  import {Component} from 'react'
02  import ClassComponent from './ClassComponent'
03
04  export default class App extends Component {
05    render() {
06      return (
07        <ul>
08          <ClassComponent href="http://www.google.com" text="go to Google" />
09          <ClassComponent href="https://twitter.com" text="go to Twitter" />
10        </ul>
11      )
12    }
13  }
```

## 속성이란?

객체지향 프로그래밍에서 **속성**<sup>property</sup>은 클래스의 멤버 변수를 의미합니다. 컴포넌트 또한 화면 UI를 담당하는 클래스이므로 속성을 가질 수 있습니다. 그리고 클래스의 속성은 그 값이 수시로 바뀔 수 있습니다. 이처럼 수시로 값이 바뀔 수 있는 것을 '**가변**<sup>mutable</sup>하다'고 합니다. 반대로 값이 한 번 설정되면 다시는 바뀌지 않는 것을 '**불변**<sup>immutable</sup>하다'고 합니다. 그런데 리액트 프레임워크에서 속성은 객체지향 언어의 속성과는 다른 부분이 있어서 주의해야 합니다.

리액트 프레임워크에서 속성은 부모 컴포넌트가 자식 컴포넌트 쪽에 정보를 전달하는 목적으로 사용됩니다. 앞서 부모 컴포넌트 App은 자식 컴포넌트인 ClassComponent에 href와 text라는 2개의 속성으로 'http://www.google.com'과 'go to Google'이라는 2개의 정보를 전달했습니다.

「02-1」절에서 보았던 React.createElement의 함수 선언문에서 2번째 매개변수 props는 'properties', 즉 속성을 의미합니다. 그런데 선언문에서 속성 P는 {}를 확장한다(P extends {})는 타입 제약<sup>type constraint</sup>이 걸려 있는데, 이는 리액트 속성은 객체여야 함을 의미합니다. 또한 props 뒤에 ? 기호가 붙었으므로 선택 속성입니다. 즉, 컴포넌트의 속성은 꼭 있어야 할 필요는 없습니다.

---

React.createElement 선언문

```
function createElement<P extends {}>(
  type: FunctionComponent<P> | ComponentClass<P> | string,
  props?: Attributes & P | null,
  ...children: ReactNode[]): ReactElement<P>;
```

---

객체지향 프로그래밍에서 속성은 클래스의 멤버 변수라고 했습니다. 그런데 혼란스럽게도 리액트에서 속성은 부모 컴포넌트에서 자식 컴포넌트 쪽으로 전달되는 객체 타입의 데이터를 의미합니다. 참고로 리액트에서 객체지향 관점의 속성은 **상태**<sup>state*</sup>라고 합니다.  * 상태는 04장에서 자세히 알아봅니다.

그런데 객체지향 프로그래밍에서 클래스의 속성은 값을 저장하고 변경할 수 있는 기능만 합니다. 반면에 리액트에서 속성은 값이 변하면 해당 컴포넌트를 다시 렌더링하여 수정된 속성값을 화면에 반영하는 기능도 합니다. 즉, 리액트 컴포넌트 관점에서 속성은 **객체지향 프로그래밍의 속성 + 재렌더링**을 의미하는 객체 타입 변수입니다.

## JSX 속성 설정 구문

JSX는 XML이므로 모든 속성은 다음처럼 작은따옴표로 감싸야 합니다. 즉, XML 관점에서 속성은 모두 string 타입입니다. 속성은 XML과 같은 마크업 언어에서는 'attribute'를, 타입 스크립트와 같은 프로그래밍 언어에서는 'property'를 의미합니다.

```
<Person name='Jack' />
```

JSX는 XML을 확장한 것이므로 string 타입 속성은 name='Jack' 형태로 값을 설정할 수 있습니다. 하지만 age와 같은 number 타입은 문자열이 아니므로 중괄호 {}로 감싸야 합니다.

```
<Person name='Jack' age={22}/>
```

또한 속성 설정값이 객체이면 다음처럼 코드를 작성해야 하는데, 이때 안쪽 {}는 객체를 만드는 구문이고 바깥쪽 {}는 JSX 구문입니다.

```
<Person person={{name: 'Jack', age: 32}} />
```

## ClassComponent에 속성 구현하기

이제 앞에서 구현한 ClassComponent에서 App이 전달한 속성을 어떻게 사용하는지 알아보겠습니다. 앞서 App은 다음 형태로 정보 2개를 전달했습니다.

```
<ClassComponent href="http://www.google.com" text="go to Google" />
```

그런데 리액트 관점에서는 href와 text가 유효한 속성 이름인지 알 수 있는 방법이 없습니다. 그래서 리액트는 다음처럼 Component 타입에 속성 이름과 타입을 기입한 Props와 같은 속성 타입을 새로 만들어 넘겨 줄 것을 요구합니다. 앞서 컴포넌트의 속성은 객체 타입이어야 한다는 타입 제약이 있다고 했는데, 다음 코드에서 Props는 타입스크립트에서 객체 타입을 만들 때 사용하는 type 키워드로 Props라는 이름의 객체 타입을 만들었으므로 이 조건에 만족합니다.

```
import {Component} from 'react'

type ClassComponentProps = {
  href: string
```

```
    text: string
  }
  export default class ClassComponent extends Component<ClassComponentProps> {
    render() { return null }
  }
```

클래스 컴포넌트가 이렇게 구현되었으면 다음 코드에서 보듯 컴포넌트 내부에서는 this. props 형태로 외부에서 넘어온 속성을 사용할 수 있습니다.

```
  export default class ClassComponent extends Component<ClassComponentProps> {
    render() {
      const href = this.props.href
      const text = this.props.text
      return null
    }
  }
```

참고로 모든 클래스 컴포넌트의 부모 타입인 Component는 props라는 이름의 속성을 제공합니다. 제네릭 타입인 ClassComponentProps가 Component 클래스에서 props 속성의 타입으로 설정됩니다.

```
  class Component<P, S> {
    ... (생략) ...
    constructor(props: Readonly<P> | P);
    ... (생략) ...
    readonly props: Readonly<P>;
    ... (생략) ...
  }
```

또한 이 코드는 다음 09행처럼 비구조화 할당 구문으로 좀 더 간결하게 구현할 수도 있습니다. 다음은 이번 장에서 구현하는 ClassComponent.tsx 파일의 최종 코드입니다.

**Do it! 클래스 컴포넌트 최종**                                        • src/ClassComponent.tsx

```
01  import {Component} from 'react'
02
03  export type ClassComponentProps = {
```

```
04    href: string
05    text: string
06  }
07  export default class ClassComponent extends Component<ClassComponentProps> {
08    render() {
09      const {href, text} = this.props
10      return (
11        <li>
12          <a href={href}>
13            <p>{text}</p>
14          </a>
15        </li>
16      )
17    }
18  }
```

이제 웹 브라우저에서는 text 속성에 설정한 텍스트들이 화면에 나타나며, 마우스로 링크를 클릭하면 href 속성에 설정한 사이트로 이동합니다.

## 함수 컴포넌트 만들기

다음은 앞서 구현한 클래스 방식의 App 컴포넌트 코드를 단순화한 것입니다. 그런데 이 코드는 사실 render 메서드만 의미가 있고 나머지 코드는 render 메서드를 구현할 수 있게 하는 프로그래밍 언어의 문법을 갖추는 코드<sup>*</sup>일 뿐입니다.　　　　* 이런 코드를 '상용구(boilerplate)'라고 합니다.

```
import {Component} from 'react'

export default class App extends Component {
  render() {
    return <h1>class component</h1>
  }
}
```

리액트 개발 팀은 이에 주목하여 클래스 컴포넌트의 render 메서드 부분을 다음처럼 간단히 함수로 만들 수 있게 했고, 이를 클래스 방식 컴포넌트와 구분하고자 **함수형 컴포넌트**<sup>functional component</sup>라고 이름 붙였습니다. 그러나 '함수형'이라는 이름의 모호함 때문에 리액트 개발자들은 어느 순간 좀 더 간결하게 '함수 컴포넌트'라고 부르기 시작했습니다.

함수 컴포넌트의 가장 큰 장점은 상용구 코드가 없기 때문에 컴포넌트를 좀 더 간결하게 구현할 수 있다는 것입니다.

```
export default function App() {
  return <h1>function component</h1>
}
```

그런데 타입스크립트에서 함수를 만드는 구문은 2가지인데, 하나는 function 키워드로 만드는 방법이고 나머지 하나는 화살표 기호 =>를 사용해서 만드는 방법입니다. 그리고 리액트 개발 팀은 이 2가지 방식의 함수 형태를 모두 사용할 수 있게 했습니다. 2가지 방식을 차례로 살펴보겠습니다.

## function 키워드 방식 함수 컴포넌트 만들기

앞서 알아본 것처럼 클래스 컴포넌트의 역할은 render 메서드를 통해 리액트 프레임워크가 가상 DOM 객체를 생성하여 전달하는 것입니다. 함수 컴포넌트 또한 자신의 반환값으로 가상 DOM 객체를 생성하여 전달합니다.

다음은 function 키워드로 함수 컴포넌트를 작성한 뒤 <div> 요소를 JSX 구문으로 반환하고 있습니다. 코드가 클래스 방식 컴포넌트보다 훨씬 간결해진 것을 알 수 있습니다. 이런 장점이 있어서 함수 컴포넌트를 선호하는 것입니다.

**Do it!** function 키워드 방식 함수 컴포넌트 • src/App.tsx

```
01  export default function App() {
02    return <div>Hello function-keyword component!</div>
03  }
```

## 화살표 방식 함수 컴포넌트 만들기

타입스크립트에서 화살표 함수는 이름을 가질 수 없는 익명 함수<sup>anonymous function</sup>입니다. 따라서 다음 코드의 01행처럼 App이라는 변수에 익명 함수를 설정하는 방식으로 구현해야 합니다. 그런데 타입스크립트 문법은 01행과 같은 형태는 export default를 붙이지 못하므로 04행이 필요합니다.

```
01  const App = () => {
02    return <h1>function component</h1>
03  }
04  export default App
```

예홍쌤의
**한마디**

### 타입스크립트 import type 구문

다음 코드에서 FC 타입은 import type 구문을 사용했지만, Component 클래스는 단
순히 import 구문을 사용하고 있습니다.

```
import type {FC} from 'react'
import {Component} from 'react'
```

타입스크립트에서 타입은 자바스크립트로 컴파일할 때만 필요한 정보입니다. 컴파일한 후 자바스크립트 코
드에서는 타입 관련 내용이 완전히 제거됩니다. 반면에 클래스는 물리적으로 동작하는 메서드와 속성이 있
으므로 자바스크립트 코드로 변환돼도 컴파일된 형태로 그대로 남습니다.

따라서 앞 코드에서 FC는 컴파일되면 완전히 사라지는 정보이므로 import type 구문을 사용하고 있습니다.
이 책은 앞으로 FC처럼 타입스크립트 컴파일할 때만 필요한 타입은 항상 import type 구문으로 구현하겠
습니다.

## 함수 컴포넌트의 타입

다음 React.createElement 선언문의 첫 번째 매개변수인 type의 타입은 FunctionComponent
<P>, ComponentClass<P>, string 중 하나일 수 있는데, 여기서 함수 컴포넌트의 타입은
FunctionComponent<P>이고 클래스 컴포넌트의 타입은 ComponentClass<P>입니다. 그런데
FunctionComponent라는 이름이 너무 길어서 리액트는 이를 짧게 줄인 FC라는 이름의 타입을
제공합니다. 결국 함수 컴포넌트의 타입은 FC<P>입니다.

React.createElement 선언문

```
function createElement<P extends {}>(
  type: FunctionComponent<P> | ComponentClass<P> | string,
  props?: Attributes & P | null,
  ...children: ReactNode[]): ReactElement<P>;
```

## 화살표 함수 방식으로 동작하는 ArrowComponent 구현하기

이제 다음 명령으로 FC<P> 타입인 함수 컴포넌트를 만들어 보겠습니다. 일단 src 디렉터리에 ArrowComponent.tsx 파일을 생성합니다.

```
> touch src/ArrowComponent.tsx
```

이 파일을 열고 다음 코드를 작성합니다. 앞서 구현해 봤던 ClassComponent와 비교해 보면, 함수 몸통이 render 메서드 역할을 한다는 것과 속성을 this.props가 아니라 함수의 매개변수로 얻는다는 점이 다릅니다.

**Do it!** 화살표 함수 컴포넌트 구현         • src/ArrowComponent.tsx

```
01  import type {FC} from 'react'
02
03  export type ArrowComponentProps = {
04    href: string
05    text: string
06  }
07  const ArrowComponent: FC<ArrowComponentProps> = props => {
08    const {href, text} = props
09    return (
10      <li>
11        <a href={href}>
12          <p>{text}</p>
13        </a>
14      </li>
15    )
16  }
17  export default ArrowComponent
```

이제 src/App.tsx 파일을 열고 다음 코드를 작성합니다. function 키워드 방식으로 App 컴포넌트를 구현했으며 앞서 구현한 ArrowComponent를 08행에서 사용합니다.

**Do it!** 화살표 함수 컴포넌트 사용

• src/App.tsx

```
01  import ClassComponent from './ClassComponent'
02  import ArrowComponent from './ArrowComponent'
03
04  export default function App() {
05    return (
06      <ul>
07        <ClassComponent href="http://www.google.com" text="go to Google" />
08        <ArrowComponent href="https://twitter.com" text="go to Twitter" />
09      </ul>
10    )
11  }
```

이제 VSCode 터미널에서 Ctrl+C를 눌러 npm start 명령을 종료합니다. 다음 절에서는 key와 children이라는 특별한 속성을 알아보겠습니다.

# 02-4 key와 children 속성 이해하기

모든 리액트 컴포넌트는 key와 ref라는 속성을 포함고 있습니다. 그리고 children이라는 속성을 선택적으로 포함하고 있습니다. key, ref, children 속성은 리액트에서 특별한 의미가 있습니다. 이 절에서는 key와 children 속성을 알아보고 ref 속성은 04장에서 살펴보겠습니다.

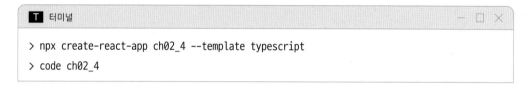
**프로젝트 만들기**

ch02 디렉터리에서 다음 명령으로 ch02_4이라는 이름의 리액트 프로젝트를 생성한 후 ch02_4 디렉터리를 대상으로 VSCode를 실행합니다.

```
T 터미널                                                              − □ ✕

> npx create-react-app ch02_4 --template typescript
> code ch02_4
```

VSCode가 실행되면 터미널을 하나 열고 다음 명령으로 「02-3」절의 src/data 디렉터리와 .prettierrc.js 파일을 복사합니다.

```
T 터미널                                                              − □ ✕

> cp -r ../ch02_3/src/data ./src
> cp -r ../ch02_3/.* .
```

마지막으로 chance와 luxon 패키지를 설치한 뒤 npm start 명령을 실행합니다.

```
T 터미널                                                              − □ ✕

> npm i chance luxon
> npm i -D @types/chance @types/luxon
> npm start
```

## key 속성 설정하기

리액트 프레임워크는 <p>와 같은 리액트 컴포넌트뿐만 아니라 사용자 컴포넌트에도 key 속성을 제공합니다. 이제 리액트 프레임워크가 key 속성을 왜 제공하는지 이해하고자 src/App.tsx 파일을 다음처럼 작성합니다.

**Do it!** 앱 파일 작성　　　　　　　　　　　　　　　　　　　　　　　　　　• src/App.tsx

```
01  export default function App() {
02    const texts = [<p>hello</p>, <p>world</p>]
03    return <div>{texts}</div>
04  }
```

그런데 코드를 저장한 후 웹 브라우저의 개발 도구에서 [Console] 탭을 열어 보면 다음처럼 key 속성이 없다는 경고 메시지가 출력됩니다.

그림 2-20 key 속성이 없다는 경고 메시지

이 경고 메시지는 다음처럼 02행의 <p> 요소 2개에 서로 중복되지 않는 키값을 설정해 주면 해결할 수 있습니다.

**Do it!** 키값 설정　　　　　　　　　　　　　　　　　　　　　　　　　　　• src/App.tsx

```
01  export default function App() {
02    const texts = [<p key="1">hello</p>, <p key="2">world</p>]
03    return <div>{texts}</div>
04  }
```

다음은 VSCode 편집기에서 [정의로 이동] 메뉴로 찾은 key 속성의 타입입니다. key 속성은 반드시 설정하지 않아도 되는 선택 속성임을 알 수 있습니다.

key 속성 정의

```
interface Attributes {
  key?: Key | null | undefined;
}
```

다음은 Key 타입의 선언문으로 key 속성에는 문자열이나 숫자를 설정해야 한다는 것을 보여줍니다. 즉, 앞서 App 컴포넌트는 key에 문자열을 설정했지만 숫자를 설정해도 됩니다.

```
type Key = string | number;
```

key 속성은 같은 이름의 컴포넌트가 여러 개일 때 이들을 구분하려고 리액트 프레임워크가 만든 속성입니다. App은 <p> 요소를 2개 사용하므로 리액트 프레임워크는 이 둘을 구분하려고 중복되지 않는 고유한 값을 key 속성값으로 요구합니다.

key가 고유한 값을 요구하므로 앞선 코드보다는 다음처럼 데이터를 배열에 담은 뒤 map 메서드의 2번째 매개변수에서 얻을 수 있는 아이템의 인덱스값을 key값으로 설정하는 방식을 사용합니다.

**Do it!** map 메서드 이용 · src/App.tsx

```
01  export default function App() {
02    const texts = ['hello', 'world'].map((text, index) =>
                                      <p key={index}>{text}</p>)
03    return <div>{texts}</div>
04  }
```

## children 속성 설정하기

모든 리액트 컴포넌트와 사용자 컴포넌트는 children 속성을 사용할 수 있습니다. children 속성의 타입은 값을 설정하지 않아도 되는 선택 속성입니다.

```
children?: ReactNode | undefined;
```

다만 children은 <div>처럼 자식 요소를 포함할 수 있는 컴포넌트에서만 사용할 수 있습니다. 즉, <img>, <input>처럼 자식 요소를 포함할 수 없는 컴포넌트에서는 children을 사용할 수 없습니다. 다음 코드는 <p>와 <div> 요소의 children 속성에 자식 요소를 설정했습니다.

**Do it!** children 속성 · src/App.tsx

```
01  export default function App() {
02    const texts = ['hello', 'world'].map((text, index) => <p key={index}
                                      children={text} />)
03    return <div children={texts} />
04  }
```

## 컴포넌트 내부에서 children 속성 사용하기

이번엔 사용자 컴포넌트에서 children 속성을 사용하는 방법을 알아보겠습니다. 먼저 다음 처럼 src 디렉터리에 P라는 이름의 tsx 파일을 만들겠습니다.

```
T  터미널                                                          —  □  ✕

> touch src/P.tsx
```

그리고 P.tsx 파일을 다음처럼 구현하겠습니다. 이 코드는 앞서 본 children의 타입이 ReactNode였던 것을 이용했습니다.

**Do it!** 컴포넌트 내부에서 children 속성 사용         • src/P.tsx

```
01  import type {FC, ReactNode} from 'react'
02
03  export type PProps = {
04    children?: ReactNode
05  }
06  const P: FC<PProps> = props => {
07    const {children} = props
08    return <p children={children} />
09  }
10  export default P
```

이제 src/App.tsx 파일 내용을 다음처럼 P 컴포넌트를 사용하는 방식으로 바꾸겠습니다.

**Do it!** P 컴포넌트 사용         • src/App.tsx

```
01  import P from './P'
02
03  export default function App() {
04    const texts = ['hello', 'world'].map((text, index) =>
                      <P key={index} children={text} />)
05    return <div children={texts} />
06  }
```

## JSX {...props} 구문

잠시 JSX의 {...props} 구문을 알아보겠습니다. JSX는 다음 코드에서 보는 {...props} 구문을 제공합니다. 이 구문은 props에 담긴 다양한 속성을 마치 타입스크립트의 전개 연산자

<sup>spread operator</sup>처럼 `<p>`에 한꺼번에 전달하는 역할을 합니다.

```
const P: FC<PProps> = props => {
  return <p {...props} />
}
```

## PropsWithChildren 타입과 children 속성

리액트는 17 버전까지는 children 속성을 FC 타입에 포함했지만 18 버전부터는 FC 타입에서 children 속성을 제거했습니다. 그리고 PropsWithChildren이라는 제네릭 타입을 새롭게 제공하여 children?: ReactNode 부분을 PropsWithChildren 타입으로 대체했습니다.

다음은 PropsWithChildren 선언문으로 기존 Props에 children 속성을 추가하고 있습니다. 또한 반드시 설정하지 않아도 되는 선택 속성임을 알 수 있습니다.

**Do it!** PropsWithChildren 제네릭 타입 사용 · src/P.tsx

```
01  import type {FC, PropsWithChildren} from 'react'
02
03  export type PProps = {}
04  const P: FC<PropsWithChildren<PProps>> = props => {
05    return <p {...props} />
06  }
07  export default P
```

다음 코드는 앞의 코드와 똑같은 결과를 보여 줍니다. 즉, 함수 컴포넌트를 정의할 때 PropsWithChildren 타입을 사용하면 Props 타입에 반복해서 children 속성을 추가할 필요가 없어지므로 코드를 좀 더 깔끔하게 유지할 수 있습니다.

```
import type {FC, ReactNode} from 'react'

export type PProps = {
  children?: ReactNode | undefined
}
const P: FC<PProps> = props => {
  return <p {...props} />
}
export default P
```

이제 VSCode 터미널에서 Ctrl + C를 눌러 npm start 명령을 종료합니다. 다음 절에서는 이벤트 속성을 알아보겠습니다.

# 02-5 이벤트 속성 이해하기

모든 HTML 요소는 onmouseenter, onmouseover처럼 'on'으로 시작하는 속성을 제공하는데,
이를 **이벤트 속성**<sup>event property</sup>이라고 합니다. 이번 절에서는 이벤트 속성을 알아봅니다.

### 프로젝트 만들기

ch02 디렉터리에서 다음 명령으로 ch02_5라는 이름의 리액트 프로젝트를 생성한 후
ch02_5 디렉터리를 대상으로 VSCode를 실행합니다.

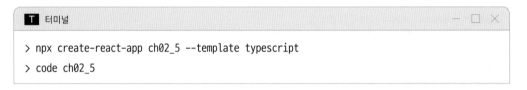

```
> npx create-react-app ch02_5 --template typescript
> code ch02_5
```

VSCode가 실행되면 터미널을 하나 열고 다음 명령으로 「02-4」절의 src/data 디렉터리와
.prettierrc.js 파일을 복사합니다.

```
> cp -r ../ch02_4/src/data ./src
> cp -r ../ch02_4/.* .
```

이어서 chance와 luxon 패키지를 설치합니다.

```
> npm i chance luxon
> npm i -D @types/chance @types/luxon
```

그리고 src 디렉터리에 copy 디렉터리를 만들고 여기에 CopyMe.tsx 파일을 만듭니다.

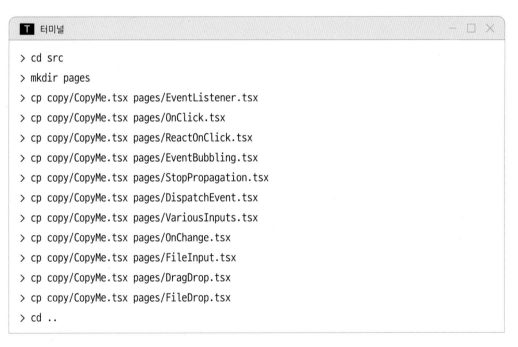

```
T  터미널                                                      —  □  ×

> mkdir -p src/copy
> touch src/copy/CopyMe.tsx
```

CopyMe.tsx 파일을 열고 다음처럼 <div>CopyMe</div>를 반환하는 간단한 메서드를 작성합니다.

```
Do it!  복사용 기본 코드 작성                          • src/copy/CopyMe.tsx

01   export default function CopyMe() {
02     return <div>CopyMe</div>
03   }
```

이번엔 src 디렉터리에 pages라는 디렉터리를 만들고 src/copy/CopyMe.tsx 파일을 복사하여 EventListener.tsx 등 11개 파일을 pages 디렉터리에 만듭니다.*    * 터미널에서 명령을 실행한 후 위쪽 화살표 ⬆ 를 누르면 앞서 실행한 명령이 나타나므로 파일 이름만 바꾸면 좀 더 쉽게 실행할 수 있습니다.

```
T  터미널                                                      —  □  ×

> cd src
> mkdir pages
> cp copy/CopyMe.tsx pages/EventListener.tsx
> cp copy/CopyMe.tsx pages/OnClick.tsx
> cp copy/CopyMe.tsx pages/ReactOnClick.tsx
> cp copy/CopyMe.tsx pages/EventBubbling.tsx
> cp copy/CopyMe.tsx pages/StopPropagation.tsx
> cp copy/CopyMe.tsx pages/DispatchEvent.tsx
> cp copy/CopyMe.tsx pages/VariousInputs.tsx
> cp copy/CopyMe.tsx pages/OnChange.tsx
> cp copy/CopyMe.tsx pages/FileInput.tsx
> cp copy/CopyMe.tsx pages/DragDrop.tsx
> cp copy/CopyMe.tsx pages/FileDrop.tsx
> cd ..
```

이제 src/App.tsx 파일을 열고 다음처럼 작성합니다. 이 코드에서는 src/pages 디렉터리에 만든 11개 컴포넌트를 사용합니다. 이번 절은 26행 EventListener부터 역순으로 올라가면서 16행 FileDrop 컴포넌트까지 차례로 구현해 가는 방식으로 진행됩니다.

**Do it! 앱 파일 작성**                     • src/App.tsx

```tsx
01  import EventListener from './pages/EventListener'
02  import OnClick from './pages/OnClick'
03  import ReactOnClick from './pages/ReactOnClick'
04  import DispatchEvent from './pages/DispatchEvent'
05  import EventBubbling from './pages/EventBubbling'
06  import StopPropagation from './pages/StopPropagation'
07  import VariousInputs from './pages/VariousInputs'
08  import OnChange from './pages/OnChange'
09  import FileInput from './pages/FileInput'
10  import DragDrop from './pages/DragDrop'
11  import FileDrop from './pages/FileDrop'
12
13  export default function App() {
14    return (
15      <div>
16        <FileDrop />
17        <DragDrop />
18        <FileInput />
19        <OnChange />
20        <VariousInputs />
21        <StopPropagation />
22        <EventBubbling />
23        <DispatchEvent />
24        <ReactOnClick />
25        <OnClick />
26        <EventListener />
27      </div>
28    )
29  }
```

이제 터미널에서 **npm start** 명령을 실행합니다.

```
T  터미널                                                     −  □  ×

> npm start
```

## 이벤트란?

리액트를 비롯해 화면 UI를 다루는 모든 프레임워크는 사용자가 화면 UI에서 버튼을 누르거
나 텍스트를 입력하는 등의 행위가 발생하면 이를 화면 UI를 구현한 코드 쪽에 알려 줘야 합
니다. 이처럼 마우스 클릭, 텍스트 입력과 같은 사용자 행위가 일어날 때 '이벤트[event]가 발생
했다'고 표현합니다.

## Event 타입

웹 브라우저의 자바스크립트 엔진은 Event 타입을 제공
합니다.[*] 다음 표는 Event의 주요 속성과 의미를 정리한
것입니다.

\* Event 타입을 더 자세히 알고 싶으면 다음 링
크를 클릭해 참고하세요. developer.mozilla.
org/ko/docs/Web/API/Event

표 2-1 Event 타입의 주요 속성

| 종류 | 설명 |
| --- | --- |
| type | 이벤트 이름으로 대소 문자를 구분하지 않습니다. |
| isTrusted | 이벤트가 웹 브라우저에서 발생한 것인지(true), 프로그래밍으로 발생한 것인지(false)를 판단합니다. |
| target | 이벤트가 처음 발생한 HTML 요소입니다. |
| currentTarget | 이벤트의 현재 대상, 즉 이벤트 버블링 중에서 이벤트가 현재 위치한 객체입니다. |
| bubbles | 이벤트가 DOM을 타고 버블링될지 여부를 결정합니다. |

다음 코드는 이름이 click(type 속성값이 'click')인 Event 객체를 생성하는 예입니다. 이렇
게 생성된 Event 타입 객체를 어떻게 처리하는지 알아보겠습니다.

```
new Event('click', { bubbles: true })
```

## EventTarget 타입

앞서 「02-1」절에서 모든 HTML 요소는 `HTMLElement` 상속 타입을 가진다고 했습니다. `HTMLElement`는 다음 그림처럼 최상위 `EventTarget` 타입을 시작으로 `Node`, `Element`와 같은 타입을 상속합니다. 즉, 모든 HTML 요소는 `EventTarget` 타입이 정의하는 속성과 메서드를 포함하고 있습니다. 물론 「02-1」절에서 언급한 브라우저 객체 모델의 `Window` 타입도 `EventTarget`에서 상속하는 타입입니다.

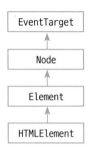

그림 2-21 HTMLElement의 부모 인터페이스 상속 구조

## 이벤트 처리기

`EventTarget`은 addEventListener, removeEventListener, dispatchEvent라는 메서드 3개를 제공합니다. addEventListener라는 이름에서 add를 제외한 EventListener는 '이벤트 + 귀 기울여 듣기'를 뜻합니다. 그리고 프로그래밍에서 '귀 기울여 듣기'를 구현하는 메커니즘은 콜백 함수이므로 이벤트를 기다리는 콜백 함수는 좀 더 간결하게 **이벤트 처리기**<sup>event handler</sup>라고 합니다.

이벤트 처리기는 이벤트가 발생할 때까지 귀 기울여 기다리다가 이벤트가 발생하면 해당 이벤트를 코드 쪽으로 알려 주는 역할을 합니다. 이제 add까지 붙여서 생각하면 `addEvent Listener` 메서드는 이벤트 처리기를 추가한다는 의미이며, 하나의 이벤트에 이벤트 처리기를 여러 개 부착할 수 있다는 것을 뜻합니다.

---

addEventListener 사용법

DOM_객체.addEventListener(이벤트_이름: string, 콜백_함수: (e: Event)=>void)

---

브라우저 객체 모델의 window 객체는 Window 타입이고 Window 타입은 EventTarget 타입을 상속합니다. 즉, window 객체는 addEventListener 메서드를 제공하므로 코드를 다음처럼 작성할 수 있습니다.

```
window.addEventListener('click', (e: Event) => console.log('mouse click occurs.'))
```

또한 리액트 프로젝트는 항상 public 디렉터리의 index.html 파일에 `<div id="root">` 태그를 포함하고 있으므로 코드를 다음처럼 작성할 수 있습니다.

```
document.getElementById('root')?.addEventListener('click', (e: Event) => {
  const {isTrusted, target, bubbles} = e
  console.log('mouse click occurs.', isTrusted, target, bubbles)
})
```

이 코드에서 타입스크립트의 옵셔널 체이닝<sup>optional chaining</sup> 연산자 `?.`를 사용하는데, 이는 `getElementById` 메서드가 null값을 반환할 수 있기 때문입니다. `getElementById` 메서드가 null값을 반환하면 옵셔널 체이닝 연산자는 `addEventListener` 메서드를 호출하지 않습니다.

이제 src/pages 디렉터리의 EventListener.tsx 파일을 열고 다음처럼 코드를 작성합니다. 이 코드는 01행과 05행에서 `<div id="root">` 태그에 `'click'` 이벤트에 대한 이벤트 처리기를 2개 부착하고 있습니다.

**Do it!** 이벤트 리스너 • src/pages/EventListener.tsx

```
01  document.getElementById('root')?.addEventListener('click', (e: Event) => {
02    const {isTrusted, target, bubbles} = e
03    console.log('mouse click occurs.', isTrusted, target, bubbles)
04  })
05  document.getElementById('root')?.addEventListener('click', (e: Event) => {
06    const {isTrusted, target, bubbles} = e
07    console.log('mouse click also occurs.', isTrusted, target, bubbles)
08  })
09
10  export default function EventListener() {
11    return <div>EventListener</div>
12  }
```

웹 브라우저에 실행 결과가 출력되면 EventListener 텍스트를 마우스로 클릭합니다. 그러면 개발 도구의 콘솔 창에 이벤트 내용이 출력됩니다. click 이벤트는 웹 브라우저에서 발생했으므로 이벤트의 isTrusted 속성값은 true, 마우스 클릭이 <div>EventListener</div>에서 일어났으므로 target은 <div> 요소가 되며, bubbles값은 true임을 알려 줍니다.

## 물리 DOM 객체의 이벤트 속성

앞에서 살펴본 addEventListener 메서드는 사용법이 조금 번거롭습니다. 이 때문에 window 를 포함한 대부분의 HTML 요소는 onclick처럼 'on' 뒤에 이벤트 이름을 붙인 속성을 제공합니다. 이벤트 속성은 addEventListener의 사용법을 간결하게 하는 게 목적이므로 이벤트 속성값에는 항상 이벤트 처리기를 설정해야 합니다.

다음은 앞선 코드를 onclick 이벤트 속성으로 다시 구현한 예입니다.

```
window.onclick = (e: Event) => console.log('mouse click occurs.')
```

또한 <div id="root">에서 DOM 객체의 onclick 속성값을 다음처럼 구현할 수도 있습니다. 참고로 옵셔널 체이닝 연산자는 document.getElementById('root')?.onclick = 콜백_함수 처럼 값을 설정하는 구문에는 사용할 수 없으므로 다음과 같은 형태로 구현해야 합니다.

```
const rootDiv = document.getElementById('root')
if (rootDiv) {
  rootDiv.onclick = (e: Event) => console.log('mouse click occurs.')
}
```

이제 src/pages 디렉터리의 OnClick.tsx 파일을 열고 다음처럼 코드를 작성합니다.

**Do it! 클릭 이벤트 처리** • src/pages/OnClick.tsx

```
01  const rootDiv = document.getElementById('root')
02  if (rootDiv) {
03    rootDiv.onclick = (e: Event) => {
04      const {isTrusted, target, bubbles} = e
05      console.log('mouse click occurs on rootDiv', isTrusted, target, bubbles)
06    }
07    rootDiv.onclick = (e: Event) => {
08      const {isTrusted, target, bubbles} = e
09      // prettier-ignore
10      console.log('mouse click also occurs on rootDiv', isTrusted, target, bubbles)
11    }
12  }
13  export default function OnClick() {
14    return <div>OnClick</div>
15  }
```

▶ 실행 결과

웹 브라우저에 실행 결과가 출력되면 OnClick 텍스트를 마우스로 클릭합니다. 그러면 개발
도구의 콘솔 창에 이벤트 내용이 출력됩니다. 그런데 코드에서 10행의 내용은 나타나지만,
05행의 내용은 보이지 않습니다. 이는 addEventListener와 달리 onclick은 가장 마지막에
설정된 콜백 함수를 호출한다는 것을 의미합니다. 콘솔 창에 나타난 메시지는 앞서 구현한
EventListener.tsx 쪽 addEventListener 관련 코드와 OnClick.tsx 쪽 onclick 관련 코드가
한꺼번에 동작했기 때문입니다.

지금까지 리액트와 상관없는 물리 DOM 객체를 대상으로 한 이벤트 처리 방법을 살펴보았습
니다. 이제 리액트 방식으로 이벤트를 처리하는 방법을 알아보겠습니다.

## 리액트 프레임워크의 이벤트 속성

리액트 컴포넌트도 on이벤트명 형태로 된 HTML 요소의 이벤트 속성들을 제공합니다. 그런데 한 가지 큰 차이는 HTML 요소의 이벤트 속성은 모두 소문자지만, 리액트 코어 컴포넌트의 속성은 onClick, onMouseEnter처럼 소문자로 시작하는 카멜 표기법을 사용합니다.

그리고 리액트 컴포넌트의 이벤트 속성에 설정하는 콜백 함수는 매개변수 e의 타입이 Event가 아니라 리액트가 제공하는 SyntheticEvent 타입을 설정해야 한다는 차이가 있습니다.

VSCode에서 SyntheticEvent의 정의를 찾아보면 다음과 같습니다.

SyntheticEvent 선언문

```
interface SyntheticEvent<T = Element, E = Event> extends BaseSyntheticEvent<E, Event-
Target & T, EventTarget> {}
```

리액트 컴포넌트 관점에서 'synthetic'이라는 용어는 '모든 종류의 이벤트를 종합한' 정도로 의역할 수 있습니다. SyntheticEvent는 BaseSyntheticEvent를 상속하는 타입으로서, BaseSyntheticEvent의 주요 내용만 추리면 다음과 같습니다.

```
interface BaseSyntheticEvent<E = object, C = any, T = any> {
  nativeEvent: E;
  currentTarget: C;
  target: T;
  preventDefault(): void;
  stopPropagation(): void;
}
```

리액트는 물리 DOM에서 일어나는 이벤트를 네이티브 이벤트라고 합니다. BaseSynthetic Event의 nativeEvent 속성은 물리 DOM에서 발생하는 Event의 세부 타입인 PointerEvent 와 같은 이벤트 객체를 저장하는 데 사용합니다. currentTarget 속성은 잠시 후에 알아볼 이벤트 버블링 과정에서 현재 이벤트를 수신한 DOM 객체를 알고 싶을 때 사용하며, target 속성은 이벤트를 처음 발생시킨 DOM 객체를 알고 싶을 때 사용합니다. preventDefault와 stopPropagation 메서드는 잠시 후에 알아보겠습니다.

이제 src/pages 디렉터리의 ReactOnClick.tsx 파일을 열고 다음처럼 코드를 작성합니다.
11행의 onClick은 리액트 컴포넌트의 이벤트 속성이므로 04행의 onClick 변수에 설정한 콜
백 함수는 매개변수 e의 타입을 SyntheticEvent로 설정합니다.

**Do it!** 리액트 컴포넌트의 이벤트 속성 • src/pages/ReactOnClick.tsx

```
01  import type {SyntheticEvent} from 'react'
02
03  export default function ReactOnClick() {
04    const onClick = (e: SyntheticEvent) => {
05      const {isTrusted, target, bubbles} = e
06      console.log('mouse click occurs on <button>', isTrusted, target, bubbles)
07    }
08    return (
09      <div>
10        <p>ReactOnClick</p>
11        <button onClick={onClick}>Click Me</button>
12      </div>
13    )
14  }
```

▶ 실행 결과

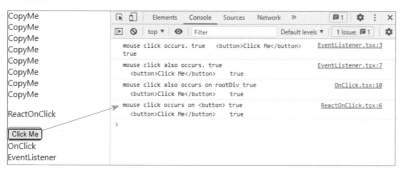

웹 브라우저에 실행 결과가 출력되면 〈Click Me〉 버튼을 마우스로 클릭합니다. 그러면 개발
도구의 콘솔 창에 이벤트 내용이 출력됩니다. 물리 DOM을 대상으로 한 이벤트 처리와 크게
다르지 않습니다.

## EventTarget의 dispatchEvent 메서드

DOM의 최상위 타입인 EventTarget은 다음과 같은 dispatchEvent 메서드를 제공합니다.

```
dispatchEvent(event: Event): boolean;
```

앞서 Event 타입 객체를 다음처럼 만들 수 있다고 했습니다.

```
new Event('click', { bubbles: true })
```

이렇게 생성된 Event 타입 객체는 다음처럼 Event나 SyntheticEvent의 target 속성값이 되는 타깃_DOM_객체의 dispatchEvent 메서드를 호출하여 이벤트를 발생시킬 수 있습니다.

```
타깃_DOM_객체.dispatchEvent(new Event('click', { bubbles: true }))
```

그런데 흥미롭게도 모든 DOM 객체의 부모 타입인 HTMLElement는 click 메서드를 제공합니다. 다음 코드는 앞의 dispatchEvent 코드와 완전히 똑같이 동작합니다. 이는 click 메서드가 dispatchEvent 코드로 구현되었음을 짐작케 합니다.

```
타깃_DOM_객체.click()
```

이제 src/pages 디렉터리의 DispatchEvent.tsx 파일을 열고 다음처럼 코드를 작성합니다. 04행과 08행에서 각각 dispatchEvent와 click 메서드를 호출합니다.

**Do it!** dispatchEvent와 click 메서드 호출 • src/pages/DispatchEvent.tsx

```
01  export default function DispatchEvent() {
02    const onCallDispatchEvent = () => {
03      console.log('onCallDispatchEvent')
04        document.getElementById('root')?.dispatchEvent(new Event('click', {bubbles:
05  true}))
06    }
07    const onCallClick = () => {
08      console.log('onCallClick')
09      document.getElementById('root')?.click()
10    }
```

```
11      return (
12        <div>
13          <p>DispatchEvent</p>
14          <button onClick={onCallDispatchEvent}>call dispatchEvent</button>
15          <button onClick={onCallClick}>call click</button>
16        </div>
17      )
18    }
```

▶ 실행 결과

웹 브라우저에 실행 결과가 출력되면 〈call dispatchEvent〉와 〈call click〉 버튼을 마우스로 클릭합니다. 그러면 개발 도구의 콘솔 창에 이벤트 내용이 출력됩니다.

앞서 Event 타입의 isTrusted 속성은 이벤트가 웹 브라우저에서 발생한 것인지(true), 프로그래밍으로 발생한 것인지를(false) 알게 해준다고 했습니다. dispatchEvent와 click 메서드로 발생한 이벤트는 isTrusted값이 false인 것을 볼 수 있습니다. 물론 프로그래밍으로 발생한 이벤트더라도 사용자가 마우스를 클릭했을 때의 현상과 똑같은 모습을 볼 수 있습니다.

다음 주제로 넘어가기 전에 App.tsx 파일을 수정하겠습니다. 앞으로 결과를 확인할 때 혼란을 줄이고자 불필요한 콘솔 메시지를 출력하지 않도록 물리 DOM 관련 컴포넌트들이 동작하지 않게 하겠습니다. src/App.tsx 파일을 열고 23~26행을 주석으로 처리합니다. 23~26행을 선택한 뒤 Ctrl + / 를 누르면 주석 처리를 쉽게 할 수 있습니다. Ctrl + / 를 한 번 더 누르면 주석을 취소합니다.

---

**Do it!** 앱 파일 수정 • src/App.tsx

```
        ... (생략) ...
21  <StopPropagation />
22  <EventBubbling />
23  {/* <DispatchEvent />
24  <ReactOnClick />
25  <OnClick />
26  <EventListener /> */}
        ... (생략) ...
```

---

## 이벤트 버블링

**이벤트 버블링**<sup>event bubbling</sup>이란 자식 요소에서 발생한 이벤트가 가까운 부모 요소에서 가장 먼 부모 요소까지 계속 전달되는 현상을 의미합니다.

그림 2-22 이벤트 버블링

다음 코드는 \<button>은 물론 \<button>의 부모 요소인 \<div>에도 click 이벤트 처리기가 부착되었습니다. 이때 \<button> 영역에 마우스 클릭이 일어나면 이벤트 버블링 때문에 onButtonClick은 물론 onDivClick까지 호출됩니다. 그리고 이벤트 버블링이 일어나면 이벤트가 직접 발생한 onButtonClick에서는 e.currentTarget값이 \<button>의 DOM 객체로 설정되고, 부모 요소의 onDivClick에서는 e.curruntTarget값이 \<div>의 DOM 객체로 설정됩니다.

```
const onDivClick = (e: SyntheticEvent) => { e.currentTarget }  ← <div>의 DOM 객체
const onButtonClick = (e: SyntheticEvent) => { e.currentTarget }  ← <button>의 DOM 객체

return (
  <div onClick={onDivClick}>
    <button onClick={onButtonClick}>Click Me</button>
  </div>
)
```

이제 src/pages 디렉터리의 EventBubbling.tsx 파일을 열고 다음처럼 코드를 작성합니다. 이
코드는 지금까지와 다르게 Event의 target은 물론 currentTarget 속성값까지 출력합니다.

**Do it!** 이벤트 버블링  • src/pages/EventBubbling.tsx

```
01  import type {SyntheticEvent} from 'react'
02
03  export default function EventBubbling() {
04    const onDivClick = (e: SyntheticEvent) => {
05      const {isTrusted, target, bubbles, currentTarget} = e
06      console.log('click event bubbles on <div>', isTrusted, target, bubbles,
      currentTarget)
07    }
08    const onButtonClick = (e: SyntheticEvent) => {
09      const {isTrusted, target, bubbles} = e
10      console.log('click event starts at <button>', isTrusted, target, bubbles)
11    }
12    return (
13      <div onClick={onDivClick}>
14        <p>EventBubbling</p>
15        <button onClick={onButtonClick}>Click Me</button>
16      </div>
17    )
18  }
```

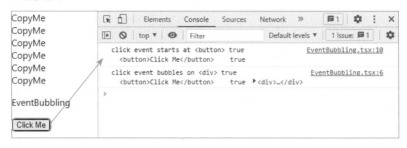

웹 브라우저에 실행 결과가 출력되면 〈Click Me〉 버튼을 마우스로 클릭합니다. 그러면 개발 도구의 콘솔 창에 이벤트 내용이 출력됩니다. 15행의 <button>에서 발생한 click 이벤트가 onButtonClick은 물론 <button>의 부모 요소인 13행의 <div>에 부착된 onClick 이벤트 처리 기인 04행의 onDivClick에게까지 전달되었습니다.

그리고 target값은 <button>이지만 currentTarget값은 <div>로 서로 다릅니다. currentTarget 은 이벤트의 현재 대상, 즉 이벤트 버블링 중 현재 이벤트가 위치한 객체를 가리킵니다.

## stopPropagation 메서드와 이벤트 전파 막기

앞서 살펴본 이벤트 버블링은 보통 그리 큰 문제는 아니지만 간혹 중단하고 싶을 때가 있습니다. 이때 SyntheticEvent의 부모인 BaseSyntheticEvent 타입이 제공하는 stopPropagation 메서드를 사용합니다. 이 메서드는 이벤트가 전파되는 것을 멈춥니다. 이를 **이벤트 전파 막기** event stop propagation 라고 합니다.

src/pages 디렉터리의 StopPropagation.tsx 파일을 열고 다음처럼 코드를 작성합니다. 07 행에서 stopPropagation 메서드를 호출합니다.

**Do it!** 이벤트 전파 막기 • src/pages/StopPropagation.tsx

```
01  import type {SyntheticEvent} from 'react'
02
03  export default function StopPropagation() {
04    const onDivClick = (e: SyntheticEvent) => console.log('click event bubbles on <div>')
05    const onButtonClick = (e: SyntheticEvent) => {
06      console.log('mouse click occurs on <button> and call stopPropagation')
07      e.stopPropagation()
08    }
09    return (
```

```
10      <div onClick={onDivClick}>
11        <p>StopPropagation</p>
12        <button onClick={onButtonClick}>Click Me and stop event propagation</button>
13      </div>
14    )
15  }
```

▶ 실행 결과

웹 브라우저에 실행 결과가 출력되면 〈Click Me and stop event propagation〉 버튼을 마우스로 클릭합니다. 그러면 개발 도구의 콘솔 창에 이벤트 내용이 출력됩니다. <button>이 stopPropagation을 호출하여 이벤트가 전파되는 것을 막았으므로 이제 <button>의 부모 요소인 <div> 쪽에는 이벤트가 전달되지 않습니다.

## 〈input〉 요소의 이벤트 처리

<input>은 <button>과 함께 이벤트 처리기를 빈번하게 작성해야 하는 대표 요소입니다. 그런데 <input>은 type 속성값에 따라 화면에 나타나는 모습과 사용자 입력을 얻는 방법이 조금 다릅니다.

이제 src/pages 디렉터리의 VariousInputs.tsx 파일을 열고 다음처럼 코드를 작성합니다. 이 코드에서는 이벤트 처리 부분을 구현했지만 type 속성값을 다양하게 설정했습니다.

**Do it!** 〈input〉 요소의 이벤트 처리 • src/pages/VariousInputs.tsx

```
01  export default function VariousInputs() {
02    return (
03      <div>
04        <p>VariousInputs</p>
05        <div>
06          <input type="text" placeholder="enter some texts" />
07          <input type="password" placeholder="enter your password" />
```

```
08            <input type="email" placeholder="enter email address" />
09            <input type="range" />
10            <input type="button" value="I'm a button" />
11            <input type="checkbox" value="I'm a checkbox" defaultChecked />
12            <input type="radio" value="I'm a radio" defaultChecked />
13            <input type="file" />
14          </div>
15        </div>
16      )
17    }
```

▶ 실행 결과

### <button>과 <input type='button'>의 차이

<button>과 <input type='button'>은 모두 click 이벤트를 발생시킨다는 공통점이 있습니다. 그러나 <button>은 <button>I'm a Button</button>처럼 자식 요소를 가질 수 있지만, <input>은 <input type="button" value="I'm a Button"/>처럼 자식 요소를 가질 수 없습니다.

## <input>의 onChange 이벤트 속성

<input> 요소에 마우스 클릭이 일어나면 <button>과 마찬가지로 click 이벤트가 발생합니다. 그런데 만약 사용자의 입력이 텍스트라면 change 이벤트가 발생하며, 이 change 이벤트는 onChange 이벤트 속성으로 얻을 수 있습니다.

다음은 제네릭 타입generic type ChangeEvent<T>의 선언문으로 SyntheticEvent에 target이란 이름의 속성을 추가한 타입임을 알 수 있습니다. 여기서 타입 변수는 HTMLElement나 HTMLInputElement와 같은 DOM 타입이어야 합니다.

```
interface ChangeEvent<T = Element> extends SyntheticEvent<T> {
  target: EventTarget & T;
}
```

다음 코드는 `<input>`의 onChange 이벤트 속성에 onChange라는 이름의 이벤트 처리기를 설정했는데, 이벤트 처리기의 매개변수 e의 타입을 ChangeEvent<HTMLInputElement>로 설정했습니다. 이 코드에 따라 HTMLInputElement 타입의 물리 DOM 객체 값을 e.target 형태로 얻을 수 있습니다.

```
import type {ChangeEvent} from 'react'

export default function OnChange() {
  const onChange = (e: ChangeEvent<HTMLInputElement>) => {
    console.log('onChange', e.target.value)
  }
  return <input type="text" onChange={onChange} />
}
```

## <input> 요소의 이벤트 관련 속성들

다음은 input 요소의 정의 내용으로, `<input>` 요소가 제공하는 속성들은 React.InputHTMLAttributes<HTMLInputElement> 형태로 얻을 수 있음을 알려 줍니다.

```
input: React.DetailedHTMLProps<React.InputHTMLAttributes<HTMLInputElement>,
HTMLInputElement>;
```

그리고 다음은 InputHTMLAttributes<T>의 속성 가운데 onChange 이벤트와 관련된 속성을 보여 줍니다 type 속성값이 'checkbox'이거나 'radio'이면 checked 속성값으로, 'text', 'email', 'password', 'range'이면 value 속성값으로, 'file'이면 files 속성값으로 사용자가 입력한 구체적인 내용을 얻을 수 있습니다.

```
interface InputHTMLAttributes<T> extends HTMLAttributes<T> {
  checked?: boolean | undefined;
  value?: string | ReadonlyArray<string> | number | undefined;
  files: FileList | null;
  onChange?: ChangeEventHandler<T> | undefined;
  ... (생략) ...
}
```

## <input>의 defaultValue와 defaultChecked 속성

<input> 요소는 value와 checked 속성 외에 defaultValue와 defaultChecked 속성도 제공합니다. value와 checked는 사용자가 <input>에 입력한 값을 얻을 때 사용하고, defaultValue와 defaultChecked는 어떤 초깃값을 설정하고 싶을 때 사용합니다.

다음 코드는 초깃값 "Hello"를 defaultValue가 아닌 value 속성에 설정한 예입니다.

```
<input type="text" value="Hello"/>
```

그런데 이렇게 하면 콘솔 창에는 다음처럼 경고 메시지가 나타납니다. 이 경고 메시지는 value 대신 초깃값을 설정하는 용도로 제공하는 defaultValue를 사용하면 없앨 수 있습니다.

❌ ▶Warning: A component is changing an uncontrolled input to be controlled. This react-dom.development.js:67 is likely caused by the value changing from undefined to a defined value, which should not happen. Decide between using a controlled or uncontrolled input element for the lifetime of the component. More info: http s://reactjs.org/link/controlled-components

그림 2-23 defaultValue 대신 value에 초깃값을 설정하면 나타나는 경고

## OnChange 컴포넌트 구현하기

이제 지금까지 내용을 바탕으로 src/pages 디렉터리의 OnChange.tsx 파일을 열고 다음처럼 코드를 작성합니다. 코드는 <input>의 type 설정값이 'text' 종류일 때는 e.target.value, 'checkbox' 종류일 때는 e.target.checked, 'file' 종류일 때는 e.target.files 형태로 사용자가 입력한 내용을 얻습니다.

```tsx
01  import type {ChangeEvent} from 'react'
02
03  export default function OnChange() {
04    const onChangeValue = (e: ChangeEvent<HTMLInputElement>) => {
05      e.stopPropagation()
06      e.preventDefault()
07      console.log('onChangeValue', e.target.value)
08    }
09    const onChangeChecked = (e: ChangeEvent<HTMLInputElement>) => {
10      e.stopPropagation()
11      console.log('onChangeChecked', e.target.checked)
12    }
13    const onChangeFiles = (e: ChangeEvent<HTMLInputElement>) => {
14      e.stopPropagation()
15      console.log('onChangeFiles', e.target.files)
16    }
17    // prettier-ignore
18    return (
19      <div>
20        <p>OnChange</p>
21        <input type="text" onChange={onChangeValue}
22          placeholder="type some text" defaultValue="Hello"/>
23        <input type="checkbox" onChange={onChangeChecked} defaultChecked/>
24        <input type="file" onChange={onChangeFiles} multiple accept="images/*" />
25      </div>
26    )
27  }
```

▶ 실행 결과

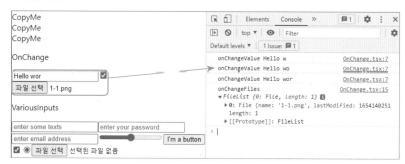

웹 브라우저에 실행 결과가 출력되면 OnChange 아래에 있는 입력 상자에 텍스트를 추가로 입력해 보고, 〈파일 선택〉을 눌러 내 컴퓨터에 있는 아무 파일이나 선택해 보세요. 그러면 개발 도구의 콘솔 창에 〈input〉의 type 유형에 따라 value, checked, files 속성값이 출력됩니다. value이면 사용자가 글자를 입력할 때마다 출력되고 files이면 선택한 파일 정보가 출력됩니다.

**multiple과 accept 속성**

〈input〉은 type 속성값이 'file'일 때는 multiple과 accept라는 속성을 추가로 사용할 수 있습니다. multiple의 기본값은 false이고 사용자는 파일을 1개만 선택할 수 있지만, multiple값을 true로 하면 파일을 여러 개 동시에 선택할 수 있습니다.

accept 속성은 사용자가 선택할 수 있는 파일 확장자를 제한하는 데 사용합니다. 예를 들어 "images/*"로 설정하면 이미지 파일로 제한하고, 'text/plain'으로 설정하면 텍스트 파일로 제한합니다.

### 〈input type="file"〉에서의 onChange 이벤트 처리

〈input〉의 type 속성값이 'file'일 때 change 이벤트가 발생합니다. 이 이벤트는 다음처럼 e.target.files 속성값으로 사용자가 선택한 파일 목록을 얻을 수 있습니다.

```
export default function FileInput() {
  const onChange = (e: ChangeEvent<HTMLInputElement>) => {
    const files: FileList | null = e.target.files
  }
  return <input type="file" onChange={onChange} multiple accept="image/*" />
}
```

e.target.files 속성의 타입은 FileList이며 리액트가 아니라 웹 브라우저의 자바스크립트 엔진이 제공합니다.

웹 브라우저가 제공하는 FileList 타입

```
interface FileList {
  readonly length: number;
  item(index: number): File | null;
  [index: number]: File;
}
```

FileList의 item과 인덱스 연산자 []는 다음처럼 File 타입 속성값을 얻을 수 있도록 고안되었습니다.

```
const files: FileList | null = e.target.files
if (files) {
  for (let i = 0; i < files.length; i++) {
    const file: File | null = files.item(i)    // 혹은 file = files[i];
    console.log(`file[${i}]: `, file)
  }
}
```

또한 자바스크립트 엔진은 다음 Blob 타입과 Blob 타입을 확장한 File 타입도 제공합니다.

자바스크립트 엔진이 제공하는 Blob과 File 타입
```
interface Blob {
  readonly size: number;
  readonly type: string;
  arrayBuffer(): Promise<ArrayBuffer>;
  slice(start?: number, end?: number, contentType?: string): Blob;
  stream(): ReadableStream;
  text(): Promise<string>;
}

interface File extends Blob {
  readonly lastModified: number;
  readonly name: string;
  readonly webkitRelativePath: string;
}
```

이제 src/pages 디렉터리의 FileInput.tsx 파일을 열고 다음처럼 코드를 작성합니다.

```tsx
01    import type {ChangeEvent} from 'react'
02
03    export default function FileInput() {
04      const onChange = (e: ChangeEvent<HTMLInputElement>) => {
05        const files: FileList | null = e.target.files
06        if (files) {
07          for (let i = 0; i < files.length; i++) {
08            const file: File | null = files.item(i) //or    file = files[i];
09            console.log(`file[${i}]: `, file)
10          }
11        }
12      }
13      return (
14        <div>
15          <p>FileInput</p>
16          <input type="file" onChange={onChange} multiple accept="image/*" />
17        </div>
18      )
19    }
```

▶ 실행 결과

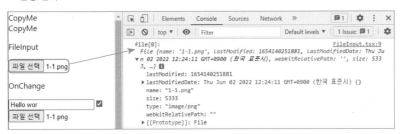

웹 브라우저에 실행 결과가 출력되면 FileInput 아래에 있는 〈파일 선택〉을 눌러 내 컴퓨터에 있는 아무 파일이나 선택해 보세요. 그러면 개발 도구의 콘솔 창에 File 타입 데이터의 세부 내용이 출력됩니다. name 속성으로 이름을, size와 type 속성으로 파일의 크기와 유형 등을 얻을 수 있습니다.

## 드래그 앤 드롭 이벤트 처리

모든 `HTMLElement` 상속 요소는 `draggable`이라는 `boolean` 타입 속성을 제공합니다. 다음 코드는 `<h1>` 요소에 `draggable` 속성값을 설정한 예입니다.

```
<h1 draggable>Drag Me</h1>
```

그리고 다음 그림은 `<h1 draggable>Drag Me</h1>` 요소 위에서 마우스를 클릭한 채 드래그했을 때의 모습입니다. HTML 요소에 `draggable`을 설정하면 드래그 앤 드롭<sup>drag & drop</sup> 관련 이벤트가 발생합니다. 이 이벤트를 알아보겠습니다.

그림 2-24 〈h1 draggable〉 요소를 드래그했을 때 모습

다음은 모질라 사이트에서 발췌한 드래그 앤 드롭 관련 이벤트입니다. 이 드래그 앤 드롭과 관련된 이벤트 처리기들은 DragEvent 타입을 매개변수의 타입으로 사용합니다. 이제 DragEvent를 자세히 알아보겠습니다.

표 2-2 드래그 앤 드롭 이벤트(출처: developer.mozilla.org/ko/docs/Web/API/HTML_Drag_and_Drop_API)

| 종류 | 발생 시기 | 리액트 이벤트 속성 이름 |
|---|---|---|
| dragenter | 드래그한 요소나 텍스트 블록을 적합한 드롭 대상 위에 올라갔을 때 발생합니다. | onDragEnter |
| dragstart | 사용자가 요소나 텍스트 블록을 드래그하기 시작했을 때 발생합니다. | onDragStart |
| drag | 요소나 텍스트 블록을 드래그할 때 발생합니다. | onDrag |
| dragover | 요소나 텍스트 블록을 적합한 드롭 대상 위로 지나갈 때(수백 밀리초마다) 발생합니다. | onDragOver |
| dragleave | 드래그하는 요소나 텍스트 블록이 적합한 드롭 대상에서 벗어났을 때 발생합니다. | onDragLeave |
| dragend | 드래그를 끝냈을 때 발생합니다. | onDragEnd |
| drop | 요소나 텍스트 블록을 적합한 드롭 대상에 드롭했을 때 발생합니다. | onDrop |

리액트는 드래그 앤 드롭 효과와 관련하여 다음처럼 DragEvent 타입을 제공합니다. DragEvent 타입에서 가장 중요한 속성은 dataTransfer입니다.

리액트가 제공하는 DragEvent 타입

```
interface DragEvent<T = Element> extends MouseEvent<T, NativeDragEvent> {
  dataTransfer: DataTransfer;
}
```

dataTransfer 속성은 다음처럼 DataTransfer 타입을 가지는데, 파일을 드롭했을 때는 files 속성으로 드롭한 파일의 정보를 알 수 있습니다.

```
interface DataTransfer {
  files: FileList
  ... (생략) ....
}
```

그런데 드래그 앤 드롭 이벤트를 처리하려면 EventTarget 타입이 제공하는 preventDefault 메서드를 알아야 합니다. preventDefault 메서드는 어떤 사용자 액션에 따라 이벤트가 발생했을 때 이 이벤트와 관련된 웹 브라우저의 기본 구현 내용을 실행하지 않게 합니다.

웹 브라우저는 기본으로 drop 이벤트가 발생하지 않도록 설계되었습니다. 이에 따라 drop 이벤트가 발생하려면 다음처럼 dragover 이벤트 처리기에서 preventDefault 메서드를 호출해야 합니다.

```
const onDragOver = (e: DragEvent) => {
  e.preventDefault()
}
```

또한 onDrop 처리기에도 다음처럼 preventDefault 메서드를 호출해 주는 것이 좋습니다. 만일 파일을 드롭할 때 웹 브라우저는 드롭한 파일을 새로운 창을 열어 보여 주기 때문입니다.

```
const onDrop = (e: DragEvent) => {
  e.preventDefault()
}
```

## DragDrop 컴포넌트 구현하기

이제 src/pages 디렉터리의 DragDrop.tsx 파일을 열고 다음처럼 코드를 작성합니다. 이 코드는 draggable 속성값이 설정된 <div>에는 onDragStart와 onDragEnd를, 무엇인가 데이터를 드롭받을 <div>에는 onDragOver와 onDrop 이벤트 처리기를 설정합니다.

**Do it!** 드래그 앤 드롭 구현        • src/pages/DragDrop.tsx

```tsx
01  import type {DragEvent} from 'react'
02
03  export default function DragDrop() {
04    const onDragStart = (e: DragEvent<HTMLElement>) =>
05      console.log('onDragStart', e.dataTransfer)
06    const onDragEnd = (e: DragEvent<HTMLElement>) =>
07      console.log('onDragEnd', e.dataTransfer)
08
09    const onDragOver = (e: DragEvent) => e.preventDefault()
10    const onDrop = (e: DragEvent) => {
11      e.preventDefault()
12      console.log('onDrop', e.dataTransfer)
13    }
14
15    return (
16      <div>
17        <p>DragDrop</p>
18        <div draggable onDragStart={onDragStart} onDragEnter={onDragEnd}>
19          <h1>Drag Me</h1>
20        </div>
21        <div onDrop={onDrop} onDragOver={onDragOver}>
22          <h1>Drop over Me</h1>
23        </div>
24      </div>
25    )
26  }
```

▶ 실행 결과

웹 브라우저에 실행 결과가 출력되면 'Drag Me'라는 텍스트를 끌어서 'Drop over Me'라는 텍스트 위로 옮겨 보세요. 그러면 개발 도구의 콘솔 창에 `<div draggable>`에서 발생한 onDragStart와 onDragEnd 이벤트 처리 내용이 출력됩니다.

## FileDrop 컴포넌트 구현하기

이제 src/pages 디렉터리에 FileDrop.tsx 파일을 열고 다음처럼 코드를 작성합니다. 파일이 웹 브라우저 바깥에서 안쪽으로 떨어지므로 `<div draggable>`과 같은 요소는 필요 없습니다. 다만 onDrop이 호출되도록 onDragOver에 preventDefault 메서드 호출이 필요합니다. 코드에서 08행은 FileInput 컴포넌트와 비교해 보면 FileInput은 e.target.files로 files 객체를 얻지만, FileDrop은 드롭한 파일을 가져와야 하므로 e.dataTransfer.files에서 files 객체를 얻는다는 차이만 있습니다.

**Do it! 파일 드롭 구현** • src/pages/FileDrop.tsx

```
01  import type {DragEvent} from 'react'
02
03  export default function FileDrop() {
04    const onDragOver = (e: DragEvent) => e.preventDefault()
05
06    const onDrop = (e: DragEvent) => {
07      e.preventDefault()   // 새 창에 드롭한 이미지가 나타나는 것 방지
08      const files = e.dataTransfer.files
09      if (files) {
10        for (let i = 0; i < files.length; i++) {
11          const file: File | null = files.item(i)   // 혹은 file = files[i];
12          console.log(`file[${i}]: `, file)
13        }
14      }
15    }
16
17    return (
18      <div>
19        <p>FileDrop</p>
20        <div onDrop={onDrop} onDragOver={onDragOver}>
21          <h1>Drop image files over Me</h1>
22        </div>
```

```
23        </div>
24      )
25    }
```

▶ 실행 결과

웹 브라우저에 실행 결과가 출력되면 내 컴퓨터에 있는 이미지 파일 2개를 끌어다가 웹 브라우저의 'Drop image files over Me'라는 텍스트 위에 놓습니다. 그러면 개발 도구의 콘솔 창에 onDrop 이벤트가 처리되어 파일 정보가 출력되는 것을 볼 수 있습니다.

이제 VSCode 터미널에서 Ctrl+C를 눌러 npm start 명령을 종료합니다. 다음 장에서는 컴포넌트의 CSS 스타일링을 알아보겠습니다.

# 컴포넌트 CSS 스타일링

리액트 컴포넌트는 HTML을 동적으로 쉽고 빠르게 생성해 주는 기술입니다. 그런데 HTML의 시각적인 스타일링은 CSS를 이용하므로 리액트 컴포넌트의 스타일링 또한 CSS를 이용해야 합니다. 이 장에서는 CSS를 사용한 리액트 컴포넌트의 스타일링 방법을 알아봅니다.

# 03-1 리액트 컴포넌트의 CSS 스타일링

이 절에서는 CSS<sup>cascading style sheet</sup> 관점에서 리액트 프로젝트의 구조와 컴포넌트 CSS 스타일링 기법을 알아봅니다.

전체 루트 디렉터리(C:\rcp)에서 다음 명령으로 ch03 디렉터리를 만든 뒤 ch03_1이라는 이름으로 프로젝트를 생성하고 ch03_1 디렉터리를 대상으로 VSCode를 실행합니다.

```
T 터미널                                                    - □ ✕
> mkdir ch03
> cd ch03
> npx create-react-app ch03_1 --template typescript
> code ch03_1
```

VSCode가 열리면 터미널을 하나 열고 다음 명령으로 chance와 luxon 패키지를 설치합니다.

```
T 터미널                                                    - □ ✕
> npm i chance luxon
> npm i -D @types/chance @types/luxon
```

그리고 「02-5」절에서 만든 src 디렉터리와 .prettierrc.js 파일을 다음 명령으로 복사하고 이 절과 상관없는 src/pages 디렉터리의 파일을 모두 지웁니다.

```
T 터미널                                                    - □ ✕
> cp -r ../../ch02/ch02_5/src/* ./src
> cp -r ../../ch02/ch02_5/.* .
> rm src/pages/*
```

src/copy 디렉터리의 CopyMe.tsx 파일을 복사하여 이번 절에서 작성할 5개 파일을 pages 디렉터리에 만듭니다.

```
T  터미널                                                               — ☐ ✕

> cd src
> cp copy/CopyMe.tsx pages/Bootstrap.tsx
> cp copy/CopyMe.tsx pages/Icon.tsx
> cp copy/CopyMe.tsx pages/Style.tsx
> cp copy/CopyMe.tsx pages/UsingIcon.tsx
> cp copy/CopyMe.tsx pages/UsingIconWithCSSClass.tsx
> cd ..
```

이제 앱 파일(src/App.tsx)을 열어 이 절에서 실습할 컴포넌트를 나열한 후 터미널에서 npm start 명령을 실행합니다.

```
Do it!  기본 앱 파일                                              • src/App.tsx

import Bootstrap from './pages/Bootstrap'
import Icon from './pages/Icon'
import Style from './pages/Style'
import UsingIcon from './pages/UsingIcon'
import UsingIconWithCSSClass from './pages/UsingIconWithCSSClass'
import './App.css'

export default function App() {
  return (
    <div>
      <UsingIconWithCSSClass />
      <UsingIcon />
      <Style />
      <Icon />
      <Bootstrap />
    </div>
  )
}
```

## 컴포넌트 스타일링

리액트 컴포넌트는 어떤 시점에서는 HTML 요소로 바뀌므로 컴포넌트의 스타일링 또한 CSS 를 사용해야 합니다. 리액트 프로젝트도 큰 시각에서 보면 index.html 파일에 HTML 코드를 작성하고 `<script>` 태그 안에 자바스크립트 코드를 작성하는 일반적인 웹 프런트엔드 개발과 크게 다르지 않습니다. 이때 CSS는 .css 파일에 담겨 `<link>` 태그의 href 속성에 설정하는 형태로 동작합니다.

### 부트스트랩 사용해 보기

리액트 개발에서 CSS 부분은 **부트스트랩**bootstrap과 같은 CSS 프레임워크를 사용할 때가 많습니다. 부트스트랩을 사용하는 방법은 공식 홈페이지(getbootstrap.com)에서 첫 번째 메뉴인 [Docs]를 클릭합니다. 이어서 다음처럼 부트스트랩을 시작하는 방법을 소개하는 페이지가 나오면 문서 중간 즈음 CDN links 부분에 있는 CSS 경로를 복사합니다.

그림 3-1 부트스트랩 CDN 경로 복사하기

그러고 나서 public 디렉터리의 index.html 파일에 다음처럼 붙여 넣습니다.

**Do it!** 부트스트랩 사용하기 • public/index.html

```
<!DOCTYPE html>
<html lang="en">
  <head>
    <meta charset="utf-8" />
    <link rel="icon" href="%PUBLIC_URL%/favicon.ico" />
    <meta name="viewport" content="width=device-width, initial-scale=1" />
    <meta name="theme-color" content="#000000" />
    <meta
      name="description"
      content="Web site created using create-react-app"
    />
```

```
<!-- Bootstrap CSS -->
<link href="https://cdn.jsdelivr.net/npm/bootstrap@5.2.2/dist/css/bootstrap.min.css"
rel="stylesheet" integrity="sha384-EVSTQN3/azprG1Anm3QDgpJLIm9Nao0Yz1ztcQTwFspd3yD65Vohh
puuCOmLASjC"crossorigin="anonymous">
    <link rel="apple-touch-icon" href="%PUBLIC_URL%/logo192.png" />
... (생략) ...
```

## 부트스트랩 컴포넌트 구현하기

이제 다음 그림처럼 부트스트랩 문서에서 [Forms → Overview]를 클릭합니다. 그리고 본문
에서 Overview 단원 아래에 있는 HTML 코드를 복사한 후 src/pages/Bootstrap.tsx의
return 문 뒤에 붙여 넣습니다.

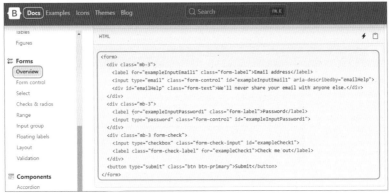

그림 3-2 폼 HTML 코드 복사하기

---

**Do it!** 오류가 있는 부트스트랩 스타일링 코드        • src/pages/Bootsrap.tsx

```
export default function Bootstrap() {
  return <form>
    <div class="mb-3">
      <label for="exampleInputEmail1" class="form-label">Email address</label>
      <input type="email" class="form-control" id="exampleInputEmail1"
      aria-describedby="emailHelp">
      <div id="emailHelp" class="form-text">We'll never share your email
      with anyone else.</div>
    </div>
    <div class="mb-3">
```

```
      <label for="exampleInputPassword1" class="form-label">Password</label>
      <input type="password" class="form-control" id="exampleInputPassword1">
    </div>
    <div class="mb-3 form-check">
      <input type="checkbox" class="form-check-input" id="exampleCheck1">
      <label class="form-check-label" for="exampleCheck1">Check me out</label>
    </div>
    <button type="submit" class="btn btn-primary">Submit</button>
  </form>
}
```

그리고 파일을 저장하면 소스 곳곳에 오류를 의미하는 빨간 밑줄이 나타납니다. 이제 className과 htmlFor 속성 그리고 스스로 닫는 태그로 오류를 해결해 보겠습니다.

```
src > pages > TS Bootstrap.tsx > ...
   1    export default function Bootstrap() {
   2      return <form>
   3      <div class="mb-3">
   4        <label for="exampleInputEmail1" class="form-label">Email address</label>
   5        <input type="email" class="form-control" id="exampleInputEmail1" aria-describedby="emailHelp">
   6        <div id="emailHelp" class="form-text">We'll never share your email with anyone else.</div>
   7      </div>
   8      <div class="mb-3">
   9        <label for="exampleInputPassword1" class="form-label">Password</label>
  10        <input type="password" class="form-control" id="exampleInputPassword1">
  11      </div>
  12      <div class="mb-3 form-check">
  13        <input type="checkbox" class="form-check-input" id="exampleCheck1">
  14        <label class="form-check-label" for="exampleCheck1">Check me out</label>
  15      </div>
  16      <button type="submit" class="btn btn-primary">Submit</button>
  17    </form>
  18  }
```

그림 3-3 부트스트랩 HTML을 그대로 가져왔을 때 리액트 오류 화면

## 리액트 className과 htmlFor 속성

「02-2」절에서 알아보았듯이 JSX 문은 React.createElement 함수 호출 코드로 전환됩니다. 그런데 이 전환 과정에서 자바스크립트(혹은 타입스크립트) 키워드인 class와 for가 혼란을 줍니다. 이 때문에 리액트에서는 다음처럼 class 대신 className, tor 대신 htmlFor라는 속성 명을 사용해야 합니다.

```
<!-- 변경 전 <label for="exampleInputEmail1" class="form-label"> -->
<label htmlFor="exampleInputEmail1" className="form-label">
```

「02-2」절에서 JSX는 XML 규격에 자바스크립트를 결합한 구문이라고 했는데, XML 규격은 다음 HTML4 스타일의 HTML 문을 이해하지 못합니다.

```
<input type="password" class="form-control" id="exampleInputPassword1">
```

따라서 반드시 다음처럼 스스로 닫는 태그 형태로 JSX 구문을 작성해야 합니다.

```
<input type="password" class="form-control" id="exampleInputPassword1" />
```

이러한 내용을 소스에 적용해 보겠습니다. VSCode에 src/pages/Bootsrap.tsx 파일이 열린 상태에서 Ctrl+H를 누릅니다. 다음처럼 바꾸기 대화 상자가 나타나면 [대/소문자 구분]과 [단어 단위로] 아이콘을 체크하고, 찾기란에 class, 바꾸기란에 className를 입력하고 [모두 바꾸기] 아이콘을 클릭합니다. 마찬가지로 for 역시 htmlFor로 모두 바꿉니다.

그림 3-4 단어 바꾸기

그다음 <input> 태그를 모두 스스로 닫는 태그 형태로 수정합니다. 이렇게 바꾼 Bootsrap.tsx 파일의 전체 소스는 다음과 같습니다.

**Do it! 속성명과 스스로 닫는 태그 적용**                                    • src/pages/Bootsrap.tsx

```
export default function Bootstrap() {
  return (
    <form>
      <div className="mb-3">
        <label htmlFor="exampleInputEmail1" className="form-label">
          Email address
        </label>
        <input
          type="email"
          className="form-control"
          id="exampleInputEmail1"
          aria-describedby="emailHelp"
        />
```

```
      <div id="emailHelp" className="form-text">
        We'll never share your email with anyone else.
      </div>
    </div>
    <div className="mb-3">
      <label htmlFor="exampleInputPassword1" className="form-label">
        Password
      </label>
      <input type="password" className="form-control" id="exampleInputPassword1" />
    </div>
    <div className="mb-3 form-check">
      <input type="checkbox" className="form-check-input" id="exampleCheck1" />
      <label className="form-check-label" htmlFor="exampleCheck1">
        Check me out
      </label>
    </div>
    <button type="submit" className="btn btn-primary">
      Submit
    </button>
  </form>
  )
}
```

이제 웹 브라우저에서 결과를 확인해 보면 부트스트랩이 적용된 화면을 볼 수 있습니다.

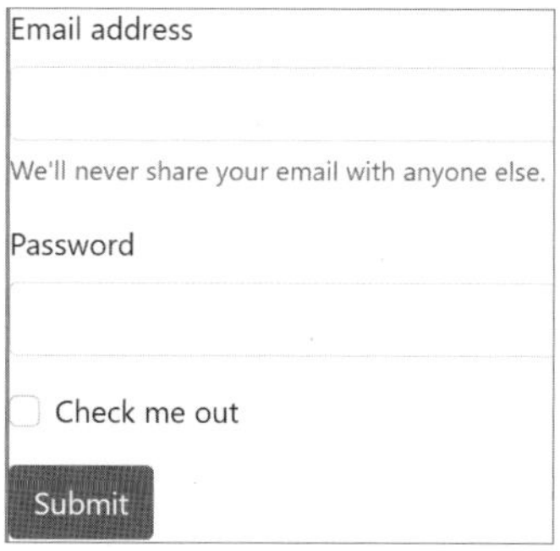

그림 3-5 부트스트랩 컴포넌트 화면

## 웹팩과 CSS 파일 임포트

앞서 우리는 부트스트랩의 .css 파일을 `<link>` 태그의 `href` 속성에 설정하는 형태로 사용했습니다. 하지만 「01-5」절에서 알아본 리액트 프로젝트가 내부적으로 사용하는 웹팩은 .css 파일을 좀 더 쉽게 사용할 수 있게 해줍니다.

웹팩은 이미지와 CSS, 자바스크립트 또는 타입스크립트 코드가 혼합된 프로젝트를 서비스하기 좋게 만들어 줍니다. 특히 웹팩은 타입스크립트 코드에서 `import` 문 형태로 CSS 파일을 `<link>` 태그 없이 이용할 수 있게 해줍니다.

src 디렉터리의 index.tsx 파일 내용을 보면 03행에 다음처럼 .css 파일을 임포트하는 코드가 있는데, 이 코드는 웹팩이 같은 디렉터리의 index.css 파일을 포함하여 배포하도록 합니다.

```
import React from 'react';
import ReactDOM from 'react-dom/client';
import './index.css';
... (생략) ...
```

프런트엔드 웹 개발자는 CSS를 다룰 수 있어야 하며 앞으로 이 책에서 진행할 내용을 이해하려면 기본적인 CSS 용어와 작성 방법을 알아야 하므로 여기서 짚고 넘어가겠습니다.

## CSS 기본 구문

CSS도 '언어'라서 작성하는 방법에 규칙이 있습니다. CSS 작성 방법은 다음 표에서 왼쪽처럼 **선택자**selector를 설정하고, 선택자 뒤에 중괄호 {}를 사용해 감싸 줍니다. 그런 다음 color와 같은 스타일 속성의 이름과 설정값을 콜론(:)으로 구분합니다. 그리고 마지막에 세미콜론(;)으로 특정 스타일 속성값 설정이 끝났음을 알립니다. 표에서 오른쪽은 HTML의 `<p>` 태그에 CSS 구문으로 디자인 요소를 설정하는 예입니다.

표 3-1 CSS 구문과 설정 예

| CSS 기본 구문 | `<p>` 태그에 CSS 설정하는 예 |
|---|---|
| 선택자 {<br>  스타일_속성명1: 속성값1;<br>  스타일_속성명2: 속성값2<br>  ...<br>} | p {<br>  color: red;<br>  font-size: 14px;<br>  line-height: 20px;<br>} |

스타일 속성 이름은 color처럼 소문자로 시작해야 하며, 2개 이상 단어로 된 속성은 background-color처럼 소문자 케밥 표기법$^{kebab\ case}$을 사용합니다. 다음은 index.css 내용을 발췌한 것으로 margin 스타일 속성은 한 단어라서 그냥 사용하지만, font-family는 두 단어이므로 케밥 표기법을 사용하고 있습니다.

```
body {
  margin: 0;
  font-family: -apple-system;
}
```

스타일 속성값은 대부분 문자열로서 작은따옴표 없이 사용합니다. 다만, 'times New Roman' 처럼 속성값이 여러 단어일 때는 작은따옴표로 감싸 줍니다. 또한 속성값이 여러 개라면 각 값을 쉼표(,)로 구분해 줍니다.

**속성이나 값 앞에 붙임표(-)는 어떤 의미인가요?**

-apple-system처럼 붙임표(hyphen) 기호 '-'로 시작하는 속성이나 값을 벤더 접두사 (vendor prefix)라고 합니다. 벤더 접두사는 구글, 애플 등 웹 브라우저 제작 업체에서 만든 CSS 기능으로, W3C 표준에는 없는 비표준 기능입니다.

## 선택자란?

CSS **선택자**$^{selector}$는 CSS 규칙을 적용할 HTML 요소를 정의합니다. CSS 선택자는 그 종류가 많은데 '전체 선택자', '유형 선택자', '클래스 선택자'가 대표적입니다.

## 전체 선택자

다음 CSS 코드에서는 선택자로 * 기호를 사용합니다. 이는 HTML 문서의 모든 태그를 한꺼번에 선택하는 용도로 사용합니다. 이때 *를 **전체 선택자**$^{universal\ selector}$라고 합니다.

```
* {
  box-sizing: border-box;
}
```

## 유형 선택자

다음 CSS 코드에서는 선택자로 h1과 h2를 사용합니다. 이는 HTML 문서의 모든 `<h1>`과 `<h2>` 태그를 한꺼번에 선택하는 용도로 사용합니다. 이처럼 HTML 태그 이름을 사용하는 선택자를 **유형 선택자**<sup>type selector</sup>라고 합니다.

```css
h1, h2 {
  font-family: Roboto, 'times New Roman', sans-serif;
}
```

## 클래스 선택자

다음 CSS 코드에서는 선택자로 '**.클래스명**'을 사용합니다. 이는 HTML 문서의 태그 중에 class 속성값이 지정한 클래스 이름과 같은 태그를 한꺼번에 선택하는 용도로 사용합니다. 이처럼 점(.)으로 시작하는 선택자를 **클래스 선택자**<sup>class selector</sup>라고 합니다.

```css
.wrapper {
  background-color: blue;
}
...
<div class='wrapper' />
```

## @import 규칙으로 아이콘 사용하기

CSS는 `@import`, `@media` 등 @으로 시작하는 구문을 제공하는데, 이런 구문을 **앳 규칙**<sup>at rules</sup>이라고 합니다. CSS의 `@import` 규칙은 `<link rel='stylesheet' href>` 대신 .css 파일에서 다른 .css 파일을 사용하고자 할 때 적용합니다.

요즘 웹 페이지에서는 아이콘이나 예쁜 글꼴로 느낌을 좋게 합니다. 다음은 `@import`로 구글 머티리얼 아이콘 세트를 사용하는 코드입니다.

```css
@import url('https://fonts.googleapis.com/icon?family=Material+Icons');
```

이제 src/index.css 파일을 다음처럼 수정합니다. 이 코드는 `@import` 규칙을 적용해 구글 머티리얼 아이콘 세트를 사용합니다.

```css
@import url('https://fonts.googleapis.com/icon?family=Material+Icons');

.material-icons {
  font-family: 'Material Icons';
  display: inline-block;
}
```

이제 src/pages 디렉터리의 Icon.tsx 파일을 다음처럼 작성합니다. 방금 index.css에서
.material-icons 클래스 선택자를 작성했으므로 <span> 요소의 className에 material-icons
을 설정합니다. 소스 파일을 저장하고 웹 브라우저에서 결과를 확인해 보면 'home', 'check_
circle_outline' 문자열 대신 그에 해당하는 아이콘이 보입니다.

```tsx
export default function Icon() {
  return (
    <div>
      <h3>Icon</h3>
      <span className="material-icons">home</span>
      <span className="material-icons">check_circle_outline</span>
    </div>
  )
}
```

▶ 실행 결과

**아이콘 이름을 어떻게 알 수 있나요?**

아이콘 이름은 구글 머티리얼 아이콘 사이트(fonts.google.com/icons)에 나와 있습니다.
그런데 구글 아이콘 웹 페이지에서는 아이콘 이름이 'Check Circle Outline'으로 나와 있
지만, 타입스크립트 코드에서 사용할 때는 'check_circle_outline'처럼 스네이크 표기법으
로 작성해야 합니다.

## style 속성을 사용한 인라인 스타일링

HTML 요소는 다음 코드에서 보듯 **style**이라는 속성에 문자열로 된 CSS 코드를 설정할 수 있으며 렌더링 때 해당 코드가 반영됩니다. 즉, 컴포넌트의 스타일링은 클래스 선택자 방식으로도 할 수 있고, **style** 속성을 사용하는 인라인 방식으로도 할 수 있습니다.

```
<div style='width: 100px; height: 100px; background-color: blue' />
```

그런데 리액트 컴포넌트에서는 **style** 속성에 설정하는 값은 문자열이 아닌 객체여야 합니다. 이 때문에 이 책에서는 앞으로 **style** 속성에 설정하는 객체를 '**스타일 객체**'라고 부르겠습니다. 다음 코드는 앞 HTML 코드를 리액트용 스타일 객체를 사용하는 방법으로 바꾼 것입니다.

```
<div style={{width: '100px', height: '100px', backgroundColor: 'blue'}} />
```

이제 src/pages 디렉터리의 Style.tsx 파일을 다음처럼 작성합니다. 이 코드는 `<span>` 요소의 **style** 속성값에 각각 스타일 객체를 설정하고 있습니다.

**Do it! 스타일 객체 설정하기**  • src/pages/Style.tsx

```tsx
export default function Style() {
  return (
    <div>
      <h3>Style</h3>
      <span className="material-icons" style={{color: 'blue'}}>
        home
      </span>
      <span className="material-icons" style={{fontSize: '50px', color: 'red'}}>
        check_circle_outline
      </span>
    </div>
  )
}
```

▶ 실행 결과

웹 브라우저에서 결과를 확인해 보면 인라인 스타일링 영향으로 첫 번째 아이콘 색상이 파랑으로 바뀌며, 두 번째 아이콘의 크기가 커지고 색상도 빨강으로 바뀝니다.

## Node.js 패키지 방식으로 아이콘 사용하기

앞서 @import 방식으로 구글 머티리얼 아이콘 세트를 가져온 뒤, 클래스 선택자로 컴포넌트 스타일링을 해보았습니다. 그런데 @import 방식의 한 가지 문제점은 다른 사이트에 호스팅된 외부 CSS 파일을 가져오므로 네트워크 속도에 영향을 받을 수 있습니다. 따라서 대부분 웹 애플리케이션은 Node.js 패키지 형태로 구현된 CSS 프레임워크를 내장하는 형태로 배포합니다. 이제 Node.js 패키지 방식으로 머티리얼 아이콘을 사용해 보겠습니다.

### 웹 안전 글꼴과 fontsource

@import 규칙은 웹에 안전한 글꼴, 즉 **웹 안전 글꼴**<sup>web safe font</sup>을 사용해야 한다는 제약이 있습니다. 여기서 웹 안전 글꼴은 데스크톱, 모바일 등 모든 장치에서 동작하는 모든 브라우저에 적용할 수 있는 글꼴입니다. 웹 안전 글꼴은 사용자 컴퓨터에 설치되지 않은 때에도 웹 페이지에 항상 올바르게 표시되는 글꼴을 의미합니다. 구글이 제공하는 모든 글꼴은 웹 안전 글꼴이므로 @import 규칙을 적용할 수 있습니다.

fontsource(fontsource.org)는 구글 글꼴과 같은 오픈소스 웹 안전 글꼴을 패키지 형태로 설치해 줍니다. fontsource 지원 글꼴들은 다음 명령으로 설치할 수 있습니다.

```
npm i @fontsource/케밥-표기법-글꼴명
```

### 머티리얼 아이콘 설치하기

이제 구글 머티리얼 아이콘을 fontsource 방식으로 설치해 보겠습니다. 일단 fontsource. org/fonts 웹 페이지에서 material이란 이름이 있는 패키지를 검색하여 그중 Material Icons를 선택하면 나타나는 웹 페이지 내용으로 머티리얼 아이콘 관련 사용법을 알 수 있습니다.

이제 새로운 터미널을 하나 만든 후 나음 명령으로 구글 미디리열 아이콘 패키지를 설치합니다

```
T  터미널                                                        –  □  ✕

> npm i @fontsource/material-icons
```

## 머티리얼 아이콘 사용하기

머티리얼 아이콘 패키지를 설치했으므로 앞서 작성했던 index.css 파일의 @import 규칙은 이제 사용할 필요가 없습니다. 다음처럼 01행을 주석으로 처리합니다.

---

**Do it!** import 문 주석 처리하기 • src/index.css

```
01   /* @import url('https://fonts.googleapis.com/icon?family=Material+Icons'); */
```

---

그리고 src/index.tsx 파일에 다음처럼 @fontsource/material-icons 패키지를 임포트합니다. 그리고 웹 브라우저에서 Ctrl+R 키를 눌러 새로 고침해 보면 아이콘이 여전히 정상으로 나타나는 것을 볼 수 있습니다.

---

**Do it!** 패키지 임포트하기 • src/index.tsx

```
import '@fontsource/material-icons'
```

---

## Icon 사용자 컴포넌트 구현하기

앞서 구글 머티리얼 아이콘은 다음과 같은 형태로 사용했습니다.

```
<span className="material-icons">home</span>
<span className="material-icons">check_circle_outline</span>
```

그런데 이 형태보다는 다음처럼 사용하는 것이 좀 더 간결해 보입니다.

```
<Icon name="home" />
<Icon name=" check_circle_outline " />
```

또한 다음처럼 style 속성을 활용해 인라인 스타일링도 할 수 있게 하고 싶습니다.

```
<Icon name="home" style={{color: 'blue'}} />
<Icon name="check_circle_outline" style={{fontSize: '50px', color: 'red'}} />
```

이렇게 사용할 수 있는 사용자 컴포넌트 Icon을 만들어 보겠습니다. 먼저 VSCode의 터미널에서 다음 명령으로 src/components 디렉터리를 만들고 여기에 index.ts와 Icon.tsx 파일을 만듭니다.

```
┌─ T 터미널 ──────────────────────────────────  − □ ✕ ─┐
│                                                       │
│ › mkdir -p src/components                             │
│ › cd src/components                                   │
│ › touch index.ts Icon.tsx                             │
│ › cd ../..                                            │
│                                                       │
└───────────────────────────────────────────────────────┘
```

그리고 Icon.tsx 파일을 열고 다음처럼 작성합니다.

**Do it!** Icon 컴포넌트 초기 모습　　　　　　　　　　　　• src/components/Icon.tsx

```tsx
import type {FC} from 'react'

export type IconProps = {}

export const Icon: FC<IconProps> = props => {
  return <span className="material-icons" />
}
```

그리고 **Icon** 컴포넌트를 만들었으니 같은 디렉터리의 index.ts 파일에 다음 내용을 작성합니다.

**Do it!** 인덱스 파일에 추가하기　　　　　　　　　　　　　• src/components/index.ts

```ts
export * from './Icon'
```

그런 다음 src/pages 디렉터리의 UsingIcon.tsx 파일을 다음처럼 작성합니다.

**Do it!** 아이콘 사용하기　　　　　　　　　　　　　　　• src/pages/UsingIcon.tsx

```tsx
import {Icon} from '../components'

export default function UsingIcon() {
  return (
    <div>
      <h3>UsingIcon</h3>
```

```
        <Icon name="home" style={{color: 'blue'}} />
        <Icon name="check_circle_outline" style={{fontSize: '50px', color: 'red'}} />
    </div>
  )
}
```

그런데 Icon 컴포넌트는 현재 name과 style이란 이름의 속성이 없으므로 오류가 발생합니다.
이 오류를 해결해 보겠습니다.

## name 속성 추가하기

다음 코드는 Icon 컴포넌트에 name이란 이름의 속성을 추가하고 <span> 태그에 이를 반영한
모습입니다.

```
export type IconProps = {
  name: string
}

export const Icon: FC<IconProps> = props => {
  const {name} = props
  return <span className="material-icons">{name}</span>
}
```

그런데 이 코드는 조금 장황하게 작성되었습니다. 컴포넌트의 매개변수 props는 변수이므로
**비구조화 할당 구문**<sub>object destructuring assignment</sub>을 적용할 수 있습니다. 다음 코드는 props 대신 비
구조화 할당 구문을 사용해 좀 더 간결하게 속성에서 name 속성값을 분리해 내고 있습니다.

> **Do it!** name 속성 추가하기 • src/components/Icon.tsx

```
import type {FC} from 'react'

export type IconProps = {
  name: string
}

export const Icon: FC<IconProps> = ({name}) => {
  return <span className="material-icons">{name}</span>
}
```

## style 속성 추가하기

다음 코드는 name과 유사한 방법으로 style 속성을 추가한 모습입니다. name은 꼭 설정해야 하는 속성이지만, style은 선택 속성<sup>optional property</sup>이므로 이름 뒤에 물음표(?)를 붙입니다.

**Do it!** style 속성 추가하기 • src/components/Icon.tsx

```tsx
import type {FC, CSSProperties} from 'react'

export type IconProps = {
  name: string
  style?: CSSProperties
}

export const Icon: FC<IconProps> = ({name, style}) => {
  return <span className="material-icons" style={style}>{name}</span>
}
```

**속성의 타입을 모르면 어떻게 하나요?**

앞서 style 속성의 타입은 CSSProperties입니다. 그런데 코드를 작성하면서 타입을 모를 때는 나머지 코드를 작성한 다음 <span>의 style 부분을 선택한 후 F12를 눌러 [정의로 이동] 메뉴를 실행합니다. 그러면 다음처럼 style 속성의 정의가 나타납니다.

```
style?: CSSProperties | undefined;
```

## Icon 컴포넌트 개선하기

타입스크립트는 점 3개를 이어서 쓰는 ... 연산자를 제공합니다. 그런데 이 연산자는 쓰이는 곳에 따라 **전개 연산자**<sup>spread operator</sup>로 사용될 때도 있고, 다음 처럼 **잔여 연산자**<sup>rest operator</sup>로 사용될 때도 있습니다. 이 코드는 props 객체에서 name 속성만 분리하고 나머지 속성은 ...remains 형태로 얻고 있습니다.

```tsx
export const Icon: FC<IconProps> = ({name, ...remains}) => {
  return <span {...remains}>{name}</span>
}
```

다음 Icon.tsx 파일은 매개변수에 잔여 연산자를 적용하여 굳이 style 속성값을 분리하지 않고, props 부분을 분리한 뒤 「02-4」절에서 알아본 JSX의 {...props} 구문으로 'style={style}' 형태의 코드를 생략했습니다.

```tsx
Do it!  props에 잔여 연산자 구문 적용                          • src/components/Icon.tsx

import type {FC, CSSProperties} from 'react'

export type IconProps = {
  name: string
  style?: CSSProperties
}

export const Icon: FC<IconProps> = ({name, ...props}) => {
  return (
    <span {...props} className="material-icons">
      {name}
    </span>
  )
}
```

그런데 이런 방식은 Icon에 className과 같은 속성을 추가하려고 할 때 좀 번거로운 부분이 있습니다. 이제 가장 리액트다운 방식으로 Icon 컴포넌트를 구현해 보겠습니다.

## 클래스 선택자 사용하기

먼저 src/App.css 파일의 내용을 모두 지우고 다음처럼 CSS 클래스 선택자 2개를 구현해 놓습니다.

```css
Do it!  CSS 클래스 선택자 구현                                    • src/App.css

.text-blue { color: blue; }
.text-red { color: red; }
```

그리고 테스트를 위해 src/pages 디렉터리의 UsingIconWithClass.tsx 파일을 다음처럼 구현합니다. 이 코드는 UsingIcon과 비교할 때 App.css에 구현해 놓은 text-blue와 text-red라는 CSS 클래스 선택자를 설정한한다는 차이가 있습니다.

```tsx
import {Icon} from '../components'

export default function UsingIconWithCSSClass() {
  return (
    <div>
      <h3>UsingIconWithCSSClass</h3>
      <Icon name="home" className="text-blue" />
    <Icon name="check_circle_outline" className="text-red" style={{fontSize: '50px'}} />
    </div>
  )
}
```

그런데 이 코드가 동작하려면, src/components 디렉터리에 구현한 Icon 컴포넌트에 className 속성을 추가해 줘야 합니다. 이때 앞서 본 style 속성 방식으로 className을 추가하기에는 조금 번거롭습니다. 그래서 리액트 프레임워크는 한꺼번에 특정 HTML 요소의 속성들을 추가할 수 있게 해주는 DetailedHTMLProps와 HTMLAttributes 타입을 제공합니다.

## 리액트가 제공하는 DetailedHTMLProps 와 HTMLAttributes 타입

다음은 VSCode 편집기에서 src/components/Icon.tsx 파일을 열고 JSX 구문의 span을 선택한 뒤 F12를 눌러 찾은 span 요소의 정의 부분입니다.

span 요소의 정의

```
span: React.DetailedHTMLProps<React.HTMLAttributes<HTMLSpanElement>, HTMLSpanElement>;
```

다음 코드는 앞 코드를 좀 더 읽기 좋게 작성한 것입니다. 여기서 ReactSpanProps가 바로 <span> 요소의 모든 속성을 표현하는 타입입니다.

```
import type {FC, DetailedHTMLProps, HTMLAttributes} from 'react'

type ReactSpanProps = DetailedHTMLProps<HTMLAttributes<HTMLSpanElement>, HTMLSpanElement>
```

## 타입스크립트의 교집합 타입 구문

자바와 같은 객체지향 언어에서는 다음처럼 interface란 이름의 키워드로 ReactSpanProps를 선언하고, extends와 같은 키워드로 ReactSpanProps를 상속하는 형태로 IconProps 인터페이스를 만드는 방식을 사용합니다.

```
export interface IconProps extends ReactSpanProps {
  name: string
}
```

반면에 함수형 언어에서는 | 기호를 쓰는 합집합 타입<sup>union type</sup>과 & 기호를 쓰는 교집합 타입 <sup>intersection type</sup>이란 구문을 제공합니다. 예를 들어 A|B는 'A 또는 B인 타입'이라는 의미이고, A&B 는 'A이고 B인 타입'이라는 의미입니다. 다음 IconProps 타입은 ReactSpanProps 타입이면서 동시에 특별히 이름을 짓지 않은 {name: string}인 타입입니다.

```
export type IconProps = ReactSpanProps & {
  name: string
}
```

IconProps가 이 2가지 타입의 교집합 타입이므로 다음처럼 {name: string} 타입의 name 속성과 ReactSpanProps 타입 props를 잔여 연산자 구문으로 각기 얻을 수 있습니다.

```
export const Icon: FC<IconProps> = ({name, ...props}) => {
```

## 타입스크립트에서 매개변수 이름 바꾸기

타입스크립트는 매개변수 이름 뒤에 콜론(:)을 붙이는 방식으로 매개변수 이름을 다른 이름으로 바꿀 수 있습니다. 다음 코드는 className이란 변수 이름을 _className으로 바꾸는 예입니다.

변수명 바꾸기

```
export const Icon: FC<IconProps> = ({name, className: _className, ...props}) => {
```

## 완성된 Icon 컴포넌트

다음은 지금까지 내용을 적용하여 완성한 Icon.tsx 파일의 최종 모습입니다. `<Icon class Name="text-blue">`와 `<Icon />`인 경우를 모두 대비하려고 어느 때나 필요한 `material-icons` 클래스를 `className`에 적용하였습니다.

**Do it! 최종 Icon 컴포넌트** • src/components/Icon.tsx

```tsx
import type {FC, DetailedHTMLProps, HTMLAttributes} from 'react'

type ReactSpanProps = DetailedHTMLProps<HTMLAttributes<HTMLSpanElement>, HTMLSpanElement>

export type IconProps = ReactSpanProps & {
  name: string
}

// prettier-ignore
export const Icon: FC<IconProps> = ({name, className: _className, ...props}) => {
  const className = ['material-icons', _className].join(' ')
  return <span {...props} className={className}>{name}</span>
}
```

▶ 실행 결과

웹 브라우저에서 결과를 확인해 보면 Style, UsingIcon, UsingIconWithClass 컴포넌트가 모두 같은 모습으로 보이는 것을 확인할 수 있습니다.

지금까지 리액트 컴포넌트를 스타일링하는 다양한 코딩 기법을 알아보았습니다. 이제 Ctrl +C를 눌러 npm start 명령을 종료합니다. 다음 절에서는 최근에 자주 사용되는 테일윈드 CSS 프레임워크를 알아보겠습니다.

# 03-2 테일윈드CSS 리액트 프로젝트 만들기

리액트 개발에서 CSS는 컴포넌트 스타일링의 가장 핵심적인 요소입니다. 이 절에서는 최근 주목받는 **테일윈드CSS**<sup>tailwindcss</sup> 프레임워크를 리액트 프레임워크와 함께 사용하는 방법을 알아봅니다.

⚙️ **프로젝트 만들기**

ch03 디렉터리에서 다음 명령으로 ch03_2 이름의 프로젝트를 만들고 ch03_2 디렉터리를 대상으로 VSCode를 실행합니다.

**T** 터미널　　　　　　　　　　　　　　　　　　　　　　　　　－ □ ✕

```
> npx create-react-app ch03_2 --template typescript
> code ch03_2
```

VSCode가 열리면 터미널을 하나 열고 다음 명령으로 chance와 luxon, 그리고 material-icons 패키지를 설치합니다.

**T** 터미널　　　　　　　　　　　　　　　　　　　　　　　　　－ □ ✕

```
> npm i chance luxon @fontsource/material-icons
> npm i -D @types/chance @types/luxon
```

그리고 앞 절에서 만든 src 디렉터리와 .prettierrc.js 파일을 다음 명령으로 복사합니다. 또한 이 절과 상관없는 src/pages 디렉터리의 파일을 모두 지웁니다.

**T** 터미널　　　　　　　　　　　　　　　　　　　　　　　　　－ □ ✕

```
> cp -r ../ch03_1/src/* ./src
> cp -r ../ch03_1/.* .
> rm src/pages/*
```

src/copy 디렉터리의 CopyMe.tsx 파일을 복사해 이번 절에서 작성할 3개 파일을 pages 디
렉터리에 만듭니다.

```
T 터미널                                                          – □ ×

> cd src
> cp copy/CopyMe.tsx pages/Tailwindcss.tsx
> cp copy/CopyMe.tsx pages/Color.tsx
> cp copy/CopyMe.tsx pages/TextsTest.tsx
> cd ..
```

이제 앱 파일(src/App.tsx)을 열어 이 절에서 실습할 컴포넌트를 나열합니다. 다만 아직은
npm start 명령을 실행하지 않습니다.

**Do it! 기본 앱 파일**                                      • src/App.tsx

```
import Tailwindcss from './pages/Tailwindcss'
import Color from './pages/Color'
import TextsTest from './pages/TextsTest'

export default function App() {
  return (
    <div>
      <TextsTest />
      <Color />
      <Tailwindcss />
    </div>
  )
}
```

## PostCSS가 탄생한 배경

CSS 개발은 역사적으로 브라우저 호환성과 벤더 접두사<sup>vendor prefix</sup> 같은 문제로 어려움을 겪어
왔으며, 이런 어려움을 극복하려고 루비 언어로 만든 Sass/SCSS라는 스타일 언어가 탄생했습
니다. Sass/SCSS는 for 반복문과 같은 프로그래밍 언어 기능도 좀 있었고, 벤더 접두사 문제를
해결해 주는 autoprefixer라는 플러그인도 제공해 지금도 큰 인기를 끌고 있습니다. 사실상 부
트스트랩을 비롯해 널리 알려진 CSS 프레임워크는 대부분 Sass/SCSS로 만들어졌습니다.

그런데 ES5 자바스크립트가 발전하여 ESNext 자바스크립트로 매년 그 기능을 확장해 왔듯이, CSS 분야에서도 '모듈화된 CSS'라는 기치를 내걸으며 PostCSS라는 이름의 새로운 스타일 언어와 이를 동작하게 하는 프로그램이 탄생했습니다.

PostCSS는 ESNext 자바스크립트의 바벨[babel]이 그러하듯이 다양한 플러그인을 자유롭게 장착할 수 있도록 하여, CSS 표준에 추가되기를 요청하는 많은 기능을 표준화 이전에 실험해 볼 수 있게 하였습니다. 물론 이 과정에서 PostCSS는 원래 Sass/SCSS의 기능이었던 autoprefixer를 PostCSS 플러그인 형태로 만들었습니다.

PostCSS는 웹팩이 1차로 만든 CSS를 가공하여 최종 CSS를 생성해 내는 방법으로 동작합니다. 즉, PostCSS는 웹팩의 플러그인이면서 그 자체는 자신의 PostCSS 플러그인을 동작시키는 프로그램입니다. PostCSS가 발전을 거듭하자 CSS 디자이너들은 점차 Sass/SCSS보다 PostCSS를 선호하기 시작했습니다. 이 책에서 사용하는 테일윈드CSS는 PostCSS 플러그인 방식으로 동작하는 진보된 CSS 프레임워크입니다.

## 테일윈드CSS 사용하기

테일윈드CSS는 2017년 11월에 '유틸리티 최우선[utility first]'을 기치로 만든 CSS 프레임워크입니다. 테일윈드CSS는 현재 부트스트랩과 함께 가장 많이 사용되는 CSS 프레임워크입니다. 테일윈드CSS는 PostCSS 버전 8의 플러그인 형태로 동작합니다.

테일윈드CSS는 그 자체도로 훌륭한 프레임워크지만 테일윈드CSS를 바탕으로 한 약 16종의 고수준 CSS 프레임워크가 있다는 장점이 있습니다. 비록 이 책은 테일윈드CSS를 알아 가는 목적이므로 고수준 CSS 프레임워크를 사용하지는 않지만, 실제 개발에서는 이런 고수준 CSS 프레임워크를 사용해 컴포넌트 스타일링을 좀 더 쉽게 할 수 있습니다.

### PostCSS와 autoprefixer, 그리고 테일윈드CSS 설치하기

CSS 관점에서 브라우저 호환성 문제는 -webkit, -moz, -ms 등으로 대표되는 벤더 접두사 문제입니다. 즉, CSS 표준은 linear-gradient지만, 구글 크롬이나 애플 사파리 브라우저에서는 -webkit-linear-gradient를, 마이크로소프트 브라우저에서는 -ms-linear-gradient와 같은 이름으로 사용해야 하는 문제입니다.

autoprefixer는 대표적인 PostCSS 플러그인으로 이런 벤더 접두사 문제를 해결해 주는 역할을 합니다. autoprefixer는 사용자 CSS가 벤더 접두사를 붙이지 않더라도 후처리 과정에서 자동으로 벤더 접두사가 붙은 CSS를 생성해 줍니다.

autoprefixer는 테일윈드CSS와 마찬가지로 PostCSS의 플러그인 형태로 동작하므로 autoprefixer 기능을 사용하려면 PostCSS도 함께 설치해야 합니다. 이제 VSCode에서 새로운 터미널을 하나 연 뒤 다음 명령으로 PostCSS와 autoprefixer, 테일윈드CSS를 설치합니다.

```
T 터미널                                                      — □ ✕
> npm i -D postcss autoprefixer tailwindcss
```

그런데 PostCSS와 테일윈드CSS가 동작하려면 각각의 구성 파일이 있어야 합니다. 이제 이런 구성 파일을 어떻게 만드는지 알아보겠습니다.

## 구성 파일 만들기

테일윈드CSS는 PostCSS의 플러그인 형태로 동작하며 PostCSS가 테일윈드CSS를 플러그인으로 동작시키려면 postcss.config.js 파일에 테일윈드CSS를 등록해야 합니다. 그리고 테일윈드CSS는 PostCSS와는 별도로 자신만의 구성 파일이 있어야 합니다.

테일윈드CSS는 이처럼 2가지 구성 파일을 쉽게 생성할 수 있도록 다음 명령을 제공합니다.

```
T 터미널                                                      — □ ✕
> npx tailwindcss init -p
```

앞 명령을 실행하면 다음과 같은 내용으로 postcss.config.js 파일이 생성됩니다.

```
                                                    • postcss.config.js
module.exports = {
  plugins: {
    tailwindcss: {},
    autoprefixer: {},
  },
}
```

또한 다음과 같은 내용으로 tailwind.config.js 파일도 생성됩니다.

```
• tailwind.config.js
module.exports = {
  content: [],
  theme: {
    extend: {},
  },
  plugins: [],
}
```

## daisyui 패키지 설치하기

테일윈드CSS는 부트스트랩과 같은 CSS 프레임워크를 쉽게 개발할 수 있게 해주는 저수준
lower-level 프레임워크입니다. 이에 따라 테일윈드CSS 자체에는 앞 절에서 본 `btn btn-primary`
처럼 사용하는 소위 CSS 컴포넌트들을 제공하지 않습니다.

하지만 테일윈드CSS를 사용해 부트스트랩처럼 CSS 컴포넌트를 제공하는 다양한 테일윈드
CSS 컴포넌트가 있으며 이들은 모두 테일윈드CSS의 플러그인 형태로 동작합니다. 이 중 무
료로 제공하는 컴포넌트가 가장 많은 daisyui 플러그인이 있습니다. 다음 명령으로 daisyui
플러그인을 설치합니다.

```
T 터미널                                                          — ☐ ✕
> npm i -D daisyui
```

## @tailwindcss/line-clamp 플러그인 설치하기

테일윈드CSS는 기본으로 제공하는 기능 외에도 다양한 새 기능을 추가할 수 있게 하는 플러
그인 시스템도 제공합니다. 그리고 테일윈드CSS의 플러그인 이름에 '@tailwindcss/'라는
접두사가 붙은 패키지는 테일윈드CSS 제작사가 직접 만들어 제공하는 것입니다. 이 패키지
들은 테일윈드CSS 기본에는 없는 기능을 추가로 사용할 수 있게 합니다.

이 책에서는 여러 줄의 텍스트를 지정한 줄 수로 잘라서 표시해 주는 @tailwindcss/line-clamp
플러그인을 사용하겠습니다. 이 플러그인을 다음 명령으로 설치합니다.

```
T 터미널                                                          — ☐ ✕
> npm i -D @tailwindcss/line-clamp
```
테일윈드CSS 3.3부터는 기본으로
포함되므로 설치하지 않아도 됨

다음은 지금까지 설치한 테일윈드CSS 관련 package.json 파일 내용입니다.

```
tailwindcss 관련 패키지                                           • package.json

"devDependencies": {
  "@tailwindcss/line-clamp": "^0.4.4",
  "autoprefixer": "^10.4.18",
  "daisyui": "^4.7.2",
  "postcss": "^8.4.35",
  "tailwindcss": "^3.4.1"
}
```

※ 여러분이 실습할 때는 버전이 더 최신일 수 있습니다.

## 테일윈드 구성 파일 수정하기

테일윈드CSS 기능 가운데 사용하지 않는 기능은 `npm run build` 명령 때 제거해 CSS 크기를 최소화할 수 있게 합니다. 이 기능을 사용하려면 tailwind.config.js 파일에서 다음처럼 설정합니다. 또한 앞서 설치한 line-clamp 플러그인 기능과 daisyui 플러그인을 등록합니다. 이 책에서는 앞으로 이와 같은 구성 파일을 계속 사용할 것입니다.

```
Do it!  테일윈드 기본 구성 파일                              • tailwind.config.js

module.exports = {
  content: [
    "./src/**/*.{js,jsx,ts,tsx}",
  ],
  theme: {                        line-clamp-으로 시작하는 클래스
    extend: {},                   이름을 동적으로 조합하더라도
  },                              정상으로 동작하도록 트리 쉐이킹
  safelist: [{pattern: /^line-clamp-(\d+)$/}],   대상에서 제거하는 코드
  plugins: [require('@tailwindcss/line-clamp'), require('daisyui')],
}
```

## 테일윈드CSS 기능 반영하기

테일윈드CSS를 사용하려면 src/index.css 파일에 다음처럼 3줄을 추가해야 합니다. 이 책에서는 앞으로 이 index.css 파일을 계속 사용할 것입니다. 이제 테일윈드CSS를 사용하기 위한 준비가 끝났습니다. src/App.tsx 파일에 테스트 코드를 작성하여 테일윈드CSS가 정상으로 동작하는지 알아보겠습니다.

```
@tailwind base;
@tailwind components;
@tailwind utilities;

.material-icons {
  font-family: 'Material Icons';
  display: inline-block;
}
```

## 테일윈드CSS 테스트 코드 작성하기

src/pages 디렉터리에 있는 TailwindcssTest.tsx 파일을 열고 다음처럼 작성합니다. 이 코드는 테일윈드CSS가 정상으로 동작하는지 알아보는 목적입니다. 리액트에서 테일윈드CSS를 사용하는 방법은 컴포넌트의 className 속성에 bg-black/70, line-clamp-3과 같은 CSS 클래스 이름을 설정하는 방식으로 합니다.

```
import * as D from '../data'

export default function Tailwindcss() {
  return (
    <div className="bg-black/70">
      <p className="w-full p-4 text-3xl text-white">Tailwindcss</p>
      <p className="italic text-gray-50 line-clamp-3">{D.randomParagraphs(10)}</p>
      <button className="btn btn-primary" style={{textTransform: 'none'}}>
        Button
      </button>
    </div>
  )
}
```

▶ 실행 결과

이제 터미널에서 npm start를 실행해 보면 실행 결과를 볼 수 있습니다. 앞서 @tailwindcss/line-clamp 플러그인을 설치했는데, 이 플러그인은 line-clamp-3에서 보는 CSS 클래스들을 제공합니다. line-clamp-3의 의미는 텍스트가 아무리 길어도 3줄을 넘지 말라는 의미입니다. 이 클래스 덕분에 텍스트가 3줄을 넘지 않고 있습니다.

또한 bg-black/70으로 바탕색은 불투명도가 70%인 검정으로, text-gray-50으로 텍스트 색상은 약간 회색빛이 나는 흰색으로 표시됩니다. 그리고 daisyui 플러그인이 동작하여 버튼이 예쁘게 표시됩니다. 이는 테일윈드CSS가 정상으로 동작하고 있음을 보여 줍니다.

## 색상을 설정하는 방법

색상은 웹 페이지의 느낌을 결정하는 중요한 디자인 요소입니다. CSS는 이름에 'color'가 들어가는 몇 가지 스타일 속성을 제공합니다. background-color 스타일 속성은 바탕색, color는 텍스트 색상, border-color는 HTML 요소의 가장자리(경계) 색상을 의미하는 스타일 속성입니다. 이번엔 CSS에서 색상을 어떻게 표현하는지 알아보겠습니다.

### CSS 색상 모델과 rgb, hsl 함수

색상을 표현하는 방법은 많지만 가장 널리 사용되는 것은 색상을 빨강-초록-파랑으로 표현하는 RGB[red-green-blue] 모델과 색상-채도-명도 형태의 실린더형 좌표로 표현하는 HSL[hue-saturation-light] 모델입니다. CSS는 이 두 모델로 색상을 설정할 수 있도록 rgb와 hsl이라는 CSS 함수를 제공합니다.

또한 RGB 모델은 16진수를 의미하는 # 기호 뒤에 '#빨강초록파랑' 방식으로도 표현할 수 있게 합니다. 여기서 각각의 색상은 0~ff(즉, 0~255)까지 16진수 값을 가질 수 있습니다. 다음 표는 주요 색상의 다양한 표현 방법을 보인 것입니다.

표 3-2 색상 표현 방식

| 검정(black) | 흰색(white) | 빨강(red) |
|---|---|---|
| rgb(0, 0, 0) | rgb(255, 255, 255) | hsl(255, 0, 0) |
| #000000 | #ffffff | #ff0000 |
| hsl(0, 100%, 0%) | hsl(0, 100%, 100%) | hsl(0, 100%, 50%) |

검정은 가장 어두운 색상으로, r, g, b 값을 각각 0으로 하여 rgb(0,0,0)으로 표현할 수 있습니다. 또한 검정은 빛이 없는 것을 의미하므로 빛(명도)을 0%로 한 hsl(0, 100%, 0%)로 표현할 수 있습니다. 흰색은 가장 밝은 색상으로 r, g, b 값을 각각 255, 255, 255로 하여 rgb(255,255,255)로 표현할 수 있습니다. 그런데 색상은 불투명도라는 개념이 존재합니다. 이제 불투명도에 관해 알아보겠습니다.

## CSS의 opacity 스타일 속성과 rgba, hsla CSS 함수

CSS는 색상의 불투명도를 표현할 수 있도록 opacity라는 이름의 스타일 속성을 제공합니다. 불투명도는 '알파값alpha value'으로 불리기도 하는데, 불투명도는 알파값 0~1 사이의 소수로 표현합니다. 알파값이 0이면 완전히 투명함transparency을, 1이면 완전히 불투명함을 의미합니다.

CSS는 색상과 알파값을 동시에 표현할 수 있는 rgba와 hsla라는 CSS 함수도 제공합니다. 다음은 불투명도가 40%(0.4)인 검정을 바탕색으로 설정하는 CSS 코드 예입니다.

```
background-color: rgba(0, 0, 0, 0.4);
```

## 테일윈드CSS 색상 클래스

테일윈드CSS는 색상과 관련된 스타일 속성에 대응하는 색상 클래스를 제공합니다. 다음은 앞선 코드에서 본 CSS 클래스입니다. 이 클래스의 이름을 보면 어떤 원칙이 있음이 느껴집니다.

```
bg-black/70, text-white, text-gray-50
```

테일윈드CSS는 black과 white 색상, 즉 무채색의 경우 다음과 같은 이름 규칙으로 클래스를 제공합니다. 여기서 '/불투명도' 부분은 생략할 수 있습니다.

| 무채색 이름 규칙 |
| --- |
| 접두사-색상명/불투명도 |

반면에 빨강, 파랑 등 유채색은 다음과 같은 이름 규칙으로 클래스를 제공합니다. 물론 여기서도 '/불투명도' 부분은 생략할 수 있습니다.

접두사는 배경색을 의미하는 **bg**, 텍스트 색상을 의미하는 **text**, 경계 색상을 의미하는 **border** 등을 사용할 수 있습니다. 또한 검은색과 흰색은 무채색이므로 채도$^{saturation}$라는 개념이 없습니다. 다만 불투명도 개념은 있으므로 테일윈드CSS[*]는 **bg-black/70**처럼 '접두사-(black 혹은 white)/불투명도' 형태의 이름을 가진 클래스를 제공합니다. 또한 빨강, 파랑 등 유채색은 채도 개념이 도입되어 **text-gray-50**처럼 '접두사-색상-채도/불투명도' 형태의 이름을 가진 클래스를 제공합니다.

[*] 테일윈드CSS가 제공하는 색상은 tailwindcss.com/docs/customizing-colors를 참고하세요.

테일윈드CSS는 색상의 채도 부분은 50, 100, 200, 300, 400, 500, 600, 700, 800, 900 등 10개 번호로 세분합니다. 따라서 회색은 **gray-50**, **gray-100**, **gray-900**과 같은 이름을 가지며 숫자가 클수록 어두운 색상입니다. 또한 불투명도는 20~100 사이에서 5나 10씩 증가하는 숫자로 제한합니다. 불투명도이므로 **bg-black/20**은 가장 투명한 색상인 반면, **bg-black/100**은 가장 불투명한 색상입니다.

이제 src/pages 디렉터리의 Color.tsx 파일을 열고 다음처럼 작성합니다. 이 코드는 **bg**, **text**, **border** 등의 접두사를 사용해 각각 바탕색과 텍스트 색상, 경계 색상을 표현합니다. 참고로 코드에 사용된 **p-4**, **w-full**, **border-4** 클래스는 다음 절에서 알아봅니다.

**Do it!** 색상 표현하기 • src/pages/Color.tsx

```tsx
export default function Color() {
  return (
    <div className="p-4 bg-sky-700">
      <p className="w-full p-4 text-3xl text-white">Color</p>
      <div className="mb-4">
        <p className="text-white">Email address</p>
        <input type="email" className="text-gray-900 border-sky-200 border-4" />
        <p className="text-rose-500">This field is required</p>
      </div>
    </div>
  )
}
```

## 텍스트를 설정하는 방법

CSS는 길이<sup>length</sup>를 표현할 때 픽셀 단위<sup>px</sup>를 사용합니다. 하지만 픽셀 단위는 '몇 글자 정도의 길이'와 같은 텍스트의 표시 길이를 표현해야 할 때는 그리 적합하지 않습니다. 예로 '60픽셀' 보다는 '문자 20개 정도의 길이'로 표현하는 것이 더 자연스럽습니다.

따라서 CSS는 픽셀 말고도 영문자 'M'의 발음 '엠'을 의미하는 em과 'root M'을 의미하는 rem 이라는 단위를 제공합니다. root M은 <html>, <body> 등에 설정된 기본 글꼴 기준으로 'M' 문자의 높이를 의미합니다. 즉, 1rem은 'M' 문자 1개 높이이고, 1.25rem은 'M' 문자 1개의 1/4 높이를 더한 높이입니다.

## 글자 크기 설정하기

CSS는 텍스트의 글자 크기를 설정할 수 있도록 font-size와 line-height라는 스타일 속성을 제공합니다. font-size는 글꼴의 크기, 즉 글자의 높이를 의미합니다. 그런데 텍스트가 여러 줄일 때 각 줄의 텍스트는 어느 정도 공간을 가지고 떨어져 있어야 보기에 편합니다. line-height 스타일 속성은 글자의 높이(즉, font-size)에 여분의 높이를 더한 값을 설정하는 속성입니다.

즉, 여러 줄의 텍스트는 줄마다 line-height만큼의 높이를 가지고, 각 줄의 텍스트는 line-height보다 조금 작은 font-size값을 가져 행간이 조금씩 떨어져 보이게 해줍니다. font-size와 line-height 스타일 속성에는 픽셀이나 퍼센트, 앞서 언급한 em이나 rem 단위의 숫자를 설정할 수 있습니다.

그림 3-6 font-size와 line-height의 차이

웹 브라우저는 텍스트 표시를 담당하는 `<h1>`~`<h6>`, `<p>` 요소에 각기 다른 `font-size`와 `line-height`값을 기본으로 설정해 놓습니다. 그런데 웹 브라우저마다 이 기본 설정값이 조금씩 달라서 디자인한 웹 페이지가 모든 브라우저에서 똑같이 보이지 않는다는 문제가 있습니다.

이 때문에 테일윈드CSS는 `<h1>`~`<h6>`, `<p>` 요소에 기본으로 설정된 글자 크기를 모두 초기화합니다. 그리고 다음 표와 같은 글자 크기를 설정하는 클래스를 제공하여 태그와 상관없이 글자 크기를 조절할 수 있게 해 줍니다. 이 클래스들의 이름은 `text-` 접두사 뒤에 `xs`, `sm`과 같은 줄임말을 사용하는데 이 줄임말의 의미를 알아보겠습니다.

대다수 CSS 프레임워크에서는 'small'을 의미하는 `sm`, 'medium'을 의미하는 `md`, 'large'를 의미하는 `lg`와 같은 단어를 흔히 사용합니다. 또한 'extra small'을 의미하는 `xs`나 'extra-large'를 의미하는 `xl`도 찾아볼 수 있습니다. 이런 단어는 디스플레이 장치, 즉 열람 중인 웹 페이지의 크기를 의미합니다. 모바일이나 태블릿은 웹 브라우저의 크기가 고정되어 있습니다. CSS 관점에서 모바일은 `sm`, 태블릿은 `md` 크기로 고정되어 있다고 생각할 수 있습니다.

표 3-3 테일윈드CSS의 글자 크기 클래스

| 클래스 이름 | 의미 |
| --- | --- |
| text-xs | font-size: 0.75rem;<br>line-height: 1rem; |
| text-sm | font-size: 0.875rem;<br>line-height: 1.25rem; |
| text-base | font-size: 1rem;<br>line-height: 1.5rem; |
| text-lg | font-size: 1.125rem;<br>line-height: 1.75rem; |
| text-xl | font-size: 1.25rem;<br>line-height: 1.75rem; |
| text-2xl | font-size: 1.5rem;<br>line-height: 2rem; |
| text-3xl | font-size: 1.825rem;<br>line-height: 2.25rem; |
| text-4xl | font-size: 2.25rem;<br>line-height: 2.5rem; |
| text-5xl | font-size: 3rem;<br>line-height: 1; |

테일윈드CSS의 글자 크기는 `text-base` 클래스를 기준으로 합니다. 이 클래스는 `font-size`값이 1rem이고, `line-height`는 `font-size`의 위아래 양쪽으로 0.25rem, 즉 1/4 글자 높이만큼 떨어지게 하는 1.5rem을 설정해 놓은 클래스입니다.

그리고 `text-base`를 기준으로 0.125rem, 즉 1/8 글자 높이씩 작아지는 `text-sm`, `text-xs`와 1/8 높이씩 커지는 `text-lg`, `text-xl` 클래스가 있습니다. `text-xl` 이후에는 숫자 1씩 증가할 때마다 글자 높이가 더 큰 폭으로 증가합니다. 앞서 작성한 Color 컴포넌트에서 본 `text-3xl`은 `font-size`가 1.825rem이므로, HTML 요소에 설정된 기본 크기보다 0.825rem만큼 더 크게 텍스트가 화면에 나타납니다.

## 글자 굵기 설정하기

CSS는 글자의 굵기<sup>weight</sup>를 설정할 수 있는 `font-weight` 스타일 속성을 제공하며, 테일윈드 CSS는 이에 대응하는 클래스를 다음처럼 제공합니다.

`font-normal` 클래스는 `font-weight` 속성값을 400으로 설정하며 보통은 이 값이 각 글자의 굵기입니다. 그리고 400보다 낮은 숫자일수록 글자가 옅게 보이며, 400보다 높을수록 글자가 진하게 보입니다. 보통 헤드라인 텍스트는 `font-bold`나 `font-black`으로 설정하여 텍스트가 강조되게 합니다.

표 3-4 테일윈드CSS의 글자 굵기 설정 클래스

| 클래스 이름 | 의미 |
|---|---|
| font-thin | font-weight: 100; |
| font-light | font-weight: 300; |
| font-normal | font-weight: 400; |
| font-medium | font-weight: 500; |
| font-bold | font-weight: 700; |
| font-black | font-weight: 900; |

## 기울임꼴 설정하기

CSS는 `font-style`이라는 스타일 속성을 제공하여 글자가 기울임꼴<sup>italic</sup>로 보이도록 해줍니다. 테일윈드CSS는 이에 대응하여 클래스를 다음처럼 제공합니다.

표 3-5 테일윈드CSS의 기울임꼴 설정 클래스

| 클래스 이름 | 의미 |
|---|---|
| italic | font-style: italic; |
| non-italic | font-style: normal; |

## 줄바꿈 문자 설정하기

줄바꿈 문자 \n은 HTML에서는 **화이트 스페이스**<sup>white space*</sup>로 간주되어 무시됩니다. 하지만 CSS에서는 `white-space` 스타일 속성값으로 웹 브라우저가 \n과 같은 화이트 스페이스를 어떻게 해석할지를 설정할 수 있습니다.

\* 공백, 탭, 개행 등 출력되지 않는 문자를 의미합니다.

다음 표는 테일윈드CSS의 `white-space` 관련 클래스를 나타냅니다. 이 클래스 가운데 \n이 줄바꿈으로 동작하려면 `whitespace-pre-line`을 사용하면 됩니다.

표 3-6 테일윈드CSS의 줄바꿈 문자 설정 클래스

| 클래스 이름 | 의미 |
|---|---|
| whitespace-normal | white-space: normal; |
| whitespace-nowrap | white-space: nowrap; |
| whitespace-pre | white-space: pre; |
| whitespace-pre-line | white-space: pre-line; |
| whitespace-pre-wrap | white-space: pre-wrap; |

## 텍스트 정렬하기

MS 워드 같은 대부분 편집기는 다음 그림처럼 특정 방향으로 텍스트를 정렬하는 기능이 있습니다.

왼쪽 맞춤                        가운데 맞춤

그림 3-7 텍스트 정렬(출처: tailwindcss.com/docs/text-align)

CSS는 텍스트를 정렬하는 `text-align` 스타일 속성을 제공하며, 테일윈드CSS는 이에 대응하는 클래스를 다음처럼 제공합니다.

표 3-7 테일윈드CSS의 텍스트 정렬 클래스

| 클래스 이름 | 의미 |
|---|---|
| text-left | text-align: left; |
| text-center | text-align: center; |
| text-right | text-align: right; |
| text-justify | text-align: justify; |

## 텍스트 표시 줄 수 조절하기

앞에서 @tailwindcss/line-clamp라는 테일윈드CSS 플러그인을 설치했습니다. 이 플러그인은 테일윈드CSS에 'line-clamp-숫자' 형태의 클래스를 제공합니다. 여기서 숫자는 출력할 텍스트 줄 수입니다. 예를 들어 `line-clamp-3`은 텍스트가 아무리 길어도 최대 3줄로 출력하고, 텍스트 맨 뒤에 생략<sup>ellipsis</sup> 문자열(…)을 붙이라는 의미입니다.

## 텍스트 관련 컴포넌트 구현하기

지금까지 테일윈드CSS의 텍스트 관련 클래스를 알아보았는데 이 클래스들을 그대로 사용하려면 코드가 복잡해집니다. 그런데 만약 `Title`이라는 컴포넌트가 있어 다음처럼 구현할 수 있다면 의미도 명확하고 코드도 간결해질 수 있습니다.

```
<Title className="text-blue-600">Hello!</Title>
```

지금까지 다룬 내용을 바탕으로 화면 컴포넌트를 구현할 때 자주 사용하는 제목, 부제목, 요약, 본문 등을 Title, Subtitle, Summary, Paragraph 컴포넌트로 만들어 보겠습니다. src/components 디렉터리에 Texts.tsx 파일을 생성하여 여기에 한꺼번에 구현하겠습니다. VSCode 터미널에서 다음 명령으로 textUtil.ts와 Texts.tsx 파일을 src/components 디렉터리에 생성합니다.

```
T  터미널                                                        ─ □ ✕

> cd src/components
> touch textUtil.ts Texts.tsx
> cd ../..
```

그리고 textUtil.ts 파일을 열고 다음처럼 작성합니다. makeClassName 함수는 'font-bold text-5xl text-center whitespace-pre-line' 형태의 여러 문자열을 좀 더 쉬운 형태로 사용하도록 해주는 유틸리티 함수입니다.

**Do it!** 유틸리티 함수 구현하기                    • src/components/textUtil.ts

```
// prettier-ignore
export const makeClassName = (setting: string, _className?: string, numberOfLines?: number) =>
  [ setting,
    numberOfLines ? `line-clamp-${numberOfLines}` : '',
    _className ]
  .join(' ')
```

그리고 다음처럼 텍스트 관련 컴포넌트 4개를 Text.tsx 파일에 작성합니다. 이 코드는 길어보이지만 앞서 만들어 놓은 makeClassName 유틸리티 함수를 사용해 각 컴포넌트 이름에 적합한 테일윈드 기본 클래스를 설정하므로 내용은 단순한 편입니다.

**Do it!** 텍스트 관련 컴포넌트 구현하기              • src/components/Texts.tsx

```
import type {FC, DetailedHTMLProps, HTMLAttributes} from 'react'
import { makeClassName } from './textUtil'

type TextProps = DetailedHTMLProps<
  HTMLAttributes<HTMLParagraphElement>,
```

```
    HTMLParagraphElement
>

export type TitleProps = TextProps & {
  numberOfLines?: number
}
export const Title: FC<TitleProps> = ({
  className: _className,
  numberOfLines,
  ...props
}) => {
  const className = makeClassName(
    'font-bold text-5xl text-center whitespace-pre-line',
    _className,
    numberOfLines,
  )
  return <p {...props} className={className} />
}

export type SubtitleProps = TitleProps & {}
export const Subtitle: FC<SubtitleProps> = ({
  className: _className,
  numberOfLines,
  ...props
}) => {
  const className = makeClassName(
    'font-semibold text-3xl text-center whitespace-pre-line',
    _className,
    numberOfLines,
  )
  return <p {...props} className={className} />
}

export type SummaryProps = SubtitleProps & {}
export const Summary: FC<SummaryProps> = ({
  className: _className,
  numberOfLines,
```

```
    ...props
}) => {
  const className = makeClassName(
    'text-sm whitespace-pre-line',
    _className,
    numberOfLines,
  )
  return <p {...props} className={className} />
}

export type ParagraphProps = SummaryProps & {}
export const Paragraph: FC<ParagraphProps> = ({
  className: _className,
  numberOfLines,
  ...props
}) => {
  const className = makeClassName(
    'font-normal text-base whitespace-pre-line',
    _className,
    numberOfLines,
  )
  return <p {...props} className={className} />
}
```

그리고 index.ts 파일을 열고 Texts.tsx에 구현한 내용을 다음처럼 반영해 줍니다.

**Do it!**  •  src/components/index.ts

```
export * from './Icon'
export * from './Texts'
```

이제 src/pages 디렉터리의 TextsTest.tsx 파일을 열고 다음처럼 작성합니다. 앞에서 구현한 텍스트 관련 컴포넌트 덕분에 테일윈드CSS의 클래스들이 코드에서 거의 사라져 의미를 알기 쉬워졌습니다.

```
import * as D from '../data'
import {Title, Subtitle, Summary, Paragraph} from '../components'

const paragraphs = D.makeArray(2).map(D.randomParagraphs).join('\n\n')
const summery = D.makeArray(3).map(D.randomSentence).join('\n')

export default function TextsTest() {
  return (
    <div>
      <Title>TextsTest</Title>
      <div>
        <Title className="text-blue-600">{D.randomTitleText()}</Title>
        <Subtitle className="text-blue-400">{D.randomSentence()}</Subtitle>
        <p className="text-xl italic text-center text-gray-900 text-bold">
          {D.randomName()}</p>
        <Paragraph numberOfLines={5}>{paragraphs}</Paragraph>
        <Summary className="text-center text-gray-500">{summery}</Summary>
        <p className="text-center text-pink-400">
          {D.randomDayMonthYear()} ({D.randomRelativeDate()})
        </p>
      </div>
    </div>
  )
}
```

▶ 실행 결과

웹 브라우저에서 결과를 확인했으면 Ctrl+C를 눌러 npm start 명령을 종료합니다.

# 03-3 CSS 상자 모델 이해하기

HTML 요소는 화면에 표시될 때 모두 상자처럼 보인다고 해서 **상자 모델**<sup>box model</sup>이라는 CSS 표준이 생겼습니다. 이 절에서는 CSS 상자 모델과 관련된 테일윈드CSS의 기능을 알아봅니다.

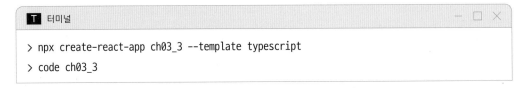

ch03 디렉터리에서 다음 명령으로 ch03_3이라는 이름의 프로젝트를 만들고 ch03_3 디렉터리를 대상으로 VSCode를 실행합니다.

```
T 터미널                                          – □ ✕

> npx create-react-app ch03_3 --template typescript
> code ch03_3
```

VSCode가 열리면 터미널을 하나 열고 chance와 luxon, 구글 머티리얼 아이콘, 테일윈드 CSS 관련 패키지를 다음 명령으로 설치합니다.

```
T 터미널                                          – □ ✕

> npm i chance luxon @fontsource/material-icons
> npm i -D @types/chance @types/luxon
> npm i -D postcss autoprefixer tailwindcss
> npm i -D @tailwindcss/line-clamp daisyui
```

그리고 앞 절에서 만든 src 디렉터리와 .prettierrc.js, postcss.config.js, tailwind.config.js 파일을 다음 명령으로 복사합니다. 또한 이 절과 상관없는 src/pages 디렉터리의 파일을 모두 지웁니다.

```
T 터미널                                          – □ ✕

> cp -r ../ch03_2/src/* ./src
> cp -r ../ch03_2/*.js .
> rm src/pages/*
```

이 절에서 사용할 컴포넌트를 src/pages 디렉터리에 만들 차례인데, 그 전에 src/copy 디렉터리의 CopyMe.tsx 파일을 다음처럼 수정하여 앞 절에서 만든 `Title` 컴포넌트를 사용하는 형태로 만듭니다.

**Do it!** Title 컴포넌트를 사용하는 기본 파일 만들기      • src/copy/CopyMe.tsx

```tsx
import {Title} from '../components'

export default function CopyMe() {
  return (
    <section className="mt-4">
      <Title>CopyMe</Title>
      <div className="mt-4"></div>
    </section>
  )
}
```

이 파일을 복사하여 이번 절에서 작성할 13개 파일을 pages 디렉터리에 만듭니다.

**T** 터미널        — □ ✕

```
> cd src
> cp copy/CopyMe.tsx pages/DivTest.tsx
> cp copy/CopyMe.tsx pages/ViewportTest.tsx
> cp copy/CopyMe.tsx pages/HeightTest.tsx
> cp copy/CopyMe.tsx pages/PaddingTest.tsx
> cp copy/CopyMe.tsx pages/MarginTest.tsx
> cp copy/CopyMe.tsx pages/ImageTest.tsx
> cp copy/CopyMe.tsx pages/BackgroundImageTest.tsx
> cp copy/CopyMe.tsx pages/DisplayTest.tsx
> cp copy/CopyMe.tsx pages/DisplayNoneTest.tsx
> cp copy/CopyMe.tsx pages/AvatarTest.tsx
> cp copy/CopyMe.tsx pages/BorderTest.tsx
> cp copy/CopyMe.tsx pages/PositionTest.tsx
> cp copy/CopyMe.tsx pages/OverlayTest.tsx
> cd ..
```

이제 앱 파일(src/App.tsx)을 열어 이 절에서 실습할 컴포넌트를 나열한 후 터미널에서 npm start 명령을 실행합니다. 참고로 이 코드에서는 기존과 다르게 `<div>`가 아닌 `<main>`을 사용합니다.

**Do it!** 기본 앱 파일 • src/App.tsx

```tsx
import DivTest from './pages/DivTest'
import ViewportTest from './pages/ViewportTest'
import HeightTest from './pages/HeightTest'
import PaddingTest from './pages/PaddingTest'
import MarginTest from './pages/MarginTest'
import ImageTest from './pages/ImageTest'
import BackgroundImageTest from './pages/BackgroundImageTest'
import DisplayTest from './pages/DisplayTest'
import DisplayNoneTest from './pages/DisplayNoneTest'
import AvatarTest from './pages/AvatarTest'
import PositionTest from './pages/PositionTest'
import OverlayTest from './pages/OverlayTest'

export default function App() {
  return (
    <main>
      <OverlayTest />
      <PositionTest />
      <DisplayNoneTest />
      <DisplayTest />
      <AvatarTest />
      <BackgroundImageTest />
      <ImageTest />
      <MarginTest />
      <PaddingTest />
      <HeightTest />
      <ViewportTest />
      <DivTest />
    </main>
  )
}
```

## 상자 모델이란?

상자 모델은 HTML 태그가 웹 브라우저 화면에 모두 상자 모양으로 보이는 것을 모델링한 것으로, 이 모델에 따라 HTML 요소는 width와 height라는 스타일 속성을 가집니다. CSS 상자 모델 표준은 레벨 1, 2, 3이 있으며, CSS1, CSS2, CSS3 등의 이름으로 레벨에 따른 CSS를 구분합니다.

크롬을 포함한 대부분의 웹 브라우저는 F12를 누르면 나타나는 개발 도구 창에서 CSS 상자 모델을 볼 수 있습니다. 다음 그림은 〈html〉 요소가 넓이 414픽셀, 높이 784픽셀로 보이고 있음을 나타냅니다. 〈html〉 요소의 상자에는 크기 이외에도 padding, border, margin과 같은 용어들이 보이는데 이에 관해서는 잠시 후에 알아보겠습니다.

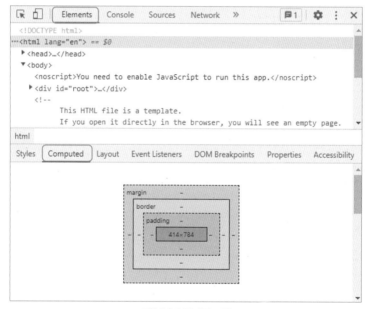

그림 3-8 CSS 상자 모델

## width와 height 스타일 속성

CSS는 HTML 요소의 넓이와 높이를 의미하는 width와 height라는 스타일 속성을 제공합니다. 두 속성은 다음에서 보듯 auto, inherit, initial, unset 등의 CSS 키워드값을 설정하거나 숫자 뒤에 픽셀을 의미하는 px, 또는 퍼센트, em, rem 등의 단위를 붙입니다. 만약 단위를 생략하면 px 단위로 간수합니다.

```
/* 키워드 */
height: auto;

/* <length> */
height: 120px;
height: 10em;

/* <percentage> */
height: 75%;

/* 전역 값 */
height: inherit;
height: initial;
height: unset;
```

*출처: https://developer.mozilla.org/ko/docs/Web/CSS/height

이제 `width`, `height`와 관련된 테일윈드CSS의 클래스를 알아볼 차례인데, 그 전에 `width`와 `height`라는 속성을 제공하는 Div 컴포넌트를 src/components 디렉터리에 만들겠습니다.

## Div 컴포넌트 구현하기

먼저 VSCode에서 새 터미널을 하나 열고 다음 명령으로 src/components 디렉터리에 WidthHeight.ts와 Div.tsx 파일을 만듭니다.

**T 터미널**        — □ ✕

```
> touch ./src/components/WidthHeight.ts
> touch ./src/components/Div.tsx
```

그리고 WidthHeight.ts 파일에 다음처럼 `WidthHeight` 타입을 구현합니다.

**Do it!** WidthHeight 타입 구현하기      • src/components/WidthHeight.ts

```
export type WidthHeight = {
  width?: string
  height?: string
}
```

src/components 디렉터리의 Div.tsx 파일에 다음처럼 `WidthHeight` 타입을 적용합니다.

```tsx
import type {FC, DetailedHTMLProps, HTMLAttributes, PropsWithChildren} from 'react'
import type {WidthHeight} from './WidthHeight'

export type ReactDivProps = DetailedHTMLProps<
  HTMLAttributes<HTMLDivElement>,
  HTMLDivElement
>
export type DivProps = ReactDivProps & PropsWithChildren<WidthHeight>

// prettier-ignore
export const Div: FC<DivProps> = ({
  width, height, style: _style, ...props
}) => {
  const style = {..._style, width, height}
  return <div {...props} style={style} />
}
```

src/components 디렉터리의 index.ts 파일에 다음처럼 **Div** 컴포넌트를 반영합니다.

```ts
export * from './Icon'
export * from './Texts'
export * from './Div'
```

src/pages 디렉터리의 DivTest.tsx 파일을 열고 다음처럼 **Div** 컴포넌트를 사용하는 코드를 작성합니다. 코드에서 **Div** 컴포넌트의 `height` 속성에 6rem, 즉 'M' 문자 높이의 6배 높이를 설정했습니다.

```tsx
import {Title, Subtitle, Div, Icon} from '../components'

export default function DivTest() {
  return (
```

```
    <section className="mt-4">
      <Title>DivTest</Title>
      <Div className="text-center text-blue-100 bg-blue-600" height="6rem">
        <Icon name="home" className="text-3xl" />
        <Subtitle>Home</Subtitle>
      </Div>
    </section>
  )
}
```

이제 웹 브라우저에서 F12 를 눌러 개발 도구 창을 연 다음 [Elements] 탭을 누르고, <main>
아래 맨 마지막 줄 <section>을 찾은 뒤 다음처럼 <div>를 선택합니다.

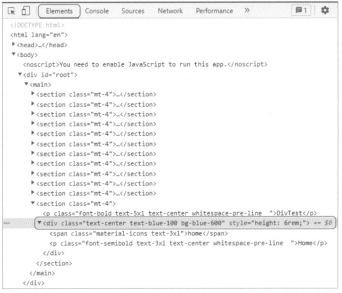

그림 3-9 개발 도구 창에서 요소 찾기

그런 다음 오른쪽이나 아래쪽에 있는 [Computed] 탭을 누르면 다음과 같은 상자 모델이 보
입니다. <div> 요소의 상자 높이는 96px, 즉 1rem인 16px의 6배임을 보여 줍니다. 이 결과
는 height 속성값에 설정한 6rem과 정확히 일치합니다.

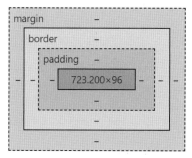

그림 3-10 컨테이너 높이를 명시적으로 설정한 예

이제 Div의 height를 명시적으로 설정하지 않는 대신 웹 브라우저의 높이 결정 메커니즘을 적용해 보겠습니다. DivTest.tsx 파일에서 height="6rem" 코드를 생략하고 다음처럼 구현합니다.

```
Do it! 웹 브라우저의 높이 결정 메커니즘 적용하기                    • src/pages/DivTest.tsx
... (생략) ...
<section className="mt-4">
  <Title>DivTest</Title>
  {/* <Div className="text-center text-blue-100 bg-blue-600" height="6rem"> */}
  <Div className="text-center text-blue-100 bg-blue-600">
    <Icon name="home" className="text-3xl" />
    <Subtitle>Home</Subtitle>
  </Div>
</section>
... (생략) ...
```

다음 화면은 높이를 명시적으로 설정하지 않고 웹 브라우저가 계산하도록 했을 때의 모습입니다. <div>는 콘텐츠를 정확하게 감싸는 높이로 계산된 값을 가지고 있습니다. 이처럼 CSS에서는 높이를 명시적으로 설정하지 않고 브라우저가 계산하도록 구현하는 것이 바람직합니다.

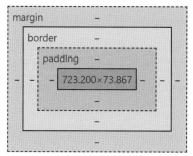

그림 3-11 컨테이너 높이를 브라우저가 계산하도록 만든 예

## 컨테이너와 콘텐츠, 그리고 box-sizing 스타일 속성

HTML에서는 부모 요소, 자식 요소처럼 관계를 표현하지만 CSS에서는 부모 요소를 **컨테이너**$^{container}$, 자식 요소를 **콘텐츠**$^{content}$라고 표현합니다. CSS 관점에서 중요한 것은 HTML 요소의 관계가 아니라 HTML 요소의 렌더링이기 때문입니다.

콘텐츠를 구성하는 HTML 요소가 차지하는 영역을 콘텐츠 영역이라고 할 때, 다음 그림처럼 컨테이너는 자신의 **테두리**$^{border}$와 **패딩**$^{padding}$이라고 부르는 콘텐츠 영역 간의 간격으로 구성됩니다. 이럴 때 컨테이너의 진정한 크기가 무엇인지가 혼란스럽습니다.

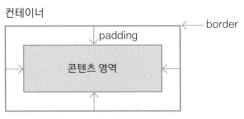

그림 3-12 컨테이너 크기를 결정하는 부분들

컨테이너의 크기를 테두리 내부 영역이라고 하면 '컨테이너 크기 = 테두리 두께 + 패딩 두께 + 콘텐츠 영역 크기'라고 계산할 수 있지만, 전통적으로 CSS에서는 테두리와 패딩을 무시한 콘텐츠 영역의 크기만을 컨테이너 크기로 보아 왔습니다.

이 때문에 CSS 표준은 **box-sizing**이란 스타일 속성을 제공하여 컨테이너 크기를 결정하게 합니다. **box-sizing**의 설정값은 다음처럼 4가지 가운데 하나이며 기본값은 content-box입니다.*

\* 요즘은 box-sizing 속성값을 border-box로 설정하는 추세입니다.

---

box-sizing의 4가지 속성값

box-sizing: content-box | padding-box | border-box | inherit

---

테일윈드CSS는 box-sizing: border-box에 대응하는 box-border 클래스와 box-sizing: content-box에 대응하는 box-content 클래스를 제공합니다.

표 3-8 테일윈드CSS의 컨테이너 크기 관련 클래스

| 클래스 이름 | CSS 속성 |
| --- | --- |
| box-border | box-sizing: border-box; |
| box-content | box-sizing: content-box; |

## 캐스케이딩 알아보기

다음 코드는 DivTest 컴포넌트에서 가져온 것입니다. 이 코드에서 아이콘과 텍스트의 색상값을 각각 설정하지 않고, 두 컴포넌트의 부모 컴포넌트인 Div에 설정했는데 이것이 CSS의 **캐스케이딩**<sup>cascading</sup>입니다.

---

캐스케이딩 예

```
<Div className="text-center text-blue-100 bg-blue-600">
  <Icon name="home" className="text-3xl" />
  <Subtitle>Home</Subtitle>
</Div>
```

---

'cascading'이라는 단어는 "위에서 아래로 물이 계단을 따라 흘러내린다"라는 의미로 해석할 수 있습니다. color 스타일 속성값을 명시적으로 설정하지 않으면 부모 요소에 설정한 color 속성값이 물이 흘러 내리듯이 적용됩니다.

다음은 DivTest의 실행 결과로 text-blue-100이 Icon과 Subtitle 컴포넌트에 적용되어 같은 색상임을 볼 수 있습니다.

▶ DivTest 실행 결과

이러한 캐스케이딩은 width와 같은 스타일 속성에도 적용됩니다. 앞 코드에서 width 스타일 속성값을 설정하지 않았는데, 이렇게 하면 부모 요소 가운데 가장 가까운 부모의 width 스타일 속성값으로 설정됩니다. 결국 가까운 부모부터 먼 부모까지 올라 가면서 width값이 설정된 부모의 값으로 설정됩니다.

위 코드에서는 그 어떤 부모 요소도 width값을 명시하지 않았으므로 최상단 부모인 <html> 요소의 width가 적용되어 Div의 넓이가 됩니다.

## 뷰포트 알아보기

**뷰포트**<sup>viewport</sup>는 웹 페이지에서 사용자가 볼 수 있는 영역입니다. 뷰포트는 모바일, 태블릿, 데스크톱 등 웹 브라우저가 동작하는 장치의 화면 크기가 각각 달라서 생긴 개념입니다. 뷰포트 관점에서 HTML 요소의 넓이는 'viewport width'라는 의미로 **vw**, 높이는 'viewport height'라는 의미로 **vh**라는 단위를 사용합니다.

**vw**와 **vh**는 각각 1~100까지의 값을 가지며 이 값은 퍼센트 개념과 같습니다. 즉, 100vw는 웹 브라우저가 동작하는 디스플레이 장치의 100% 넓이를 의미하고, 100vh는 100% 높이를 의미합니다.

테일윈드CSS는 뷰포트의 크기를 지정하는 클래스 2개를 제공합니다.

표 3-9 테일윈드CSS의 뷰포트 클래스

| 클래스 이름 | 의미 |
| --- | --- |
| w-screen | width: 100vw; |
| h-screen | height: 100vh; |

이제 src/pages 디렉터리에 있는 ViewportTest.tsx 파일을 다음처럼 작성합니다.

**Do it!** 뷰포트 테스트 • src/pages/ViewportTest.tsx

```tsx
import {Title} from '../components'

export default function ViewportTest() {
  return (
    <section className="w-screen h-screen mt-4 bg-indigo-900">
      <Title className="text-white">ViewportTest</Title>
    </section>
  )
}
```

코드에서 **w-screen**과 **h-screen** 클래스를 사용했으므로 웹 브라우저의 바탕색은 짙은 보라색<sup>indigo</sup>으로 보입니다. 또한 개발 도구 창에서 상자 모델을 보면 높이가 0이 아니라 브라우저의 높이로 표시됩니다. 뷰포트 설정값은 퍼센트처럼 동작하므로 웹 브라우저의 크기를 임의로 조정해도 항상 바탕색으로 가득 찬 모습으로 보입니다.

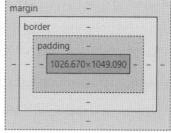

그림 3-13 뷰포트 실행 결과(왼쪽)와 개발 도구 창에서 상자 모델(오른쪽)

앞서 w-screen과 h-screen 클래스를 사용해 봤
는데 테일윈드CSS는 vw, vh 단위 대신 퍼센트
단위를 사용하는 w-full, h-full 클래스도 제
공합니다.

**표 3-10 테일윈드CSS의 뷰포트 클래스**(퍼센트 단위 사용)

| 클래스 이름 | 의미 |
|---|---|
| w-full | width: 100%; |
| h-full | height: 100%; |

w-full과 h-full은 부모 요소를 기준으로 100%로 설정됩니다. 즉, w-full은 부모 요소 width
값의 100%, h-full 또한 부모 요소의 height값을 전부 자신의 height값으로 설정합니다.

## 테일윈드CSS의 길이 관련 클래스

지금까지 w-screen과 h-screen, w-full과 h-full 클래스를 알아보았는데, 테일윈드CSS는
이들 외에도 넓이와 높이에 관련된 여러 클래스를 제공합니다. 다음은 width를 의미하는 'w'
뒤, height를 의미하는 'h' 뒤에 숫자를 쓰는 표기법을 가진 클래스들도 제공합니다.

```
w-숫자
w-분자/분모
h-숫자
h-분자/분모
```

여기서 숫자의 단위는 rem입니다. 그리고 w-숫자, h-숫자의 기준은 4로서, w-4는 1rem, h-4
도 1rcm입니다. 즉, w-4는 문자 'M'의 넓이, h-4는 'M'의 높이를 의미합니다.

숫자는 1씩 증가나 감소할 때 0.25rem씩 증가나 감소합니다. 예를 들어 w-5는 'M' 문자 넓이
에 0.25rem을 더한 넓이를 의미하며, w-80은 20문자 길이(한 문자 길이가 4이므로,

80/4=20문자)를 의미합니다. **w-숫자**, **h-숫자**의 종류는 무척 많으므로 테일윈드CSS의 `width`와 `height` 관련 공식 문서\*를 참고하기 바랍니다.

\* 넓이(tailwindcss.com/docs/width), 높이(tailwindcss.com/docs/height) 관련 공식 문서를 참고하세요.

테일윈드CSS는 w-1/2 형태로 퍼센트 단위 길이를 표현할 수도 있습니다. 1/2는 50%를 의미하며, w-1/2, h-1/2는 각각 부모 요소의 `width`와 `height`의 50%인 값을 설정합니다.

> w-분자/분모, h-분자/분모 (분모는 2~6까지, 분자는 1~분모-1까지)

길이 관련 클래스를 테스트해 보겠습니다. src/pages 디렉터리에 있는 HeightTest.tsx 파일을 열고 다음처럼 작성합니다.

**Do it! 뷰포트 테스트** • src/pages/HeightTest.tsx

```tsx
import {Title, Div} from '../components'

export default function HeightTest() {
  return (
    <section className="mt-4">
      <Title>HeightTest</Title>
      <Div className="h-40 text-center bg-blue-500 mt-4">
        <Div className="bg-blue-500 h-1/2">
          <p className="text-center text-red-50">h-1/2</p>
        </Div>
        <Div className="bg-red-500 h-1/2">
          <p className="text-center text-red-50">h-1/2</p>
        </Div>
      </Div>
    </section>
  )
}
```

> 한 글자의 높이가 4rem이므로 열 글자에 해당하는 높이

> h-40 높이의 50%

> h-40 높이의 50%

▶ 실행 결과

만약 두 번째 Div에 h-1/2가 아니라 40을 2로 나눈 h-20을 설정해도 높이는 같습니다.

```
<Div className="bg-red-500 h-20">
  <p className="text-center text-red-50">h-20</p>
</Div>
```

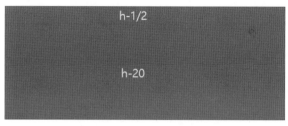

그림 3-14 h-1/2 대신 h-20을 사용한 모습

## padding 스타일 속성

콘텐츠를 컨테이너가 감싸고 있다는 관점에서 볼 때는 다음 그림처럼 상하좌우 네 방향의 간격을 설정할 수 있는데, CSS는 padding-left, padding-right, padding-top, padding-bottom 이란 스타일 속성을 제공합니다.

또한 CSS는 padding이란 이름의 단축 속성을 제공하여 padding-방향 형태의 속성들이 같은 값을 가질 때 좀 더 쉽게 패딩값을 설정할 수 있게 해줍니다. 예를 들어 padding: 1rem;은 padding-방향 형태의 속성값을 모두 'M' 글자 1개의 크기(1rem)로 설정합니다.

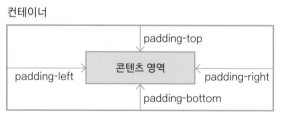

그림 3-15 padding 스타일 속성은 부모 요소와 콘텐츠 간의 간격을 의미

테일윈드CSS의 패딩 관련 클래스는 padding을 의미하는 'p-' 뒤에 숫자를 붙입니다. 다만 분수로 표현하지는 않습니다. 예를 들어 p-4는 padding: 1rem;을 의미합니다.

```
p-숫자
```

그런데 padding은 다음처럼 수평 방향을 의미하는 x, 수직 방향을 의미하는 y를 쓸 수도 있습니다. 또한 padding-top, padding-left, padding-bottom, padding-right를 의미하는 pt, pl, pb, pr을 사용할 수도 있습니다.*

* 좀 더 자세한 내용은 tailwindcss.com/docs/padding에서 확인할 수 있습니다.

```
p(x | y | t | l | b | r)-숫자
```

padding 스타일 속성을 테스트해 보겠습니다. src/pages 디렉터리에 있는 PaddingTest.tsx 파일을 열고 다음처럼 작성합니다.

**Do it!** padding 스타일 속성 테스트 • src/pages/PaddingTest.tsx

```tsx
import {Title} from '../components'
import * as D from '../data'

const sentence = D.randomSentence(10)
export default function PaddingTest() {
  return (
    <section className="mt-4">
      <Title>PaddingTest</Title>
      <div className="p-8">
        <div className="text-white bg-sky-600">
          <p>{sentence}</p>
        </div>
        <div className="p-8 text-white bg-orange-600">
          <p>{sentence}</p>
        </div>
      </div>
    </section>
  )
}
```

▶ 실행 결과

웹 브라우저에서 결과를 확인해 보면 패딩이 전혀 적용되지 않은 파랑 바탕의 콘텐츠와 달리, 오랜지색 바탕의 콘텐츠는 p-8, 즉 'M' 문자 2개만큼 간격을 두고 텍스트가 표시됩니다.

## margin 스타일 속성

margin 스타일 속성은 margin-left, margin-right, margin-top, margin-bottom 스타일 속성을 합쳐 놓은 단축 속성입니다. **margin-방향**은 다음 그림에서 보듯이 HTML 요소와 인접한 요소 간의 간격을 결정하는 스타일 속성입니다.

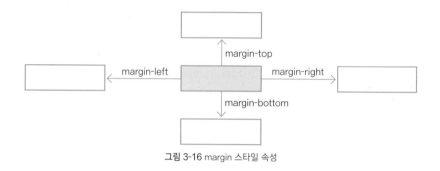

그림 3-16 margin 스타일 속성

테일윈드CSS의 마진 관련 클래스는 margin을 의미하는 'm-' 뒤에 숫자를 붙입니다. 다만 분수로 표현하지는 않습니다. width 때와 마찬가지로 m-4는 margin: 1rem;을 의미합니다.

```
m-숫자
```

margin도 padding과 마찬가지로 수평 방향을 의미하는 x, 수직 방향을 의미하는 y를 쓸 수 있습니다. 또한 margin-top, margin-left, margin-bottom, margin-right를 의미하는 mt, ml, mb, mr을 사용할 수 있습니다.

```
m(x | y | t | l | b | r)-숫자
```

앞선 예제들에서 사용한 mt-4는 margin-top: 1rem;의 의미를 가진 클래스로서, 위쪽 방향으로 'M' 글자 높이만큼 떨어지게 하는 효과를 줍니다.

margin 스타일 속성을 테스트해 보겠습니다. src/pages 디렉터리에 있는 MarginTest.tsx 파일을 열고 다음처럼 코드를 작성합니다. <div> 10개를 박스처럼 보이게 만든 뒤 m-4 클래스를 사용합니다. 실행 결과를 보면 상자들이 2글자만큼의 간격으로 떨어져 보입니다.

```tsx
import {Title} from '../components'
import * as D from '../data'

export default function MarginTest() {
  const boxes = D.makeArray(10).map((notUsed, index) => (
    <div key={index} className="inline-block w-8 h-8 m-4 bg-pink-300" />
  ))

  return (
    <section className="mt-4">
      <Title>MarginTest</Title>
      <div className="p-4 bg-blue-700">{boxes}</div>
    </section>
  )
}
```

▶ 실행 결과

## background-image 스타일 속성

`<img>`는 HTML 요소 중 유일하게 `width`와 `height` 속성이 있습니다. 이 속성은 이미지를 가로 세로 화면 비율[aspect ratio]에 맞춰 화면에 표시합니다. src/pages 디렉터리에 있는 ImageTest. tsx 파일을 열고 다음처럼 작성합니다.

```tsx
import {Title} from '../components'
import * as D from '../data'

const src = D.randomImage(3000, 1600)
export default function ImageTest() {
  return (
    <section className="mt-4">
      <Title>ImageTest</Title>
```

```
        <img src={src} className="bg-gray-300" width="400" height="400" />
    </section>
  )
}
```

코드에서는 이미지 크기와 무관하게 width와 height 속성을 각각 400픽셀로 설정했습니다. 또한 바탕색을 bg-gray-300으로 설정했습니다. 따라서 이미지가 로딩되기 전에는 400x400 영역에 바탕색이 보이지만, 실제 이미지가 로딩되면 이미지의 높이가 줄어드는 현상을 볼 수 있습니다. 이는 이미지가 왜곡되어 보이지 않도록 웹 브라우저가 화면 비율을 고려해 height 값을 계산했기 때문입니다.

<img>의 이런 특성은 이미지를 특정 높이로 고정하기 어렵게 하므로 디자이너들은 대부분 CSS의 background-image 스타일 속성을 선호합니다.

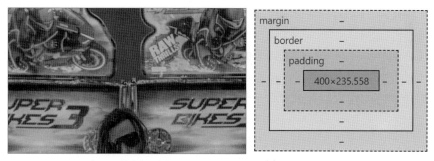

그림 3-17 화면에 표시된 이미지(왼쪽)와 브라우저가 실제 렌더링한 크기(오른쪽)

CSS의 background-image 스타일 속성은 다음처럼 url이란 CSS 함수에 이미지의 URL을 매개변수로 사용하는 형태로 사용합니다. 그런데 이 형태는 이미지 URL 부분을 타입스크립트 코드에서 결정하려고 할 때 조금 번거롭습니다. 이제 앞서 구현한 Div 컴포넌트에 src 속성을 추가하여 background-image 스타일 속성을 좀 더 쉽게 사용할 수 있게 만들겠습니다.

```
background-image: url(이미지_URL);
```

## Div 컴포넌트에 src 속성 추가

src/components 디렉터리에 있는 Div.tsx 파일을 열고 앞에서 만든 Div 컴포넌트에 background-image 스타일 속성을 추가합니다. 다음 코드는 src 속성을 추가하고 url(src) 형태가 되도록 backgroundImage를 구현합니다.

> **Do it!** Div 컴포넌트에 src 속성 추가 • src/components/Div.tsx

```tsx
import type {FC, DetailedHTMLProps, HTMLAttributes, PropsWithChildren} from 'react'
import type {WidthHeight} from './WidthHeight'

export type ReactDivProps = DetailedHTMLProps<
  HTMLAttributes<HTMLDivElement>,
  HTMLDivElement
>
export type DivProps = ReactDivProps &
  PropsWithChildren<WidthHeight> & {
    src?: string
  }

// prettier-ignore
export const Div: FC<DivProps> = ({
  width, height, style: _style, src, className: _className, ...props
}) => {
  const style = {..._style, width, height, backgroundImage: src && `url(${src})`}
  const className = ['box-border', src && 'bg-gray-300', _className].join(' ')
  return <div {...props} className={className} style={style} />
}
```

src 속성값이 있을 때 **bg-gray-300** 클래스를 추가한 것은 네트워크 장애나 아바타 제공 서버
가 다운되어 이미지를 얻을 수 없을 때 화면에 아무것도 나타나지 않는 것보다는 바탕색이 보
이도록 하여 장애가 났음을 알려 주는 역할을 합니다.

이제 src 속성을 테스트해 보겠습니다. src/pages 디렉터리에 있는 BackgroundImage
Test.tsx 파일을 열고 다음처럼 작성합니다.

> **Do it!** background-image 스타일 속성 테스트 • src/pages/BackgroundImageTest.tsx

```tsx
import {Div, Title, Subtitle} from '../components'
import * as D from '../data'

const src = D.randomImage(1200, 400)
export default function BackgroundImageTest() {
  return (
    <section className="mt-4">
```

```
      <Title>BackgroundImageTest</Title>
      <Div className="mt-4 bg-gray-300 h-80" src={src}>
        <Subtitle className="text-gray-500">Some Text here</Subtitle>
      </Div>
    </section>
  )
}
```

▶ 실행 결과

background-image 스타일 속성의 이름이 '백그라운드 이미지'인 이유는 실행 결과처럼
background-image 스타일 속성을 사용하는 <div> 같은 컨테이너의 배경 이미지로 사용할 수
있기 때문입니다.

## background-size 스타일 속성

그런데 앞 실행 결과에서 백그라운드 이미지는 전체 크기가 아니라 일부분만 보인 것입니다.
CSS는 전체 이미지를 볼 수 있게 background-size 스타일 속성을 제공하며, 테일윈드CSS는
이에 대응하는 클래스를 다음처럼 제공합니다.

표 3-11 테일윈드CSS의 백그라운드 이미지 크기 관련 클래스

| 클래스 이름 | 의미 |
| --- | --- |
| bg-auto | background-size: auto; |
| bg-cover | background-size: cover; |
| bg-contain | background-size: bg-contain; |

앞 화면에서 백그라운드 이미지는 background-size의 기본값인 cover(테일윈드CSS의
bg-cover 클래스)가 적용된 것으로 만약 다음처럼 bg-contain 클래스를 적용하면 이미지의
전체 모습을 볼 수 있습니다.

```
return <Div className="bg-contain" src={src} height="10rem" /
```

하지만 화면과 이미지의 크기가 다르면 이미지가 반복해서 나타납니다. 이렇게 이미지가 반복되는 것보다는 일부만 보이더라도 이미지가 훼손되지 않게 하고자 보통은 **bg-cover**로 설정합니다.

## border 스타일 속성

CSS 상자 모델은 HTML 요소가 차지 하는 면적의 테두리[border]를 상하좌우 4방향에서 각기 다르게 설정할 수 있습니다. 다음 그림은 border 스타일 속성의 의미를 설명합니다.

그림 3-18 border 스타일 속성은 HTML 요소의 상하좌우 4방향 경계를 의미

CSS의 border 스타일 속성은 다음처럼 사용하는 border-width, border-style, border-color의 단축 속성입니다. 예를 들어 border: 1px solid red;는 테두리 굵기가 1이고 타입은 직선, 색상은 빨강으로 만드는 스타일입니다.

```
border: border-width ¦¦ border-style ¦¦ border-color;
```

테일윈드CSS는 테두리 굵기와 관련하여 다음의 클래스를 제공합니다.

표 3-12 테일윈드CSS의 테두리 굵기 관련 클래스

| 클래스 이름 | 의미 |
| --- | --- |
| border | border-width: 1px; |
| border-t | border-top-width: 1px; |
| border-r | border-right-width: 1px; |
| border-b | border-bottom-width: 1px; |
| border-l | border-left-width: 1px; |

또한 각 방향의 테두리 굵기를 border-0(없음), border-2(2픽셀), border-4(4픽셀) 등을 의미하는 다음과 같은 패턴의 클래스도 제공합니다.

```
border-(0 ¦ 2 ¦ 4 ¦ 8)
```

그리고 특정 방향의 테두리를 의미하는 $t^{top}$, $r^{right}$, $b^{bottom}$, $l^{left}$을 접두사로 사용하는 'border-t-숫자' 형태의 클래스도 제공합니다.

```
border-t-(0 ¦ 2 ¦ 4 ¦ 8)
border-r-(0 ¦ 2 ¦ 4 ¦ 8)
border-b-(0 ¦ 2 ¦ 4 ¦ 8)
border-l-(0 ¦ 2 ¦ 4 ¦ 8)
```

테일윈드CSS는 테두리 스타일과 관련하여 다음과 같은 클래스를 제공합니다.

표 3-13 테일윈드CSS의 테두리 스타일 관련 클래스

| 클래스 이름 | 의미 |
| --- | --- |
| border-solid | border-style: solid; |
| border-dashed | border-style: dashed; |
| border-dotted | border-style: dotted; |
| border-double | border-style: double; |
| border-none | border-style: none; |

다음은 테두리 스타일을 적용한 예시 화면입니다.

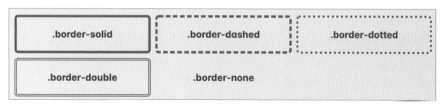

그림 3-19 테일윈드CSS의 테두리 스타일 예(출처: tailwindcss.com/docs/border-style)

테일윈드CSS는 테두리 색상과 관련하여 다음과 같은 클래스를 제공합니다.

표 3-14 테일윈드CSS의 테두리 색상 관련 클래스

| 클래스 이름 | 의미 |
|---|---|
| border-transparent | border-color: transparent; |
| border-black | --tw-border-opacity: 1;<br>border-color: rgba(0, 0, 0, var(--tw-border-opacity)); |
| border-white | --tw-border-opacity: 1;<br>border-color: rgba(255, 255, 255, var(--tw-border-opacity)); |

그리고 **bg-red-500** 형태에서 **bg** 접두사만 **border**로 바꾼 다음 패턴의 클래스도 제공합니다.

```
border-색상_이름-색상_번호
```

## border-radius 스타일 속성

CSS는 테두리의 모서리를 둥글게 만드는 border-radius 스타일 속성을 제공합니다. 이 스타일의 속성값은 픽셀, 퍼센트, em, rem 등의 단위를 설정할 수 있습니다. 테일윈드CSS는 이에 대응하는 다음의 클래스를 제공합니다.

표 3-15 테일윈드CSS의 rounded 관련 클래스

| 클래스 이름 | 의미 |
|---|---|
| rounded | border-radius: 0.25rem; |
| rounded-full | border-radius: 9999px; |
| rounded-sm | border-radius: 0.125rem; |
| rounded-md | border-radius: 0.375rem; |
| rounded-lg | border-radius: 0.5rem; |
| rounded-xl | border-radius: 0.75rem; |
| rounded-2xl | border-radius: 1rem; |

또한 위쪽이나 아래쪽 모서리만 둥글게 하는 다음과 같은 패턴의 클래스도 제공합니다.

```
rounded-(t ¦b)-(sm ¦ md ¦ lg ¦ xl ¦ 2xl ...)
```

그리고 다음처럼 한 쪽 모서리만 둥글게 하는 클래스도 제공합니다.

```
rounded-(tl | tr | bl | br)-(sm | md | lg | xl)
```

## Avatar 컴포넌트 만들기

이제 rounded 클래스를 활용해 아바타 이미지를 동그란 원 모양으로 만들겠습니다. 먼저 다음 명령으로 src/components 디렉터리에 Avatar.tsx 파일을 만듭니다.

```
T  터미널                                                            — □ ✕
> touch src/components/Avatar.tsx
```

다음처럼 rounded-full 클래스를 적용하는 방법으로 동그란 원 모양 이미지를 만들겠습니다.

```
<div className="rounded-full" />
```

src/components/Avatar.tsx 파일을 열고 앞서 구현한 Div 컴포넌트를 이용해 다음처럼 Avatar 컴포넌트를 작성합니다. PropsWithChildren 제네릭 타입이 적용된 Div 타입을 사용하므로 굳이 PropsWithChildren 타입을 명시하지 않고 className 속성을 사용합니다.

**Do it!** Avatar 컴포넌트 만들기                    • src/components/Avatar.tsx

```
import type {FC} from 'react'
import {Div} from './Div'
import type {DivProps} from './Div'

export type AvatarProps = DivProps & {
  size?: string
}
// prettier-ignore
export const Avatar: FC<AvatarProps> = ({
  className: _className, style, src, size, ...props
}) => {
  const w_or_h = size ?? '3rem'
  const className = ['rounded-full bg-cover bg-gray-300', _className].join(' ')
  return (
```

```
  <Div
    {...props}
    src={src}
    width={w_or_h}
    height={w_or_h}
    className={className}
    style={style} />
  )
}
```

Avatar 컴포넌트를 새로 구현했으므로 같은 디렉터리의 index.tsx 파일에 이를 반영합니다.

> **Do it!** Avatar 컴포넌트 반영하기 · src/components/index.ts

```
export * from './Icon'
export * from './Texts'
export * from './Div'
export * from './Avatar'
```

이제 src/pages 디렉터리에 있는 AvatarTest.tsx 파일에 다음처럼 작성합니다. 랜덤한 아바타 이미지 10개를 Avatar 컴포넌트로 화면에 출력하는 코드입니다. margin 스타일 속성에는 음수를 설정할 수 있으며, 테일윈드CSS는 -ml-6처럼 마이너스 기호를 붙여 음수 margin값을 설정할 수 있습니다. 또한 아바타의 테두리를 흰색(border-white)으로 칠하는데, 이때 border의 기본 넓이는 0이므로 border의 크기를 설정해 줘야 합니다. 따라서 border의 넓이를 문자 1개 넓이로 설정합니다.

> **Do it!** Avatar 컴포넌트 사용하기 · src/pages/AvatarTest.tsx

```
import {Div, Title, Avatar} from '../components'
import * as D from '../data'

export default function AvatarTest() {
  const avatars = D.range(0, 10).map(index => (
    <Avatar
      className="inline-block -ml-6 border-4 border-white"
      key={index}
      src={D.randomAvatar()}
```

```
      />
    ))
    return (
      <section className="mt-4">
        <Title>AvatarTest</Title>
        <Div className="px-12 py-4 m-8 bg-blue-300">{avatars}</Div>
      </section>
    )
  }
```

▶ 실행 결과

## display 스타일 속성

CSS의 display 스타일 속성은 HTML 요
소의 배치<sup>layout</sup>를 결정하는 중요한 속성입
니다. display에 설정할 수 있는 값은 많
지만, 테일윈드CSS에서는 다음과 같은
클래스를 자주 사용합니다.

표 3-16 테일윈드CSS의 display 관련 클래스

| 클래스 이름 | 의미 |
|---|---|
| hidden | display: none |
| block | display: block; |
| inline-block | display: inline-block; |
| inline | display: inline; |
| flex | display: flex; |

CSS 레이아웃은 기본적으로 사람이 글을 쓰는 방식을 따릅니다. 사람은 수평으로 글을 쓰다
가 더 이상 여분이 없으면 줄을 바꾼 뒤 글을 씁니다. 수평으로 쓰는 대표적인 HTML 요소로
는 <span>이 있으며, <span>처럼 수평으로 배치되는 HTML 요소들을 inline 요소라고 합니
다. inline 요소는 더 이상 수평으로 배치할 수 없을 때 줄을 바꾼 다음 왼쪽에서 오른쪽으로
배치됩니다. inline 요소는 width와 height 스타일 속성값을 명시적으로 설정할 수 없습니
다. 즉, 설정할 수는 있지만 반영되지는 않습니다.

block 요소는 수직으로 배치되는 HTML 요소들을 의미하여 `<div>`가 대표적입니다. block 요소는 width와 height 스타일 속성값을 명시적으로 설정할 수 있고, 이 설정에 따라 자신의 넓이와 높이를 설정할 수 있습니다.

inline-block 요소는 inline과 block의 특성을 결합한 것입니다. inline이므로 수평으로 배치되지만, block이므로 width와 height 스타일 속성값을 설정할 수 있습니다.

---

**Do it!** display 스타일 속성 테스트 • src/pages/DisplayTest.tsx

```tsx
import {Title, Subtitle} from '../components'
import * as D from '../data'

export default function DisplayTest() {
  const inlineChildren = D.range(1, 5 + 1).map(number => (
    <div key={number} className="inline w-8 h-8 m-4 text-center text-gray-700 bg-sky-300">
      {number}
    </div>
  ))
  const blockChildren = D.range(1, 5 + 1).map(number => (
    <div key={number} className="block w-8 h-8 m-4 text-center text-gray-700 bg-sky-300">
      {number}
    </div>
  ))
  const inlineBlockChildren = D.range(1, 5 + 1).map(number => (
    <div
      key={number}
      className="inline-block w-8 h-8 m-4 text-center text-gray-700 bg-sky-300">
      {number}
    </div>
  ))
  return (
    <section className="mt-4">
      <Title>DisplayTest</Title>
      <div>
        <Subtitle>display: inline</Subtitle>
        {inlineChildren}
      </div>
      <div>
        <Subtitle>display: block</Subtitle>
```

```
          {blockChildren}
        </div>
        <div>
          <Subtitle>display: inline-block</Subtitle>
          {inlineBlockChildren}
        </div>
      </section>
    )
}
```

요소별로 웹 브라우저에 표시된 결과를 확인해 보겠습니다. 먼저 `inline-block` 요소는 `width` 와 `height` 스타일 속성값이 적용되고 자식 요소가 수평으로 배치됩니다.

그림 3-20 display: inline-block 적용 예시

`inline` 요소 또한 자식 요소가 수평으로 배치되지만, `width`와 `height` 스타일 속성은 적용되지 않으므로 글자 폭만큼만 바탕색이 보입니다. 반면에 `block` 요소는 자식 요소가 수직으로 배치되며, `width`와 `height` 스타일 속성이 적용되므로 바탕색이 정상으로 보입니다.

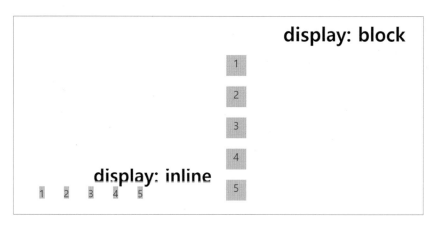

그림 3-21 inline(왼쪽), block(오른쪽) 적용 예시

## visibility 스타일 속성

웹 페이지를 인터렉티브하게 구현하다 보면 어떤 HTML 요소를 화면에 나타나지 않게 해야 할 때가 있습니다. 이때 CSS의 visibility 스타일 속성을 이용합니다. visibility 스타일 속성에는 visible이나 hidden 두 값 가운데 하나를 설정할 수 있습니다. visibility값이 visible이면 화면에 보이고 hidden이면 나타나지 않습니다.

그리고 앞서 살펴본 display 스타일 속성에는 none이라는 값을 설정할 수 있는데, 이때 해당 요소는 visibility: hidden처럼 화면에 나타나지 않게 됩니다. 그런데 display: none인 요소의 크기는 화면에 반영되지 않지만, visibility: hidden은 화면에는 보이지 않아도 요소의 크기는 그대로 반영됩니다.

테일윈드CSS는 다음처럼 visibility 관련 클래스 2개를 제공합니다.

표 3-17 테일윈드CSS의 visibility 관련 클래스

| 클래스 이름 | 의미 |
| --- | --- |
| visible | visibility: visible; |
| invisible | visibility: hidden; |

이를 테스트하고자 src/pages 디렉터리에 있는 DisplayNoneTest.tsx 파일을 열고 다음처럼 작성합니다.

**Do it!** none 속성값 테스트 • src/pages/DisplayNoneTest.tsx

```
import {Title} from '../components'

export default function DisplayNoneTest() {
  return (
    <section className="mt-4">
      <Title>DisplayNoneTest</Title>
      <div className="mt-4">
        <p className="visible">visibility: visible text</p>
        <p className="invisible">visibility: hidden text</p>
        <p className="hidden">display: none text</p>
      </div>
    </section>
  )
}
```

다음은 display: none일 때 상자 모델을 보여 줍니다. 텍스트가 있는데도 크기가 나타나지 않습니다.

그림 3-22 display: none일 때

반면에 visibility: hidden일 때는 텍스트는 보이지 않지만 크기가 정상으로 반영된 것을 확인할 수 있습니다.

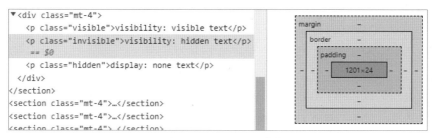

그림 3-23 visibility: hidden일 때

## position과 left, top, right, bottom 스타일 속성

CSS는 left, right, top, bottom 등 HTML 요소의 위치를 표현하는 스타일 속성을 제공합니다. 그런데 위치 관련 스타일 속성은 그냥 사용할 수 없고 position 스타일 속성에 absolute 라는 값이 설정되어 있어야 합니다. 테일윈드CSS는 다음처럼 position에 설정할 수 있는 2개 속성값에 대응하는 클래스를 제공합니다.

표 3-18 테일윈드CSS의 position 관련 클래스

| 클래스 이름 | 의미 |
|---|---|
| absolute | position: absolute; |
| relative | position: relative; |

그런데 position: absolute를 설정한 요소의 위치는 좌표가 되는 기준이 있어야 합니다. 즉, left: 1rem;은 어떤 영역을 기준으로 '왼쪽 1rem 길이'인지가 모호합니다. 만약 position: absolute를 사용하는 HTML 요소만 있다면 해당 요소는 HTML의 최상위 요소인 <html> 태그를 기준으로 합니다. 하지만 해당 요소의 여러 부모 컨테이너 중 position: relative를 설정한 컨테이너가 있다면, 해당 요소에서 가장 가까운 컨테이너 영역이 기준이 됩니다.

여기서 left는 컨테이너 영역 왼쪽 모서리에서 오른쪽 방향으로 0부터 증가하고, right는 오른쪽 모서리에서 왼쪽 방향으로 0부터 증가합니다. top과 bottom 또한 이와 유사하게 위에서 아래로, 아래에서 위로 값이 증가합니다.

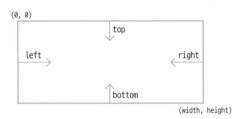

그림 3-24 left, right, top, bottom의 방향

이제 src/components 디렉터리에 구현한 Div 컴포넌트에 left, right, top, bottom 속성을 추가하여 기준이 되는 그림의 각 위치에 아이콘 박스가 있는 화면을 구현해 보겠습니다. 먼저 다음 명령으로 src/components 디렉터리에 LeftRightTopBottom.ts 파일을 만듭니다.

```
touch src/components/LeftRightTopBottom.ts
```

이 파일을 열고 LeftRightTopBottom 타입을 다음처럼 구현합니다.

**Do it! 위치 타입 구현하기** • src/components/LeftRightTopBottom.ts

```
export type LeftRightTopBottom = {
  left?: string
  right?: string
  top?: string
  bottom?: string
}
```

그리고 같은 디렉터리의 Div.tsx 파일에 다음처럼 LeftRightTopBottom 타입을 추가하고 관련 내용을 구현합니다.

**Do it! 위치 타입과 속성 추가하기** • src/components/Div.tsx

```tsx
import type {FC, DetailedHTMLProps, HTMLAttributes, PropsWithChildren} from 'react'
import type {WidthHeight} from './WidthHeight'
import type {LeftRightTopBottom} from './LeftRightTopBottom'

export type ReactDivProps = DetailedHTMLProps<
  HTMLAttributes<HTMLDivElement>,
  HTMLDivElement
>
export type DivProps = ReactDivProps &
  PropsWithChildren<WidthHeight> &
  LeftRightTopBottom & {
    src?: string
  }

export const Div: FC<DivProps> = ({
  width, height, style: _style, src, className: _className,
  left, right, top, bottom, ...props
}) => {
  const style = {
    ..._style, width, height, backgroundImage: src && `url(${src})`,
    left, right, top, bottom
  }
  const className = ['box-border', src && 'bg-gray-300', _className].join(' ')
  return <div {...props} className={className} style={style} />
}
```

이제 Div에 left, right, top, bottom 속성이 추가되었습니다. 이를 테스트하고자 src/pages 디렉터리에 있는 PositionTest.tsx 파일을 열고 다음처럼 작성합니다.

```
import {Div, Title, Icon} from '../components'
import * as D from '../data'

const src = D.randomImage(800, 500)
// prettier-ignore
export default function PositionTest() {
  const icons = ['home', 'search', 'settings', 'favorite'].map(name => (
    <Icon key={name} name={name} className="mr-2" />
  ))
  return (
    <Div>
      <Title>PositionTest</Title>
      <Div className="relative border-2 border-gray-500"
        src={src} height="10rem">
        <Div className="absolute p-2 text-white bg-red-500"
          left="1rem" top="1rem">{icons}</Div>
        <Div className="absolute p-2 text-white bg-blue-500"
          right="1rem" top="1rem">{icons}</Div>
        <Div className="absolute p-2 text-white bg-pink-500"
          left="1rem" bottom="1rem">{icons}</Div>
        <Div className="absolute p-2 text-white bg-yellow-500"
          right="1rem" bottom="1rem">{icons}</Div>
      </Div>
    </Div>
  )
}
```

▶ 실행 결과

이 코드는 Div 컨테이너에 표시할 absolute 클래스 4개를 가진 Div로 구성되었습니다.
relative 클래스로 설정한 Div는 absolute로 설정한 Div의 위치 기준이 됩니다. left="1rem"

top="1rem"은 기준의 왼쪽 모서리에서 오른쪽으로 1rem만큼 떨어졌고, 위쪽 모서리에서 아래로 1rem만큼 떨어진 곳에 표시됩니다.

## z-index 스타일 속성

position 스타일 속성값이 relative이거나 absolute로 설정된 여러 HTML 요소가 있으면, 해당 HTML 요소들에는 '쌓임 맥락stacking context'이란 메커니즘이 발생합니다. 쌓임 맥락은 가상의 z축을 사용한 HTML 요소의 3차원 개념화입니다. 여기서 z축은 모니터와 모니터를 보는 사람의 눈 사이의 가상 축을 의미합니다. z-index 스타일 속성값이 0이면 모니터 표면에 근접한 것이고, 그 값이 클수록 사람의 눈 쪽에 가까운 것을 의미합니다.

테일윈드CSS는 z-index와 관련하여 다음과 같은 클래스를 제공합니다.

표 3-19 테일윈드CSS의 z-index 관련 클래스

| 클래스 이름 | 의미 |
|---|---|
| z-0 | z-index: 0; |
| z-10 | z-index: 10; |
| z-20 | z-index: 20; |
| z-30 | z-index: 30; |
| z-40 | z-index: 40; |
| z-50 | z-index: 50; |
| z-auto | z-index: auto; |

## Overlay 컴포넌트 만들기

웹 페이지를 디자인하다 보면 사용자에게 대화 상자를 보여 주고 대화 상자 영역 밖의 버튼을 클릭할 수 없게 해야 할 때가 있습니다. 이런 기능을 하는 대화 상자를 **모달 대화 상자**modal dialog box라고 합니다. 모달 대화 상자가 나타나면 웹 페이지의 다른 곳을 사용자가 임의로 클릭할 수 없게 하는 화면 UI를 **오버레이**overlay라고 합니다. 다음 그림에서 반투명한 검은색 바탕이 오버레이입니다.

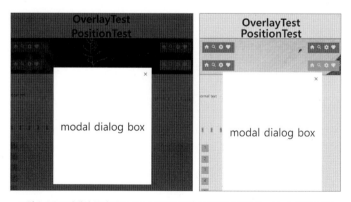

그림 3-25 오버레이 투명도 bg-black/70(왼쪽)과 오버레이 투명도 bg-black/10(오른쪽)

이러한 오버레이 기능을 테스트해 보겠습니다. 먼저 다음 명령으로 src/components 디렉터리에 Overlay.tsx 파일을 만듭니다.

```
T  터미널                                                              — □ ✕
> touch src/components/Overlay.tsx
```

오버레이를 구현하는 원리는 일단 웹 페이지 화면을 꽉 채우는 Div를 만드는 것으로 시작합니다.

```
<Div className="w-screen h-screen" />
```

그리고 이 Div의 position 속성을 absolute로 설정하고 z-index를 다른 HTML 요소보다 높게 설정합니다. 그러면 이 Div가 웹 페이지의 가장 최상단에 위치하므로 사용자의 마우스 클릭을 모두 흡수합니다. 따라서 사용자는 이 Div 아래쪽에 있는 버튼 등을 클릭할 수 없게 됩니다.

```
<Div className="absolute z-50 w-screen h-screen" />
```

바탕색은 검정에서 조금 투명하게 하여 Div 아래에 있는 웹 페이지 모습을 사용자에게 투명한 검은색으로 보이게 해줍니다.

```
<Div className="bg-black/70 absolute z-50 w-screen h-screen" />
```

마지막으로 플렉스 레이아웃을 적용해 자식 요소가 화면 가운데에 오도록 합니다.

```
<Div className="flex items-center justify-center ... (생략) ..." />
```

이런 내용을 Overlay.tsx 파일에 구현합니다.

---

**Do it!** Overlay 컴포넌트 만들기      • src/components/Overlay.tsx

```tsx
import type {FC} from 'react'
import type {ReactDivProps} from './Div'
import {Div} from './Div'

export type OverlayProps = ReactDivProps & {
  opacityClass?: string
}

export const Overlay: FC<OverlayProps> = ({
  className: _className,
  opacityClass,
  children,
  ...props
}) => {
  const className = [
    _className,
    'absolute z-50 w-screen h-screen',
    opacityClass ?? 'bg-black/70',
    'flex items-center justify-center'
  ].join(' ')
  // prettier-ignore
  return (
    <Div {...props} className={className} top="0" left="0">{children}</Div>
  )
}
```

---

이제 src/components 디렉터리의 index.ts 파일에 **Overlay** 컴포넌트를 반영합니다.

---

**Do it!** Overlay 컴포넌트 반영하기      • src/components/index.ts

```ts
export * from './Icon'
export * from './Texts'
export * from './Div'
export * from './Avatar'
export * from './Overlay'
```

---

마지막으로 src/pages 디렉터리에 있는 OverlayTest.tsx 파일을 열고 다음과 같은 코드를 작성합니다. 이 코드를 실행하면 앞서 그림으로 본 오버레이 화면을 볼 수 있습니다.

• src/pages/OverlayTest.tsx

**Do it!** Overlay 컴포넌트 사용하기

```tsx
import {Title, Div, Icon, Overlay} from '../components'

export default function OverlayTest() {
  return (
    <section className="mt-4">
      <Title>OverlayTest</Title>
      <Overlay opacityClass="bg-black/70">
        <Div className="relative flex items-center justify-center p-8 bg-white h-1/2">
          <Div className="absolute" right="1rem" top="1rem">
            <Icon name="close" className="text-gray-500" />
          </Div>
          <p className="text-5xl">modal dialog box</p>
        </Div>
      </Overlay>
    </section>
  )
}
```

지금까지 CSS 상자 모델과 CSS의 각종 스타일 속성에 대응하는 테일윈드CSS의 클래스를 살펴봤습니다. 이제 npm start 명령이 실행 중인 터미널에서 Ctrl+C를 눌러 종료합니다. 다음 절에서는 플렉스 레이아웃을 알아보겠습니다.

# 03-4 플렉스 레이아웃 이해하기

플렉스 레이아웃은 다양한 HTML 요소를 화면에 간편하게 배치할 수 있게 하는 표준입니다. 이 절에서는 플렉스 레이아웃 표준을 알아보겠습니다.

**⚙️ 프로젝트 만들기**

ch03 디렉터리에서 다음 명령으로 ch03_4라는 이름의 프로젝트를 생성하고 ch03_4 디렉터리를 대상으로 VSCode를 실행합니다.

```
T  터미널                                                    — □ ×

> npx create-react-app ch03_4 --template typescript
> code ch03_4
```

VSCode가 열리면 터미널을 하나 열고 chance와 luxon, 구글 머티리얼 아이콘, 테일윈드 CSS 관련 패키지들을 다음 명령으로 설치합니다.

```
T  터미널                                                    — □ ×

> npm i chance luxon @fontsource/material-icons
> npm i -D @types/chance @types/luxon
> npm i -D postcss autoprefixer tailwindcss
> npm i -D @tailwindcss/line-clamp daisyui
```

그리고 앞 절에서 만든 src 디렉터리와 .prettierrc.js, postcss.config.js, tailwind.config.js 파일을 다음 명령으로 복사합니다. 또한 이 절과 상관없는 src/pages 디렉터리의 파일을 모두 지웁니다.

```
T  터미널                                                    — □ ×

> cp -r ../ch03_3/src/* ./src
> cp -r ../ch03_3/*.js .
> rm src/pages/*
```

src/copy 디렉터리의 CopyMe.tsx 파일을 복사하여 이번 절에서 작성할 7개 파일을 pages
디렉터리에 만듭니다.

```
T  터미널                                                        –  □  ✕

> cd src
> cp copy/CopyMe.tsx pages/DirectionTest.tsx
> cp copy/CopyMe.tsx pages/WrapTest.tsx
> cp copy/CopyMe.tsx pages/MinMaxTest.tsx
> cp copy/CopyMe.tsx pages/JustifyCenterTest.tsx
> cp copy/CopyMe.tsx pages/AlignTest.tsx
> cp copy/CopyMe.tsx pages/User.tsx
> cp copy/CopyMe.tsx pages/UserContainer.tsx
> cp copy/CopyMe.tsx pages/Card.tsx
> cp copy/CopyMe.tsx pages/CardContainer.tsx
> cd ..
```

이제 앱 파일(src/App.tsx)을 열어 이 절에서 실습할 컴포넌트를 나열한 후 터미널에서 npm
start 명령을 실행합니다.

**Do it!** 기본 앱 파일                                          • src/App.tsx

```
import DirectionTest from './pages/DirectionTest'
import WrapTest from './pages/WrapTest'
import MinMaxTest from './pages/MinMaxTest'
import JustifyCenterTest from './pages/JustifyCenterTest'
import AlignTest from './pages/AlignTest'
import UserContainer from './pages/UserContainer'
import CardContainer from './pages/CardContainer'

export default function App() {
  return (
    <main>
      <CardContainer />
      <UserContainer />
      <AlignTest />
      <JustifyCenterTest />
      <MinMaxTest />
```

```
        <WrapTest />
        <DirectionTest />
    </main>
  )
}
```

## 플렉스박스 레이아웃이란?

**플렉스박스 레이아웃**<sup>flexbox layout</sup>이란 display 스타일 속성에 flex라고 설정하고 그 안에 콘텐츠 아이템을 배치한 것을 의미합니다. 이때 플렉스 컨테이너는 콘텐츠 아이템의 `inline`과 `block` 성질을 완전히 무시합니다.

어떤 HTML 요소에 `display: flex;`로 설정하면 해당 요소를 플렉스 컨테이너로 만들 수 있습니다. 테일윈드CSS는 다음과 같은 `flex` 클래스를 제공하여 플렉스 설정을 쉽게 하도록 해줍니다.

표 3-20 테일윈드CSS의 플렉스 클래스

| 클래스 이름 | 의미 |
|---|---|
| flex | display: flex; |

## flex-direction 스타일 속성

CSS는 `flex-direction`이란 스타일 속성을 제공하는데, 이 속성은 `display` 설정값이 `flex`일 때만 사용할 수 있습니다. `flex-direction` 설정값은 row와 row-reverse, column과 column-reverse 등 4가지가 있으며 기본값은 row입니다.

`flex-direction` 설정값이 row나 row-reverse일 때는 컨테이너의 콘텐츠 아이템이 다음 그림처럼 수평으로 배치됩니다. row값은 아이템을 왼쪽에서 오른쪽으로 배치하지만, row-reverse는 반대로 오른쪽에서 왼쪽으로 배치합니다. 때때로 row-reverse는 '최신순으로 배치'와 같은 기능을 구현할 때 사용합니다.

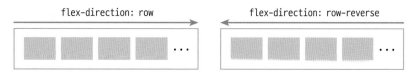

그림 3-26 flex-direction 설정값이 row와 row-reverse일 때 콘텐츠 배치 방향

반면에 flex-direction 설정값이 column이나 column-reverse일 때는 컨테이너의 콘텐츠 아이템이 다음 그림처럼 수직으로 배치됩니다.

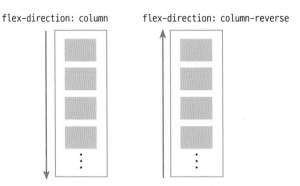

그림 3-27 flex-direction 설정값이 column과 column-reverse일 때 콘텐츠 배치 방향

테일윈드CSS는 flex-direction 설정값에 대응하는 클래스를 다음처럼 제공합니다. flex-direction 속성은 기본값이 row이므로 단순히 className="flex"처럼 설정하면 className="flex flex-row"와 똑같습니다.

표 3-21 테일윈드CSS의 flex-direction 관련 클래스

| 클래스 이름 | 의미 |
| --- | --- |
| flex-row | flex-direction: row; |
| flex-row-reverse | flex-direction: row-reverse; |
| flex-col | flex-direction: column; |
| flex-col-reverse | flex-direction: column-reverse; |

표에서 보인 4가지 클래스를 테스트해 보겠습니다. src/pages 디렉터리의 DirectionTest.tsx 파일을 열고 다음과 같은 코드를 작성합니다.

```
Do it! flex-direction 테스트                           • src/pages/DirectionTest.tsx

import {Div, Title, Subtitle} from '../components'
import * as D from '../data'

export default function DirectionTest() {
  const boxes = D.range(1, 9 + 1).map(number => {
    return (
      <p key={number} className={`border-2 border-blue-300 p-1 mt-1 ml-1`}>
```

```
        {number}
      </p>
    )
  })
  return (
    <section className="mt-4">
      <Title>DirectionTest</Title>
      <Div className="flex flex-row mt-4">
        <Div className="mr-2">
          <Subtitle>flex-row</Subtitle>
          <Div className="flex flex-row p-4">{boxes}</Div>
        </Div>
        <Div className="mr-2">
          <Subtitle>flex-row-reverse</Subtitle>
          <Div className="flex flex-row-reverse p-4">{boxes}</Div>
        </Div>
        <Div className="mr-2">
          <Subtitle>flex-col</Subtitle>
          <Div className="flex flex-col p-4">{boxes}</Div>
        </Div>
        <Div className="mr-2">
          <Subtitle>flex-col-reverse</Subtitle>
          <Div className="flex flex-col-reverse p-4">{boxes}</Div>
        </Div>
      </Div>
    </section>
  )
}
```

▶ 실행 결과

**flex-row**   **flex-row-reverse**  **flex-col flex-col-reverse**

1 2 3 4 5 6 7 8 9   9 8 7 6 5 4 3 2 1

| flex-col | flex-col-reverse |
| --- | --- |
| 1 | 9 |
| 2 | 8 |
| 3 | 7 |
| 4 | 6 |
| 5 | 5 |
| 6 | 4 |
| 7 | 3 |
| 8 | 2 |
| 9 | 1 |

## overflow 스타일 속성

컨테이너의 크기가 고정되었을 때 콘텐츠의 크기가 컨테이너보다 크면 **오버플로**<sup>overflow</sup>가 발생합니다. 이럴 때 CSS에서는 콘텐츠가 컨테이너의 크기를 넘지 않도록 hidden값을 설정하거나, 컨테이너를 넘어서도 표시되게 visible값을 설정하거나, 콘텐츠를 스크롤해서 볼 수 있게 scroll값을 설정하거나 합니다.

테일윈드CSS도 이에 대응하는 클래스를 다음처럼 제공합니다.

표 3-22 테일윈드CSS의 오버플로 관련 클래스

| 클래스 이름 | 의미 |
|---|---|
| overflow-auto | overflow: auto; |
| overflow-hidden | overflow: hidden; |
| overflow-visible | overflow: visible; |
| overflow-scroll | overflow: scroll |

## flex-wrap 스타일 속성

사람의 글은 수평으로 진행하며 글을 쓸 여분이 없으면 줄바꿈을 하여 계속 글을 씁니다. CSS는 이런 방식을 '랩<sup>wrap</sup>'이라고 표현하며, 어떤 스타일 속성을 wrap으로 설정하면 콘텐츠를 더 이상 수평으로 배치할 수 없을 때 자동으로 다음 줄에 배치합니다.

CSS는 플렉스 컨테이너로 하여금 이런 랩 방식을 흉내 낼 수 있도록 flex-wrap 스타일 속성을 제공합니다. flex-wrap은 HTML 순서대로 진행하는 wrap과 HTML 순서의 반대(즉, 마지막 요소를 먼저 배치)로 진행하는 wrap-reverse, 그리고 랩을 하지 않는 nowrap 등 3가지 가운데 한 값을 설정할 수 있으며 기본값은 nowrap입니다. 테일윈드CSS는 이에 대응하는 다음 클래스를 제공합니다.

표 3-23 테일윈드CSS의 랩 관련 클래스

| 클래스 이름 | 의미 |
|---|---|
| flex-wrap | flex-wrap: wrap; |
| flex-wrap-reverse | flex-wrap: wrap-reverse; |
| flex-nowrap | flex-wrap: nowrap; |

다음 그림은 수평 방향의 플렉스 컨테이너에 flex-wrap 효과를 준 예입니다. flex-wrap은 콘텐츠 요소를 왼쪽부터 수평으로 배치하다가 아래로 줄바꿈하지만, flex-wrap-reverse는 왼쪽부터 수평으로 배치하다가 위로 줄바꿈하는 형태로 배치됩니다. 그리고 flex-nowrap은 수평 방향 여백이 없으므로 일부 콘텐츠 요소가 화면에 나타나지 않습니다. 그런데 flex-nowrap은 콘텐츠가 컨테이너 영역 바깥에서도 보이지 않도록 overflow 스타일 속성값을 hidden으로 설정해 줘야 합니다.

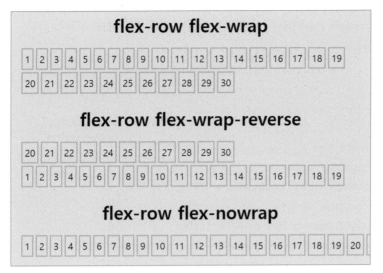

그림 3-28 수평 방향의 flex-wrap 효과

다음 그림은 수직 방향의 `flex-wrap` 효과입니다. 그런데 수직 방향으로 `flex-wrap`을 동작시키려면 컨테이너의 `height`와 `height`의 최소 크기를 나타내는 `min-height` 스타일 속성값을 똑같이 설정해 줘야 합니다.

| flex-column flex-wrap | | | | | | | | | | flex-column flex-wrap-reverse | | | | | | | | | | flex-column flex-nowrap |
|---|---|---|---|---|---|---|---|---|---|---|---|---|---|---|---|---|---|---|---|---|
| 1 | 4 | 7 | 10 | 13 | 16 | 19 | 22 | 25 | 28 | 28 | 25 | 22 | 19 | 16 | 13 | 10 | 7 | 4 | 1 | 1 |
| 2 | 5 | 8 | 11 | 14 | 17 | 20 | 23 | 26 | 29 | 29 | 26 | 23 | 20 | 17 | 14 | 11 | 8 | 5 | 2 | 2 |
| 3 | 6 | 9 | 12 | 15 | 18 | 21 | 24 | 27 | 30 | 30 | 27 | 24 | 21 | 18 | 15 | 12 | 9 | 6 | 3 | 3 |

그림 3-29 수직 방향의 flex-wrap 효과

플렉스 랩 효과를 테스트해 보겠습니다. src/pages 디렉터리의 WrapTest.tsx 파일을 열고 다음과 같은 코드를 작성합니다.* <small>* 랩 기능을 테스트할 때는 웹 브라우저의 폭을 조절하면서 각 속성값의 차이를 확인해 보세요.</small>

```
Do it!  flex-wrap 테스트                                    • src/pages/WrapTest.tsx

import {Div, Title, Subtitle} from '../components'
import * as D from '../data'

export default function WrapTest() {
  const boxes = D.range(1, 30 + 1).map(number => {
    return (
```

```jsx
      <p key={number} className={`border-2 border-blue-300 p-1 mt-1 ml-1`}>
        {number}
      </p>
    )
  })
  return (
    <div className="mt-4">
      <Title>WrapTest</Title>
      <Div className="flex flex-col mt-4 w-1/2 bg-gray-200">
        <Div className="mt-2">
          <Subtitle>flex-row flex-wrap</Subtitle>
          <Div className="flex flex-row flex-wrap p-4">{boxes}</Div>
        </Div>
        <Div className="mt-2">
          <Subtitle>flex-row flex-wrap-reverse</Subtitle>
          <Div className="flex flex-row flex-wrap-reverse p-4">{boxes}</Div>
        </Div>
        <Div className="mt-2 ">
          <Subtitle>flex-row flex-nowrap</Subtitle>
          <Div className="flex flex-row flex-nowrap p-4 overflow-hidden">
            {boxes}
          </Div>
        </Div>
      </Div>
      <Div className="flex flex-row mt-4   bg-gray-200">
        <Div className="mr-8">
          <Subtitle>flex-column flex-wrap</Subtitle>
          <Div className="flex flex-col flex-wrap p-4 h-40 min-h-40">
            {boxes}
          </Div>
        </Div>
        <Div className="mr-8">
          <Subtitle>flex-column flex-wrap-reverse</Subtitle>
          <Div className="flex flex-col flex-wrap-reverse p-4 h-40 min-h-40">
            {boxes}
          </Div>
        </Div>
        <Div className="mr-8">
```

```
            <Subtitle>flex-column flex-nowrap</Subtitle>
            <Div className="flex flex-col flex-nowrap p-4 h-40 min-h-40 overflow-hidden">
              {boxes}
            </Div>
          </Div>
        </Div>
      </div>
    )
}
```

## min-width와 max-width 스타일 속성

웹 브라우저의 크기를 변경하면 넓이를 '100%'처럼 퍼센트 단위를 사용하는 컨테이너들은 이에 맞춰 자신의 넓이를 늘리거나 줄여서 웹 브라우저 폭의 100%를 유지합니다. CSS는 이런 상황을 조정할 수 있도록 `min-width`와 `max-width`, `min-height`와 `max-height` 스타일 속성을 제공합니다. 즉, 부모 컨테이너의 크기에 대응하는 콘텐츠의 최소, 최대 크기를 설정하는 용도입니다.

테일윈드CSS는 이에 대응하여 'min-w-숫자'와 'max-w-숫자', 'min-h-숫자', 'max-h-숫자' 클래스를 다양하게 제공합니다. 그중에서 `minWidth`, `maxWidth`, `minHeight`, `maxHeight` 스타일 속성을 직접 구현해 보겠습니다.

일단 다음 명령으로 src/components에 MinMaxWidthHeight.ts 파일을 만듭니다.

---

**T** 터미널      — □ ✕

```
> touch src/components/MinMaxWidthHeight.ts
```

---

이 파일을 열고 다음처럼 `MinMaxWidthHeight` 타입을 구현합니다.

---

**Do it!** MinMaxWidthHeight 타입 구현하기      • src/components/MinMaxWidthHeight.ts

```
export type MinMaxWidthHeight = {
  minWidth?: string
  maxWidth?: string
  minHeight?: string
  maxHeight?: string
}
```

이제 src/components/Div.tsx 파일을 열고 Div 컴포넌트에 MinMaxWidthHeight 타입을 반영하여 다음처럼 수정합니다.

**Do it!** MinMaxWidthHeight 타입 반영하기 · src/components/Div.tsx

```tsx
import type {FC, DetailedHTMLProps, HTMLAttributes, PropsWithChildren} from 'react'
import type {WidthHeight} from './WidthHeight'
import type {LeftRightTopBottom} from './LeftRightTopBottom'
import type {MinMaxWidthHeight} from './MinMaxWidthHeight'

export type ReactDivProps = DetailedHTMLProps<
  HTMLAttributes<HTMLDivElement>,
  HTMLDivElement
>
export type DivProps = ReactDivProps &
  PropsWithChildren<WidthHeight> &
  LeftRightTopBottom &
  MinMaxWidthHeight & {
    src?: string
  }
// prettier-ignore
export const Div: FC<DivProps> = ({
  width, height,
  style: _style,
  src,
  className: _className,
  left, right, top, bottom,
  minWidth, maxWidth, minHeight, maxHeight,
  ...props
}) => {
  const style = {
    ..._style,
    width, height,
    backgroundImage: src && `url(${src})`,
    left, right, top, bottom,
    minWidth, maxWidth, minHeight, maxHeight
  }
  const className = ['box-border', src && 'bg-gray-300', _className].join(' ')
  return <div {...props} className={className} style={style} />
}
```

그리고 src/pages 디렉터리에 있는 MinMaxTest.tsx 파일을 열고 다음처럼 작성합니다.

```tsx
Do it!  MinMaxWidthHeight 타입 사용하기                        • src/pages/MinMaxTest.tsx
import {Div, Title} from '../components'
import * as D from '../data'

export default function MinMaxTest() {
  // prettier-ignore
  return (
    <section className="mt-4">
      <Title>MinMaxTest</Title>
      <Div className="p-4 bg-gray-300">
        <Div src={D.randomImage(800, 300)} className="bg-cover">
          <Div className="w-1/2 h-80 bg-blue-500"
            minWidth="300px" maxWidth="500px" />
        </Div>
      </Div>
    </section>
  )
}
```

▶ 실행 결과

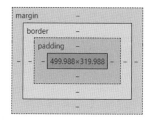

작성한 코드를 저장하면 웹 브라우저에서 w-1/2이 적용된 모습을 볼 수 있습니다. 웹 브라우저를 수평으로 줄이거나 늘려보면 파란색 Div는 minWidth 크기보다 더 줄지 않고, maxWidth 크기보다 더 늘지 않는 것을 볼 수 있습니다.

## justify-content와 align-items 스타일 속성

어떤 요소를 display: flex;(즉, 테일윈드CSS의 flex 클래스)로 설정하면, 컨테이너 영역 내부의 콘텐츠를 구성하는 요소들을 조정[alignment]할 수 있습니다. 그런데 이런 조정에서 방향을 구분해야 합니다.

CSS는 justify-content 스타일 속성으로 플렉스 컨테이너의 콘텐츠 요소들을 수평으로 조정합니다. justify-content 속성값은 flex-start, flex-end, center, space-between, space-around, space-evenly 가운데에 하나이며 기본값은 flex-start입니다. 테일윈드CSS는 이에 대응하는 다음 클래스를 제공합니다.

표 3-24 테일윈드CSS의 justify-content 관련 클래스

| 클래스 이름 | 의미 |
| --- | --- |
| justify-start | justify-content: flex-start; |
| justify-end | justify-content: flex-end; |
| justify-center | justify-content: center; |
| justify-between | justify-content: space-between; |
| justify-around | justify-content: space-around; |
| justify-evenly | justify-content: space-evenly; |

또한 align-items 스타일 속성으로 플렉스 컨테이너의 콘텐츠 요소들을 수직으로 조정합니다. align-items 속성값은 flex-start, flex-end, center, baseline, stretch 가운데 하나이며 기본값은 flex-start입니다. 테일윈드CSS는 이에 대응하는 다음 클래스를 제공합니다.

표 3-25 테일윈드CSS의 align-items 관련 클래스

| 클래스 이름 | 의미 |
| --- | --- |
| items-start | align-items: flex-start; |
| items-end | align-items: flex-end; |
| items-center | align-items: center; |
| items-baseline | align-items: baseline; |
| items-stretch | align-items: stretch; |

그런데 justify-*와 items-* 클래스는 플렉스 컨테이너의 방향에 따라 적용되는 방향이 반대입니다. 즉, 수평 방향 플렉스 컨테이너에서 justify-*는 콘텐츠 아이템을 수평으로 정렬하지만, items-*는 수직으로 정렬합니다. 또한 수직 방향 플렉스 컨테이너에서 justify-*는 수직으로 정렬하지만, items-*는 수평으로 정렬합니다.

플렉스 컨테이너의 콘텐츠 요소들을 조정하는 실습을 해보겠습니다. src/pages 디렉터리의 JustifyCenterTest.tsx 파일을 열고 다음과 같은 코드를 작성합니다. 코드에서 공통으로 justify-center를 사용하지만 앞선 Div는 flex-row, 그다음 Div는 flex-col을 사용하고 있습니다.

**Do it!** 플렉스 컨테이너의 콘텐츠 조정 실습1 • src/pages/JustifyCenterTest.tsx

```tsx
import {Div, Title, Subtitle} from '../components'
import * as D from '../data'

export default function JustifyCenterTest() {
  const boxes = D.range(0, 5).map(index => (
    <Div key={index} className="bg-black w-4 m-1 h-4" />
  ))

  return (
    <section className="mt-4 p-4">
      <Title>JustifyCenterTest</Title>
      <div className="mt-4">
        <Subtitle>flex flex-row justify-center</Subtitle>
        <div className="flex flex-row justify-center h-40 bg-gray-300">{boxes}</div>
      </div>
      <div className="mt-4">
        <Subtitle>flex flex-col justify-center</Subtitle>
        <div className="flex flex-col justify-center h-40 bg-gray-300">{boxes}</div>
      </div>
    </section>
  )
}
```

▶ 실행 결과

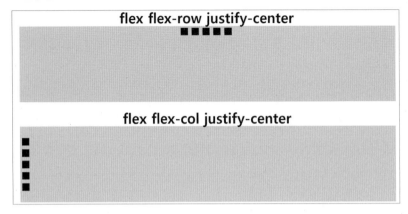

웹 브라우저에서 결과를 확인해 보면 justify-center가 flex-row일 때와 flex-col일 때의
차이를 보여 줍니다. 더 다양한 justify-* 클래스의 배치 효과를 살펴보면 다음 그림과 같습
니다.

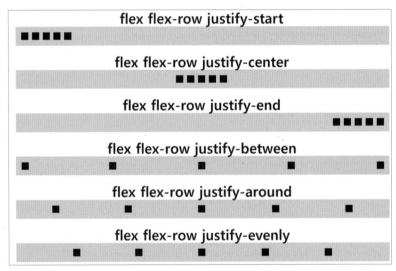

그림 3-30 flex flex-row일 때 justify-* 클래스 배치 효과

그리고 다음 그림은 flex flex-row 컨테이너가 콘텐츠 아이템을 items-* 클래스를 사용해 수직으로 배치한 예입니다. 여기서 items-stretch일 때는 콘텐츠 아이템의 높이가 명시적으로 설정되어 있지 않아야 합니다.

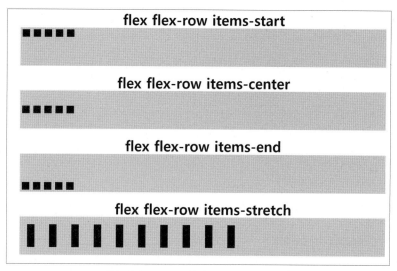

그림 3-31 flex flex-row일 때 items-* 클래스 배치 효과

다음은 위 화면들의 실습 코드입니다.

**Do it!** 플렉스 컨테이너의 콘텐츠 조정 실습2 · src/pages/AlignTest.tsx

```
import {Title, Subtitle} from '../components'
import * as D from '../data'

export default function AlignTest() {
  const boxes = D.range(0, 5).map(index => {
    return <div key={index} className="bg-black w-4 h-4 m-1" />
  })
  const boxesForStretch = D.range(0, 10).map(index => {
    return <div key={index} className="w-4 bg-black m-4" />   ← items-stretch가 정상
  })                                                             으로 동작하도록 h-4
  // prettier-ignore                                             클래스가 빠졌습니다.
  const justifies = ['justify-start', 'justify-center', 'justify-end',
    'justify-between', 'justify-around', 'justify-evenly'].map(justify => (
    <div key={justify} className="mt-4">
      <Subtitle>flex flex-row {justify}</Subtitle>
```

```
      <div  className={`flex flex-row ${justify} p-2 bg-gray-300`}>{boxes}</div>
    </div>
  ))
  const items = ['items-start', 'items-center', 'items-end'].map(item => (
    <div key={item} className="p-2 ml-4">
      <Subtitle>flex flex-row {item}</Subtitle>
      <div className={`flex flex-row ${item} h-20 bg-gray-300`}>{boxes}</div>
    </div>
  ))


  return (
    <section className="mt-4 p-4">
      <Title>AlignTest</Title>
      {justifies}
      {items}
      <div className="p-2 ml-4">
        <Subtitle>flex flex-row items-stretch</Subtitle>
        <div className="flex flex-row items-stretch h-20 bg-gray-300">{boxesForStretch}</div>
      </div>
    </section>
  )
}
```

## User 컴포넌트 만들기

지금까지 알아본 플렉스 레이아웃 기능을 바탕으로 좀 더 실질적인 예를 살펴보겠습니다. 가
끔 사용자의 이름, 직업, 이메일 주소, 아바타 이미지 등을 다음과 같은 형태로 디자인할 때가
있습니다.

**Patrick Moody**
Sales Engineer
otiva@toupawu.kn

**Mason Hanson**
Internal Controls Director
duzetgo@subelo.yt

**Harriett Carpenter**
Sales Engineer
iwzawca@pokrutna.net

**Aiden Floyd**
Network Specialist
vo@ov.gl

**Louis Hardy**
Electronics Engineer
gobegi@palof.gh

**Ella Clayton**
Sanitation Engineer
ilduv@lahen.dk

그림 3-32 플렉스 레이아웃으로 사용자 정보를 디자인한 예

플렉스 레이아웃 기능으로 이런 디자인을 어떻게 만드는지 알아보겠습니다. 먼저 다음 명령으로 src/data 디렉터리에 User.ts 파일을 만듭니다.

```
 T  터미널                                                    – □ ×

> touch src/data/User.ts
```

그리고 User.ts 파일에 그럴듯한 사용자 데이터를 만드는 코드를 다음처럼 작성합니다.

**Do it!** 사용자 데이터 만들기                              • src/data/User.ts

```
import * as C from './chance'
import * as I from './image'

export type IUser = {
  uuid: string
  name: string
  jobTitle: string
  email: string
  avatar: string
}
// prettier-ignore
export const makeUser = (
  uuid: string, name: string, jobTitle: string, email: string, avatar: string
): IUser => ({uuid, name, jobTitle, email, avatar})
export const makeRandomUser = (): IUser =>
  makeUser(
    C.randomUUID(),
    C.randomName(),
    C.randomJobTitle(),
    C.randomEmail(),
    I.randomAvatar()
  )
```

이제 같은 디렉터리의 index.ts 파일에 User.ts 파일을 다음처럼 반영합니다.

**Do it!** 사용자 데이터 반영하기 • src/data/index.ts

```
export * from './util'
export * from './image'
export * from './chance'
export * from './date'
export * from './User'
```

그리고 src/pages 디렉터리에 있는 User.tsx 파일을 열고 다음처럼 작성합니다. 이 코드는 앞서 구현한 IUser 타입의 user 속성을 가질 뿐 현재는 디자인 요소를 구현하지 않습니다.

**Do it!** User 컴포넌트 구현(초기) • src/pages/User.tsx

```
import type {FC} from 'react'
import * as D from '../data'

export type UserProps = {
  user: D.IUser
}
const User: FC<UserProps> = ({user, ...props}) => {
  return <div {...props} />
}
export default User
```

앞에서 미리 본 화면에서는 아바타 이미지가 왼쪽에 나오고 나머지 텍스트는 오른쪽에 나오는데, 이는 최상위 컨테이너에 플렉스를 적용해(flex-row는 기본값이므로 생략 가능) 다음처럼 구현할 수 있습니다.

**Do it!** User 컴포넌트 구현(중간) • src/pages/User.tsx

```
... (생략) ...
const User: FC<UserProps> = ({user, ...props}) => {
  const {name, email, jobTitle, avatar} = user
  return (
    <div className="flex p-2">
      <Avatar src={avatar} size="2rem" />
```

```
      <div className="ml-2">
        <p className="font-bold">{name}</p>
      </div>
    </div>
  )
}
... (생략) ...
```

그런데 User를 사용하는 쪽 컴포넌트에서 디자인적으로 융통성을 가질 수 있게 하려면 다음
코드에서 보듯 JSX 부분을 다시 Div 컴포넌트로 감싸는 것이 바람직합니다.

**Do it!** User 컴포넌트 구현(완성)                              • src/pages/User.tsx

```
import type {FC} from 'react'
import type {DivProps} from '../components'
import * as D from '../data'
import {Div, Avatar} from '../components'

export type UserProps = DivProps & {
  user: D.IUser
}
const User: FC<UserProps> = ({user, ...props}) => {
  const {name, email, jobTitle, avatar} = user
  return (
    <Div {...props}>
      <div className="flex p-2">
        <Avatar src={avatar} size="2rem" />
        <div className="ml-2">
          <p className="font-bold">{name}</p>
          <p className="text-gray-500 line-clamp-1">{jobTitle}</p>
          <p className="text-blue-500 underline">{email}</p>
        </div>
      </div>
    </Div>
  )
}
export default User
```

이제 src/pages 디렉터리의 UserContainer.tsx 파일을 열고 다음처럼 작성합니다. 앞서
<Div>로 감싸 주었으므로 UserContainer 관점에서 필요한 추가 스타일링을 쉽게 할 수 있게
되었습니다.

**Do it!** 사용자 컨테이너 구현 • src/pages/UserContainer.tsx

```tsx
import {Title} from '../components'
import * as D from '../data'
import User from './User'

export default function UserContainer() {
  const children = D.makeArray(10)
    .map(D.makeRandomUser)
    .map(user => (
      <User
        key={user.uuid}
        user={user}
        className="m-2 text-xs border-2 border-blue-300 rounded-lg"
        minWidth="15rem"
        width="15rem"
      />
    ))
  return (
    <section className="mt-4">
      <Title>UserContainer</Title>
      <div className="flex flex-wrap items-center justify-center p-4 mt-4">
        {children}
      </div>
    </section>
  )
}
```

웹 브라우저에서 결과를 확인하면 앞서 보인 화면을 볼 수 있습니다. 다음은 `minWidth`와 `width`값을 생략했을 때의 모습을 보여 줍니다. 각 User 컴포넌트의 넓이가 제각각이므로 시각적으로 좀 산만해 보입니다. 이를 방지하고자 `minWidth`와 `width` 속성값을 설정해 콘텐츠의 넓이에 무관하게 모두 똑같이 보이게 했습니다.

그림 3-33 minWidth와 width를 설정하지 않았을 때의 모습

## Card 컴포넌트 만들기

이번에는 User 컴포넌트 구현 방식을 좀 더 확장하여 Card 컴포넌트를 만들어 보겠습니다. 대부분의 CSS 프레임워크는 다음과 같은 형태를 보이는 카드[card]라는 이름의 CSS 컴포넌트를 제공합니다.

그림 3-34 플렉스 레이아웃으로 카드 형태 디자인 예

이제 플렉스 레이아웃으로 이런 카드를 어떻게 만드는지 알아보겠습니다. 먼저 다음 명령으로 src/data 디렉터리에 Card.ts 파일을 만듭니다.

```
> touch src/data/Card.ts
```

그리고 Card.ts 파일을 열고 다음처럼 작성합니다. 앞서 구현한 IUser 타입으로 `writer`라는 속성을 만들고 카드 콘텐츠를 채우는 몇 가지 속성을 정의합니다.

```ts
import type {IUser} from './User'
import {makeRandomUser} from './User'
import * as C from './chance'
import * as I from './image'
import * as D from './date'

export type ICard = {
  uuid: string
  writer: IUser
  image: string
  title: string
  paragraphs: string
  dayMonthYearDate: string
  relativeDate: string | null
}

export const makeCard = (
  uuid: string,
  writer: IUser,
  image: string,
  title: string,
  paragraphs: string,
  dayMonthYearDate: string,
  relativeDate: string | null
): ICard => ({uuid, writer, image, title, paragraphs, dayMonthYearDate, relativeDate})

export const makeRandomCard = () => {
  const date = D.makeRandomPastDate()
  return makeCard(
    C.randomUUID(),
    makeRandomUser(),
    I.randomImage(800, 600),
    C.randomTitleText(),
    C.randomParagraphs(5),
    D.makeDayMonthYear(date),
    D.makeRelativeDate(date)
  )
}
```

그리고 src/data 디렉터리의 index.ts 파일에 **Card**를 반영합니다.

---

**Do it!** 카드 데이터 반영하기　　　　　　　　　　　　　　　• src/data/index.ts

```
export * from './util'
export * from './image'
export * from './chance'
export * from './date'
export * from './User'
export * from './Card'
```

---

그리고 src/pages 디렉터리에 있는 Card.tsx 파일을 열고 다음처럼 작성합니다. 여기에 작성한 카드 속성에 디자인을 입히면 됩니다.

---

**Do it!** Card 컴포넌트 구현(초기)　　　　　　　　　　　• src/pages/Card.tsx

```
import type {FC} from 'react'
import type {DivProps} from '../components'
import {Div} from '../components'
import * as D from '../data'
import User from './User'

export type CardProps = DivProps & {
  card: D.ICard
}
const Card: FC<CardProps> = ({card, ...props}) => {
  const {writer, image, title, paragraphs, dayMonthYearDate, relativeDate} = card
  return (
    <Div {...props}>
      <div className="flex flex-col">
        <User user={writer} className="mt-2" />
      </div>
    </Div>
  )
}
export default Card
```

---

그리고 같은 디렉터리의 CardContainer.tsx 파일을 열고 다음처럼 구현합니다. 코드는 앞에서 구현한 UserContainer와 비슷한 구조입니다.

**Do it!** 카드 컨테이너 구현 • src/pages/CardContainer.tsx

```tsx
import {Title} from '../components'
import * as D from '../data'
import Card from './Card'


export default function CardContainer() {
  const children = D.makeArray(10)
    .map(D.makeRandomCard)
    .map(card => (
      <Card
        key={card.uuid}
        card={card}
        className="m-2 overflow-hidden text-xs border-2 shadow-lg rounded-xl "
        minWidth="30rem"
        width="30rem"
      />
    ))
  return (
    <section className="mt-4">
      <Title>CardContainer</Title>
      <div className="flex flex-wrap items-center justify-center p-4 mt-4">
        {children}
      </div>
    </section>
  )
}
```

이제 image 속성값을 다음처럼 <Div> 요소의 src 속성에 설정합니다.

**Do it!** Card 컴포넌트 구현(중간) • src/pages/Card.tsx

```tsx
... (생략) ...
const Card: FC<CardProps> = ({card, ...props}) => {
  const {writer, image, title, paragraphs, dayMonthYearDate, relativeDate} = card
  return (
```

```
    <Div {...props}>
      <div className="flex flex-col">
        <Div src={image} className="h-60" />
        <User user={writer} className="mt-2" />
      </div>
    </Div>
  )
}
... (생략) ...
```

그러면 다음 그림처럼 CardContainer에 설정한 border-2 shadow-lg rounded-xl 부분이 작용한 모습이 보입니다.

그림 3-35 overflow-hidden 설정이 없을 때(왼쪽)와 있을 때(오른쪽)

만약 CardContainer에서 overflow-hidden을 제거하면 카드 아래쪽은 round-xl 효과가 분명히 보이지만 위쪽은 그렇지 않게 됩니다. 그 이유는 <Div>에 설정한 이미지가 카드 영역 바깥으로 보이는 부분을 그대로 허용하기 때문입니다. 이 문제를 해결하고자 overflow-hidden 값을 추가해 카드 영역 바깥에 보이는 부분을 잘라 주었습니다. 또한 이미지의 높이를 h-60, 즉 15rem으로 설정했으므로 이미지의 크기와 상관없이 항상 같은 크기로 보입니다.

다음은 나머지 카드 속성에 디자인 요소를 가미해 완성한 Card.tsx 파일 내용입니다.

**Do it!** Card 컴포넌트 구현(완성) • src/pages/Card.tsx

```
import type {FC} from 'react'
import type {DivProps} from '../components'
import {Div, Icon} from '../components'
import * as D from '../data'
import User from './User'
```

```
export type CardProps = DivProps & {
  card: D.ICard
}
const Card: FC<CardProps> = ({card, ...props}) => {
  const {writer, image, title, paragraphs, dayMonthYearDate, relativeDate} = card
  const icons = ['home', 'search', 'settings', 'favorite'].map(name => (
    <Icon key={name} name={name} className="mr-2 text-3xl" />
  ))

  return (
    <Div {...props}>
      <div className="flex flex-col">
        <Div src={image} className="h-60" />
        <Div className="p-4" minHeight="16rem" height="16rem" maxHeight="16rem">
          <p className="mt-2 text-3xl text-center text-bold">{title}</p>
          <Div className="flex justify-between">
            <User user={writer} className="mt-2" />
            <Div className="mt-2">
              <p className="text-gray-500">{relativeDate}</p>
              <p className="text-gray-500">{dayMonthYearDate}</p>
            </Div>
          </Div>
          <p className="mt-2 line-clamp-4">{paragraphs}</p>
          <Div className="flex flex-row items-center justify-between p-2 mt-2 text-red-500 ">
            {icons}
          </Div>
        </Div>
      </div>
    </Div>
  )
}
export default Card
```

웹 브라우저에서 결과를 확인하면 앞서 보인 카드 레이아웃을 볼 수 있습니다. 이제 npm start 명령이 실행 중인 터미널에서 Ctrl+C를 눌러 종료합니다. 다음 절에서는 daisyui 플러그인의 CSS 컴포넌트를 알아보겠습니다.

# 03-5 daisyui CSS 컴포넌트 이해하기

이 절에서는 앞서 「03-2」 절에서 설치한 daisyui 플러그인의 주요 CSS 컴포넌트를 알아봅니다. 이 절의 실습 코드들은 앞으로 살펴볼 내용의 준비 과정이기도 합니다.

⚙️ **프로젝트 만들기**

ch03 디렉터리에서 다음 명령으로 ch03_5라는 이름의 프로젝트를 생성하고 ch03_5 디렉터리를 대상으로 VSCode를 실행합니다.

```
> npx create-react-app ch03_5 --template typescript
> code ch03_5
```

VSCode가 열리면 터미널을 하나 열고 chance와 luxon, 구글 머티리얼 아이콘, 테일윈드 CSS 관련 패키지들을 다음 명령으로 설치합니다.

```
> npm i chance luxon @fontsource/material-icons
> npm i -D @types/chance @types/luxon
> npm i -D postcss autoprefixer tailwindcss @tailwindcss/line-clamp daisyui
```

그리고 앞 절의 src 디렉터리와 .prettierrc.js, postcss.config.js, tailwind.config.js 파일을 다음 명령으로 복사합니다. 또한 이 절과 상관없는 src/pages 디렉터리의 파일을 모두 지웁니다.

```
> cp -r ../ch03_4/src/* ./src
> cp -r ../ch03_4/*.js .
> rm src/pages/*
```

이 절의 src/pages 디렉터리는 앞선 절과는 조금 다르게 서브 디렉터리를 만드는 방식으로 구성합니다. 이때 문제는 '../components'처럼 상대 경로를 사용하면 컴파일 오류가 발생한 다는 점입니다. 따라서 src/copy/CopyMe.tsx 파일 내용을 다음처럼 수정하여 상대 경로 문 제가 발생하지 않도록 합니다.

**Do it!** 상대 경로 문제 해결하기 • src/copy/CopyMe.tsx

```
export default function CopyMe() {
  return (
    <section className="mt-4">
      <h2 className="font-bold text-5xl text-center">CopyMe</h2>
      <div className="mt-4"></div>
    </section>
  )
}
```

src/pages 디렉터리에 특정 컴포넌트를 구현하다 보면, 이 컴포넌트를 다시 여러 개 서브 컴 포넌트로 나누어 구현할 필요가 생깁니다. 이때 '컴포넌트.tsx' 파일보다는 '컴포넌트/index. tsx' 파일을 만들고, 이 컴포넌트 디렉터리 안에 해당 컴포넌트를 구현하는 데 필요한 서브 컴 포넌트 파일들을 만드는 것이 코드 관리에 유리합니다.

다음 명령으로 src/copy 디렉터리에 CopyMe라는 디렉터리를 만들고 여기에 CopyMe.tsx 파일을 CopyMe/index.tsx 파일로 복사합니다.

**T** 터미널 — ☐ ✕

```
> mkdir -p src/copy/CopyMe
> cd src/copy
> cp CopyMe.tsx CopyMe/index.tsx
> cd ../..
```

src/copy 디렉터리의 CopyMe.tsx 디렉터리를 복사하여 이번 절에서 작성할 3개 파일을 pages 디렉터리에 만듭니다.

```
┌─────────────────────────────────────────────────────────────────────┐
│ T  터미널                                                    − □ ×     │
├─────────────────────────────────────────────────────────────────────┤
│ > cd src                                                              │
│ > cp -r copy/CopyMe pages/ButtonTest                                  │
│ > cp -r copy/CopyMe pages/InputTest                                   │
│ > cp copy/CopyMe/index.tsx pages/ModalTest.tsx                        │
│ > cd ..                                                               │
└─────────────────────────────────────────────────────────────────────┘
```

이제 앱 파일(src/App.tsx)을 열어 이 절에서 실습할 컴포넌트를 나열한 후 터미널에서 npm
start 명령을 실행합니다.

**Do it!** 기본 앱 파일                                        • src/App.tsx

```
import ButtonTest from './pages/ButtonTest'
import InputTest from './pages/InputTest'
import ModalTest from './pages/ModalTest'

export default function App() {
  return (
    <main>
      <ButtonTest />
      <InputTest />
      <ModalTest />
    </main>
  )
}
```

## CSS 컴포넌트란?

다음 그림에서 왼쪽은 <button> 요소에 그 어떤 스타일링도 하지 않아 단조롭게 보입니다. 가
운데 그림은 테일윈드CSS 기능으로 스타일링한 예이고, 오른쪽 그림은 daisyui 플러그인의
버튼 CSS 컴포넌트로 btn btn-primary 클래스를 적용한 예입니다.

그림 3-36 CSS 스타일링 차이

「03-1」절에서 잠시 알아본 부트스트랩 등 거의 모든 CSS 프레임워크는 `btn btn-primary` 형태로 원하는 HTML 요소의 스타일링을 쉽게 하는 CSS 클래스를 제공하는데, 이들 CSS 프레임워크(혹은 CSS 라이브러리)는 이를 'CSS 컴포넌트'라고 부릅니다.

## 색상 테마

색상은 웹 페이지 디자인에서 가장 중요한 요소입니다. 웹 디자인에서는 웹 페이지에서 가장 많이 사용되는 색상을 **주 색상**primary color이라고 합니다. 그런데 웹 페이지의 성격에 따라 주 색상은 각기 다를 수 있습니다. 예를 들어 어떤 웹 사이트는 주 색상이 `blue-500`인 반면, 다른 웹 사이트는 주 색상이 `rose-500`일 수 있습니다. 그리고 두 번째로 많이 사용되는 색상을 **보조 색상**secondary color이라고 합니다.

다음 그림에서 왼쪽은 구글 머티리얼 디자인에서 권고하는 색상 가이드로서 P는 주 색상, S는 보조 색상을 의미입니다. 오른쪽 그림은 주 색상과 보조 색상을 적절히 사용하여 단조롭지 않으면서도 시각적으로 보기 좋은 느낌을 줍니다.

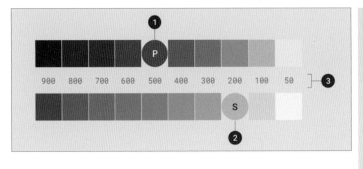

그림 3-37 구글 머티리얼 디자인의 색상 가이드(출처: material.io/design/color/the-color-system.html#color-usage-and-palettes)

그런데 색상은 주 색상과 보조 색상만으로 구분하지 않고 필요에 따라 좀 더 다양한 색상을 사용할 수 있습니다. 다음은 daisyui 플러그인의 색상 테마로서 강조accent, 정보information, info, 경고warning나 오류error 색상 등을 제공합니다. 보통 이런 색상들을 한꺼번에 부를 때 '색상 테마'라고 합니다.

theme

| BTN | BTN-PRIMARY | BTN-SECONDARY | BTN-ACCENT | BTN-INFO | BTN-SUCCESS | BTN-WARNING | BTN-ERROR | BTN-GHOST | BTN-LINK |

그림 3-38 daisyui CSS 버튼 컴포넌트 테마(색상)

## Button 컴포넌트 구현하기

daisyui의 button CSS 컴포넌트는 다음과 같은 형태로 사용합니다.

```
<button className="btn btn-primary">button</button>
```

그런데 만일 Button이란 리액트 컴포넌트가 있어서 다음처럼 사용할 수 있다면, daisyui의 CSS 컴포넌트를 좀 더 쉽게 사용할 수 있습니다.

```
<Button className="btn-primary">button</Button>
```

한 걸음 더 나아가 다음처럼 아무런 설정도 하지 않으면 기본값이 적용되도록 한다면 좀 더 간결하게 사용할 수 있습니다.

```
<Button>button</Button>
```

이제 다음 명령으로 src 디렉터리에 theme/daisyui 서브 디렉터리를 만들고 여기에 daisyui CSS 컴포넌트를 쉽게 사용할 수 있는 다양한 테마 컴포넌트들을 구현하겠습니다.

```
T 터미널                                                        – □ ×

> mkdir -p src/theme/daisyui
> cd src/theme/daisyui
> touch index.ts Button.tsx
> cd ../../..
```

그리고 Button.tsx 파일을 열고 다음처럼 작성합니다. 이 코드는 <Button>이 <button>과 완전히 똑같이 동작하도록 합니다.

```
import type {FC, DetailedHTMLProps, ButtonHTMLAttributes, PropsWithChildren} from 'react'

export type ReactButtonProps = DetailedHTMLProps<
  ButtonHTMLAttributes<HTMLButtonElement>,
  HTMLButtonElement
>

export type ButtonProps = ReactButtonProps & {}

export const Button: FC<PropsWithChildren<ButtonProps>> = ({...buttonProps}) => {
  return <button {...buttonProps} />
}
```

이제 같은 디렉터리의 index.ts에 Button을 다음처럼 반영합니다.

```
export * from './Button'
```

## 서브 컴포넌트 만들기

다음 명령으로 src/pages/ButtonTest 디렉터리에 3개 파일을 더 만듭니다.

```
> cd src
> cp copy/CopyMe.tsx pages/ButtonTest/Basic.tsx
> cp copy/CopyMe.tsx pages/ButtonTest/Size.tsx
> cp copy/CopyMe.tsx pages/ButtonTest/IconTest.tsx
> cd ..
```

그리고 src/pages/ButtonTest 디렉터리에 있는 index.tsx 파일을 열고 다음처럼 작성합니다.

```
import Basic from './Basic'
import Size from './Size'
import IconTest from './IconTest'
```

```
export default function ButtonTest() {
  return (
    <section className="mt-4">
      <h2 className="font-bold text-5xl text-center">ButtonTest</h2>
      <div className="mt-4">
        <IconTest />
        <Size />
        <Basic />
      </div>
    </section>
  )
}
```

이제 src/pages/ButtonTest 디렉터리에 있는 Basic.tsx 파일을 열고 다음과 같은 코드를 작성합니다.

| Do it! 버튼 테스트 코드 구현하기 | • src/pages/ButtonTest/Basic.tsx |

```
import {Button} from '../../theme/daisyui'

export default function Basic() {
  return (
    <section className="mt-4">
      <h2 className="font-bold text-3xl text-center">Basic</h2>
      <div className="mt-4 flex justify-evenly">
        <button className="btn btn-primary">DAYSIUI BUTTON</button>
        <Button className="btn btn-primary">BUTTON</Button>
      </div>
    </section>
  )
}
```

▶ 실행 결과

## Basic

```
▼<div class="mt-4 flex justify-evenly">  flex  == $0
    <button class="btn btn-primary">daysiui button</button>
    <button class="btn btn-primary">Button</button>  flex
</div>
```

웹 브라우저에서 결과를 확인하면 daisyui의 button 컴포넌트와 theme/daisyui 디렉터리에 작성한 Button 컴포넌트가 똑같이 보이는 것을 알 수 있습니다. 물론 웹 브라우저 개발 도구 창의 [Elements] 탭에서도 두 버튼 모두 똑같은 CSS 클래스가 적용되었음을 확인할 수 있습니다.

## 'btn' 부분 생략하기

daisyui의 button 컴포넌트는 항상 btn btn-primary 형태로 btn 클래스를 명시해 줘야 하므로 조금 불편합니다. 다음 코드는 className에 btn 클래스를 기본으로 설정해 주어 이런 불편함을 해소해 줍니다.

**Do it!** btn 클래스 기본으로 반영하기 • src/theme/daisyui/Button.tsx

```tsx
import type {FC, DetailedHTMLProps, ButtonHTMLAttributes, PropsWithChildren} from 'react'

export type ReactButtonProps = DetailedHTMLProps<
  ButtonHTMLAttributes<HTMLButtonElement>,
  HTMLButtonElement
>

export type ButtonProps = ReactButtonProps & {}

export const Button: FC<PropsWithChildren<ButtonProps>> = ({
  className: _className,
  ...buttonProps
}) => {
  const className = ['btn', _className].join(' ')
  return <button {...buttonProps} className={className} />
}
```

## 버튼의 크기 설정하기

daisyui의 button 컴포넌트는 다음처럼 크기를 설정하는 4가지 클래스를 제공합니다.

그림 3-39 daisyui CSS 버튼 컴포넌트의 크기 클래스

이제 타이핑 수고를 덜기 위해 다음 명령으로 src/pages/ButtonTest 디렉터리의 Basic.tsx
파일을 복사하여 Size.tsx 파일을 만듭니다.

```
T  터미널                                                           -  □  ×
> cd src/pages/ButtonTest
> cp Basic.tsx Size.tsx
> cd ../../..
```

다음은 앞서 본 버튼 크기 관련 클래스를 Size.tsx 파일에 적용한 것입니다.

**Do it!** btn 클래스 기본으로 반영하기                    • src/pages/ButtonTest/Size.tsx

```tsx
import {Button} from '../../theme/daisyui'

export default function Size() {
  return (
    <section className="mt-4">
      <h2 className="font-bold text-3xl text-center">Size</h2>
      <div className="mt-4 flex justify-evenly">
        <Button className="btn-lg btn-primary">BTN-LG</Button>
        <Button className="btn-md btn-secondary">BTN-MD</Button>
        <Button className="btn-sm btn-accent">BTN-SM</Button>
        <Button className="btn-xs btn-info">BTN-XS</Button>
      </div>
    </section>
  )
}
```

## Icon 컴포넌트 구현하기

앞서 「03-1」절에서 src/components 디렉터리에 Icon 컴포넌트를 구현했었는데, 이 컴포
넌트는 본질적으로 <span> 요소이므로 아이콘을 클릭했을 때 효과가 그리 매끄럽지 못하다
는 단점이 있습니다. 이 난점은 다음처럼 daisyui 버튼 CSS 컴포넌트로 Icon을 감싸면 해결
할 수 있는데, 문제는 코드를 작성하기가 조금 번거롭다는 것입니다.

```
import {Icon} from '../components'

<button className="btn btn-primary btn-circle btn-lg " onClick={onClick}>
  <Icon className="text-5xl" name="close" />
</button>
```

이제 이 코드를 좀 더 간결하게 구현할 수 있도록 다음 명령으로 src/theme/daisyui 디렉터리에 Icon.tsx 파일을 만듭니다.

```
> touch src/theme/daisyui/Icon.tsx
```

그리고 src/theme 디렉터리에 있는 Icon.tsx 파일을 열고 다음처럼 작성합니다. 이 코드는 앞서 제작한 Button과 src/components 디렉터리에 구현해 둔 Icon 컴포넌트를 앞선 코드 형태로 동작하도록 구현한 것입니다. 그런데 여기서 주의할 점은 Button의 크기에 따라 아이콘의 크기가 자동으로 조절되지 않는다는 것입니다.

**Do it!** 아이콘 컴포넌트 구현하기 • src/theme/Icon.tsx

```
import type {FC} from 'react'
import type {ButtonProps} from './Button'
import type {IconProps as CIconProps} from '../../components'
import {Button} from './Button'
import {Icon as CIcon} from '../../components'

export type IconProps = ButtonProps &
  CIconProps & {
    iconClassName?: string
  }

export const Icon: FC<IconProps> = ({name, iconClassName, className, ...buttonProps}) =>
{
  const btnClassName = ['btn-circle', className].join(' ')
  return (
    <Button {...buttonProps} className={btnClassName}>
      <CIcon className={iconClassName} name={name} />
    </Button>
```

```
  )
}
```

이제 같은 디렉터리의 index.ts 파일에 다음처럼 Icon 컴포넌트를 반영합니다.

**Do it!** 아이콘 컴포넌트 반영하기　　　　　　　　　　　　　• src/theme/daisyui/index.ts

```
export * from './Button'
export * from './Icon'
```

그리고 테스트를 위해 src/pages/ButtonTest 디렉터리에 있는 Icon.tsx 파일을 열고 다음처럼
작성합니다. 버튼의 크기에 따라 아이콘의 텍스트 크기가 자동으로 조절되도록 iconClassName
클래스에 설정합니다.

**Do it!** 아이콘 컴포넌트 사용하기　　　　　　　　　　　• src/pages/ButtonTest/IconTest.ts

```
import {Icon} from '../../theme/daisyui'
// prettier-ignore
export default function IconTest() {
  const onClick = () => alert('Icon clicked')
  return (
    <section className="mt-4">
      <h2 className="font-bold text-3xl text-center">IconTest</h2>
      <div className="flex items-center justify-around mt-4">
        <Icon className="btn-primary btn-lg" iconClassName="text-5xl"
              name="settings" onClick={onClick} />
        <Icon className="btn-secondary btn-md" iconClassName="text-3xl"
              name="done" onClick={onClick} />
        <Icon className="btn-accent btn-sm" iconClassName="text-xl"
              name="menu" onClick={onClick} />
        <Icon className="btn-success btn-xs" name="file_upload" onClick={onClick} />
      </div>
    </section>
  )
}
```

▶ 실행 결과

## Input 컴포넌트 구현하기

`<input>`은 `<button>`과 함께 가장 널리 사용되는 HTML 요소입니다. 앞서 「02-5」절에서 알아
보았듯이 `<input>`은 type 속성값에 따라 다양한 모습을 보여 주지만 text, email, password 등
텍스트를 입력받는 형태를 자주 사용합니다.

다음 명령으로 src/theme/daisyui 디렉터리에 Input.tsx 파일을 만듭니다.

```
T  터미널                                                    — □ ✕

> touch src/theme/daisyui/Input.tsx
```

Input.tsx 파일을 열고 다음과 같은 코드를 작성합니다. daisyui의 **input** CSS 컴포넌트를 사
용하려면 항상 **input** 클래스를 설정해야 하는 번거로움을 줄이고자 className에 'input'을
기본으로 설정하는 내용을 포함합니다.

**Do it!** Input 컴포넌트 구현하기                • src/theme/daisyui/Input.tsx

```
import type {FC, DetailedHTMLProps, InputHTMLAttributes} from 'react'

export type ReactInputProps = DetailedHTMLProps<
  InputHTMLAttributes<HTMLInputElement>,
  HTMLInputElement
>

export type inputProps = ReactInputProps & {}

export const Input: FC<inputProps> = ({className: _className, ...inputProps}) => {
  const className = ['input', _className].join(' ')
  return <input {...inputProps} className={className} />
}
```

이어서 같은 디렉터리의 index.ts 파일에 다음처럼 Input을 반영해 줍니다.

**Do it!** Input 컴포넌트 반영하기                • src/theme/daisyui/index.ts

```
export * from './Button'
export * from './Icon'
export * from './Input'
```

다음 명령으로 src/pages/ButtonTest 디렉터리에 파일 3개를 만듭니다.

```
T 터미널                                                    —  ☐  ✕
> cd src
> cp copy/CopyMe.tsx pages/InputTest/Basic.tsx
> cp copy/CopyMe.tsx pages/InputTest/Color.tsx
> cp copy/CopyMe.tsx pages/InputTest/Border.tsx
> cp copy/CopyMe.tsx pages/InputTest/Size.tsx
> cd ..
```

그리고 src/pages/InputTest 디렉터리에 있는 index.tsx 파일을 열고 다음처럼 작성합니다.

```
Do it!  Input 테스트 인덱스 구현하기            • src/pages/InputTest/index.tsx
import Basic from './Basic'
import Color from './Color'
import Border from './Border'
import Size from './Size'

export default function inputTest() {
  return (
    <section className="mt-4">
      <h2 className="text-5xl font-bold text-center">inputTest</h2>
      <div className="mt-4">
        <Size />
        <Border />
        <Color />
        <Basic />
      </div>
    </section>
  )
}
```

이제 src/pages/InputTest 디렉터리에 있는 Basic.tsx 파일을 열고 다음처럼 테스트 코드를
작성합니다.

```tsx
import {Input} from '../../theme/daisyui'

export default function Basic() {
  return (
    <section className="mt-4">
      <h2 className="text-3xl font-bold text-center">Basic</h2>
      <div className="flex mt-4 justify-evenly">
        <input className="input input-primary" />
        <Input className="input-primary" />
      </div>
    </section>
  )
}
```

▶ 실행 결과

| hello | world |
|---|---|

웹 브라우저에서 결과를 확인해 보면 daisyui의 input CSS 컴포넌트는 사용자 입력을 받는
<input>일 때 경계를 2줄로 표시해 입력 포커스가 있음을 알 수 있게 합니다.

## 색상 설정하기

input CSS 컴포넌트는 button CSS 컴포넌트처럼 primary, secondary, accent, info, success,
warning, error 등 7개 색상으로 경계를 표현할 수 있습니다. src/pages/InputTest 디렉터
리에 있는 Color.tsx 파일을 열고 색상을 설정하는 다음 코드를 작성합니다.

```tsx
import {Input} from '../../theme/daisyui'

export default function Color() {
  return (
    <section className="mt-4">
```

```
      <h2 className="text-3xl font-bold text-center">Color</h2>
      <div className="flex flex-col p-4 mt-4">
        <div>
          <label className="label">input-primary</label>
          <Input className="input-primary" />
        </div>
        <div>
          <label className="label">input-secondary</label>
          <Input className="input-secondary" />
        </div>
        <div>
          <label className="label">input-accent</label>
          <Input className="input-accent" />
        </div>
        <div>
          <label className="label">input-info</label>
          <Input className="input-info" />
        </div>
        <div>
          <label className="label">input-success</label>
          <Input className="input-success" />
        </div>
        <div>
          <label className="label">input-warning</label>
          <Input className="input-warning" />
        </div>
        <div>
          <label className="label">input-error</label>
          <Input className="input-error" />
        </div>
      </div>
    </section>
  )
}
```

▶ 실행 결과

input-primary

input-secondary

input-accent

input-info

input-success

input-warning

input-error

## 테두리 설정하기

다음은 Input 컴포넌트에 테두리를 설정하는 코드입니다. src/pages/InputTest 디렉터리에 있는 Border.tsx 파일을 열고 테두리를 설정하는 다음 코드를 작성합니다.

**Do it!** Input 컴포넌트에 테두리 설정하기                                        • src/pages/InputTest/Border.tsx

```tsx
import {Input} from '../../theme/daisyui'

export default function Border() {
  return (
    <section className="mt-4">
      <h2 className="text-3xl font-bold text-center">Border</h2>
      <div className="flex p-4 mt-4 justify-evenly">
        <div>
          <label className="label">input-bordered</label>
          <Input className="input-bordered" />
        </div>
        <div>
          <label className="label">input-ghost</label>
          <Input className="input-ghost" />
        </div>
      </div>
    </section>
  )
}
```

▶ 실행 결과

input-bordered                              input-ghost

## 크기 설정하기

input CSS 컴포넌트는 button 때와 마찬가지로, lg, md, sm, xs 등 4가지 크기를 설정할 수 있습니다. src/pages/InputTest 디렉터리에 있는 Size.tsx 파일을 열고 다음처럼 작성합니다. 웹 브라우저에서 실행 결과를 확인해 보면 입력 상자의 크기는 물론 글자 크기까지 입력 상자의 크기에 맞춰 조정되는 것을 볼 수 있습니다.

```tsx
import {Input} from '../../theme/daisyui'

export default function Size() {
  return (
    <section className="mt-4">
      <h2 className="text-3xl font-bold text-center">Size</h2>
      <div className="flex p-4 mt-4 justify-evenly">
        <div>
          <label className="label">input-lg</label>
          <Input className="input-primary input-lg" />
        </div>
        <div>
          <label className="label">input-md</label>
          <Input className="input-secondary input-md" />
        </div>
        <div>
          <label className="label">input-sm</label>
          <Input className="input-accent input-sm" />
        </div>
        <div>
          <label className="label">input-xs</label>
          <Input className="input-info input-xs" />
        </div>
      </div>
    </section>
  )
}
```

▶ 실행 결과

| input-lg | input-md | input-sm | input-xs |
|----------|----------|----------|----------|
| A | B | C | D |

## 모달 컴포넌트 구현하기

사용자의 선택을 입력받는 대화 상자는 크게 **모델리스**<sup>modeless</sup>와 **모달**<sup>modal</sup> 2가지 종류가 있습니다. 모델리스 대화 상자는 영역 바깥 쪽을 클릭할 수 있지만, 모달 대화 상자는 영역 바깥 쪽의 UI가 동작하지 않습니다. 그런데 웹 페이지는 모두 모달 대화 상자입니다.

다음 화면은 daisyui 플러그인이 제공하는 모달 대화 상자 CSS 컴포넌트를 사용한 예로서, 「03-3」절에서 만들어 본 Overlay 컴포넌트와 유사하게 오버레이가 적용되어 대화 상자에만 사용자 입력이 가능합니다.

그림 3-40 모달 대화 상자 예

daisyui는 다음처럼 동작하는 모달 대화 상자 CSS 컴포넌트를 제공합니다. 모달 대화 상자는 크게 modal, modal-box, modal-action 등 3가지 클래스로 구성하며, modal 클래스에 modal-open 클래스를 추가하면 대화 상자가 화면에 나타납니다.

> **daisyui의 모달 대화 상자 CSS 컴포넌트**
>
> ```
> <div className="modal modal-open">
>   <div className="modal-box">
>     <p>modal content</p>
>     <div className="modal-action">
>       <button className="btn btn-primary">Accept</button>
>       <button className="btn">Close</button>
>     </div>
>   </div>
> </div>
> ```

그럼 모달 대화 상자를 띄우는 Modal 컴포넌트를 구현해 보겠습니다. 다음 명령으로 src/theme 디렉터리에 Modal.tsx 파일을 생성합니다.

```
> touch src/theme/daisyui/Modal.tsx
```

daisyui의 모달 컴포넌트는 최상위 컴포넌트에 modal 클래스를 부여해야 하고, 모달 대화 상자를 오픈하려면 추가로 modal-open 클래스를 부여해야 합니다. 다음은 이에 맞춰 구현해 본 Modal 컴포넌트입니다.

기본으로 구현해 본 Modal 컴포넌트

```
export type ModalProps = ReactDivProps & {
  open?: boolean
}
export const Modal: FC<ModalProps> = ({open, className: _className, ...props}) => {
  const className = ['modal', open ? 'modal-open' : '', _className].join(' ')
  return <div {...props} className={className} />
}
```

daisyui의 모달 컴포넌트는 최상위 컴포넌트의 첫 번째 자식 컴포넌트로 modal-box 클래스를 부여해야 하는데, ModalBox라는 이름보다는 ModalContent라는 이름이 더 자연스럽게 느껴집니다.

또한 잠시 후 보일 ModalContent 컴포넌트의 속성에 다음처럼 onCloseIconClicked와 closeIconClassName을 추가했는데, onCloseIconClicked 속성에 콜백 함수를 설정하면 화면 위 오른쪽에 대화 상자를 닫는 아이콘이 표시되고, 콜백 함수를 설정하지 않으면 닫기 아이콘이 나타나지 않습니다.

닫기 아이콘 표시

```
export type ModalContentProps = ReactDivProps & {
  onCloseIconClicked?: () => void
  closeIconClassName?: string
}
```

# Modal
Wocemub ekuofvom ja siuwis ru juhgena ko akegan omdew

그림 3-41 onCloseIconClicked 속성의 용도

이런 내용을 src/theme/daisyui 디렉터리에 있는 Modal.tsx 파일을 열고 다음처럼 구현합니다.

---

**Do it!** 모달 컴포넌트 구현하기 • src/theme/daisyui/Modal.tsx

```
import type {FC} from 'react'
import type {ReactDivProps} from '../../components'
import {Div} from '../../components'
import {Icon} from './Icon'

export type ModalProps = ReactDivProps & {
  open?: boolean
}
export const Modal: FC<ModalProps> = ({open, className: _className, ...props}) => {
  const className = ['modal', open ? 'modal-open' : '', _className].join(' ')
  return <div {...props} className={className} />
}

export type ModalContentProps = ReactDivProps & {
  onCloseIconClicked?: () => void
  closeIconClassName?: string
}
export const ModalContent: FC<ModalContentProps> = ({
  onCloseIconClicked,
  closeIconClassName: _closeIconClassName,
  className: _className,
  children,
  ...props
}) => {
  const showCloseIcon = onCloseIconClicked ? true : false
  const className = ['modal-box', showCloseIcon && 'relative', _className].join(' ')
  if (!showCloseIcon) return <div {...props} className={className} children={children} />

  const closeIconClassName = _closeIconClassName ?? 'btn-primary btn-outline btn-sm'
  return (
    <div {...props} className={className}>
      <Div className="absolute" right="0.5rem" top="0.5rem">
        <Icon name="close" className={closeIconClassName} onClick={onCloseIconClicked} />
      </Div>
```

```
      {children}
    </div>
  )
}

export type ModalActionProps = ReactDivProps & {}
export const ModalAction: FC<ModalActionProps> = ({className: _className, ...props}) => {
  const className = ['modal-action', _className].join(' ')
  return <div {...props} className={className} />
}
```

이제 같은 디렉터리의 index.ts 파일에 다음처럼 Modal 컴포넌트를 반영해 줍니다.

**Do it!** 모달 컴포넌트 반영하기　　　　　　　　　　　　　　　　　• src/theme/index.ts

```
export * from './Button'
export * from './Icon'
export * from './Input'
export * from './Modal'
```

그리고 src/pages 디렉터리에 있는 ModalTest.tsx 파일을 열고 다음처럼 작성합니다. 웹 브라우저를 확인해 보면 앞서 본 모달 대화 상자가 웹 페이지에 나타납니다.

**Do it!** 모달 컴포넌트 사용하기　　　　　　　　　　　　　　　• src/pages/ModalTest.tsx

```
import {Title, Subtitle} from '../components'
import {Modal, ModalContent, ModalAction, Button} from '../theme/daisyui'
import * as D from '../data'

export default function ModalTest() {
  const open = true   // 혹은 false
  const closeClicked = () => alert('closeClicked')
  const acceptClicked = () => alert('acceptClicked')

  return (
    <section className="mt-4">
      <Title>ModalTest</Title>
```

```
      <Modal open={open}>
        <ModalContent onCloseIconClicked={closeClicked}>
          <Subtitle>Modal</Subtitle>
          <p className="mt-4 text-justify">{D.randomParagraphs()}</p>
          <ModalAction>
            <Button
              className="w-24 btn-primary btn-sm"
              onClick={acceptClicked}>
              Accept
            </Button>
            <Button className="w-24 btn-sm" onClick={closeClicked}>
              Close
            </Button>
          </ModalAction>
        </ModalContent>
      </Modal>
    </section>
  )
}
```

지금까지 컴포넌트 CSS 스타일링에 관해 살펴봤습니다. 이제 npm start 명령이 실행 중인 터
미널에서 Ctrl+C 를 눌러 종료합니다. 다음 장에서는 리액트 훅에 관해 알아보겠습니다.

# 함수 컴포넌트와 리액트 훅

리액트 훅은 리액트 16.8 버전부터 새롭게 제공하는 기능으로 함수 컴포넌트의
기능 향상에 커다란 도움을 줍니다. 이 장에서는 함수 컴포넌트와 함께 다양한
리액트 훅의 개념과 사용법을 알아봅니다.

# 04-1 처음 만나는 리액트 훅

이 절은 리액트 훅을 사용하는 간단한 프로젝트를 만들어 보면서 **리액트 훅**<sup>react hook</sup>과 **커스텀 훅**<sup>custom hook</sup>에 관해 알아봅니다.

**⚙️ 프로젝트 만들기**

전체 루트 디렉터리(C:\rcp)에서 다음 명령으로 ch04 디렉터리를 만든 뒤 ch04_1이라는 이름으로 프로젝트를 생성합니다. 그리고 ch04_1 디렉터리를 대상으로 VSCode를 실행합니다.

```
T 터미널                                               – □ ✕
> mkdir ch04
> cd ch04
> npx create-react-app ch04_1 --template typescript
> code ch04_1
```

VSCode가 열리면 터미널을 하나 열고 다음 명령으로 chance와 luxon, 머티리얼 아이콘 패키지와 테일윈드CSS 관련 패키지들을 설치합니다.

```
T 터미널                                               – □ ✕
> npm i chance luxon @fontsource/material-icons
> npm i -D @types/chance @types/luxon
> npm i -D postcss autoprefixer tailwindcss @tailwindcss/line-clamp daisyui
```

그리고 「03-5」절에서 만든 src 디렉터리와 .prettierrc.js 파일을 다음 명령으로 복사하고 이절과 상관없는 src/pages 디렉터리의 파일을 모두 지웁니다.

```
T 터미널                                               – □ ✕
> cp -r ../../ch03/ch03_5/src/* ./src
> cp -r ../../ch03/ch03_5/*.js .
> rm -r -force src/pages/*    // 맥에서는 rm -rf src/pages/*
```

이제 src/copy 디렉터리의 CopyMe.tsx 파일을 복사하여 pages 디렉터리에 Clock.tsx 파일을 만듭니다.

```
T  터미널                                                          − □ ✕

> cd src
> cp copy/CopyMe.tsx pages/Clock.tsx
> cd ..
```

pages/Clock.tsx 파일을 열고 다음처럼 작성합니다. 이 Clock 컴포넌트는 Date 타입의 today 속성을 가지고 있습니다. Date는 자바스크립트 엔진이 기본으로 제공하는 날짜와 시간 타입입니다. 그리고 현재 시각과 날짜는 toLocaleTimeString()과 toLocaleDateString() 메서드를 호출하면 알 수 있습니다.

**Do it!** Clock 컴포넌트                                          • src/pages/Clock.tsx

```tsx
import type {FC} from 'react'
import {Div, Title, Subtitle} from '../components'

export type ClockProps = {
  today: Date
}

const Clock: FC<ClockProps> = ({today}) => {
  return (
    <Div className="flex flex-col items-center justify-center h-screen bg-primary
                text-white">
      <Title className="text-5xl">{today.toLocaleTimeString()}</Title>
      <Subtitle className="mt-4 text-2xl">{today.toLocaleDateString()}</Subtitle>
    </Div>
  )
}
export default Clock
```

그리고 src/App.tsx 파일을 다음처럼 구현하고 터미널에서 npm start 명령을 실행합니다.

```
import Clock from './pages/Clock'

export default function App() {
  let today = new Date()
  return <Clock today={today} />
}
```

그러면 웹 브라우저에서 다음처럼 현재 시각과 날짜를 볼 수 있습니다. 하지만 현재는 앱이 실행된 시점의 시각만 보일 뿐, 시간이 갱신되지는 않습니다. 이제 리액트 훅을 알아보면서 이 화면을 시계처럼 동작하게 만들어 보겠습니다.

그림 4-1 App 컴포넌트 초기 화면

### 리액트 훅이란?

리액트 프레임워크는 2019년 2월 16.8.0 버전을 내놓으면서 **리액트 훅**이라는 혁신적인 기능을 선보였습니다. 리액트 훅은 다음 표에서 보듯 useState, useEffect 등 'use'라는 접두사가 이름에 들어가는 일련의 함수입니다. 리액트 훅 함수는 반드시 함수 컴포넌트에서만 사용해야 합니다.

표 4-1 리액트 훅 종류

| 용도 | 훅 | 비고 |
|---|---|---|
| 컴포넌트 데이터 관리 | useMemo | 04-2절 |
| | useCallback | |
| | useState | 04-3절 |
| | useReducer | 07-2절 |
| 컴포넌트 생명 주기 대응 | useEffect | 04-4절 |
| | useLayoutEffect | |

| 컴포넌트 메서드 호출 | useRef | 04-5절 |
|---|---|---|
| | useImperativeHandle | |
| 컴포넌트 간의 정보 공유 | useContext | 04-6절 |

## 리액트 훅의 탄생 배경

리액트 버전 16.8.0 이전 버전에서 사용자 컴포넌트는 다음처럼 React.Component를 상속하고 render 메서드를 반드시 구현하는 클래스 기반 컴포넌트였습니다.

**클래스 기반 컴포넌트 예**

```
import React from 'react'                        .
export default class MyComponent extends React.Component {
  render() { return <div/> }
}
```

그런데 클래스 컴포넌트는 클래스에 많은 기능이 숨어 있어 코드가 직관적이지 않습니다. 예를 들어 다음 코드에서 this.props 부분은 MyComponent에서는 구현하지 않았으므로 조금 생소합니다. 또한 어떤 때 this.state를 써야 하고, 어떤 때 this.props를 써야 하는지 혼란스럽습니다.

**클래스에 많은 기능이 있으면 직관적이지 않음**

```
class MyComponent extends React.Component {
  state = {}
  render() {
    const state = this.state
    const props = this.props
    return <></>
  }
}
```

또한 다음 코드에서 componentDidMount와 같은 생명 주기 메서드<sup>lifecycle method</sup>가 많아서 각각의 의미와 정확한 구현 방법을 알기도 어렵습니다. 그러면서도 컴포넌트에 구현한 일부 코드를 다른 컴포넌트를 구현할 때 재사용할 마땅한 방법이 없기도 합니다.

```
class MyComponent extends React.Component {
  state = {}
  componentWillReceiveProps() {}
  componentWillMount() {}
  componentWillUnmount() {}
  componentDidMount() {}
  componentDidUpdate() {}

  render() {
    const state = this.state
    const props = this.props
    return <></>
  }
}
```

리액트 훅은 앞서 본 클래스 컴포넌트를 구현할 때 복잡함과 모호함을 극복할 목적으로 만들었습니다. 리액트 훅은 함수 컴포넌트에 다양한 기능을 구현할 수 있게 해줍니다. 따라서 리액트 프레임워크에서는 컴포넌트를 리액트 훅을 사용하는 함수 컴포넌트 형태로 구현할 것을 권장합니다.

## 리액트 훅 코드 패턴과 의존성 목록

리액트 훅 함수는 여러 가지 종류가 있지만 매개변수가 1개인 것과 2개인 것으로 나눌 수 있습니다.

| 매개변수 개수 | 훅 함수 |
|---|---|
| 1개 | useState, useRef, useImperativeHandle, useContext |
| 2개 | useMemo, useCallback, useReducer, useEffect, useLayoutEffect |

매개변수가 1개인 훅 함수들은 다음과 같은 코드 패턴을 공통으로 사용합니다.

매개변수 1개인 훅 함수 코드 패턴

훅_함수<값의_타입>(값)

다음은 매개변수가 1개인 useRef 훅을 사용하는 예입니다. Date 클래스는 자바스크립트 엔진이 기본으로 제공합니다. 따라서 다음 코드에서 변수 today의 타입은 Date입니다.

---

**useRef 훅 사용 예**

```
const today: Date = useRef<Date>(new Date)

// 타입스크립트의 타입 추론 기능을 활용 타입 부분 생략 예
const today = useRef(new Date)
```

---

만일 값이 null일 수 있을 때는 값 타입에 합집합을 나타내는 | 구문을 사용한 다음 패턴을 사용합니다.

---

**null 허용 훅 함수 사용 패턴**

```
훅_함수<값_타입 | null>(값)
```

---

매개변수 개수가 2개인 훅 함수들은 다음과 같은 코드 패턴을 공통으로 사용합니다. 여기서 **의존성 목록**<sup>dependency list</sup>은 콜백 함수에서 사용되는 변수나 함수의 값이 일정하지 않고 수시로 변할 수 있을 때, 해당 변수나 함수를 아이템으로 갖는 배열을 의미합니다. 리액트 프레임워크는 의존성 목록에 있는 아이템 중 하나라도 변화가 있으면 콜백 함수를 새로 고침해 변한 값을 콜백 함수에 반영해 줍니다.

---

**매개변수 2개인 훅 함수 코드 패턴**

```
훅_함수<값의_타입>(콜백_함수, 의존성_목록)
```

---

다음은 매개변수 개수가 2개인 useEffect 훅을 사용하는 예입니다. 이 코드는 콜백 함수를 가장 간단한 형태인 '()=>{}'로 구현했고 의존성 목록은 배열이어야 하므로 값이 변하는 변수나 함수가 없다는 의미로 빈 배열 []을 사용했습니다. 의존성 목록이 빈 배열일 때 콜백 함수는 한 번만 실행됩니다.

---

**useEffect 훅 사용 예**

```
useEffect(() => {}, [])
```

---

## setInterval API로 시계 만들기

자바스크립트 언어는 setInterval이라는 API를 기본으로 제공합니다. 이 API는 갱신 주기 duration 때마다 콜백 함수를 계속 호출해 줍니다.

> **setInterval 사용법**
>
> ```
> const id = setInterval(콜백_함수, 갱신_주기)
> 콜백_함수 = () => {}
> ```

setInterval API는 id값을 반환하는데 더 이상 setInterval을 호출하지 않으려면 다음처럼 기본으로 제공하는 clearInterval API를 호출하면 됩니다. 여기서 주의할 점은 setInterval은 시스템 메모리 자원을 사용하므로, setInterval 콜백 함수가 동작하지 않게 할 때, 반드시 clearInterval 함수를 호출하여 **메모리 누수**memory leak가 생기지 않게 해야 합니다.

> **setInterval 콜백 함수를 멈추게 하는 clearInterval() 함수**
>
> ```
> clearInterval(id)
> ```

다음은 setInterval을 사용해 시계를 만드는 코드입니다.

> **시계 만들기**
>
> ```
> let today= new Date()
> const duration = 1000
> const id = setInterval(() => {
>   today = new Date()  // 현재 시각 갱신
> }, duration)
> ```

App 컴포넌트가 갱신한 시각을 화면에 반영하려면 개념적으로 다음과 같은 형태로 코드를 작성해야 합니다. 그런데 이 개념적인 코드는 App이 다시 렌더링될 때마다 매번 setInterval 호출이 발생한다는 심각한 문제가 있습니다. 즉, setInterval 쪽 코드는 컴포넌트가 처음 렌더링될 때 한 번만 호출되어야 하는데, useEffect 훅 함수가 이 목적에 부합합니다.

```
export default function App() {
  let today = new Date()
  const id = setInterval(() => {
    today = new Date()     // 현재 시각 갱신
    forceUpdate()          /* 갱신된 시각이 웹 화면에 반영되도록,
                              App을 다시 렌더링하는 함수가 필요합니다. */
  }, 1000)
  return <Clock today={today}/>
}
```

\* 참고로 코드에서 forceUpdate는 이런 개념의 함수가 필요하다는 것일 뿐 실제 이런 함수가 존재하지는 않습니다.

## useEffect 훅 사용하기

useEffect 훅을 사용하려면 일단 다음 코드를 작성해야 합니다.

```
import {useEffect} from 'react'
```

그리고 useEffect 훅의 사용법은 다음과 같습니다. useEffect는 의존성 목록에 있는 조건 중 어느 하나라도 충족되면 그때마다 콜백 함수를 다시 실행합니다.

```
useEffect(콜백_함수, 의존성_목록)
콜백_함수 = () => {}
```

컴포넌트가 생성될 때 한 번만 실행하게 하려면 다음처럼 의존성 목록을 []로 만들면 됩니다. 의존성 목록이 단순히 []일 때 useEffect는 첫 번째 매개변수의 콜백 함수를 한 번만 실행합니다.

```
useEffect(() => {}, [])
```

다음 코드는 useEffect의 콜백 함수에서 setInterval 함수를 호출합니다. 현재 의존성 목록이 []이므로 setInterval은 컴포넌트가 생성될 때 처음 한 번만 실행됩니다.

setInterval 함수를 한 번만 호출하는 useEffect 훅 사용법

```
export default function App() {
  let time = new Date()
  useEffect(() => {
    const id = setInterval(() => {
      time = new Date()    // 현재 시각 갱신
    }, 1000)
  }, [])
  return <></>
}
```

그런데 useEffect는 다음처럼 함수를 반환할 수 있습니다.

함수를 반환하는 useEffect

```
useEffect( () => {
  // 컴포넌트가 생성될 때 실행
  return () => {}   // 컴포넌트가 소멸할 때 한 번 실행
}, [])
```

다음 코드는 setInterval 함수를 호출하려고 App 컴포넌트에서 useEffect 훅을 사용하는 초기 모습입니다. 이 코드 패턴은 useEffect뿐만 아니라 나머지 리액트 훅 함수를 사용할 때도 똑같이 적용할 수 있습니다. 기본 앱 파일(src/App.tsx)을 열고 코드를 다음처럼 수정합니다.

Do it! useEffect 훅 사용 초기 모습 • src/App.tsx

```
import {useEffect} from 'react'
import Clock from './pages/Clock'

export default function App() {
  const today = new Date()
  useEffect(() => {}, [])
  return <Clock today={today} />
}
```

**리액트 훅 코드 작성 요령**

리액트 훅 코드는 먼저 '훅_이름(() => {}, [])' 형태로 작성합니다. 그리고 '()=>{'와 '}' 사이
에 Enter 를 입력한 뒤 실제 코드를 작성합니다. 이렇게 하면 이후에 중괄호 {}가 여러 개 나
오더라도 훅의 콜백 함수 중괄호와 구분되어 불필요한 오류를 막아줍니다.

리액트 훅 코드 작성 요령

```
useEffect(() => {
  // 코드를 작성합니다
}, [])
```

다시 src/App.tsx 파일에 다음과 같은 코드를 추가합니다. 다만 이 코드는 화면이 자동으로
갱신하지 않는 버그가 있습니다.

**Do it!** 화면 갱신 버그가 있는 버전      • src/App.tsx

```tsx
import {useEffect} from 'react'
import Clock from './pages/Clock'

export default function App() {
  let today = new Date()
  useEffect(() => {
    console.log('useEffect called.')
    const duration = 1000
    const id = setInterval(() => {
      today = new Date()
      console.log('today', today.toLocaleTimeString())
    }, duration)
    return () => clearInterval(id)
  }, [])
  return <Clock today={today} />
}
```

▶ 실행 결과

```
WARNING in src\App.tsx
  Line 10:15:  Assignments to the 'today' variable from inside React Hook useEffect will be lo
st after each render. To preserve the value over time, store it in a useRef Hook and keep the
mutable value in the '.current' property. Otherwise, you can move this variable directly insid
e useEffect  react-hooks/exhaustive-deps
```

버그를 탐지한 리액트 프레임워크는 npm start 명령을 실행 중인 터미널에서 경고 메시지를 출력합니다. 이 경고 메시지는 무언가 리액트가 의도한 바대로 구현되지 않았음을 알려 줍니다.

그런데 setInterval 콜백 함수 안에서는 time 변수가 정상으로 갱신되고 있는데도 웹 브라우저 화면은 이를 반영하지 못하고 있습니다. 그리고 이 현상은 리액트의 경고 메시지와 연관이 있는 듯합니다. 이제 리액트의 경고 메시지대로 useRef 훅을 사용해 보겠습니다.

## useRef 훅 사용하기

다음 코드는 앞서 본 리액트 경고 메시지의 내용을 반영하여, 기본 앱 파일에서 today 변숫값을 useRef 훅으로 설정했습니다. 이 코드의 의미는 「04-5」절에서 알아보겠습니다.

**Do it!** useRef 훅 사용(여전히 화면은 갱신하지 않음) • src/App.tsx

```tsx
import {useEffect, useRef} from 'react'
import Clock from './pages/Clock'

export default function App() {
  let today = useRef(new Date())
  useEffect(() => {
    console.log('useEffect called.')
    const duration = 1000
    const id = setInterval(() => {
      today.current = new Date()
      console.log('today.current', today.current.toLocaleTimeString())
    }, duration)
    return () => clearInterval(id)
  }, [])
  return <Clock today={today.current} />
}
```

이제 콘솔 창에 리액트 경고 메시지는 사라졌지만, 웹 페이지에는 여전히 1초 간격으로 변경되는 today 변숫값이 반영되지 않고 있습니다. 그 이유는 useRef 훅은 컴포넌트를 다시 렌더링하지 않기 때문입니다. 이제 useRef와 유사하지만 컴포넌트를 다시 렌더링해 주는 useState 훅을 사용해 보겠습니다.

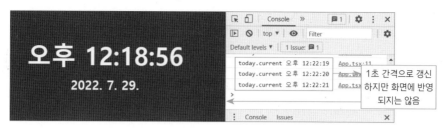

그림 4-2 웹 브라우저 개발자 도구에서 확인한 콘솔 창

## useState 훅 사용하기

리액트는 다음처럼 임포트하는 useState 훅을 제공합니다.

> **useState 임포트**
>
> ```
> import {useState} from 'react'
> ```

useState 훅은 다음처럼 사용합니다. useState가 반환하는 세터$^{setter}$는 현재 값이 변경되면 자동으로 해당 컴포넌트를 다시 렌더링하는 기능이 있습니다.

> **useState 사용법**
>
> ```
> const [현재_값, 세터] = useState(초깃값)
> 세터 = (새로운_값) => void
> ```

다음 코드에서 useState 훅을 사용해 현재 시각 time과 이 값을 변경하는 setToday() 함수를 얻고 있습니다. 그런 다음 useEffect의 콜백 함수 내부에 있는 setInterval의 콜백 함수에서 1초 간격으로 계속 setToday(new Date())를 호출해 현재 시각 today값을 변경하고 있습니다. 이처럼 useState가 반환한 setToday() 함수는 현재 값인 today가 변경되면 컴포넌트를 자동으로 다시 렌더링하는 기능이 있습니다. 이제 웹 브라우저를 확인해 보면 1초 간격으로 갱신하는 시계 앱을 볼 수 있습니다.

> **Do it!** 시계 앱 완성(useRef 대신 useState 훅 사용) • src/App.tsx
>
> ```
> import {useEffect, useState} from 'react'
> import Clock from './pages/Clock'
>
> export default function App() {
> ```

```
  const [today, setToday] = useState(new Date())

  useEffect(() => {
    const duration = 1000
    const id = setInterval(() => {
      setToday(new Date())
    }, duration)
    return () => clearInterval(id)
  }, [])
  return <Clock today={today} />
}
```

## 커스텀 훅이란?

리액트 훅은 여러 훅 함수를 조합해 마치 새로운 훅 함수가 있는 것처럼 만들 수 있는데, 이렇
게 조합한 새로운 훅 함수를 **커스텀 훅**custom hook이라고 합니다. 커스텀 훅은 리액트 훅뿐만 아
니라 기존에 제작한 커스텀 훅 함수를 사용해서 만들 수도 있습니다. 커스텀 훅 함수는 '훅'이라
는 의미를 강조하고자 함수 이름에 'use'라는 접두어를 붙여서 만듭니다. 이제 useInterval과
useClock이라는 2개의 커스텀 훅 함수를 만들어 보겠습니다.

이제 VSCode에서 터미널을 새로 열고 다음 명령으로 src 디렉터리에 hooks 디렉터리를 만
듭니다. 그리고 그 안에 index.ts와 useInterval.ts, useClock.ts 파일을 생성합니다.

```
T  터미널                                                    − □ ×

> mkdir -p src/hooks
> cd src/hooks
> touch index.ts useInterval.ts useClock.ts
> cd ../..
```

이제 useInterval.ts 파일을 열고 앞에서 작성한 **useEffect** 훅 함수 팬턴을 참고해 **useInterval**
이라는 커스텀 훅 함수를 다음처럼 구현합니다.

```typescript
import {useEffect} from 'react'

export const useInterval = (callback: () => void, duration: number = 1000) => {
  useEffect(() => {
    const id = setInterval(callback, duration)
    return () => clearInterval(id)
  }, [callback, duration])
}
```

이번엔 useClock.tsx 파일을 열고 방금 작성한 **useInterval** 함수와 **useEffect** 함수 팬턴을
결합해 다음처럼 **useClock** 커스텀 훅 함수를 구현합니다.

```typescript
import {useState} from 'react'
import {useInterval} from './useInterval'

export const useClock = () => {
  const [today, setToday] = useState(new Date())
  useInterval(() => setToday(new Date()))
  return today
}
```

그리고 **useInterval**과 **useClock** 함수를 같은 디렉터리의 index.ts 파일에 다음처럼 반영합
니다.

```typescript
export * from './useInterval'
export * from './useClock'
```

마지막으로 앞서 작성한 useClock 함수를 App.tsx 파일에 다음처럼 적용합니다. 이제 App
컴포넌트는 **useClock** 함수 덕분에 코드가 매우 간결해졌습니다. 이 코드에서 **useClock**은 **use
Effect**나 **useState** 훅과 비슷한 형태로 동작합니다.

```tsx
import {useClock} from './hooks'
import Clock from './pages/Clock'

export default function App() {
  const today = useClock()
  return <Clock today={today} />
}
```

## 리액트 훅 함수의 특징

리액트 훅 함수는 다음과 같은 특징이 있습니다.

1. 같은 리액트 훅을 여러 번 호출할 수 있다.
2. 함수 몸통이 아닌 몸통 안 복합 실행문의 { } 안에서 호출할 수 없다.
3. 비동기 함수를 콜백 함수로 사용할 수 없다.

이러한 특징을 차례로 살펴보겠습니다. 다음 코드는 useState 훅을 2번, useEffect 훅을 2번 호출합니다. 리액트 훅은 이처럼 똑같은 이름의 훅 함수를 각기 다른 목적으로 여러 번 호출할 수 있으며, 이는 함수 컴포넌트를 구현할 때 매우 자연스러운 코드 패턴입니다.

같은 리액트 훅 여러 번 호출 예

```
export default function App() {
  const [x, setX] = useState(0)
  const [y, setY] = useState(0)

  useEffect(() => {}, [])
  useEffect(() => {}, [])
}
```

다음 코드는 함수 컴포넌트 몸통 안의 {} 블록 안에서 useState 훅을 호출합니다. 이때 x, setX 는 지역 변수가 되어 {} 블록 안에서만 유효하므로 코드를 이렇게 작성하면 안 됩니다. 이는 훅 함수 몸통에서 훅 함수를 호출하는 것도 마찬가지입니다.

```
export default function App() {
  {  // 지역 변수 블록
    const [x, setX] = useState<number>(0)    // 이렇게 구현하면 안 됨
  }
}
```

또한 다음 코드는 if 문 안에 리액트 훅을 호출하고 있는데, 이 또한 {} 안에서 호출하는 것이므로 이렇게 코드를 작성하면 안 됩니다. 이는 for 문의 {} 안에서도 마찬가지입니다.

```
export default function App() {
  if(true) {
    const [x, setX] = useState<number>(0)    // 이렇게 구현하면 안 됨
  }
}
```

마지막으로 리액트 훅 함수는 비동기 콜백 함수를 입력받을 수 없습니다. 즉, 다음 코드는 useEffect의 매개변수 콜백 함수에 async 키워드가 붙었으므로 불가능한 코드입니다.

```
export default function App() {
  useEffect(async () => {    // 이렇게 구현하면 안 됨
    await Promise.resolve(1)
  }, [])
}
```

지금까지 리액트 훅을 사용하는 개발이 어떤 것인지 간략하게 알아보았습니다. 리액트 훅을 사용한 개발이란, 몇 가지 적절한 훅 함수를 선택해 컴포넌트의 로직을 개발하는 것입니다. 그리고 될 수 있으면 커스텀 훅 함수로 만들어 좀 더 간결한 형태로 재사용할 수 있어야 합니다.

이제 npm start 명령을 실행한 터미널에서 Ctrl+C를 눌러 종료합니다. 다음 절에서는 useMemo와 useCallback 훅을 알아보겠습니다.

# 04-2 useMemo와 useCallback 훅 이해하기

이 절에서는 데이터를 캐시하는 useMemo와 콜백 함수를 캐시하는 useCallback 훅을 알아봅니다.

ch04 디렉터리에서 다음 명령으로 ch04_2라는 프로젝트를 생성합니다. 그리고 ch04_2 디렉터리를 대상으로 VSCode를 실행합니다.

```
T  터미널                                                        —  □  ✕

> npx create-react-app ch04_2 --template typescript
> code ch04_2
```

VSCode가 열리면 터미널을 하나 열고 다음 명령으로 chance와 luxon, 머터리얼 아이콘 패키지와 테일윈드CSS 관련 패키지들을 설치합니다.

```
T  터미널                                                        —  □  ✕

> npm i chance luxon @fontsource/material-icons
> npm i -D @types/chance @types/luxon
> npm i -D postcss autoprefixer tailwindcss @tailwindcss/line-clamp daisyui
```

기존에 만든 파일을 복사해 재활용하고 이 절과 상관없는 파일은 지웁니다.

```
T  터미널                                                        —  □  ✕

> cp -r ../ch04_1/src/* ./src
> cp -r ../ch04_1/*.js .
> rm src/pages/*
```

src/copy 디렉터리의 CopyMe.tsx 파일을 복사하여 이번 절에서 작성할 4개 파일을 pages 디렉터리에 만듭니다.

```
┌─ T 터미널 ──────────────────────────────────────────── □ × ─┐
│                                                              │
│  > cd src                                                    │
│  > cp copy/CopyMe.tsx pages/UseOrCreateTest.tsx              │
│  > cp copy/CopyMe.tsx pages/Memo.tsx                         │
│  > cp copy/CopyMe.tsx pages/Callback.tsx                     │
│  > cp copy/CopyMe.tsx pages/HighOrderCallback.tsx            │
│  > cd ..                                                     │
└──────────────────────────────────────────────────────────────┘
```

이제 앱 파일(src/App.tsx)을 열어 이 절에서 실습할 컴포넌트를 나열한 후 터미널에서 npm start 명령을 실행합니다.

**Do it!** 기본 앱 파일 작성하기 • src/App.tsx

```
import UseOrCreateTest from './pages/UseOrCreateTest'
import Memo from './pages/Memo'
import Callback from './pages/Callback'
import HighOrderCallback from './pages/HighOrderCallback'

export default function App() {
  return (
    <div>
      <HighOrderCallback />
      <Callback />
      <Memo />
      <UseOrCreateTest />
    </div>
  )
}
```

## 리액트 훅의 기본 원리

리액트 훅 함수를 이해하려면 먼저 변수의 **유효 범위**[scope]에 관해 알아야 합니다. 모든 프로그래밍 언어에서 변수는 유효한 범위가 있습니다. 예를 들어 다음 코드에서 local은 블록 안에서만 유효하고 블록을 벗어나면 자동으로 소멸합니다. 타입스크립트를 포함한 대부분의 프로그래밍 언어에서는 중괄호 {} 안쪽의 범위를 **블록 범위**<sup>block scope</sup>라고 하고, 블록 범위 안쪽의 변수를 **지역 변수**<sup>local variable</sup>라고 합니다.

> **변수와 블록 범위**
>
> ```
> {
>   const local = 1
> }
> ```

지역 변수 개념은 다음처럼 함수 몸통에서도 똑같이 적용됩니다. 다음 코드에서 함수 func의 몸통은 여닫는 중괄호 {}로 작성합니다. 그런데 중괄호는 블록 범위이므로 return 문을 만나 블록을 벗어나면 그 안에 선언한 변수가 자동으로 소멸합니다.

> **함수 몸통에서 변수의 유효 범위**
>
> ```
> function func() {
>   const local = 1
>   return local
> }
> ```

리액트의 함수 컴포넌트 또한 '함수'이므로 몸통에서 변수의 유효 범위는 똑같이 적용됩니다. 다음 코드에서 UseOrCreate 컴포넌트는 return 문으로 함수 몸통을 벗어나면 local 변수는 소멸합니다.

> **함수 컴포넌트에서 변수의 유효 범위**
>
> ```
> export default function UseOrCreate() {
>   const local = 1
>   return <p>{local}</p>
> }
> ```

## 상태와 캐시

프로그래밍 분야에서 **상태**<sup>state</sup>란 용어는 변수의 유효 범위와 무관하게 계속 유지<sup>preserve</sup>하는 값을 의미합니다. 그런데 상태는 한 번 설정되면 이후로는 값을 변경할 수 없는 '읽기 전용<sup>readonly</sup>' 개념을 가진 **불변 상태**<sup>immutable state</sup>와 아무 때나 값을 변경할 수 있고 계속 유지하는 **가변 상태**<sup>mutable state</sup>로 나뉩니다.

그런데 함수 컴포넌트는 '함수'이므로 블록 범위라는 개념 때문에 상태를 가질 수 없습니다. 함수 컴포넌트가 상태를 가질 수 있는 유일한 방법은 상태를 담은 변수를 함수 몸통 바깥으로 꺼내어 블록 범위의 영향을 받지 않게 하는 것입니다. 이처럼 블록 범위 바깥의 변수를 **전역 변수**global variable라고 합니다. 다음 코드에서 global은 함수 몸통 바깥에 있으므로 소멸하지 않고 계속 유지됩니다.

함수 컴포넌트에서 전역 변수

```
const global = 1
export default function UseOrCreate() {
  return <p>{global}</p>
}
```

리액트 훅은 상태를 가질 수 없는 함수 컴포넌트로 하여금 마치 상태를 가진 것처럼 동작할 수 있게 합니다. 그리고 이런 개념을 이용하면 **캐시**cache를 전역 변수 형태로 만들어서 구현할 수 있습니다. 캐시는 데이터나 값을 미리 복사해 놓는 임시 저장소를 의미합니다. 캐시는 원본 데이터에 접근하는 시간이 오래 걸리거나 값을 다시 계산하는 시간을 절약하고 싶을 때 주로 사용합니다.

## 캐시 구현하기

일단 다음 명령으로 src/pages 디렉터리에 useOrCreate.ts 파일을 생성합니다.

T 터미널 — □ ✕

```
> touch ./src/pages/useOrCreate.ts
```

그리고 이 파일을 열고 다음과 같은 코드를 작성합니다.

Do it! useOrCreate 함수 구현하기 • src/pages/useOrCreate.ts

```
const cache: Record<string, any> = {}

export const useOrCreate = <T>(key: string, callback: () => T): T => {
  if (!cache[key]) cache[key] = callback()
  return cache[key] as T
}
```

\* Record 타입은 타입스크립트가 기본으로 제공하며 객체의 속성을 '키'로, 속성값을 '값'으로 할 때 'Record<키_타입, 값_타입>' 형태로 사용하는 제네릭입니다.

코드에서 cache는 전역 변수로 선언했습니다. 그리고 cache[key]에 설정한 값이 없을 때는 callback 함수를 호출해 cache[key]에 저장할 값을 생성한 뒤 cache[key]에 저장합니다. useOrCreate는 항상 cache[key]에 저장된 값을 반환합니다. 여기서 흥미로운 부분은 callback 함수를 단 한 번만 호출한다는 것입니다. 이는 앞서 알아본 캐시 개념과 정확히 일치합니다. 이제 이 함수를 테스트하는 UseOrCreateTest 컴포넌트를 만들어 보겠습니다.

## 캐시 사용하기

src/pages 디렉터리에 있는 UseOrCreateTest.tsx 파일을 열고 다음과 같은 코드를 작성합니다. 앞서 작성한 useOrCreate 함수를 사용해 head와 body란 이름으로 각기 다른 데이터를 캐시하는 코드입니다. 이 덕분에 head와 body는 CreateOrUseTest 컴포넌트가 렌더링될 때마다 반복해서 생성되지 않고 컴포넌트가 생성될 때 한 번만 생성됩니다. 따라서 코드를 실행해 보면 중요한 데이터는 캐시를 이용하므로 화면이 다시 렌더링될 때 속도가 빠른 것을 느낄 수 있습니다.

**Do it!** UseOrCreateTest 컴포넌트 구현하기       • src/pages/UseOrCreateTest.tsx

```tsx
import {Title, Avatar} from '../components'
import * as D from '../data'
import {useOrCreate} from './useOrCreate'

export default function CreateOrUseTest() {
  // prettier-ignore
  const headTexts = useOrCreate<string[]>('headTexts', () => [
    'NO.', 'NAME', 'JOB TITLE', 'EMAIL ADDRESS'
  ])
  const users = useOrCreate<D.IUser[]>('users', () =>
    D.makeArray(100).map(D.makeRandomUser)
  )

  const head = useOrCreate('head', () =>
    headTexts.map(text => <th key={text}>{text}</th>)
  )

  const body = useOrCreate('children', () =>
    users.map((user, index) => (
      <tr key={user.uuid}>
```

```
            <th>{index + 1}</th>
            <td className="flex items-center">
              <Avatar src={user.avatar} size="1.5rem" />
              <p className="ml-2">{user.name}</p>
            </td>
            <td>{user.jobTitle}</td>
            <td>{user.email}</td>
          </tr>
      ))
    )

    return (
      <div className="mt-4">
        <Title>CreateOrUseTest</Title>
        <div className="overflow-x-auto mt-4 p-4">
          <table className="table table-zebra table-compact w-full">
            <thead>
              <tr>{head}</tr>
            </thead>
            <tbody>{body}</tbody>
          </table>
        </div>
      </div>
    )
}
```

▶ 실행 결과

| NO. | NAME | JOB TITLE | EMAIL ADRESS |
|---|---|---|---|
| 1 | Danny Brewer | Sales Promotion Manager | avmo@mel.by |
| 2 | Hunter Long | Sales Representative | sowi@jaoru.vu |
| 3 | Ollie Willis | Private Investigator | watkapsed@ne.jo |
| 4 | Millie Robertson | Musician | sariika@vepgicbu.gr |
| 5 | Evan Boone | Journalist | uwkeeva@ezu.ža |

## 캐시와 의존성 목록

리액트 프레임워크 내부에서 관리되는 캐시된 값은 어떤 상황이 일어나면 값을 갱신해 줘야 합니다. 리액트 훅에서는 캐시를 갱신하게 하는 요소를 **의존성**<sup>dependency</sup>이라고 합니다. 이러한 의존성으로 구성된 배열을 **의존성 목록**<sup>dependency list</sup>이라고 합니다.

리액트 프레임워크는 의존성 목록 중 어느 것 하나라도 조건이 충족되면 캐시된 값을 자동으로 갱신하고 해당 컴포넌트를 다시 렌더링하여 변경 사항을 반영해 줍니다. 만일 이런 캐시 갱신이 필요 없다면, 즉 의존성이 전혀 없다면 의존성 목록은 단순히 빈 배열 []을 사용하면 됩니다.

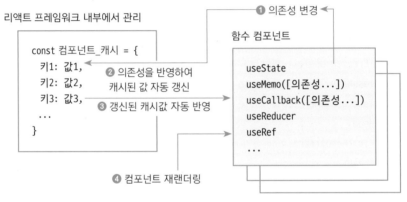

그림 4-3 의존성에 따른 캐시 자동 갱신 절차

## 함수 컴포넌트와 리액트 훅을 사용하는 이유

리액트는 컴포넌트의 속성값이 변할 때 항상 최신 값이 반영되도록 다시 렌더링해 줍니다. 그런데 컴포넌트 내부 로직에서 컴포넌트가 다시 렌더링되는 때는 리액트가 탐지하기 어렵습니다. 이 때문에 클래스 기반 컴포넌트는 다양한 메서드를 구현해서 렌더링 여부를 판단할 수 있게 합니다.

반면에 함수 컴포넌트에 리액트 훅을 사용하면 리액트 프레임워크가 의존성 목록에서 변한 값이 있는지만 판단하면 되므로 다시 렌더링해야 하는 때를 판단하기가 쉽습니다. 따라서 의미조차 알기 어려운 메서드들을 일일이 구현할 필요가 없어 컴포넌트 개발이 수월해집니다.

## 데이터를 캐시하는 useMemo 훅

react 패키지는 데이터를 캐시하는 용도로 **useMemo** 훅을 제공합니다. 이름에서 'Memo'는 메모이제이션<sup>memoization</sup>의 줄임말입니다. 메모이제이션은 과거에 계산한 값을 반복해서 사용할 때 과거에 계산한 값을 캐시해 두는 방법으로 전체 계산 속도를 높이는 코드 최적화 기법 optimization technique입니다.

---

**useMemo 훅 임포트**

```
import {useMemo} from 'react'
```

---

useMemo 훅을 사용하는 방법은 다음과 같습니다. useMemo뿐만 아니라 의존성 목록이 있는 useCallback, useEffect 훅은 의존성에 변화가 생길 때마다 콜백 함수를 자동으로 호출하여 의존성을 반영합니다. 보통 콜백 함수는 한 번만 호출되면 충분하므로 의존성 목록은 의존성이 전혀 없음을 의미하는 []로 사용합니다.

---

**useMemo 훅 사용법**

```
const 캐시된_데이터 = useMemo(콜백_함수, [의존성1, 의존성2, ...])
콜백_함수 = () => 원본_데이터
```

---

useMemo 훅을 사용하는 타입스크립트 코드를 보면 다음과 같은 형태를 보이는 제네릭 함수입니다. 여기서 의존성 목록의 타입인 DependencyList는 읽기 전용 배열입니다.

---

**useMemo 훅 선언문**

```
function useMemo<T>(factory: () => T, deps: DependencyList | undefined): T;
```

---

앞에서 실습한 캐시 기능을 useMemo 훅으로 대체해서 구현해 보겠습니다. 먼저 앞서 만들었 던 UseOrCreateTest.tsx 파일을 복사해 Memo.tsx 파일을 만듭니다.

---

**T 터미널**      — □ ✕

```
> cd src/pages
> cp UseOrCreateTest.tsx Memo.tsx
> cd ../..
```

---

다음 코드는 useOrCreate 함수 대신 useMemo 훅 함수로 src/pages 디렉터리의 Memo 컴포넌 트를 구현한 것입니다. 코드에서 head는 내부적으로 headTexts를 사용하므로, headTexts의 내용이 변하면 head도 이에 맞춰 바뀌어야 합니다. 즉, head는 headTexts에 의존성이 있으므 로 의존성 목록에 넣습니다. 마찬가지로 body 역시 users를 의존성 목록에 넣습니다.

```tsx
import {useMemo} from 'react'
import {Title, Avatar} from '../components'
import * as D from '../data'

export default function Memo() {
  // prettier-ignore
  const headTexts = useMemo<string[]>(() => [
    'NO.', 'NAME', 'JOB TITLE', 'EMAIL ADDRESS'
  ], [])
  const users = useMemo<D.IUser[]>(() => D.makeArray(100).map(D.makeRandomUser), [])

  const head = useMemo(
    () => headTexts.map(text => <th key={text}>{text}</th>),
    [headTexts]
  )

  const body = useMemo(
    () =>
      users.map((user, index) => (
        <tr key={user.uuid}>
          <th>{index + 1}</th>
          <td className="flex items-center">
            <Avatar src={user.avatar} size="1.5rem" />
            <p className="ml-2">{user.name}</p>
          </td>
          <td>{user.jobTitle}</td>
          <td>{user.email}</td>
        </tr>
      )),
    [users]
  )

  return (
    <div className="mt-4">
      <Title>Memo</Title>
      <div className="overflow-x-auto mt-4 p-4">
        <table className="table table-zebra table-compact w-full">
```

```
        <thead>
          <tr>{head}</tr>
        </thead>
        <tbody>{body}</tbody>
      </table>
    </div>
  </div>
  )
}
```

## 콜백 함수를 캐시하는 useCallback 훅

이제 useCallback 훅을 알아보겠습니다. 다음 코드는 「02-5」절에서 구현한 ReactOnClick.
tsx 파일에서 일부를 가져온 것입니다. 이 코드에서 onClick 콜백 함수는 ReactOnClick 컴포
넌트가 렌더링될 때마다 계속 다시 생성되어 비효율적입니다. 이때 onClick을 useMemo 훅에 캐
시하면 좋을 것 같습니다. 그런데 useMemo는 데이터를 캐시하는 데 사용되므로 onClick 같은
함수를 캐시하지는 못합니다. 그래서 함수 몸통을 캐시하는 useCallback 훅을 제공합니다.

콜백 함수를 구현할 때 비효율 예

```
import type {SyntheticEvent} from 'react'

export default function ReactOnClick() {
  const onClick = (e: SyntheticEvent) => { }
  return (<button onClick={onClick}>Click Me</button>)
}
```

react 패키지는 다음처럼 useCallback 훅을 제공합니다.

useCallback 훅 임포트

```
import {useCallback} from 'react'
```

useCallback 훅의 사용 개념은 useMemo와 같습니다. 다만 useMemo가 데이터를 캐시한다면 useCallback은 콜백 함수를 캐시한다는 차이가 있습니다. useCallback 훅을 사용하는 방법은 다음과 같습니다. useMemo 훅은 데이터나 함수의 반환값을 캐시하지만, useCallback 훅은 콜백 함수를 캐시합니다.

> **useCallback 훅 사용법**
>
> const 캐시된_콜백_함수 = useCallback(원본_콜백_함수, 의존성_목록)

다음은 타입스크립트로 작성한 useCallback 훅의 타입입니다.

> **useCallback 훅 선언문**
>
> ```
> function useCallback<T extends (...args: any[]) => any>(callback: T, deps:
> DependencyList): T;
> ```

그런데 useCallback 훅의 타입 변수 T는 '(...args: any[]) => any'라는 **타입 제약**<sup>type constraint</sup>이 걸려 있습니다. 이는 타입 변수 T는 함수여야 함을 의미합니다.

> **useCallback 사용 예(권장하지 않음)**
>
> ```
> const callback = () => alert('button clicked')
> const onClick = useCallback(callback, [])
> ```

위 코드는 다음 코드와 같은 맥락이지만 이렇게 구현하면 callback 함수가 항상 새로 만들어지므로 useCallback 훅을 사용하는 의미가 퇴색됩니다.

> **useCallback 사용 예(권장)**
>
> ```
> const onClick = useCallback(() => alert('button clicked'), [])
> ```

위 코드에서 callback 함수의 타입은 () => void이고, 함수의 매개변수 부분 ()는 전개 연산자<sup>spread operator</sup>를 사용하면 (...[])가 되므로 (...args: any[])에 해당합니다. 또한 함수의 반환 타입 void도 any의 자식 타입이므로 합당합니다.

이제 좀 더 현실적인 useCallback 훅의 사용 예를 보겠습니다. src/pages 디렉터리에 있는 Callback.tsx 파일을 열고 다음처럼 작성합니다. 버튼을 클릭하면 onClick 콜백 함수가 호출되도록 구현한 코드입니다.

```tsx
Do it!  useCallback 훅으로 onClick 콜백 호출하기                    • src/pages/Callback.tsx

import {useMemo, useCallback} from 'react'
import {Title} from '../components'
import {Button} from '../theme/daisyui'
import * as D from '../data'

export default function Callback() {
  const onClick = useCallback(() => alert('button clicked'), [])

  const buttons = useMemo(
    () =>
      D.makeArray(3)
        .map(D.randomName)
        .map((name, index) => (
          <Button
            key={index}
            onClick={onClick}
            className="btn-primary btn-wide btn-xs">
            {name}
          </Button>
        )),
    [onClick]
  )

  return (
    <div className="mt-4">
      <Title>Callback</Title>
      <div className="flex justify-evenly mt-4">{buttons}</div>
    </div>
  )
}
```

▶ 실행 결과

웹 브라우저에서 실행 결과를 확인해 보면 버튼을 클릭할 때 alert이 호출되어 알림 창이 나타납니다. 그런데 구체적으로 어떤 버튼을 클릭했는지 알려 주지 않는 단점이 있습니다. 이를 해결하고자 고차 함수에 관해 알아보겠습니다.

## 고차 함수 사용하기

함수형 언어에서는 함수와 변수를 차별하지 않으므로 함수는 다른 함수의 입력 매개변수나 반환값으로도 사용될 수 있습니다. **고차 함수**<sup>higher-order function</sup>는 다른 함수를 반환하는 함수를 의미합니다.

리액트 개발에서 고차 함수는 콜백 함수에 어떤 정보를 추가로 전달하려고 할 때 주로 사용합니다. 다음 그림은 앞서 본 Callback.tsx의 실행 결과와 달리 어떤 버튼을 클릭했는지 알 수 있습니다.

그림 4-4 어떤 버튼을 클릭했는지 알려 주는 창

다음 코드의 onClick은 name을 매개변수로 받는 함수지만, '() => alert(`${name} clicked`)'이라는 함수를 다시 반환하므로 고차 함수입니다.

고차 함수 예

```
const onClick = useCallback((name: string) => () => alert(`${name} clicked`), [])
```

리액트 프로그래밍에서 고차 함수를 구현하는 이유는 함수의 타입 불일치를 해결하기 위해서입니다. onClick 이벤트 속성은 '() => void' 타입의 콜백 함수를 설정해야 하므로 다음처럼 콜백 함수 내부에서 필요한 name 변수를 전달할 수 없습니다.

---

타입 불일치로 name 변수를 전달할 수 없음

```
() => alert(`${name} clicked`)
```

---

그러나 콜백 함수를 다음처럼 고차 함수로 구현하면 onClick이 요구하는 '() => void' 타입 함수를 반환할 수 있으면서 동시에 함수 몸통이 요구하는 name값 또한 전달할 수 있습니다.

---

고차 함수 사용으로 타입 일치와 name 전달 가능

```
(name: string) => () => alert(`${name} clicked`)
```

---

앞에서 작성한 Callback.tsx 파일을 복사해 HighOrderCallback.tsx 파일을 만들고 고차 함수를 이용하는 코드로 수정해 보겠습니다.

---

**T** 터미널  — □ ×

```
> cd src/pages
> cp Callback.tsx HighOrderCallback.tsx
> cd ../..
```

---

HighOrderCallback.tsx 파일을 열고 다음처럼 작성합니다. onClick을 고차 함수로 만들어 onClick(name) 형태로 호출합니다. 코드를 실행하고 버튼을 클릭하면 알림 창에 어떤 버튼을 클릭했는지 알려 줍니다.

---

**Do it!** 고차 함수 사용하기                          • src/pages/HighOrderCallback.tsx

```
import {useMemo, useCallback} from 'react'
import {Title} from '../components'
import {Button} from '../theme/daisyui'
import * as D from '../data'

export default function HighOrderCallback() {
  const onClick = useCallback((name: string) => () => alert(`${name} clicked`), [])
```

```
const buttons = useMemo(
  () =>
    D.makeArray(3)
      .map(D.randomName)
      .map((name, index) => (
        <Button
          key={index}
          onClick={onClick(name)}
          className="btn-primary btn-wide btn-xs">
          {name}
        </Button>
      )),
  [onClick]
)

return (
  <div className="mt-4">
    <Title>HighOrderCallback</Title>
    <div className="flex justify-evenly mt-4">{buttons}</div>
  </div>
)
}
```

이제 npm start 명령을 실행한 터미널에서 [Ctrl]+[C]를 눌러 종료합니다. 다음 절에서는 useState
훅을 알아보겠습니다.

# 04-3 useState 훅 이해하기

이 절에서는 리액트 훅 함수 중에서 가장 많이 사용되는 **useState** 훅을 알아봅니다.

ch04 디렉터리에서 다음 명령으로 ch04_3이라는 프로젝트를 생성합니다. 그리고 ch04_3 디렉터리를 대상으로 VSCode를 실행합니다.

```
T 터미널                                                          − ☐ ✕
> npx create-react-app ch04_3 --template typescript
> code ch04_3
```

VSCode가 열리면 터미널을 하나 열고 다음 명령으로 chance와 luxon, 머티리얼 아이콘 패키지와 테일윈드CSS 관련 패키지들을 설치합니다.

```
T 터미널                                                          − ☐ ✕
> npm i chance luxon @fontsource/material-icons
> npm i -D @types/chance @types/luxon
> npm i -D postcss autoprefixer tailwindcss @tailwindcss/line-clamp daisyui
```

기존에 만든 파일을 복사해 재활용하고 이 절과 상관없는 파일은 지웁니다.

```
T 터미널                                                          − ☐ ✕
> cp -r ../ch04_2/src/* ./src
> cp -r ../ch04_2/*.js .
> rm src/pages/*
```

src/copy 디렉터리의 CopyMe.tsx 파일을 복사하여 이번 절에서 작성할 8개 파일을 pages 디렉터리에 만듭니다.

```
┌─────────────────────────────────────────────────────────────────────┐
│ T  터미널                                                    ─  □  ×  │
├─────────────────────────────────────────────────────────────────────┤
│ > cd src                                                              │
│ > cp copy/CopyMe.tsx pages/NumberState.tsx                            │
│ > cp copy/CopyMe.tsx pages/InputTest.tsx                              │
│ > cp copy/CopyMe.tsx pages/ShowHideModal.tsx                          │
│ > cp copy/CopyMe.tsx pages/RadioInputTest.tsx                         │
│ > cp copy/CopyMe.tsx pages/HigherOrderRadioInputTest.tsx              │
│ > cp copy/CopyMe.tsx pages/BasicForm.tsx                              │
│ > cp copy/CopyMe.tsx pages/ObjectState.tsx                            │
│ > cp copy/CopyMe.tsx pages/ArrayState.tsx                             │
│ > cd ..                                                               │
└─────────────────────────────────────────────────────────────────────┘
```

이제 앱 파일(src/App.tsx)을 열어 이 절에서 실습할 컴포넌트를 나열한 후 터미널에서 npm
start 명령을 실행합니다.

**Do it!** 기본 앱 파일 작성하기                                    • src/App.tsx

```
import NumberState from './pages/NumberState'
import InputTest from './pages/InputTest'
import ShowHideModal from './pages/ShowHideModal'
import RadioInputTest from './pages/RadioInputTest'
import HigherOrderRadioInputTest from './pages/HigherOrderRadioInputTest'
import BasicForm from './pages/BasicForm'
import ObjectState from './pages/ObjectState'
import ArrayState from './pages/ArrayState'

export default function App() {
  return (
    <main>
      <ArrayState />
      <ObjectState />
      <BasicForm />
      <HigherOrderRadioInputTest />
      <RadioInputTest />
      <ShowHideModal />
      <InputTest />
      <NumberState />
    </main>
  )
}
```

## 가변 상태를 캐시하는 useState 훅

앞 절에서 알아본 useMemo 훅은 불변 상태를 캐시하지만, useState 훅은 가변 상태를 캐시합니다. useState 훅은 다음처럼 react 패키지에서 임포트해서 사용합니다.

> **useState 훅 임포트**
>
> ```
> import {useState} from 'react'
> ```

useState 훅 사용법은 다음과 같습니다. useState 훅이 반환한 세터 함수는 리액트 프레임워크가 컴포넌트 내부의 상태 변화를 쉽게 감지할 수 있게 해줍니다. 즉, 리액트 프레임워크는 세터 함수가 호출되면 컴포넌트의 상태에 변화가 있는 것으로 판단하고 즉시 해당 컴포넌트를 다시 렌더링합니다.

> **useState 훅 사용법**
>
> ```
> const [값, 값을_변경하는_세터_함수] = useState(초깃값)
> ```

그런데 상태에는 타입이 있습니다. 즉, 상태는 number, boolean, string 같은 원시 타입[primitive type]일 수 도 있고, 객체나 배열, 튜플 타입일 수도 있습니다. useState 훅의 선언문을 보면 상태의 타입이 S일 때 초깃값을 매개변수로 받는 제네릭 함수임을 알 수 있습니다. 또한 S 타입의 값과 Dispatch<SetStateAction<S>> 타입 함수를 튜플 형태로 반환합니다.

> **useState 훅 선언문**
>
> ```
> function useState<S>(initialState: S | (() => S)): [S, Dispatch<SetStateAction<S>>];
> ```

여기서 Dispatch와 SetStateAction 타입은 다음과 같습니다. 이 두 타입이 결합된 Dispatch <SetStateAction<S> 타입은 setter(newValue) 또는 setter(previousValue => newValue) 둘 중 하나의 함수 타입을 의미합니다.

> **Dispatch와 SetStateAction 타입**
>
> ```
> type Dispatch<A> = (value: A) => void;
> type SetStateAction<S> = S | ((prevState: S) => S);
> ```

## number 타입일 때 useState 훅 사용하기

먼저 상태가 number 타입일 때 useState 훅을 어떻게 사용하는지 알아보겠습니다. 다음 코드는 초깃값을 0으로 설정하므로 이 코드가 실행된 시점에 count는 0으로 설정됩니다.

---

number 타입일 때 useState 훅 사용법

```
const [count, setCount] = useState<number>(0)
```

---

만일 count값을 1만큼 증가시키고 싶다면 다음처럼 구현할 수 있습니다.

---

count값 1만큼 증가하기

```
const increment = () => setCount(count + 1)
<button onClick={increment}>+</button>
```

---

그리고 또 다른 방법은 '(prevState: S) => S' 방식으로 다음처럼 구현하는 것입니다. 이 코드는 현재 count값에 1만큼 더한 새로운 count값을 반환합니다.

---

count값 1만큼 증가하는 또 다른 방법

```
const increment = () => setCount(count => count + 1)
```

---

그런데 increment 콜백 함수를 다음 코드처럼 useCallback 훅으로 캐시하면 count에 의존성 문제가 발생합니다.

---

count에 의존성 문제 발생

```
const increment = useCallback(() => {
  setCount(count + 1)     // 캐시된 함수 내의 count는 항상 0
}, [])     // 의존성 목록에 count를 등록하지 않음
```

---

count가 초깃값 0일 때 increment가 호출되면 count는 1이 되지만, useCallback 함수 내부에서 count는 여전히 0입니다. 즉, count를 의존성 목록에 등록하지 않으면 리액트는 useCallback 훅의 콜백 함수 내부에서 count값을 갱신하지 않으므로 항상 0이 됩니다. 하지만 count를 의존성 목록에 넣으면 리액트는 변경된 count값 1이 반영된 새로운 콜백 함수를 캐시합니다.

count에 의존성 문제 해결

```
const increment = useCallback(() => {
  setCount(count + 1)    // 의존성 목록에 count 넣지 않으면 count는 항상 0이므로
}, [count])              // 의존성 목록에 count를 넣어야 함
```

그런데 흥미로운 것은 increment를 다음처럼 구현하면 count에 의존성 문제가 발생하지 않는다는 점입니다. 코드에서 setCount의 입력 변수 'count => count + 1'은 함수입니다. 리액트는 세터 함수의 입력 변수가 함수일 때는 현재 유지되고 있는 값을 매개변수로 하여 세터 함수를 호출합니다. 그리고 세터 함수가 반환한 값을 새로운 count값으로 설정하므로 count에 의존성 문제가 발생하지 않습니다.

count에 의존성 문제 해결

```
const increment = useCallback(() => {
  setCount(count => count + 1)    // 함수를 입력 변수로 세터 호출
}, [])    // 의존성 목록에 count를 넣지 않아도 됨
```

지금까지 내용을 종합하여 src/pages 디렉터리에 있는 NumberState.tsx 파일을 열고 다음처럼 작성합니다. count에 의존성 문제가 발생하지 않도록 세터 함수 setCount의 매개변수를 콜백 형태로 호출합니다.

**Do it!** 세터 함수의 매개변수를 콜백으로 호출 • src/pages/NumberState.tsx

```
import {useState, useCallback} from 'react'
import {Title} from '../components'
import {Icon} from '../theme/daisyui'

export default function NumberState() {
  const [count, setCount] = useState<number>(0)

  const increment = useCallback(() => {
    setCount(count => count + 1)
  }, [])
  const decrement = useCallback(() => {
    setCount(count => count - 1)
  }, [])

  return (
```

```
    <section className="mt-4 mb-8">
      <Title>NumberState</Title>
      <div className="flex justify-center">
        <div className="flex items-center justify-between w-1/4 mt-4 ">
          <Icon name="add" className="btn-primary btn-lg"
                iconClassName="text-4xl" onClick={increment} />
          <p className="text-3xl text-bold text-primary">{count}</p>
          <Icon name="remove" className="btn-accent btn-lg"
                iconClassName="text-4xl" onClick={decrement} />
        </div>
      </div>
    </section>
  )
}
```

▶ 실행 결과

## 리액트 〈input〉 컴포넌트에 훅 사용하기

「02-5」절에서 알아본 바와 같이 리액트의 〈input〉 컴포넌트는 type 속성을 제공하며, 이 속성은 기본값 'text' 이외에도 'checkbox', 'radio'와 같은 값을 가질 수 있습니다. 〈input〉은 type 속성에 설정된 값에 따라 화면에 다양한 모습으로 나타납니다.

〈input〉은 다음처럼 boolean 타입의 checked 속성과 string이나 number 타입의 value 속성 2가지를 제공합니다. 그리고 두 속성 중 값이 바뀌면 onChange 이벤트 속성에 설정한 콜백 함수를 호출합니다.

〈input〉 컴포넌트 선언문

```
interface InputHTMLAttributes<T> extends HTMLAttributes<T> {
  checked?: boolean | undefined;
  value?: string | ReadonlyArray<string> | number | undefined;
  onChange?: ChangeEventHandler<T> | undefined;
  ... (생략) ...
}
```

그런데 리액트의 〈input〉 요소와 HTML의 〈input〉 요소는 사용법에 차이가 있습니다. HTML의 〈input〉 요소는 기본값을 설정하려면 다음처럼 표현할 수 있습니다.

```
<input type="text" value="default value"/>
<input type="checkbox" checked="checked"/>
```

하지만 리액트 `<input>` 요소의 checked 속성은 타입이 boolean이므로 위 코드의 두 번째 줄은 타입 오류가 발생합니다. 이 오류를 방지하려면 checked 속성을 다음처럼 구현해야 합니다.

리액트 `<input>`의 checked 속성 사용 예

```
<input type="checkbox" checked={true}/>
```

그런데 이처럼 value나 checked 속성에 기본값을 설정하면 웹 브라우저의 콘솔 창에는 다음 과 같은 경고 메시지가 나타납니다.

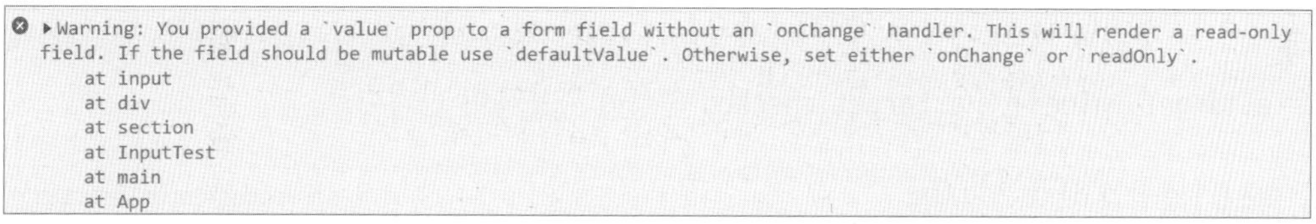

```
⊗ ▶ Warning: You provided a `value` prop to a form field without an `onChange` handler. This will render a read-only
  field. If the field should be mutable use `defaultValue`. Otherwise, set either `onChange` or `readOnly`.
      at input
      at div
      at section
      at InputTest
      at main
      at App
```

그림 4-5 리액트 경고 메시지

이 경고 메시지를 해소하려면 기본값을 설정할 때 다음처럼 defaultValue와 defaultChecked 속성을 사용해야 합니다.

리액트 방식 기본값 설정 방법

```
<input type="text" defaultValue="default value" />
<input type="checkbox" defaultChecked={true} />
```

이제 src/pages 디렉터리에 있는 InputTest.tsx 파일을 열고 다음처럼 작성합니다. 그리고 onChange 이벤트 설정을 어떻게 구현해야 하는지 알아보겠습니다.

**Do it!** `<input>` 요소 테스트(초기 모습)      • src/pages/InputTest.tsx

```
import {useState} from 'react'
import {Title} from '../components'


export default function InputTest() {
```

```
    const [value, setValue] = useState<string>('')
    const [checked, setChecked] = useState<boolean>(false)
    return (
      <section className="mt-4">
        <Title>InputTest</Title>
        <div className="flex items-center justify-center p-4 mt-4">
          <input type="text" value={value} />
          <input type="checkbox" checked={checked} />
        </div>
      </section>
    )
  }
```

이제 <input> 요소에 onChange 이벤트 처리 콜백 함수를 설정하겠습니다. 다음 코드는 텍스
트 박스를 구현할 때의 이벤트 설정 방식입니다. 만약 체크 박스나 라디오 버튼을 구현할 때
는 e.target.value 대신 e.target.checked 속성을 사용해야 합니다.

**텍스트 타입일 때 이벤트 설정 방법**                                   • src/pages/InputTest.tsx

```
import type {ChangeEvent} from 'react'

export default function OnChange() {
  const onChange = (e: ChangeEvent<HTMLInputElement>) => {
    // console.log('onChange', e.target.value)
  }
  return <input type="text" onChange={onChange} />
}
```

지금까지 내용을 종합해 InputTest.tsx 파일을 다음처럼 작성합니다. type 설정값이 각기 다
른 <input>에 대해 useState 훅으로 세터 함수를 얻은 뒤, 이를 onChange 이벤트 처리기에서
각기 다르게 사용합니다. 이처럼 uesState 훅은 컴포넌트가 자신만의 상태를 유지하려고 할
때 사용하는 중요한 함수입니다.

```
import type {ChangeEvent} from 'react'
import {useState, useCallback} from 'react'
import {Title} from '../components'
import {Input} from '../theme/daisyui'

export default function InputTest() {
  const [value, setValue] = useState<string>('')
  const [checked, setChecked] = useState<boolean>(false)

  const onChangeValue = useCallback((e: ChangeEvent<HTMLInputElement>) => {
    // console.log(e.target.value)
    setValue(notUsed => e.target.value)
  }, [])
  const onChangeChecked = useCallback((e: ChangeEvent<HTMLInputElement>) => {
    // console.log(e.target.checked)
    setChecked(notUsed => e.target.checked)
  }, [])
  return (
    <section className="mt-4">
      <Title>InputTest</Title>
      <div className="flex items-center justify-center p-4 mt-4">
        <Input
          type="text"
          value={value}
          onChange={onChangeValue}
          className="input-primary input-sm"
        />
        <Input
          type="checkbox"
          checked={checked}
          onChange={onChangeChecked}
          className="ml-4 checkbox checkbox-primary input-sm"
        />
      </div>
    </section>
  )
}
```

▶ 실행 결과

hello world! ✅

* 이 코드에서는 daisyui의 form-input과 form-checkbox라는 CSS 컴포넌트를 사용합니다.
자세한 내용은 daisyui.com/components를 참조하기 바랍니다.

## useToggle 커스텀 훅 만들기

다음은 앞 코드에서 checked와 관련된 부분을 보인 것으로 항상 이런 패턴으로 코드를 작성하는 것은 조금 번거롭습니다.

```
checked 속성값 사용 코드 패턴

const [checked, setChecked] = useState<boolean>(false)
const onChangeChecked = useCallback((e: ChangeEvent<HTMLInputElement>) => {
  setChecked(notUsed => e.target.checked)
}, [])
```

이제 이런 번거로움을 줄이기 위해 다음처럼 src/hooks 디렉터리에 useToggle.ts 파일을 생성하고 여기에 useToggle 커스텀 훅을 구현하겠습니다.

```
T 터미널                                                          — □ ✕

> touch src/hooks/useToggle.ts
```

다음은 useToggle 커스텀 훅을 구현한 것으로 앞의 코드에서 약간의 변화를 주었습니다. 이 코드는 boolean값은 언제나 true나 false이므로 굳이 ChangeEvent의 target.checked 속성을 사용하지 않고, ! 연산자로 value값이 false일 때는 true로, true일 때는 false로 값을 바꾸는 방식을 사용합니다.

```
Do it!  useToggle 커스텀 훅 구현하기                    • src/hooks/useToggle.ts

import {useState, useCallback} from 'react'

export const useToggle = (initialChecked: boolean = false): [boolean, () => void] => {
  const [checked, setChecked] = useState<boolean>(initialChecked)
  const toggleChecked = useCallback(() => setChecked(checked => !checked), [])
  return [checked, toggleChecked]
}
```

이제 같은 디렉터리의 index.ts 파일에 다음처럼 useToggle을 반영해 줍니다.

```
export * from './useInterval'
export * from './useClock'
export * from './useToggle'
```

이제 useToggle 훅을 daisyui의 Modal 컴포넌트에 적용해 보겠습니다. src/pages 디렉터리에 있는 ShowHideModal.tsx 파일을 열고 다음과 같은 코드를 작성합니다. 이 코드는 「03-5」절의 ModalTest.tsx 파일 내용을 복사해 앞서 구현한 useToggle 커스텀 훅을 적용한 것입니다. useToggle 커스텀 훅 덕분에 모달 대화상자 관련 부분이 매우 간결해졌습니다.

Do it! useToggle 훅을 사용한 모달 대화상자 만들기 • src/pages/ShowHideModal.tsx

```
import {useCallback} from 'react'
import {Title, Subtitle} from '../components'
import {Button, Modal, ModalContent, ModalAction} from '../theme/daisyui'
import {useToggle} from '../hooks'
import * as D from '../data'

export default function ShowHideModal() {
  const [open, toggleOpen] = useToggle(false)
  const onAccept = useCallback(() => {
    toggleOpen()
  }, [toggleOpen])

  return (
    <section className="mt-4">
      <Title>ShowHideModal</Title>
      <div className="flex justify-center p-4">
        <Button className="btn-primary" onClick={toggleOpen}>
          open modal
        </Button>
      </div>
      <Modal open={open}>
        <ModalContent closeIconClassName="btn-primary btn-outline"
          onCloseIconClicked={toggleOpen}>
          <Subtitle>Modal </Subtitle>
          <p>{D.randomParagraphs()}</p>
          <ModalAction>
```

```
          <Button className="btn-primary" onClick={onAccept}>
            ACCEPT
          </Button>
          <Button onClick={toggleOpen}>
            CLOSE
          </Button>
        </ModalAction>
      </ModalContent>
    </Modal>
  </section>
 )
}
```

## 라디오 버튼 구현 방법

여러 값 중에서 하나만 고를 수 있게 할 때 라디오 버튼을 사용합니다. 그런데 라디오 버튼은
구현이 조금 까다롭습니다. 먼저 라디오 버튼을 여러 개 사용하려면 다음처럼 name 속성에 모
두 같은 이름을 부여해야 합니다. 그러면 웹 브라우저는 자동으로 같은 이름의 라디오 버튼
중 하나만 선택해 화면에 보여 줍니다.

라디오 버튼 구현 예

```
<input type="radio" name="same name"/>
<input type="radio" name="same name"/>
<input type="radio" name="same name"/>
```

그런데 라디오 버튼이나 체크 박스는 value(혹은 defaultValue) 속성값을 화면에 보이게 하
지 않습니다. 이 때문에 라디오 버튼 옆에 텍스트를 함께 보이려면 다음처럼 <label> 등을 추
가해야 합니다.

<label>에 라디오 버튼 구현 예

```
<label>
  <input type="radio"/>
  <span>라벨 텍스트</span>
</label>
```

src/pages 디렉터리에 있는 RadioInputTest.tsx 파일을 열고 다음과 같은 코드를 작성합니다. 다음 코드는 daisyui의 라디오 버튼 관련 CSS 컴포넌트를 사용합니다. 이제 이 코드에 특정 라디오 버튼을 선택하는 각기 다른 2가지 방식의 로직을 구현하겠습니다.

**Do it! 라디오 버튼 구현하기(초기 모습)** • src/pages/RadioInputTest.tsx

```tsx
import {useMemo} from 'react'
import {Title, Subtitle} from '../components'
import * as D from '../data'

export default function RadioInputTest() {
  const jobTitles = useMemo(() => D.makeArray(4).map(D.randomJobTitle), [])
  const radioInputs = useMemo(
    () =>
      jobTitles.map((value, index) => (
        <label key={index} className="flex justify-start cursor-pointer label">
          <input
            type="radio"
            name="jobs"
            className="mr-4 radio radio-primary"
            defaultValue={value}
          />
          <span className="label-text">{value}</span>
        </label>
      )),
    [jobTitles]
  )
  return (
    <section className="mt-4">
      <Title>RadioInputTest</Title>
      <div className="flex flex-col justify-center mt-4">
        <Subtitle>What is your job?</Subtitle>
        <Subtitle className="mt-4">Selected Job: </Subtitle>
        <div className="flex justify-center p-4 mt-4">
          <div className="flex flex-col mt-4">{radioInputs}</div>
        </div>
      </div>
    </section>
  )
}
```

▶ 실행 결과

# What is your job?
## Selected Job:

 Network Specialist

◯ Auditor

◯ Computer Manager

◯ Health Service Administrator

## value 속성으로 라디오 버튼 선택 로직 구현하기

사용자가 선택한 라디오 버튼을 코드에서 알려면 checked 속성값에 다음과 같은 형태의 코드를 작성해야 합니다. 그런데 '값 === selectedValue'에서 값 부분을 구체적으로 어떻게 작성해야 할지 고민입니다.

```
사용자 선택 가져오기

const [selectedValue, setSelectedValue] = useState<string>('초기 선택 값')
<input type="radio" name="same name" checked={값 === selectedValue}/>
<input type="radio" name="same name" checked={값 === selectedValue}/>
<input type="radio" name="same name" checked={값 === selectedValue}/>
```

앞서 「04-2」절에서 useCallback 훅에 고차 함수를 적용한 적이 있는데, 만약 고차 함수를 사용하고 싶지 않다면 값 부분은 다음처럼 defaultValue 속성을 사용해서 설정해야 합니다.

```
defaultValue 속성 사용

const [selectedValue, setSelectedValue] = useState<string>('초기 선택 값')
<input type="radio" name="same name" checked={값1 === selectedValue} defaultValue='값1'/>
<input type="radio" name="same name" checked={값2 === selectedValue} defaultValue='값2'/>
<input type="radio" name="same name" checked={값3 === selectedValue} defaultValue='값3'/>
```

그러면 onChange 이벤트 콜백 함수는 다음 형태로 구현하게 됩니다.

```
const onChange = (e: ChangeEvent<HTMLInputElement>) => {
  setSelectedValue(notUsed => e.target.value)
}
```

다음 코드는 앞에서 작성한 RadioInputTest 컴포넌트 초기 내용에 특정 라디오 버튼을 선택하는 로직을 추가한 것입니다.

**Do it!** value 속성으로 라디오 버튼 선택 로직 구현하기 • src/pages/RadioInputTest.tsx

```
import type {ChangeEvent} from 'react'
import {useMemo, useCallback, useState} from 'react'
import {Title, Subtitle} from '../components'
import * as D from '../data'

export default function RadioInputTest() {
  const jobTitles = useMemo(() => D.makeArray(4).map(D.randomJobTitle), [])
  const [selectedJobTitle, setSelectedJobTitle] = useState<string>(jobTitles[0])
  const onChange = useCallback((e: ChangeEvent<HTMLInputElement>) => {
    setSelectedJobTitle(notUsed => e.target.value)
  }, [])
  const radioInputs = useMemo(
    () =>
      jobTitles.map((value, index) => (
        <label key={index} className="flex justify-start cursor-pointer label">
          <input
            type="radio"
            name="jobs"
            className="mr-4 radio radio-primary"
            checked={value === selectedJobTitle}
            defaultValue={value}
            onChange={onChange}
          />
          <span className="label-text">{value}</span>
        </label>
      )),
    [jobTitles, selectedJobTitle, onChange]
```

```
  )

  return (
    <section className="mt-4">
      <Title>RadioInputTest</Title>
      <div className="flex flex-col justify-center mt-4 ">
        <Subtitle>What is your job?</Subtitle>
        <Subtitle className="mt-4">Selected Job: {selectedJobTitle}</Subtitle>
        <div className="flex justify-center p-4 mt-4">
          <div className="flex flex-col mt-4">{radioInputs}</div>
        </div>
      </div>
    </section>
  )
}
```

▶ 실행 결과

## 고차 함수로 라디오 버튼 선택 로직 구현하기

이번엔 고차 함수를 사용해 라디오 버튼을 선택하는 로직을 구현하겠습니다. 먼저 ch04_3 디렉터리에서 다음 명령으로 RadioInputTest.tsx 파일을 복사해 HigherOrderRadioInput Test.tsx 파일을 만듭니다.

```
> cd src/pages
> cp RadioInputTest.tsx HigherOrderRadioInputTest.tsx
> cd ../..
```

앞에서 작성한 RadioInputTest 컴포넌트는 value 속성을 사용해 선택 로직을 구현했지만, 고차 함수를 사용할 때는 다음처럼 라디오 버튼의 인덱스로 어떤 버튼을 선택했는지 알 수 있습니다.

---

**인덱스로 선택 값 가져오기**

```
const [selectedIndex, setSelectedIndex] = useState<number>(0)
```

---

그리고 onChange 이벤트 처리 콜백 함수를 다음처럼 고차 함수 형태로 구현합니다.

---

**고차 함수로 onChange 콜백 구현**

```
const onChange = useCallback((index: number) => () => setSelectedIndex(notUsed => index), [])
```

---

그리고 <input>의 onChange 이벤트 속성에 index값을 넘겨 주는 고차 함수를 설정합니다.

---

**부분 함수 설정**

```
<input onChange={onChange(index)}/>
```

---

이제 src/pages 디렉터리에 있는 HigherOrderRadioInputTest.tsx 파일을 열고 다음과 같은 코드를 작성합니다. 앞서 구현했던 RadioInputTest 컴포넌트와 실행 결과는 같지만 코드가 훨씬 더 간결해졌습니다.

---

**Do it!** 고차 함수로 라디오 버튼 선택 로직 구현하기 • src/pages/HigherOrderRadioInputTest.tsx

```
import {useMemo, useCallback, useState} from 'react'
import {Title, Subtitle} from '../components'
import * as D from '../data'

export default function HigherOrderRadioInputTest() {
  const jobTitles = useMemo(() => D.makeArray(4).map(D.randomJobTitle), [])
  const [selectedIndex, setSelectedIndex] = useState<number>(0)
  const onChange = useCallback(
    (index: number) => () => setSelectedIndex(notUsed => index),
    []
```

```
    )

    const radioInputs = useMemo(
      () =>
        jobTitles.map((value, index) => (
          <label key={index} className="flex justify-start cursor-pointer label">
            <input
              type="radio"
              name="higher jobs"
              className="mr-4 radio radio-primary"
              checked={index === selectedIndex}
              onChange={onChange(index)}
            />
            <span className="label-text">{value}</span>
          </label>
        )),
      [jobTitles, selectedIndex, onChange]
    )

    return (
      <section className="mt-4">
        <Title>HigherOrderRadioInputTest</Title>
        <div className="flex flex-col justify-center mt-4 ">
          <Subtitle>What is your job?</Subtitle>
          <Subtitle className="mt-4">Selected Job: {jobTitles[selectedIndex]}
          </Subtitle>
          <div className="flex justify-center p-4 mt-4">
            <div className="flex flex-col mt-4">{radioInputs}</div>
          </div>
        </div>
      </section>
    )
  }
```

코드에서 input type="radio"들은 name 속성값을 "jobs"가 아닌 "higher jobs"로 설정했습니다. 만약 "jobs"로 설정하면 웹 브라우저는 RadioInputTest 컴포넌트에서 구현한 라디오 버튼과 같은 그룹으로 묶어서 취급하므로 두 컴포넌트의 버튼 선택을 구분할 수 없습니다. 따라서 RadioInputTest의 라디오 버튼과 별개로 동작할 수 있도록 name 속성값을 다르게 작성했습니다.

## HTML <form> 요소

서버에서 HTML을 생성해 웹 브라우저 쪽에 전송하는 전통 방식의 웹 개발에서는 사용자에게 데이터를 입력받을 때 <form> 요소를 사용합니다. 이때 <form> 요소는 method 속성에 데이터를 전송할 GET과 같은 HTTP 메소드를 설정하고, action 속성에는 폼 데이터를 전송한 뒤 전환할 화면의 URL을 설정하는 방식으로 사용합니다. 만일 method 설정값이 POST이면 폼 데이터를 암호화<sup>encryption</sup>하는 다음 3가지 방식 중 하나를 encType 속성에 설정합니다.

1. application/x-www-form-urlencoded (기본값)
2. multipart/form-data
3. text/plain

하지만 리액트와 같은 SPA 방식 프런트엔드 프레임워크를 사용할 때는 백엔드 웹 서버가 API 방식으로 동작하므로 굳이 <form> 요소와 action, method, encType 등의 속성을 설정할 필요가 없습니다. 다만 관습적으로 사용자 입력을 받는 부분을 <form> 요소로 구현합니다. 다음은 리액트로 <form>을 구현할 때 코드 패턴입니다.

```
폼 구현 패턴

<form>
  <input type="submit" value="버튼_텍스트"/>
</form>
```

그리고 사용자가 <input type="submit"> 버튼을 눌렀을 때 이벤트 처리는 <form> 요소의 onSubmit 이벤트 속성을 다음처럼 사용합니다. 참고로 FormEvent 타입 대신 ChangeEvent나 SyntacticEvent 타입을 사용해도 됩니다.

```
버튼 이벤트 처리

import type {FormEvent} from 'react'
... (생략) ...
const onSubmit = (e: FormEvent<HTMLFormElement>) => {}
<form onSubmit={onSubmit}>
  <input type="submit" value="버튼_텍스트"/>
</form>
```

그런데 onSubmit을 구현할 때 한 가지 주의할 점은 웹 브라우저는 onSubmit 이벤트가 발생하면 <form>이 있는 웹 페이지를 다시 렌더링한다는 것입니다. 이 때문에 onSubmit을 구현할 때는 반드시 e.preventDefault()를 호출해 웹 페이지가 다시 렌더링되지 않도록 해야 합니다.

```
렌더링 막기

const onSubmit = (e: FormEvent<HTMLFormElement>) => {
  e.preventDefault()   // 중요!
}
```

## FormData 클래스

FormData는 자바스크립트 엔진이 기본으로 제공하는 클래스로서, 사용자가 입력한 데이터들을 웹 서버에 전송할 목적으로 사용합니다. FormData 클래스는 다음과 같은 메서드들을 제공하는데 보통은 append() 메서드만으로 충분합니다.

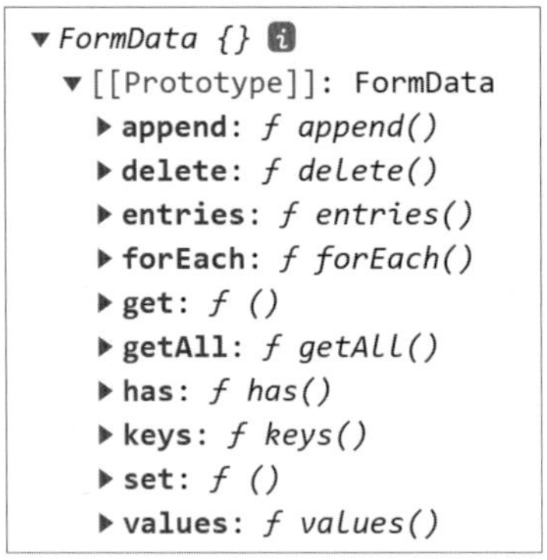

```
▼ FormData {} ⓘ
  ▼ [[Prototype]]: FormData
    ▶ append: ƒ append()
    ▶ delete: ƒ delete()
    ▶ entries: ƒ entries()
    ▶ forEach: ƒ forEach()
    ▶ get: ƒ ()
    ▶ getAll: ƒ getAll()
    ▶ has: ƒ has()
    ▶ keys: ƒ keys()
    ▶ set: ƒ ()
    ▶ values: ƒ values()
```

그림 4-6 FormData가 제공하는 메서드 목록

다음은 FormData의 append() 메서드를 호출해 (키, 값) 형태의 데이터를 추가하는 코드 예입니다.

> 데이터 추가
>
> ```
> const formData = new FormData()
> formData.append('name', 'Jack')
> formData.append('email', 'jack@email.com')
> ```

만일 FormData의 내용을 JSON 포맷으로 바꾸고 싶다면 자바스크립트 엔진이 기본으로 제공하는 Object.fromEntries() 함수를 다음처럼 호출하면 됩니다.

> JSON 포맷으로 변환
>
> ```
> const json = Object.fromEntries(formData)
> ```

이제 src/pages 디렉터리에 있는 BasicForm.tsx 파일을 열고 다음과 같은 코드를 작성합니다. 지금까지 내용에 daisyui의 폼 관련 CSS 컴포넌트들을 적용했습니다.

**Do it! 기본 폼 구현하기** • src/pages/BasicForm.tsx

```
import type {FormEvent, ChangeEvent} from 'react'
import {useCallback, useState} from 'react'
import {Title} from '../components'
import {Input} from '../theme/daisyui'

export default function BasicForm() {
  const [name, setName] = useState<string>('')
  const [email, setEmail] = useState<string>('')

  const onSubmit = useCallback(
    (e: FormEvent<HTMLFormElement>) => {
      e.preventDefault()    // 중요!

      const formData = new FormData()
      formData.append('name', name)
      formData.append('email', email)
      alert(JSON.stringify(Object.fromEntries(formData), null, 2))
    },
```

```
    [name, email]
  )

  const onChangeName = useCallback((e: ChangeEvent<HTMLInputElement>) => {
    setName(notUsed => e.target.value)
  }, [])
  const onChangeEmail = useCallback((e: ChangeEvent<HTMLInputElement>) => {
    setEmail(notUsed => e.target.value)
  }, [])

  // prettier-ignore
  return (
    <section className="mt-4">
      <Title>BasicForm</Title>
      <div className="flex justify-center mt-4">
        <form onSubmit={onSubmit}>
          <div className="form-control">
            <label className="label" htmlFor="name">
              <span className="label-text">Username</span>
            </label>
            <Input value={name} onChange={onChangeName} id="name" type="text"
              placeholder="enter your name" className="input-primary" />
          </div>
          <div className="form-control">
            <label className="label" htmlFor="email">
              <span className="label-text">email</span>
            </label>
            <Input value={email} onChange={onChangeEmail} id="email" type="email"
              placeholder="enter your email" className="input-primary"/>
          </div>
          <div className="flex justify-center mt-4">
            <input type="submit" value="SUBMIT"
                  className="w-1/2 btn btn-sm btn-primary"/>
          <input type="button" defaultValue="CANCEL" className="w-1/2 ml-4 btn btn-sm"/>
          </div>
        </form>
      </div>
    </section>
  )
}
```

▶ 실행 결과

## 객체 타입 값일 때 useState 훅 사용하기

앞서 작성한 BasicForm은 name과 email을 상탯값으로 만들었는데 다음처럼 객체의 속성 형태로도 구현할 수 있습니다.

속성 형태로 구현

```
type FormType = {
  name: string
  email: string
}
```

그리고 다음처럼 FormType 객체를 상태로 만들 수 있습니다. 그런데 이처럼 객체를 상태로 만들면 onChangeName, onChangeEmail과 같은 콜백 함수를 구현해야 합니다. 그러려면 깊은 복사와 얕은 복사, 그리고 타입스크립트의 전개 연산자 구문을 알아야 합니다.

객체를 상태로 만들기

```
const [form, setForm] = useState<FormType>({name: '', email: ''})
```

## 깊은 복사와 얕은 복사, 그리고 의존성 목록

대다수 프로그래밍 언어에서 어떤 변수에 담긴 값을 다른 변수에 복사할 때는 **깊은 복사**<sup>deep</sup> <sup>copy</sup>와 **얕은 복사**<sup>shallow</sup>라는 2가지 방식을 지원합니다. 복사 방식은 값의 타입에 따라 각기 다르게 적용됩니다. 만일 number, boolean 등 값의 메모리 크기를 컴파일 타임 때 알 수 있는 타입은 항상 깊은 복사가 일어납니다. 반면에 객체, 배열 등 값의 메모리 크기를 런타임 때 알 수 있는 타입은 얕은 복사가 일어납니다. 한 가지 예외 상황은 string 타입 문자열인데, 타입스크립트에서 문자열은 항상 읽기 전용이므로 메모리 크기를 컴파일 타임 때 알 수 있습니다. 따라서 문자열은 깊은 복사가 일어납니다.

리액트 훅 프로그래밍에서 깊은 복사 여부가 중요한 이유는 대다수 훅 함수에 필요한 의존성 목록 때문입니다. 다음 코드에서 setForm()을 호출할 때 e.target.value로 얻은 name값을 어떻게 사용할지 고민됩니다.

---

**name값을 어떻게 사용할까?**

```
const onChangeName = useCallback((e: ChangeEvent<HTMLInputElement>) => {
  const name = e.target.value
  setForm(/* 구현 필요 */)
}, [form])
```

---

예를 들어 setForm()을 다음처럼 구현한다고 가정하겠습니다. 이 코드는 객체를 복사하므로 얕은 복사가 적용됩니다.

---

**복사 방식 비교**

```
const onChangeName = useCallback((e: ChangeEvent<HTMLInputElement>) => {
    const newForm = form    // 얕은 복사
    // const newForm = Object.assign({}, form)   // 깊은 복사
    newForm.name = e.target.value
    setForm(newForm)
  }, [form])
```

---

리액트 프레임워크는 내부적으로 form 상태에 변화가 생겼는지를 form === newForm 형태로 비교합니다. 그런데 객체 타입의 복사는 항상 얕은 복사이므로 이 비굣값은 항상 true입니다. 따라서 리액트는 form에 아무런 변화가 없다고 간주합니다. 따라서 리액트는 웹 페이지를 다시 렌더링하지 않으므로 <input>에 값을 입력해도 form에 반영되지 않습니다.

이 얕은 복사 문제는 코드에 주석으로 해놓은 Object.assign() 함수를 사용하면 깊은 복사가 일어나 form === newForm이 항상 false가 되어 웹 페이지를 다시 렌더링합니다. 따라서 웹 페

이지는 정상으로 동작합니다. 그런데 한 가지 문제는 코드를 이런 형태로 작성하는 것이 조금 번거롭다는 점입니다. 이제 타입스크립트의 전개 연산자 구문으로 코드를 좀 더 간결하게 구현하는 방법을 알아보겠습니다.

## 객체에 적용하는 타입스크립트 전개 연산자 구문

다음 코드에서 첫 줄은 두 객체 앞에 점 3개(...)가 붙었는데, 이 연산자를 사용하는 코드의 위치에 따라 **잔여 연산자**<sup>rest operator</sup> 또는 **전개 연산자**<sup>spread operator</sup>라고 합니다. 다음 코드는 전개 연산자를 사용해 두 객체를 병합하는 예입니다.

전개 연산자

```
let coord = {...{x: 0}, ...{y: 0}};
console.log(coord);    // {x: 0, y: 0}
```

다음 코드는 앞에서 살펴본 깊은 복사가 일어나는 코드에서 `Object.assign` 호출을 전개 연산자로 좀 더 간결하게 구현한 것입니다.

전개 연산자로 간결하게 구현

```
const onChangeName = useCallback(
  (e: ChangeEvent<HTMLInputElement>) => {
    const newForm = {...form}    // 깊은 복사
    newForm.name = e.target.value
    setForm(newForm)
  }, [form])
```

또한 타입스크립트 전개 연산자는 다음처럼 객체의 속성값 가운데 일부를 변경할 수도 있습니다.

전개 연산자로 속성값 변경

```
const onChangeName = useCallback(
  (e: ChangeEvent<HTMLInputElement>) => {
    // 깊은 복사와 name 속성값 변경이 동시에 일어남
    const newForm = {...form, name: e.target.value}
    setForm(newForm)
  }, [form])
```

## 타입스크립트 객체 반환 구문

앞 코드에서 setForm() 호출은 다음처럼 콜백 함수로 구현할 수 있습니다. 이렇게 하면 form 을 useCallback의 의존성 목록에 추가하지 않아도 되므로 useCallback을 호출할 때 선호하는 방식입니다. 그런데 이 코드에서 return 키워드는 필요가 없습니다.

setForm()을 콜백으로 구현

```
const onChangeName = useCallback(
  (e: ChangeEvent<HTMLInputElement>) => {
   setForm(form => { return {...form, name: e.target.value} })
  }, [])
```

다음 코드는 불필요한 return 키워드를 생략하고 새로운 form 객체를 반환하도록 구현한 예입니다. 그런데 한 가지 문제는 타입스크립트 컴파일러가 {...form, name: e.target.value} 코드를 객체 구문이 아니라 **복합 실행문**compound statement으로 인식한다는 것입니다.

복합 실행문으로 인식

```
const onChangeName = useCallback(
  (e: ChangeEvent<HTMLInputElement>) => {
   setForm(form => {...form, name: e.target.value} )    // 복합 실행문으로 인식
  }, [])
```

타입스크립트에서 객체를 반환하는 구문은 객체를 의미하는 중괄호 {}를 다시 소괄호로 감싼 ({}) 형태로 사용해야 합니다. 이는 복합 실행문은 소괄호로 감쌀 수 없다는 특성을 활용한 것입니다.

객체 반환 구문

```
const onChangeName = useCallback(
  (e: ChangeEvent<HTMLInputElement>) => {
   setForm(form => ({...form, name: e.target.value}) )
  }, [])
```

## ObjectState.tsx 파일 구현하기

이제 다음 명령으로 앞서 작성한 BasicForm.tsx 파일을 복사해 ObjectState.tsx 파일을 만듭니다.

```
T 터미널                                                      − □ ×

> cd src/pages
> cp BasicForm.tsx ObjectState.tsx
> cd ../..
```

그리고 ObjectState.tsx 파일을 열고 지금까지 살펴본 내용을 종합해 코드를 다음처럼 작성합니다. 앞서 구현한 기본 폼 코드와 실행 결과는 같지만 리액트 훅 호출 코드가 훨씬 이해하기 쉬워졌습니다. 또한 FormType에 다른 멤버 속성을 추가해도 같은 코드 패턴으로 구현하면 되므로 확장성도 좋아졌습니다.

**Do it!** 객체 타입 값일 때 useState 훅 사용하기 • src/pages/ObjectState.tsx

```tsx
import type {FormEvent, ChangeEvent} from 'react'
import {useCallback, useState} from 'react'
import {Title} from '../components'
import {Input} from '../theme/daisyui'

type FormType = {
  name: string
  email: string
}

export default function ObjectState() {
  const [form, setForm] = useState<FormType>({name: '', email: ''})
  const onSubmit = useCallback(
    (e: FormEvent<HTMLFormElement>) => {
      e.preventDefault() // 중요!
      alert(JSON.stringify(form, null, 2))
    },
    [form]
  )

  const onChangeName = useCallback((e: ChangeEvent<HTMLInputElement>) => {
```

```
    setForm(state => ({...state, name: e.target.value}))
  }, [])
  const onChangeEmail = useCallback((e: ChangeEvent<HTMLInputElement>) => {
    setForm(form => ({...form, email: e.target.value}))
  }, [])

  // prettier-ignore
  return (
    <section className="mt-4">
      <Title>ObjectState</Title>
      <div className="flex justify-center mt-4">
        <form onSubmit={onSubmit}>
          <div className="form-control">
            <label className="label" htmlFor="name">
              <span className="label-text">Username</span>
            </label>
            <Input value={form.name} onChange={onChangeName} id="name"
              type="text" placeholder="enter your name"
              className="input-primary" />
          </div>
          <div className="form-control">
            <label className="label" htmlFor="email">
              <span className="label-text">email</span>
            </label>
            <Input value={form.email} onChange={onChangeEmail} id="email"
              type="email" placeholder="enter your email"
              className="input-primary"/>
          </div>
          <div className="flex justify-center mt-4">
            <input type="submit" value="SUBMIT"
                   className="w-1/2 btn btn-sm btn-primary"/>
            <input type="button" defaultValue= "CANCEL" className="w-1/2 ml-4 btn btn-sm"/>
          </div>
        </form>
      </div>
    </section>
  )
}
```

## 배열 타입 값일 때 useState 훅 사용하기

다음 그림은 잠시 후 만들어 볼 ArrayState 컴포넌트의 실행 결과입니다. 이 컴포넌트는 처음에는 버튼 2개만 보이지만 더하기 버튼을 누르면 아래쪽에 이미지가 추가됩니다.

그림 4-7 더하기 버튼을 4번 눌렀을 때 모습

이런 화면은 배열을 컴포넌트의 상태로 만들면 쉽게 구현할 수 있습니다. 즉, 배열 또한 타입이므로 다음처럼 useState 훅을 사용해 상태로 만들 수 있습니다.

배열을 상태로 만들기

```
const [images, setImages] = useState<string[]>([])
```

두 버튼의 onClick 이벤트 속성에는 다음처럼 addImage와 clearImages라는 콜백 함수를 설정했습니다. 이 콜백 함수들을 구현할 때 배열에 적용하는 타입스크립트의 전개 연산자 구문을 알면 코드를 좀 더 간결하게 작성할 수 있습니다.

onClick 이벤트 속성에 콜백 설정

```
<Icon name="add" onClick={addImage} />
<Icon name="clear_all" onClick={clearImages} />
```

### 배열에 적용하는 타입스크립트 전개 연산자 구문

앞서 객체에 적용하는 전개 연산자 구문을 알아보았는데, 전개 연산자는 다음처럼 배열에도 적용할 수 있습니다. 전개 연산자는 깊은 복사를 일으키므로 numbers === newNumbers는 항상 false입니다. 즉, numbers === newNumbers는 리액트의 의존성 목록 아이템으로 사용할 수 있습니다.

배열에 전개 연산자 사용

```
const numbers = [1, 2, 3]
const newNumbers = [...numbers, 4]   // [1, 2, 3, 4]
```

또한 배열에 적용하는 전개 연산자 구문은 다음과 같은 형태로 새로운 아이템을 배열 초입에 넣을 수도 있습니다.

> 배열 초입에 새 아이템 추가

```
const numbers = [1, 2, 3]
const newNumbers = [4, ...numbers]   // [4, 1, 2, 3]
```

다음은 배열에 적용하는 전개 연산자 구문을 활용해 addImage 콜백 함수를 구현한 예입니다. 이 코드는 전개 연산자가 뒤쪽에 있으므로 새로 생성되는 이미지 정보가 배열 맨 앞에 위치합니다.

> 전개 연산자 활용 addImage 콜백 구현

```
const addImage = useCallback(() => setImages(images => [D.randomImage(), ...images]), [])
```

다음은 clearImages 콜백 함수를 구현한 예입니다. images 상태를 초기화하는 방법은 imges를 빈 대괄호 []로 설정하면 됩니다.

> 전개 연산자 활용 clearImages 콜백 구현

```
const clearImages = useCallback(() => setImages(notUsed => []), [])
```

## ArrayState 컴포넌트 만들기

이제 src/pages 디렉터리에 있는 ArrayState.tsx 파일을 열고 지금까지 내용을 종합해 코드를 다음처럼 작성합니다.

> **Do it!** 배열 타입 값일 때 useState 훅 사용하기 • src/pages/ArrayState.tsx

```
import {useCallback, useState, useMemo} from 'react'
import {Title, Div} from '../components'
import {Icon} from '../theme/daisyui'
import * as D from '../data'

export default function ArrayState() {
  const [images, setImages] = useState<string[]>([])
  const addImage = useCallback(
```

```
      () => setImages(images => [D.randomImage(200, 100, 50), ...images]),
      []
  )
  const clearImages = useCallback(() => setImages(notUsed => []), [])
  const children = useMemo(
    () =>
      images.map((image, index) => (
        <Div
          key={index}
          src={image}
          className="w-1/5 m-2"
          height="5rem"
          minHeight="5rem"
        />
      )),
    [images]
  )
  return (
    <section className="mt-4">
      <Title>ArrayState</Title>
      <div className="flex justify-center mt-4 ">
        <div data-tip="add image" className="tooltip">
          <Icon name="add" onClick={addImage} className="mr-12
              iconClassName="text-3xl" btn-primary" />
        </div>
        <div data-tip="clear all" className="tooltip">
          <Icon name="clear_all" onClick={clearImages}
            iconClassName="text-3xl" />
        </div>
      </div>
      <div className="flex flex-wrap mt-4">{children}</div>
    </section>
  )
}
```

npm start 명령을 실행한 터미널에서 Ctrl+C를 눌러 종료합니다. 다음 절에서는 useEffect 와 useLayoutEffect 훅을 알아보겠습니다.

# 04-4 useEffect와 useLayoutEffect 훅 이해하기

이 절에서는 컴포넌트 생명 주기와 관련이 있는 useEffect와 useLayoutEffect 훅을 알아봅니다.

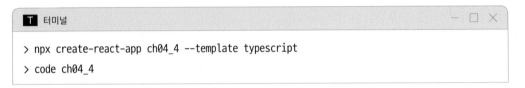

ch04 디렉터리에서 다음 명령으로 ch04_4라는 프로젝트를 생성합니다. 그리고 ch04_4 디렉터리를 대상으로 VSCode를 실행합니다.

```
T 터미널                                                      — ☐ ✕

> npx create-react-app ch04_4 --template typescript
> code ch04_4
```

그리고 chance와 luxon, 구글 머티리얼 아이콘, 테일윈드CSS 관련 패키지들을 다음 명령으로 설치합니다.

```
T 터미널                                                      — ☐ ✕

> npm i chance luxon @fontsource/material-icons
> npm i -D @types/chance @types/luxon
> npm i -D postcss autoprefixer tailwindcss @tailwindcss/line-clamp daisyui
```

기존에 만든 파일을 복사해 재활용하고 이 절과 상관없는 파일은 지웁니다.

```
T 터미널                                                      — ☐ ✕

> cp -r ../ch04_3/src/* ./src
> cp -r ../ch04_3/*.js .
> rm src/pages/*
```

src/copy 디렉터리의 CopyMe.tsx 파일을 복사해 이번 절에서 작성할 3개 파일을 pages 디렉터리에 만듭니다.

```
T  터미널                                                        —  □  X

> cd src
> cp copy/CopyMe.tsx pages/ClassLifecycle.tsx
> cp copy/CopyMe.tsx pages/WindowResizeTest.tsx
> cp copy/CopyMe.tsx pages/FetchTest.tsx
> cd ..
```

이제 앱 파일(src/App.tsx)을 열어 이 절에서 실습할 컴포넌트를 나열한 후 터미널에서 npm start 명령을 실행합니다.

```
Do it!  기본 앱 파일 작성하기                                  • src/App.tsx

import ClassLifecycle from './pages/ClassLifecycle'
import WindowResizeTest from './pages/WindowResizeTest'
import FetchTest from './pages/FetchTest'

export default function App() {
  return (
    <main>
      <FetchTest />
      <WindowResizeTest />
      <ClassLifecycle />
    </main>
  )
}
```

## 컴포넌트의 생명 주기란?

리액트 프레임워크는 컴포넌트를 생성하고 렌더링하다가 어떤 시점이 되면 소멸합니다. 이러한 과정을 컴포넌트의 **생명 주기**[lifecycle]라고 표현합니다. 컴포넌트의 생명 주기는 클래스 컴포넌트가 더 직관적이므로 클래스 컴포넌트로 시계를 만들면서 리액트 컴포넌트의 생명 주기에 관해 알아보겠습니다.

## 클래스 컴포넌트에서 상태 구현하기

src/pages 디렉터리에 있는 ClassLifecycle.tsx 파일을 열고 다음처럼 코드를 작성합니다. 이 코드는 현재 today 변숫값을 컴포넌트의 상태로 만들어야 합니다.

**Do it! 클래스 컴포넌트에서 상태 구현하기(초기 모습)** • src/pages/ClassLifecycle.tsx

```
import {Component} from 'react'
import {Title} from '../components'

export default class ClassLifecycle extends Component {
  render() {
    const today = new Date    // 컴포넌트의 상태로 만들어야 함
    return (
      <section className="mt-4">
        <Title>ClassLifecycle</Title>
        <div className="mt-4 flex flex-col items-center">
          <p className="font-mono text-3xl">{today.toLocaleTimeString()}</p>
          <p className="font-mono text-3xl">{today.toLocaleDateString()}</p>
        </div>
      </section>
    )
  }
}
```

클래스 컴포넌트에서 상태는 항상 state라는 이름의 멤버 속성으로 구현해야 한다는 제약 조건이 있습니다. 다음 코드에서는 state 속성에 다시 today 멤버 속성을 만들고 초깃값을 설정해 제약 조건을 만족게 합니다. 그리고 render() 메서드에서 this.state.today 형태로 today 멤버 속성값을 얻을 수 있는데, 객체에 적용하는 비구조화 할당 구문을 사용해 의미를 좀 더 분명하게 했습니다.

**클래스 컴포넌트에서 상태 구현 패턴**

```
export default class ClassLifecyle extends Component {
  state = {
    // 상태를 구성하는 속성 나열
    today: new Date
  }
```

**Do it!** 리액트로 웹앱 만들기 with 타입스크립트

```
  render() {
    const {today} = this.state
    ... (생략) ...
  }
}
```

## 컴포넌트 마운트

리액트 컴포넌트는 가상 DOM 객체 형태로 생성되어 어떤 시점에 물리 DOM 트리의 멤버 객체가 되며, 이 과정에서 처음 렌더링이 일어나는데 이 시점을 컴포넌트가 **마운트**<sup>mount</sup>되었다고 표현합니다. 즉, 가상 DOM 객체가 물리 DOM 객체로 바뀌는 시점을 마운트되었다고 표현합니다.

리액트는 클래스 컴포넌트가 componentDidMount()라는 메서드를 가지면 마운트되는 시점에 이 메서드를 호출해 줍니다. 다음 코드에서는 컴포넌트가 마운트되는 시점에 시계를 만들고자 componentDidMount() 메서드에서 setInterval() 함수를 호출했습니다.

컴포넌트가 마운트될 때 시계 만들기

```
export default class ClassLifecyle extends Component {
componentDidMount() {
    const duration = 1000
    const intervalId = setInterval(콜백_함수), duration)
  }
  ... (생략) ...
}
```

이제 콜백 함수를 구현해야 하는데, 이때 모든 클래스 컴포넌트의 부모 클래스인 Component 클래스가 제공하는 setState() 메서드가 필요합니다.

## setState() 메서드

Component 클래스는 다음과 같은 setState() 메서드를 제공합니다.

```
setState<K extends keyof S>(
    state: ((prevState: Readonly<S>, props: Readonly<P>) =>
            (Pick<S, K> | S | null)) | (Pick<S, K> | S | null),
            callback?: () => void): void;
```

setState() 메서드는 타입 정의가 매우 복잡해 보이지만 대부분 다음처럼 호출합니다.

```
const id = setInterval(콜백_함수, 시간_간격)
this.setState({intervalId: id})
```

물론 이 코드는 속성 이름과 설정값을 저장하는 변수의 이름이 같을 때 이름을 생략할 수 있는 타입스크립트 구문을 사용하면 다음처럼 호출할 수도 있습니다.

```
const intervalId = setInterval(콜백_함수, 시간_간격)
this.setState({ intervalId })
```

setState()는 클래스가 state라는 이름의 멤버 속성을 가지고 있다는 가정으로 설계된 메서드입니다. 앞서 클래스 컴포넌트가 상태를 가지려면 반드시 state라는 멤버 속성이 있어야 한다고 한 이유는 setState() 메서드가 이런 방식으로 구현되었기 때문입니다.

다음 코드는 컴포넌트가 마운트되는 시점에 setInterval()을 호출해 1초마다 this.state.today값을 현재 시각으로 바꿔 줍니다. 즉, 시계를 구현한 것입니다.

```
export default class ClassLifecycle extends Component {
  state = {
    today: new Date(),
    intervalId: null as unknown as NodeJS.Timer   // 타입스크립트가 요구하는 구현 방식
  }
  componentDidMount() {
```

```
    const duration = 1000
    const intervalId = setInterval(() => this.setState({today: new Date()}), duration)
    this.setState({intervalId})
  }
```

## 클래스 컴포넌트의 언마운트

컴포넌트가 생성되고 마운트되어 웹 페이지에 나타난 후 어떤 시점이 되면 컴포넌트는 소멸합니다. 리액트에서는 컴포넌트가 물리 DOM 객체로 있다가 소멸하는 것을 **언마운트**<sup>unmount</sup>되었다고 표현합니다. 그리고 리액트는 클래스 컴포넌트가 componentWillUnmount() 메서드를 구현하고 있으면 언마운트가 일어나기 직전에 이 메서드를 호출해 줍니다.

앞선 코드에서는 componentDidMount() 메서드에서 setInterval() 함수를 호출했는데, setInterval()은 더 이상 사용하지 않으면 반드시 clearInterval() 함수가 호출될 거라는 전제로 설계되었습니다. 만일 clearInterval()을 호출하지 않으면 메모리 누수가 발생합니다.

다음은 언마운트되기 직전에 clearInterval()을 호출해 메모리 누수가 발생하지 않게 하는 코드입니다.

언마운트 직전에 메모리 해제

```
componentWillUnmount() {
  clearInterval(this.state?.intervalId)
}
```

src/pages 디렉터리에 있는 ClassLifecycle.tsx 파일을 열고 지금까지 내용을 종합해 다음처럼 코드를 작성합니다.

**Do it!** 1초마다 갱신하는 시계 만들기 • src/pages/ClassLifecycle.tsx

```
import {Component} from 'react'
import {Title} from '../components'

export default class ClassLifecycle extends Component {
  state = {
    today: new Date(),
    intervalId: null as unknown as NodeJS.Timer   // 타입스크립트가 요구하는 구현 방식
```

```
    }
    componentDidMount() {
      const duration = 1000
      const intervalId = setInterval(() => this.setState({today: new Date()}), duration)
      this.setState({intervalId})
    }
    componentWillUnmount() {
      clearInterval(this.state?.intervalId)
    }
    render() {
      const {today} = this.state
      return (
        <section className="mt-4">
          <Title>ClassLifecycle</Title>
          <div className="flex flex-col items-center mt-4">
            <p className="font-mono text-3xl">{today.toLocaleTimeString()}</p>
            <p className="font-mono text-3xl">{today.toLocaleDateString()}</p>
          </div>
        </section>
      )
    }
}
```

▶ 실행 결과

# ClassLifecycle
## 오후 8:41:52
## 2022. 8. 25.

## useLayoutEffect와 useEffect 훅 알아보기

react 패키지는 다음처럼 useEffect와 useLayoutEffect 훅을 제공합니다.

---

useEffect와 useLayoutEffect 훅 임포트

```
import {useEffect, useLayoutEffect} from 'react'
```

두 훅은 다음처럼 사용법이 같으며 콜백 함수는 훅이 실행될 때 처음 한 번은 반드시 실행됩니다. 이런 특징 때문에 의존성 목록이 빈 배열 []일지라도 한 번은 콜백 함수를 호출합니다.

그리고 이런 설계는 클래스 컴포넌트의 componentDidMount() 메서드를 구현한 것과 사실상 같은 효과를 보입니다. 두 훅이 componentDidMount()와 다른 점은 단 한 번 실행되는 component DidMount()와 달리, 두 훅은 의존성 목록이 변경될 때마다 콜백 함수를 계속 실행한다는 점입니다.

---

**useEffect와 useLayoutEffect 훅 사용법**

```
useEffect(콜백_함수, 의존성_목록)
useLayoutEffect(콜백_함수, 의존성_목록)
콜백_함수 = () => {}
```

---

두 훅의 콜백 함수는 다음처럼 함수를 반환할 수도 있는데, 이때 반환 함수는 컴포넌트가 언마운트될 때 한 번만 호출됩니다.

---

**한 번만 호출되는 반환 함수**

```
콜백_함수 = () => {
  return 반환_함수    // 언마운트될 때 한 번만 호출
}
```

---

## useLayoutEffect와 useEffect 훅의 차이점

리액트 프레임워크는 useLayoutEffect 훅은 동기<sup>synchronous</sup>로 실행하고, useEffect 훅은 비동기<sup>asynchronous</sup>로 실행합니다. 이 말은 useLayoutEffect 훅은 콜백 함수가 끝날 때까지 프레임워크가 기다린다는 의미입니다. 반면에 useEffect는 콜백 함수의 종료를 기다리지 않습니다. 리액트 공식 문서에서는 될 수 있으면 useEffect 훅을 사용하고 useEffect 훅으로 구현이 안 될 때만 useLayoutEffect 훅을 사용하라고 권합니다. 이 책에서는 useEffect 훅을 주로 사용하겠습니다.

## useInterval 커스텀 훅 고찰해 보기

앞서 「04-1」절에서는 다음처럼 useInterval 커스텀 훅을 제작한 바 있습니다. useEffect의 콜백 함수 부분은 메모리 누수를 막으려고 setInterval() 호출로 얻은 id값에 clearInterval()을 호출하는 함수를 반환했습니다.<sup>*</sup>

> \* 타입스크립트와 같은 함수형 언어에서는 예제처럼 구현한 id에 클로저(closure)가 형성되었다고 표현합니다.

```
import {useEffect} from 'react'

export const useInterval = (callback: () => void, duration: number = 1000) => {
  useEffect(() => {
    const id = setInterval(callback, duration)
    return () => clearInterval(id)
  }, [callback, duration])
}
```

useInterval은 다음과 같은 형태로 사용하므로 비록 의존성 목록이 빈 배열 []은 아니지만, callback과 duration 의존성은 사실상 변하지 않습니다. 이 때문에 setInterval() 함수는 한 번만 실행됩니다.

```
const [today, setToday] = useState<Date>(new Date())
useInterval(() => setToday(new Date()))
```

## useEventListener 커스텀 훅 만들기

리액트 개발을 하다 보면 가끔 DOM이나 window 객체에 이벤트 처리기를 부착해야 할 때가 있습니다. 「02-5」절에서 HTMLElement와 같은 DOM 타입들은 EventTarget 타입의 상속 타입으로, EventTarget은 addEventListener()와 removeEventListener()라는 메서드를 제공합니다.

그런데 앞서 setInterval처럼 addEventListener() 메서드를 호출하면 반드시 removeEventListener() 메서드를 호출해 주어야 메모리 누수가 발생하지 않습니다. 이러한 내용을 useEventListener라는 커스텀 훅으로 만들어 보겠습니다.

먼저 다음 명령으로 src/hooks 디렉터리에 useEventListener.ts 파일을 만듭니다.

T 터미널      — □ ✕

```
> touch src/hooks/useEventListener.ts
```

그리고 이 파일을 열고 useEventListener 커스텀 훅을 다음처럼 구현합니다. 이 코드는 Event Target의 addEventListener 메서드가 가진 매개변수 타입을 그대로 사용하고 있습니다. 코드에서 target과 callback은 null일 수 있으므로 null이 아닐 때만 addEventListener를 호출하는 방식으로 구현했습니다. 다만 target이나 callback이 초깃값은 null이었지만 어떤 값으로 바뀔 때를 대비해 useEffect의 의존성 목록에 담았습니다.

**Do it!** 이벤트 처리기 커스텀 훅 만들기 • src/hooks/useEventListener.ts

```ts
import {useEffect} from 'react'

export const useEventListener = (
  target: EventTarget | null,
  type: string,
  callback: EventListenerOrEventListenerObject | null
) => {
  useEffect(() => {
    if (target && callback) {
      target.addEventListener(type, callback)
      return () => target.removeEventListener(type, callback)
    }
  }, [target, type, callback])
}
```

## useWindowResize 커스텀 훅 만들기

웹 분야에서 반응형 디자인이란 웹 브라우저의 크기에 따라 웹 페이지를 구성하는 HTML 요소들의 크기와 위치를 변하게 해서 최상의 사용자 경험을 주는 설계를 의미합니다. 그런데 데스크톱에서는 모바일이나 태블릿과 달리 사용자가 웹 브라우저의 크기를 마우스로 바꿀 수 있습니다. 이 때문에 데스크톱을 대상으로 할 때는 웹 페이지의 크기가 변경될 때마다 이를 탐지해서 그에 맞는 형태로 HTML 요소들의 크기와 위치를 바꿔 줘야 합니다. 이런 기능을 하는 커스텀 훅을 만들어 보겠습니다.

먼저 다음 명령으로 useWindowResize.ts 파일을 src/hooks 디렉터리에 생성합니다.

**T** 터미널 — □ ✕

```
> touch src/hooks/useWindowResize.ts
```

이 파일을 열어서 다음처럼 코드를 작성합니다. 「02-1」절에서 알아보았듯이 window 객체의 타입인 Window는 EventTarget을 상속하므로 앞서 제작한 useEventListener의 target 매개 변수에 사용할 수 있습니다. 또한 웹 페이지의 크기는 window 객체의 innerWidth와 innerHeight 속성값으로 알 수 있습니다. 그리고 이벤트 타입을 resize로 하면 웹 페이지의 크기가 변경되는 것을 탐지할 수 있습니다.

다음 코드는 useState 훅으로 창의 크기를 상태로 만들고, 컴포넌트가 마운트될 때 창의 크기를 상태에 저장합니다. 그리고 resize 이벤트 처리기를 설치해 window의 크기가 변할 때마다 바뀐 값으로 상태를 변경하고 있습니다.

**Do it!** 창 크기를 설정하는 커스텀 훅 만들기      • src/hooks/useWindowResize.ts

```
import {useState, useEffect} from 'react'
import {useEventListener} from './useEventListener'

export const useWindowResize = () => {
  const [widthHeight, setWidthHeight] = useState<number[]>([0, 0])

  useEffect(() => {
    setWidthHeight(notUsed => [window.innerWidth, window.innerHeight])
  }, []) // 컴포넌트가 마운트될 때 창 크기 설정

  useEventListener(window, 'resize', () => {
    setWidthHeight(notUsed => [window.innerWidth, window.innerHeight])
  }) // 창 크기가 변경될 때마다 설정

  return widthHeight
}
```

지금까지 제작한 커스텀 훅 2개를 같은 디렉터리의 index.ts 파일에 다음처럼 반영해 줍니다.

**Do it!** 인덱스 파일에 추가하기      • src/hooks/index.ts

```
export * from './useInterval'
export * from './useClock'
export * from './useToggle'
export * from './useEventListener'
export * from './useWindowResize'
```

이제 src/pages 디렉터리에 있는 WindowResizeTest.tsx 파일을 열고 앞에서 제작한 useWindowResize 커스텀 훅을 사용하는 코드를 다음처럼 작성합니다. 코드를 저장한 후 웹 브라우저 크기를 조절해 보면 웹 페이지에 표시된 값이 실시간으로 바뀌는 것을 확인할 수 있습니다.

**Do it!** 창 크기를 실시간으로 표시하기        • src/pages/WindowResizeTest.tsx

```tsx
import {Title, Subtitle} from '../components'
import {useWindowResize} from '../hooks'

export default function WindowResizeTest() {
  const [width, height] = useWindowResize()

  return (
    <section className="mt-4">
      <Title>WindowResizeTest</Title>
      <Subtitle className="mt-4">
        width: {width}, height:{height}
      </Subtitle>
    </section>
  )
}
```

▶ 실행 결과

# WindowResizeTest
## width: 1089, height:622

## fetch() 함수와 Promise 클래스 고찰해 보기

fetch() 함수와 Promise 클래스는 자바스크립트 엔진에서 기본으로 제공하는 API입니다. fetch()는 HTTP 프로토콜의 GET, POST, PUT, DELETE와 같은 HTTP 메서드를 프로그래밍으로 쉽게 사용하게 해줍니다.

다음은 fetch() API의 타입 정의입니다. fetch는 blob(), json(), text()와 같은 메서드가 있는 Response 타입 객체를 Promise 방식으로 얻을 수 있게 해줍니다.

```
function fetch(input: RequestInfo, init?: RequestInit): Promise<Response>

interface Response {
  blob(): Promise<Blob>;
  json(): Promise<any>;
  text(): Promise<string>;
}
```

여기서 fetch()의 첫 번째 매개변수 input의 타입인 RequestInfo는 다음과 같습니다.

```
type RequestInfo = Request | string;
```

보통 HTTP GET 메서드를 사용하는데, HTTP GET 메서드를 사용할 때 fetch()는 다음 형태로 사용합니다.

```
fetch(접속할_URL)
```

다음은 사용자 정보를 무작위로 생성해 JSON 포맷으로 보내 주는 API 사이트(randomuser. me)에 fetch()로 접속하는 예입니다.

```
fetch('https://randomuser.me/api/')
```

그런데 fetch()는 Promise<Response> 타입 객체를 반환합니다. Promise 클래스는 비동기 콜백 함수를 쉽게 구현하려고 만든 것으로, then(), catch(), finally() 메서드를 제공합니다. 다음은 Promise의 3가지 메서드를 사용한 예입니다.

```
fetch('https://randomuser.me/api/')
    .then(res => res.json())
    .then((data: unknown) => console.log(data) )
    .catch((err: Error) => console.log(err.message) )
    .finally(() => console.log("always called"))
```

then() 메서드는 모든 게 정상일 때 설정된 콜백 함수를 호출합니다. 만일 then() 메서드의 콜백 함수가 값이나 또 다른 Promise 객체를 반환할 때는 then() 메서드를 다시 호출해 콜백 함수가 반환한 값을 얻을 수 있습니다. catch() 메서드는 오류가 발생할 때 자바스크립트 엔진이 기본으로 제공하는 Error 타입의 값을 콜백 함수의 입력 매개변수로 전달해 호출해 줍니다. catch()가 Error 객체를 넘겨 주므로 어떤 오류가 발생했는지 알 수 있습니다. finally() 메서드는 then()이나 catch()의 콜백 함수가 호출된 다음, 항상 자신에 설정된 콜백 함수를 호출해 줍니다.

다음은 fetch('https://randomuser.me/api') 호출이 정상일 때 얻은 무작위 사용자 정보입니다.

```
▼Object 🛈
  ▶ info: {seed: 'dd72be3dfabca88f', results: 1, page: 1, version: '1.3'}
  ▼ results: Array(1)
    ▼ 0:
        cell: "(49) 9955-0560"
      ▶ dob: {date: '1952-08-09T10:25:23.966Z', age: 70}
        email: "ariosto.porto@example.com"
        gender: "male"
      ▶ id: {name: '', value: null}
      ▶ location: {street: {…}, city: 'Nilópolis', state: 'Ceará', country: 'Braz:
      ▶ login: {uuid: '2c7f493f-1a72-4149-8e8a-c2056b2e816a', username: 'lazymouse
      ▶ name: {title: 'Mr', first: 'Ariosto', last: 'Porto'}
        nat: "BR"
        phone: "(46) 1851-4650"
      ▶ picture: {large: 'https://randomuser.me/api/portraits/men/35.jpg', medium:
      ▶ registered: {date: '2003-04-12T01:05:58.638Z', age: 19}
```

그림 4-8 randomuser.me/api에서 보내온 무작위 사용자 데이터

그런데 보통은 이렇게 얻은 사용자 정보 가운데 일부만 사용합니다. 이름과 이메일 등 데이터의 일부만 가져오려면 다음처럼 가져올 데이터의 타입을 선언합니다.

가져올 데이터 타입 선언

```
type IRandomUser = {
  email: string
  name: {title: string; first: string; last: string}
  picture: {large: string}
}
```

그리고 수신한 data에서 results 항목만 다음처럼 추려 냅니다.

일부 데이터만 가져오기

```
const {results} = data as {results: IRandomUser[]}
```

그리고 다음처럼 유틸리티 함수를 만들어 email, name, picture 항목만 다시 추려 냅니다.

이메일, 이름, 사진만 가져오기

```
const convertRandomUser = (result: unknown) => {
  const {email, name, picture} = result as IRandomUser
  return {email, name, picture}
}
```

그러면 최종적으로 API 서버에서 얻은 데이터는 다음 코드 형태로 얻을 수 있습니다.

API 서버에서 무작위 사용자 정보 가져오기

```
fetch('https://randomuser.me/api/')
  .then(res => res.json())
  .then((data: unknown) => {
    const {results} = data as {results: IRandomUser[]}
    const user = convertRandomUser(results[0])
  })
```

지금까지 살펴본 내용을 실습해 보겠습니다. 먼저 다음 명령으로 파일을 생성합니다.

**T** 터미널      − □ ✕

```
> touch src/data/fetchRandomUser.ts
```

이 파일을 열고 다음처럼 코드를 작성합니다.

**Do it! API 서버에서 무작위 사용자 정보 가져오기** • src/data/fetchRandomUser.ts

```
export type IRandomUser = {
  email: string
  name: {title: string; first: string; last: string}
  picture: {large: string}
}
const convertRandomUser = (result: unknown) => {
  const {email, name, picture} = result as IRandomUser
  return {email, name, picture}
}
export const fetchRandomUser = (): Promise<IRandomUser> =>
  new Promise((resolve, reject) => {
    fetch('https://randomuser.me/api/')
      .then(res => res.json())
      .then((data: unknown) => {
        console.log(data) // convertRandomUser를 구현하고자 할 때 사용합니다
        const {results} = data as {results: IRandomUser[]}
        resolve(convertRandomUser(results[0]))
      })
      .catch(reject)
  })
```

이제 같은 디렉터리의 index.ts 파일을 열고 `fetchRandomUser`를 다음처럼 반영해 줍니다.

**Do it! 인덱스 파일에 추가하기** • src/data/index.ts

```
export * from './util'
export * from './image'
export * from './chance'
export * from './date'
export * from './User'
export * from './Card'
export * from './fetchRandomUser'
```

## API 서버에서 가져온 사용자 정보 화면에 표시하기

이제 앞에서 작성한 fetchRandomUser를 사용해 src/pages 디렉터리에 있는 FetchTest 컴포 넌트를 구현해 보겠습니다.

원격지 API 서버에서 데이터를 가져올 때는 시간이 걸립니다. 그리고 통신 오류가 발생할 수 도 있습니다. 이 2가지를 고려할 때 API 서버에서 데이터를 가져올 때는 다음처럼 3개의 상태 와 각각의 초깃값이 필요합니다.

API 서버에서 데이터를 가져올 때 상태와 초깃값

```
import {useToggle} from '../hooks'
import * as D from '../data'


const [loading, toggleLoading] = useToggle(false)
const [randomUser, setRandomUser] = useState<D.IRandomUser | null>(null)
const [error, setError] = useState<Error | null>(null)
```

다음은 앞서 만든 3개 상태의 세터 함수를 호출해 API 서버에서 데이터를 가져오는 코드입니다.

API 서버에서 데이터 가져오기

```
const getRandomUser = useCallback(() => {
  toggleLoading()
  D.fetchRandomUser().then(setRandomUser).catch(setError).finally(toggleLoading)
}, [])
```

loading값은 초깃값이 false이므로 API 서버 접속 전에 toggleLoading()을 호출해 주면 사 용자에게 현재 데이터를 가져오는 중임을 알릴 수 있습니다. 그리고 정상이든 비정상이든 API 서버로부터 무엇인가를 얻으면 finally()로 loading값을 다시 false로 만들어 줍니다. 앞서 「04-3」절에서 구현한 useToggle 커스텀 훅은 이런 로직을 구현할 때 효율적으로 사용 할 수 있습니다.

다음은 오류가 발생했을 때 JSX 문 작성 예입니다. error는 널값일 수 있으므로 이런 패턴으 로 코드를 작성해야 합니다.

오류 발생 시 JSX 예

```
{error && <p>{error.message}</p>}
```

마찬가지 이유로 널값일 수 있는 randomUser 데이터를 고려해 다음과 같은 패턴으로 JSX 문을 구현합니다. 참고로 조건이 있는 JSX 문을 만들 때는 { 조건 && () } 형태의 코드를 먼저 만든 다음, 소괄호 안에 화면 UI를 구성하면 오류 없이 쉽게 만들 수 있습니다.

---

**널값을 고려한 JSX 코드 패턴**

```
{ randomUser && (
  <div>
    <Avatar src={randomUser.picture.large} />
    <div>
      <p>{randomUser.name.title}. {randomUser.name.first}
        {randomUser.name.last}</p>
      <p>{randomUser?.email}</p>
    </div>
  </div>
)}
```

---

다음은 지금까지 살펴본 내용을 토대로 작성한 FetchTest.tsx 파일 내용입니다. 이 코드는 getRandomUser()라는 함수를 먼저 구현한 후 2곳에서 호출했습니다. 이 함수의 구현 패턴은 컴포넌트가 마운트될 때 초기 화면을 쉽게 만들어 주고, 버튼의 onClick 이벤트 속성에 설정하는 콜백 함수를 쉽게 구현하도록 돕습니다. 실행 결과를 확인해 보면 API 서버에서 가져온 사용자 정보가 표시되고 버튼을 누르면 새로 가져옵니다.

---

**Do it!** API 서버에서 가져온 사용자 정보 화면에 표시하기 • src/pages/FetchTest.tsx

```
import {useState, useCallback, useEffect} from 'react'
import {useToggle} from '../hooks'
import {Title, Avatar, Icon} from '../components'
import {Button} from '../theme/daisyui'
import * as D from '../data'

export default function FetchTest() {
  const [loading, toggleLoading] = useToggle()
  const [randomUser, setRandomUser] = useState<D.IRandomUser | null>(null)
  const [error, setError] = useState<Error | null>(null)

  const getRandomUser = useCallback(() => {
    toggleLoading()
```

---

```
      D.fetchRandomUser().then(setRandomUser).catch(setError).finally(toggleLoading)
  }, [toggleLoading])
  useEffect(getRandomUser, [getRandomUser])


  return (
    <section className="mt-4">
      <Title>FetchTest</Title>
      <div className="flex justify-center mt-4">
        <Button className="btn-sm btn-primary" onClick={getRandomUser}>
          <Icon name="get_app" />
          <span>get random user</span>
        </Button>
      </div>
      {loading && (
        <div className="flex items-center justify-center">
          <Button className="btn-circle loading"></Button>
        </div>
      )}
      {error && (
        <div className="p-4 mt-4 bg-red-200">
          <p className="text-3xl text-red-500 text-bold">{error.message}</p>
        </div>
      )}
      {randomUser && (
        <div className="flex justify-center p-4 mt-4">
          <Avatar src={randomUser.picture.large} />
          <div className="ml-4">
            <p className="text-xl text-bold">
              {randomUser.name.title}. {randomUser.name.first} {randomUser.name.last}
            </p>
            <p className="italic text-gray-600">{randomUser?.email}</p>
          </div>
        </div>
      )}
    </section>
  )
}
```

▶ 실행 결과

# FetchTest

**GET_APPGET RANDOM USER**

 Mademoiselle. Annette Faure
*annette.faure@example.com*

npm start 명령을 실행한 터미널에서 Ctrl+C를 눌러 종료합니다. 다음 절에서는 useRef와 useImperativeHandle 훅을 알아보겠습니다.

# 04-5 useRef와 useImperativeHandle 훅 이해하기

useRef와 useImperativeHandle은 ref라는 속성에 적용하는 값을 만들어 주는 훅입니다. 사실 리액트와 리액트 네이티브가 제공하는 컴포넌트는 모두 ref라는 이름의 속성을 가지고 있습니다. 이 절에서는 ref 속성과 관련된 useRef와 useImperativeHandle 훅 그리고 forward Ref() 함수에 관해 알아봅니다.

### 🛠️ 프로젝트 만들기

ch04 디렉터리에서 다음 명령으로 ch04_5라는 프로젝트를 생성합니다. 그리고 ch04_5 디렉터리를 대상으로 VSCode를 실행합니다.

```
T 터미널                                                    — □ ✕
> npx create-react-app ch04_5 --template typescript
> code ch04_5
```

그리고 chance와 luxon, 구글 머티리얼 아이콘, 테일윈드CSS 관련 패키지들을 다음 명령으로 설치합니다.

```
T 터미널                                                    — □ ✕
> npm i chance luxon @fontsource/material-icons
> npm i -D @types/chance @types/luxon
> npm i -D postcss autoprefixer tailwindcss @tailwindcss/line-clamp daisyui
```

기존에 만든 파일을 복사해 재활용하고 이 절과 상관없는 파일은 지웁니다.

```
T 터미널                                                    — □ ✕
> cp -r ../ch04_4/src/* ./src
> cp -r ../ch04_4/*.js .
> rm src/pages/*
```

src/copy 디렉터리의 CopyMe.tsx 파일을 복사해 이번 절에서 작성할 6개 파일을 pages 디렉터리에 만듭니다.

```
T  터미널                                                    —  □  ✕

> cd src
> cp copy/CopyMe.tsx pages/ClickTest.tsx
> cp copy/CopyMe.tsx pages/FileDrop.tsx
> cp copy/CopyMe.tsx pages/InputFocusTest.tsx
> cp copy/CopyMe.tsx pages/InputValueTest.tsx
> cp copy/CopyMe.tsx pages/ForwardRefTest.tsx
> cp copy/CopyMe.tsx pages/ValidatableInputTest.tsx
> cd ..
```

이제 앱 파일(src/App.tsx)을 열어 이 절에서 실습할 컴포넌트를 나열한 후 터미널에서 npm start 명령을 실행합니다.

**Do it! 기본 앱 파일 작성하기**                              • src/App.tsx

```tsx
import ClickTest from './pages/ClickTest'
import FileDrop from './pages/FileDrop'
import InputFocusTest from './pages/InputFocusTest'
import InputValueTest from './pages/InputValueTest'
import ForwardRefTest from './pages/ForwardRefTest'
import ValidatableInputTest from './pages/ValidatableInputTest'

export default function App() {
  return (
    <main>
      <ValidatableInputTest />
      <ForwardRefTest />
      <InputValueTest />
      <InputFocusTest />
      <FileDrop />
      <ClickTest />
    </main>
  )
}
```

## ref 속성이란?

모든 리액트 컴포넌트는 reference의 앞 3글자를 딴 ref 속성을 제공합니다. 그런데 ref 속성값은 사용자 코드에서 설정하는 것이 아니라 어떤 시점에 리액트 프레임워크 내부에서 설정해 줍니다. ref 속성은 초기에는 null이었다가 마운트되는 시점에서 물리 DOM 객체의 값이 됩니다. 즉, ref는 물리 DOM 객체의 참조입니다.

HTML 요소들은 자바스크립트에서 DOM 타입 객체입니다. 예를 들어 <div>, <button>과 같은 요소는 모두 HTMLElement 상속 타입인 HTMLDivElement, HTMLButtonElement 타입 객체입니다. 그리고 HTMLElement 타입은 click(), blur(), focus() 메서드를 제공합니다. 이 메서드들은 리액트 요소가 가상 DOM 상태일 때는 호출할 수 없고, 물리 DOM 상태일 때만 호출할 수 있습니다. ref 속성값은 물리 DOM 상태일 때의 값이므로 ref로 얻은 값(즉, DOM 객체)을 사용해 click()과 같은 메서드를 호출할 수 있습니다.

다음 ref 속성의 정의에서 타입이 Ref<T>임을 알 수 있습니다. 여기서 타입 변수 T는 HTMLElement와 같은 DOM 타입을 뜻합니다.

ref 속성 정의

```
interface RefAttributes<T> extends Attributes {
  ref?: Ref<T> | undefined;
}
```

그리고 Ref<T>는 다시 current라는 읽기 전용 속성을 가진 RefObject<T> 타입입니다. current는 null일 수 있습니다. 이는 리액트 요소가 마운트되기 전인 가상 DOM 타입일 때는 null이기 때문입니다. 또한 current는 리액트 내부에서 설정해 주는 값이므로 사용자 코드에서 리액트가 설정한 값을 임의로 다른 값으로 바꿀 수 없어야 합니다. 따라서 current는 읽기 전용 속성입니다.

RefObject<T> 타입 정의

```
interface RefObject<T> {
  readonly current: T | null;
}
type Ref<T> = RefObject<T> | null;
```

## useRef 훅 알아보기

react 패키지는 다음처럼 useRef 훅을 제공합니다.

> **useRef 훅 임포트**
>
> ```
> import {useRef} from 'react'
> ```

다음 코드는 useRef 훅으로 얻은 값을 ref 속성값으로 설정하는데, 이것은 이 훅의 이름이 왜 use<u>Ref</u>인지 말해 줍니다.

> **useRef 훅으로 ref 속성값 설정**
>
> ```
> const divRef = useRef<HTMLDivElement | null>(null)
> <div ref={divRef}>
> ```

그런데 useRef 훅의 반환값 타입은 다음에서 보듯 MutableRefObject<T>입니다.

> **useRef 훅의 반환값 타입**
>
> ```
> function useRef<T>(initialValue: T): MutableRefObject<T>;
> ```

MutableRefObject<T> 타입은 앞서 본 ref 속성의 타입인 RefObject<T>처럼 current라는 속성을 가지고 있습니다.

> **MutableRefObject<T> 타입 정의**
>
> ```
> interface MutableRefObject<T> {
>   current: T;
> }
> ```

## \<input\>의 클릭 메서드 호출하기

\<input\>은 type 속성값이 'file'일 때 마우스로 클릭하면 [열기] 대화 상자가 나타납니다.

> **클릭으로 파일 열기 대화 상자 표시**
>
> ```
> <input type="file" accept="image/*" />
> ```

만일 프로그래밍으로 [열기] 대화 상자를 화면에 나타나게 하고 싶다면 `<input>` 요소의 물리 DOM 객체, 즉 ref값을 다음처럼 얻어야 합니다.

프로그래밍으로 파일 열기 대화 상자 표시

```
const inputRef = useRef<HTMLInputElement>(null)

<input ref={inputRef} type="file" accept="image/*" />
```

그리고 다음처럼 `<button>` 요소를 하나 만든 뒤 이 버튼을 클릭했을 때 `<input>`을 클릭하는 효과를 주려면 다음처럼 작성합니다.

버튼으로 `<input>` 요소 클릭

```
<button onClick={onClick}>Click Me</button>
```

그리고 `<button>`의 onClick 이벤트 처리기를 다음처럼 구현하면 됩니다.

버튼의 클릭 이벤트 처리기

```
const onClick = useCallback(() => {
  const input = inputRef.current
  if (!input) return

  input.click()
}, [])
```

앞서 알아본 것처럼 inputRef.current는 초깃값을 null로 설정했다가 리액트가 null이 아닌 값으로 바꾸므로 useCallback 훅의 의존성 목록에 inputRef.current를 추가해야 할 것 같습니다. 하지만 useRef 훅 호출로 얻은 inputRef의 current 속성은 그 값이 변해도 다시 렌더링되지 않도록 설계되었으므로 의존성 목록에 포함하지 않습니다. 즉, useCallback 훅의 의존성 목록에 추가하지 않아도 null이 아닌 inputRef.current값을 얻을 수 있습니다.

그리고 이 코드는 타입스크립트의 옵셔널 체이닝 연산자인 ?.를 사용하면 다음처럼 좀 더 간결하게 구현할 수 있습니다.

```
const onClick = useCallback(() => inputRef.current?.click(), [])
```

그런데 `<input>`의 `click` 메서드를 프로그래밍으로 호출하는 방식을 사용하면 다음처럼 `<input>` 요소를 화면에 나타나지 않게 해도 됩니다. 참고로 다음 코드에서 `hidden`은 테일윈드CSS 클래스로 CSS의 `display: none`에 해당합니다.

```
<input ref={inputRef} className="hidden" type="file" accept="image/*" />
```

이제 src/pages 디렉터리에 있는 ClickTest.tsx 파일을 열고 지금까지 내용을 종합해 다음처럼 코드를 작성합니다.

**Do it!** 이미지 파일을 대상으로 [열기] 대화 상자 띄우기 • src/pages/ClickTest.tsx

```tsx
import {useRef, useCallback} from 'react'
import {Title} from '../components'
import {Button} from '../theme/daisyui'

export default function ClickTest() {
  const inputRef = useRef<HTMLInputElement>(null)
  const onClick = useCallback(() => inputRef.current?.click(), [])

  return (
    <section className="mt-4">
      <Title>ClickTest</Title>
      <div className="mt-4 flex justify-center items-center">
        <Button className="btn-primary mr-4" onClick={onClick}>
          CLICK ME
        </Button>
        <input ref={inputRef} className="hidden" type="file" accept="image/*" />
      </div>
    </section>
  )
}
```

▶ 실행 결과

## FileList 클래스와 Array.from() 함수

다음 코드는 「02-5」절에서 작성한 FileInput.tsx 파일의 내용입니다. 이 코드는 onChange 이벤트 처리기에서 FileList 타입의 files값을 얻고 있습니다.

Fileinput.tsx 파일 내용

```
export default function FileInput() {
  const onChange = (e: ChangeEvent<HTMLInputElement>) => {
    const files: FileList | null = e.target.files
}
  return <input type="file" onChange={onChange} multiple accept="image/*" />
}
```

FileList는 File 타입의 리스트입니다. 그런데 FileList는 자바스크립트 배열이 아닙니다. 자바스크립트에서는 FileList와 같은 클래스들을 **유사 배열 객체**<sup>array-like objects</sup>라고 부릅니다. 자바스크립트에서 유사 배열 객체는 다음처럼 Array.from() 함수를 사용해 배열로 변환할 수 있습니다.

유사 배열 객체를 배열로 변환

```
const fileArray: File[] = Array.from(files)
```

## FileReader 클래스로 File 타입 객체 읽기

자바스크립트 엔진은 File 타입 객체를 읽을 수 있도록 FileReader라는 클래스를 기본으로
제공합니다. FileReader 클래스는 다음처럼 readAsDataUrl() 메서드를 제공합니다.

```
readAsDataUrl() 메서드

// const file: File
const fileReader = new FileReader
fileReader.readAsDataURL(file)
```

readAsDataUrl() 메서드는 File 타입 객체를 읽어서 다음과 같은 문자열로된 이미지를 제공
하는데 이런 방식을 base64 인코딩이라고 합니다.

```
data:image/jpeg;base64,/9j/4AAQSkZJRgABAQEASABIAA
```

그림 4-9 base64로 인코딩된 이미지 예

그런데 File 타입 객체에 담긴 데이터는 바이너리 데이터이므로 base64 인코딩을 진행할 때
시간이 걸립니다. 따라서 FileReader는 다음처럼 사용하는 onload 이벤트 속성을 제공합니
다. 참고로 코드에서 사용한 ProgressEvent는 자바스크립트가 기본으로 제공하는 타입입니
다.

```
onload 이벤트 속성

const fileReader = new FileReader()
fileReader.onload = (e: ProgressEvent<FileReader>) => {
  if (e.target) {
    const result = e.target.result    // base64 인코딩 결과
}
fileReader.readAsDataURL(file)
```

## imageFileReaderP 유틸리티 함수 만들기

그런데 FileReader의 이런 코드 패턴은 여러 파일을 읽으려고 할 때 구현이 매우 어렵습니다.
이제 FileReader를 좀 더 간단하게 사용할 수 있도록 다음 명령으로 src 디렉터리에 utils 디
렉터리를 만들고 파일 2개를 만듭니다.

```
> mkdir -p src/utils
> cd src/utils
> touch index.ts imageFileReaderP.ts
> cd ../..
```

imageFileReaderP에서 접미사 'P'는 Promise 객체를 반환하는 함수라는 의미입니다. 다음은 앞서 본 **FileReader** 사용법을 imageFileReaderP.ts 파일에 구현한 것입니다.

**Do it!** 여러 이미지 파일을 가져오는 함수 만들기                    • src/utils/imageFileReaderP.ts

```
export const imageFileReaderP = (file: Blob) =>
  new Promise<string>((resolve, reject) => {
    const fileReader = new FileReader()
    fileReader.onload = (e: ProgressEvent<FileReader>) => {
      const result = e.target?.result

      if (result && typeof result === 'string') resolve(result)
      else reject(new Error(`imageFileReaderP: can't read image file`))
    }

    fileReader.readAsDataURL(file)
  })
```

이제 같은 디렉터리의 index.ts 파일에 다음처럼 **imageFileReaderP**를 반영해 줍니다.

**Do it!** 인덱스 파일에 추가하기                                      • src/utils/index.ts

```
export * from './imageFileReaderP'
```

## FileDrop 컴포넌트 만들기

이번엔 **imageFileReaderP**를 사용하는 FileDrop 컴포넌트를 만들겠습니다. 이 컴포넌트는 이미지 파일을 표시하는데, [열기] 대화 상자를 띄워 이미지 파일을 선택하거나 웹 페이지에 이미지 파일을 끌어다 놓을 수 있도록 합니다.

이 컴포넌트를 구현할 때 핵심은 다음 JSX 코드에 있는 이벤트 처리기 4개를 구현하는 것입니다.

이벤트 처리기

```
<div onClick={onDivClick}
  className="w-full mt-4 bg-gray-200 border border-gray-500">
  <div onDragOver={onDivDragOver} onDrop={onDivDrop}
    className="flex flex-col items-center justify-center h-40 cursor-pointer">
    <Icon name="file_download" className="text-xl text-blue-500" />
    <p className="text-3xl font-bold">drop images or click me</p>
  </div>
  <input ref={inputRef} onChange={onInputChange}
    multiple className="hidden" type="file" accept="image/*"/>
</div>
```

onDivClick 이벤트 처리기는 앞서 클릭 테스트 때 구현한 기법을 사용해 프로그래밍으로 <input type="file">의 클릭 메서드를 호출합니다.

onDivClick 이벤트 처리기

```
const inputRef = useRef<HTMLInputElement>(null)
const onDivClick = useCallback(() => inputRef.current?.click(), [])
```

그리고 사용자가 [열기] 대화 상자에서 여러 개의 이미지 파일을 선택하면 onInputChange 이벤트 처리기가 호출됩니다. 그런데 onInputChange를 쉽게 구현하고자 다음처럼 imagesUrls 상태와 makeImageUrls 도움 함수를 먼저 구현합니다.

imagesUrls 상태와 makeImageUrls 함수 구현

```
const [imageUrls, setImageUrls] = useState<string[]>([])
```
사용자가 선택한 이미지 파일들을 imageUrls 상태에 계속 추가
```
const makeImageUrls = useCallback((files: File[]) => {
  const promises = Array.from(files).map(imageFileReaderP)
  Promise.all(promises)
    .then(urls => setImageUrls(imageUrls => [...urls, ...imageUrls]))
}, [])
```
Base64 인코딩 문자열로 변환된 이미지 데이터가 계속 쌓임

참고로 코드에 사용한 Promise.all 함수는 Promise 객체의 배열을 입력받아 배열에 담긴 Promise 객체의 then 메소드를 모두 호출해 줍니다. 즉, 결괏값 배열을 then 콜백 함수에 넘겨 주는 역할을 합니다.

이제 onInputChange 이벤트 처리기를 다음처럼 쉽게 구현할 수 있습니다.

onInputChange 이벤트 처리기

```
const onInputChange = useCallback((e: ChangeEvent<HTMLInputElement>) => {
  const files = e.target.files
  files && makeImageUrls(Array.from(files))
}, [])
```

그리고 이렇게 만든 imageUrls는 03장에서 만든 Div 컴포넌트를 사용해 <div> 요소의 배경 이미지 형태로 화면에 나타나게 합니다. Div 컴포넌트의 src={url}에서 url은 웹상의 이미지 주소나 파일 경로도 가능하지만, 이미지 데이터를 Base64 인코딩 문자열로 직접 포함할 수도 있습니다. 여기에서는 Base64 인코딩 문자열을 사용했습니다.

이미지를 <div> 배경으로 표시하기

```
const images = useMemo( () =>
  imageUrls.map((url, index) => (
    <Div key={index} src={url}
      className="m-2 bg-transparent bg-center bg-no-repeat bg-contain"
      width="5rem" height="5rem" />
)), [imageUrls])

<div className="flex flex-wrap">{images}</div>
```

또한 「02-5」절에서 알아본 것처럼 이미지 파일을 해당 영역에 떨어뜨리면 onDivDrop이 호출되고, e.dataTransfer?.files 형태로 FileList 타입의 files 객체를 얻으면 makeImageUrls 도움 함수로 imageUrls에 떨어뜨린 파일을 추가할 수 있습니다.

onDivDrop 이벤트 처리기

```
const onDivDrop = useCallback((e: DragEvent) => {
  e.preventDefault() // 떨어뜨린 이미지가 새 창에 나타나는 것을 방지
  const files = e.dataTransfer?.files
  files && makeImageUrls(Array.from(files))
}, [])
```

이제 src/pages 디렉터리에 있는 FileDrop.tsx 파일을 열고 지금까지 살펴본 내용을 종합해 다음처럼 코드를 작성합니다. 코드를 실행한 후 이미지를 선택하거나 떨어뜨리면 웹 페이지에 표시됩니다.

**Do it!** 사용자의 이미지 파일을 웹 페이지에 표시하기 • src/pages/FileDrop.tsx

```tsx
import type {ChangeEvent, DragEvent} from 'react'
import {useState, useRef, useCallback, useMemo} from 'react'
import {useToggle} from '../hooks'
import {Title, Div} from '../components'
import {imageFileReaderP} from '../utils'
import {Button} from '../theme/daisyui'

export default function FileDrop() {
  const [imageUrls, setImageUrls] = useState<string[]>([])
  const [error, setError] = useState<Error | null>(null)
  const [loading, toggleLoading] = useToggle(false)

  const inputRef = useRef<HTMLInputElement>(null)
  const onDivClick = useCallback(() => inputRef.current?.click(), [])

  const makeImageUrls = useCallback(
    (files: File[]) => {
      const promises = Array.from(files).map(imageFileReaderP)
      toggleLoading()
      Promise.all(promises)
        .then(urls => setImageUrls(imageUrls => [...urls, ...imageUrls]))
        .catch(setError)
        .finally(toggleLoading)
    },
    [toggleLoading]
  )

  const onInputChange = useCallback(
    (e: ChangeEvent<HTMLInputElement>) => {
      setError(null)
      const files = e.target.files
      files && makeImageUrls(Array.from(files))
    },
    [makeImageUrls]
```

```
  )

  const onDivDragOver = useCallback((e: DragEvent) => e.preventDefault(), [])
  const onDivDrop = useCallback(
    (e: DragEvent) => {
      e.preventDefault()
      setError(null)
      const files = e.dataTransfer?.files
      files && makeImageUrls(Array.from(files))
    },
    [makeImageUrls]
  )

  // prettier-ignore
  const images = useMemo( () =>
      imageUrls.map((url, index) => (
        <Div key={index} src={url}
          className="m-2 bg-transparent bg-center bg-no-repeat bg-contain"
          width="5rem" height="5rem" />
      )), [imageUrls])

  // prettier-ignore
  return (
    <section className="mt-4">
      <Title>FileDrop</Title>
      {error && (
        <div className="p-4 mt-4 bg-red-200">
          <p className="text-3xl text-red-500 text-bold">{error.message}</p>
        </div>
      )}

      <div onClick={onDivClick}
        className="w-full mt-4 bg-gray-200 border border-gray-500">
        {loading && (
          <div className="flex items-center justify-center">
            <Button className="btn-circle loading"></Button>
          </div>
```

```
        )}

        <div onDragOver={onDivDragOver} onDrop={onDivDrop}
          className="flex flex-col items-center justify-center h-40 cursor-pointer">
          <p className="text-3xl font-bold">drop images or click me</p>
        </div>
        <input ref={inputRef} onChange={onInputChange}
          multiple className="hidden" type="file" accept="image/*"/>
      </div>

      <div className="flex flex-wrap justify-center">{images}</div>
    </section>
  )
}
```

▶ 실행 결과

## ⟨input⟩ 요소의 ref 속성 사용하기

⟨input⟩ 요소는 JSX 코드에서는 보통 다음처럼 사용됩니다.

⟨input⟩ 요소를 사용하는 JSX 코드

```
<input className="input input-primary" placeholder="enter some text"/>
```

이렇게 구현한 입력 상자에 사용자가 값을 넣으려고 클릭하면 포커싱$^{focusing}$이 됩니다. 그런데 ⟨input⟩의 ref 속성으로 사용자가 입력 상자를 클릭하지 않아도 포커싱되게 할 수 있습니다.

src/pages 디렉터리에 있는 InputFocusTest.tsx 파일을 열고 다음과 같은 코드를 작성합니다. `<input>`의 ref 속성으로 얻은 `inputRef.current`값이 물리 DOM 객체이므로 이 객체의 focus 메서드를 호출하는 방법으로 구현합니다. 코드를 실행해 보면 웹 페이지가 열리자마자 입력 상자가 포커싱되는 것을 볼 수 있습니다.

**Do it!** 입력 상자에 자동 포커싱 구현하기 • src/pages/InputFocusTest.tsx

```
import {useRef, useEffect} from 'react'
import {Title} from '../components'

export default function InputFocusTest() {
  const inputRef = useRef<HTMLInputElement>(null)

  useEffect(() => inputRef.current?.focus(), [])
  // prettier-ignore
  return (
    <section className="mt-4">
      <Title>InputFocusTest</Title>
      <div className="flex justify-center mt-4 ">
        <input ref={inputRef} className="input input-primary"
          placeholder="enter some text"/>
      </div>
    </section>
  )
}
```

▶ 실행 결과

# InputFocusTest

enter some text

## useState 호출 없이 `<input>`의 value 속성값 얻기

리액트는 항상 `<input>`의 value 속성과 관련해 다음과 패턴으로 코드를 작성하라고 요구합니다. 그런데 이런 패턴으로 코드를 작성하는 것은 조금 번거롭습니다.

```
const [value, setValue] = useState<string>('')
const onChangeValue = (e: ChangeEvent<HTMLInputElement>) =>
setValue(notUsed => e.target.value)

<input value={value} onChange={onChangeValue}/>
```

리액트가 이런 패턴의 코드를 요구하는 것은 가상 DOM 환경에서 빠른 리렌더링을 위해서입니다. 하지만 ref 속성이 유효한 값, 즉 물리 DOM 객체가 만들어지면 이 객체의 value 속성값을 곧바로 얻을 수 있습니다.

여기서는 useState 훅을 사용하지 않고서도 <input>의 value 속성값을 가져오는 실습을 진행해 보겠습니다. 먼저 다음 명령으로 InputValueTest.tsx 파일을 만듭니다.

```
T  터미널                                                              –  □  ✕

> cd src/pages
> cp InputFocusTest.tsx InputValueTest.tsx
> cd ../..
```

이 파일을 열고 다음처럼 코드를 작성합니다. 이 코드는 <input>의 물리 DOM 객체로부터 value값을 얻습니다. 코드를 실행하고 입력 상자에 값을 입력한 후 〈GET VALUE〉를 클릭하면 입력한 값을 표시하는 창이 나타납니다.

```
Do it!  입력 상자에 입력한 값을 창에 띄우기                      • src/pages/InputValueTest.tsx

import {useRef, useCallback, useEffect} from 'react'
import {Title} from '../components'
import {Button} from '../theme/daisyui'

export default function InputValueTest() {
  const inputRef = useRef<HTMLInputElement>(null)

  const getValue = useCallback(() => alert(`input value:
                                    ${inputRef.current?.value}`), [])

  useEffect(() => inputRef.current?.focus(), [])
```

```
  // prettier-ignore
  return (
    <section className="mt-4">
      <Title>InputValueTest</Title>
      <div className="flex justify-center mt-4 ">
        <div className="flex flex-col w-1/3 p-2">
          <input ref={inputRef} className="input input-primary" />
          <Button onClick={getValue} className="mt-4 btn-primary">
            GET VALUE
          </Button>
        </div>
      </div>
    </section>
  )
}
```

▶ 실행 결과

## forwardRef 함수 이해하기

forwardRef 함수는 이름대로 부모 컴포넌트에서 생성한 ref를 자식 컴포넌트로 전달해 주는 역할을 합니다. 코드에 forwardRef 함수를 사용하려면 다음처럼 임포트합니다.

forwardRef 임포트

```
import React, {forwardRef} from 'react'
```

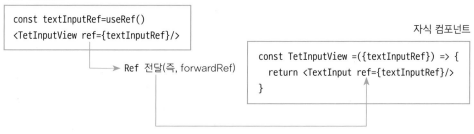

부모 컴포넌트

```
const textInputRef=useRef()
<TetInputView ref={textInputRef}/>
```

자식 컴포넌트

```
const TetInputView =({textInputRef}) => {
  return <TextInput ref={textInputRef}/>
}
```

Ref 전달(즉, forwardRef)

그림 4-10 forwardRef 함수의 동작 원리

## forwardRef 함수가 필요한 이유 알기

「03-5」절에서는 src/theme/daisyui 디렉터리에 다음과 같은 Input.tsx 파일을 만든 적이 있습니다.

• src/theme/daisyui/Input.tsx

```
import type {FC, DetailedHTMLProps, InputHTMLAttributes} from 'react'

export type ReactInputProps = DetailedHTMLProps<
  InputHTMLAttributes<HTMLInputElement>,
  HTMLInputElement
>

export type inputProps = ReactInputProps & {}

export const Input: FC<inputProps> = ({className: _className, ...inputProps}) => {
  const className = ['input', _className].join(' ')
  return <input {...inputProps} className={className} />
}
```

그런데 다음처럼 Input 컴포넌트의 ref 속성에 inputRef를 설정할 수 있을까요? 즉, 리액트가 제공하는 기본 컴포넌트인 <input>은 ref 속성에 값을 실징힐 수 있지만, Input과 같은 사용자 컴포넌트에도 똑같이 ref 속성에 값을 설정할 수 있을지 궁금합니다. ref는 물리 DOM 객체를 얻으려고 사용하는 건데, Input은 사용자 컴포넌트이므로 물리 DOM 객체를 얻을 수 없기 때문입니다.

```
import {Input} from '../theme/daisyui'

<Input ref={inputRef} className="input-primary" />
```

이 내용을 실습해 보겠습니다. 다음 명령으로 앞에서 작성한 InputValueTest.tsx 파일을 복사해 ForwardRefTest.tsx 파일을 만듭니다.

```
> cd src/pages
> cp InputValueTest.tsx ForwardRefTest.tsx
> cd ../..
```

이 파일을 열어서 다음처럼 수정합니다. 전체적인 맥락은 앞에서 작성한 것과 같지만, <input> 요소 대신 Input 컴포넌트를 사용한 점이 다릅니다.

**Do it!** Input 컴포넌트로 수정                                              • src/pages/ForwardRefTest.tsx

```
import {useRef, useCallback, useEffect} from 'react'
import {Title} from '../components'
import {Input, Button} from '../theme/daisyui'

export default function ForwardRefTest() {
  const inputRef = useRef<HTMLInputElement>(null)

  const getValue = useCallback( () => alert(`input value: ${inputRef.current?.value}`),
[] )
  useEffect(() => inputRef.current?.focus(), [])

  // prettier-ignore
  return (
    <section className="mt-4">
      <Title>ForwardRefTest</Title>
      <div className="flex justify-center mt-4 ">
        <div className="flex flex-col w-1/3 p-2">
          <Input ref={inputRef} className="input-primary" />
          <Button onClick={getValue} className="mt-4 btn-primary">
```

```
          GET VALUE
        </Button>
      </div>
    </div>
  </section>
  )
}
```

▶ 실행 결과

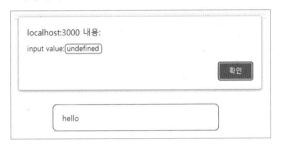

그런데 실행 결과를 보면 앞에서와 다르게 사용자 입력값 표시 부분이 undefined로 표시됩니다. 그 이유에 대해 알아보겠습니다.

src/theme/daisyui 디렉터리에 있는 Input.tsx 파일에서는 <input>에 전달되는 속성들을 다음과 같은 형태로 구현했습니다. 그런데 Input의 ref 속성은 inputProps로 전달하지 않고 forwardRef 함수로 전달해야 합니다. 그럼 forwardRedf 함수에 관해 알아보겠습니다.

```
<input {...inputProps} className={className} />
```

## forwardRef 함수의 타입

다음은 forwardRef 함수의 타입 정보입니다. 여기서 타입 변수 T는 ref 대상 컴포넌트(여기 서는 input의 타입인 HTMLInputElement)의 타입이고, P는 컴포넌트의 속성 타입입니다.

forwardRef 타입 정보

```
function forwardRef<T, P = {}>(render: ForwardRefRenderFunction<T, P>): 반환_타입;
```

그런데 앞서 Input의 속성 타입은 다음처럼 InputProps였습니다. 따라서 forwardRef 타입 정보에서 타입 변수 P는 InputProps 타입입니다.

```
export type ReactInputProps = DetailedHTMLProps<
  InputHTMLAttributes<HTMLInputElement>,
  HTMLInputElement>

export type InputProps = ReactInputProps & {}
```

다음은 ref 관련 부분을 forwardRef 함수로 전달하는 형태로 완성한 Input.tsx 파일의 모습입니다. 이제 입력값 표시를 다시 시도해 보면 정상으로 실행됩니다.

**Do it!** Input 컴포넌트 수정하기 · src/theme/daisyui/Input.tsx

```
import type {DetailedHTMLProps, InputHTMLAttributes} from 'react'
import {forwardRef} from 'react'

// prettier-ignore
export type ReactInputProps = DetailedHTMLProps<
  InputHTMLAttributes<HTMLInputElement>,
  HTMLInputElement>

export type InputProps = ReactInputProps & {}

export const Input = forwardRef<HTMLInputElement, InputProps>((props, ref) => {
  const {className: _className, ...inputProps} = props
  const className = ['input', _className].join(' ')
  return <input ref={ref} {...inputProps} className={className} />
})
```

## useImperativeHandle 훅이란?

useImperativeHandle 훅은 컴포넌트 기능을 JSX가 아니라 타입스크립트 코드에서 사용합니다. useImperativeHandle 훅을 사용하려면 다음처럼 임포트합니다.

useImperativeHandle 훅 임포트

```
import React, {useImperativeHandle} from 'react'
```

## useImperativeHandle 훅의 동작 원리

다음 코드가 성립할 수 있는 이유는 TextInput 코어 컴포넌트가 focus라는 메서드를 제공한다는 사실을 우리가 미리 알고 있기 때문입니다.

```
const textInputRef = useRef<TextInput | null>(null)
const setFocus = () => textInputRef.current?.focus()
```

그런데 다음과 같은 타입의 객체가 있다고 가정해 보겠습니다.

```
export type TextInputMethods = {
  focus: () => void
  dismiss: () => void
}
```

이때 앞선 코드에서 useRef<TextInput | null>(null) 부분을 다음처럼 TextInput 대신 TextInputMethods를 사용하면 어떨까 하는 것이 useImperativeHandle 훅의 탄생 배경입니다.

```
const methodsRef = useRef<TextInputMethods | null>(null)
const setFocus = () => methodsRef.current?.focus()
const dismissKeyboard = () => methodsRef.current?.dismiss()
```

## useImperativeHandle 훅의 타입

먼저 useImperativeHandle 훅의 타입 정의를 살펴보면 다음과 같습니다.

useImperativeHandle 훅 타입 정의

```
function useImperativeHandle<T, R extends T>(ref: Ref<T>|undefined, init: () => R, deps?:
DependencyList): void;
```

타입 정의에서 첫 번째 매개변수 ref는 forwardRef 호출로 얻는 값을 입력하는 용도이고, 두 번째 매개변수 init는 useMemo 훅 때와 유사하게 '() => 메서드_객체' 형태의 함수를 입력하는 용도입니다. 다음 코드는 useMemo 훅과 useImperativeHandle 훅의 코드 사용법이 유사하다는 것을 보여 줍니다.

```
const object = useMemo(() => ({}), [])
const handle = useImperativeHandle(ref, () => ({}), [])
```

그런데 useImperativeHandle의 첫 번째 매개변수인 ref는 forwardRef 함수를 호출해 얻은 ref를 사용해야 합니다. 이는 useImperativeHandle 훅은 다른 훅과 달리 앞서 만든 Input과 같은 컴포넌트 내부에서만 사용해야 한다는 것을 의미합니다. 이제 ValidatableInput 컴포넌트를 구현해 보면서 useImperativeHandle 훅의 사용법을 알아보겠습니다.

## ValidatableInput 컴포넌트 만들기

useImperativeHandle 훅을 사용하는 ValidatableInput 컴포넌트를 구현해 이메일 주소가 abc@efg.com처럼 형식에 맞게 작성됐는지 검증해 보겠습니다. 먼저 src/theme 디렉터리의 Input.tsx 파일을 복사해 ValidatableInput.tsx 파일을 만듭니다.

```
T  터미널                                                            — □ ×

> cd src/theme/daisyui
> cp Input.tsx ValidatableInput.tsx
> cd ../../..
```

ValidatableInput 컴포넌트가 ValidatableInputMethods라는 타입을 내보낸 것을 다음처럼 가져왔다고 생각하겠습니다.

```
import type {ValidatableInputMethods} from '../theme'
```

이때 HTMLInputElement가 아닌 ValidatableInputMethods 타입에 대해 useRef 훅의 타입 변수를 설정합니다.

```
const methodsRef = useRef<ValidatableInputMethods>(null)
```

그리고 ValidatableInput 컴포넌트의 ref에 이 methodsRef를 설정합니다.

```
<ValidatableInput type="email" ref={methodsRef} className="input input-primary" />
```

다음은 src/theme 디렉터리에 있는 ValidatableInput 컴포넌트의 초기 모습입니다. 앞서 이 컴포넌트의 ref에 설정되는 값은 ValidatableInputMethods 타입에 대한 것이었으므로 이 타입을 선언하고 있습니다. 그리고 forwardRef는 더 이상 HTMLInputElement가 아니라 ValidatableInputMethods 타입을 첫 번째 타입 변수로 하고 있습니다. 하지만 props는 여전히 <input>의 속성들이므로 속성 타입은 여전히 ReactInputProps입니다. 그리고 forwardRef로 넘긴 methodsRef는 useImperativeHandle 훅의 첫 번째 매개변수가 됩니다.

**Do it!** ValidatableInput 컴포넌트 구현하기 • src/theme/daisyui/ValidatableInput.tsx

```
import type {ReactInputProps} from './Input'
import {forwardRef, useImperativeHandle, useMemo} from 'react'

export type ValidatableInputMethods = {}

export const ValidatableInput = forwardRef<ValidatableInputMethods, ReactInputProps>(
  ({className: _className, ...inputProps}, methodsRef) => {
    const className = useMemo(() => ['input', _className].join(' '), [_className])

    useImperativeHandle(methodsRef, () => ({}), [])

    return <input {...inputProps} className={className} />
  }
)
```

이제 ValidatableInputMethods에 다음처럼 validate란 메서드를 추가하겠습니다.

```
export type ValidatableInputMethods = {
  validate: () => [boolean, string]
}
```

이 메서드는 <input>에 입력된 이메일 주소가 유효하면 [true, <input>의_value_속성값]을 반환하지만, 유효하지 않으면 [false, '틀린 이메일 주소입니다']처럼 오류 메시지를 문자 열로 반환하는 튜플 타입의 값을 반환합니다.

이처럼 ValidatableInputMethods 타입에 validate 메서드를 추가하면 useImperative
Handle 훅의 두 번째 매개변수도 다음처럼 validate 메서드가 있는 객체를 반환해 줍니다. 이
제 남은 문제는 valid 변숫값이 true인지 false인지 결정하는 코드를 작성하는 것입니다.

```
useImperativeHandle(
  methodsRef,
  () => ({
    validate: () => {
      const valid = true
      return valid ? [true, <input>의_value_속성값] : [false, '틀린 이메일 주소입니다']
    }
  }), [])
```

그런데 현재는 <ValidatableInput type="email"> 형태로 이메일 주소 검증만 하므로 유효
성은 type 속성값이 email일 때만 판별해야 합니다. 따라서 다음처럼 설정된 type값을 알 수
있도록 코드를 수정해야 합니다.

```
export const ValidatableInput = forwardRef<ValidatableInputMethods, ReactInputProps>(
  ({type, className: _className, ...inputProps}, methodsRef) => {
    const className = useMemo(() => ['input', _className].join(' '), [_className])

    useImperativeHandle(
      methodsRef,
      () => ({
        validate: () => {
          switch (type) {
            case 'email': break
          }
```

다음 코드는 지금까지 내용을 바탕으로 이메일용 정규 표현식을 적용해 이메일 형식이 바른
지 판별하는 컴포넌트를 완성합니다.

```tsx
import type {ReactInputProps} from './Input'
import {forwardRef, useImperativeHandle, useMemo, useRef} from 'react'

export type ValidatableInputMethods = {
  validate: () => [boolean, string]
}

export const ValidatableInput = forwardRef<ValidatableInputMethods, ReactInputProps>(
  ({type, className: _className, ...inputProps}, methodsRef) => {
    const className = useMemo(() => ['input', _className].join(' '), [_className])
    const inputRef = useRef<HTMLInputElement>(null)

    useImperativeHandle(
      methodsRef,
      () => ({
        validate: (): [boolean, string] => {
          const value = inputRef.current?.value
          if (!value ¦¦ !value.length) return [false, '사용자가 입력한 내용이 없습니다']

          switch (type) {
            case 'email': {
              const regEx =
                /^([\w-]+(?:\.[\w-]+)*)@((?:[\w-]+\.)*\w[\w-]{0,66})\.
                ([a-z]{2,6}(?:\.[a-z]{2})?)$/i
              const valid = regEx.test(value)
              return valid ? [true, value] : [false, '틀린 이메일 주소입니다']
            }
          }
          return [false, '컴포넌트 타입이 유효하지 않습니다.']
        }
      }),
      [type]
    )
    return <input {...inputProps} className={className} ref={inputRef} />
  }
)
```

※ 정규 표현식은 MSDN 커뮤니티에 있는 코드를 참고했습니다. (social.msdn.microsoft.com/Forums/en-US/cc867dfa-cf9d-434b-8a01-47b89bb5f61f/email-validation?forum=asphtmlcssjavascript)

그리고 같은 디렉터리의 index.ts 파일에 다음처럼 `ValidatableInput` 컴포넌트를 반영해 줍니다.

---

**Do it!** 인덱스 파일에 추가하기 • src/theme/index.ts

```
... (생략) ...
export * from './ValidatableInput'
```

---

이제 src/pages 디렉터리에 있는 ValidatableInputTest.tsx 파일을 열고 다음처럼 작성합니다. 코드를 실행해 보면 이메일 주소 형식에 맞는지 판별해서 알려 줍니다.

---

**Do it!** 이메일 형식 검증하기 • src/pages/ValidatableInputTest.tsx

```
import {useRef, useCallback} from 'react'
import {Title} from '../components'
import type {ValidatableInputMethods} from '../theme/daisyui'
import {ValidatableInput, Button} from '../theme/daisyui'

export default function ValidatableInputTest() {
  const methodsRef = useRef<ValidatableInputMethods>(null)

  const validateEmail = useCallback(() => {
    if (methodsRef.current) {
      const [valid, valueOrErrorMessage] = methodsRef.current.validate()
      if (valid) alert(`${valueOrErrorMessage}는 유효한 이메일 주소입니다.`)
      else alert(valueOrErrorMessage)
    }
  }, [])

  // prettier-ignore
  return (
    <section className="mt-4">
      <Title>ValidatableInputTest</Title>
      <div className="flex justify-center mt-4 ">
        <div className="flex flex-col w-1/3 p-2">
          <ValidatableInput type="email" ref={methodsRef}
          className="input-primary"/>
          <Button onClick={validateEmail} className="mt-4 btn-primary">
```

---

```
        VALIDATE
      </Button>
    </div>
  </div>
</section>
  )
}
```

▶ 실행 결과

npm start 명령을 실행한 터미널에서 [Ctrl]+[C]를 눌러 종료합니다. 다음 절에서는 useContext 훅을 알아보겠습니다.

# 04-6 useContext 훅 이해하기

컨텍스트는 리액트가 제공하는 가장 막강한 기능으로 리액트 라우터, 리덕스 등 많은 라이브러리 설계의 근간이 되었습니다. 이 장에서는 컨텍스트와 함께 커스텀 훅이라고 부르는 사용자 정의 리액트 훅을 제작하는 방법을 알아봅니다.

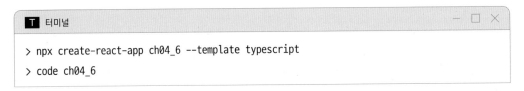

ch04 디렉터리에서 다음 명령으로 ch04_6이라는 프로젝트를 생성합니다. 그리고 ch04_6 디렉터리를 대상으로 VSCode를 실행합니다.

```
T 터미널                                                    — ☐ ✕
> npx create-react-app ch04_6 --template typescript
> code ch04_6
```

그리고 chance와 luxon, 구글 머티리얼 아이콘, 테일윈드CSS 관련 패키지들을 다음 명령으로 설치합니다.

```
T 터미널                                                    — ☐ ✕
> npm i chance luxon @fontsource/material-icons
> npm i -D @types/chance @types/luxon
> npm i -D postcss autoprefixer tailwindcss @tailwindcss/line-clamp daisyui
```

기존에 만든 파일을 복사해 재활용하고 이 절과 상관없는 파일은 지웁니다.

```
T 터미널                                                    — ☐ ✕
> cp -r ../ch04_5/src/* ./src
> cp -r ../ch04_5/*.js .
> rm src/pages/*
```

src/copy 디렉터리의 CopyMe.tsx 파일을 복사해 이번 절에서 작성할 파일을 pages 디렉터리에 만듭니다.

```
T  터미널                                                             – □ ×

> cd src
> cp copy/CopyMe.tsx pages/ResponsiveContextTest.tsx
> cd ..
```

이제 앱 파일(src/App.tsx)을 열어 이 절에서 실습할 컴포넌트를 나열한 후 터미널에서 npm start 명령을 실행합니다.

**Do it!** 기본 앱 파일 작성하기                                    • src/App.tsx

```
import ResponsiveContextTest from './pages/ResponsiveContextTest'

export default function App() {
  return (
    <main>
      <ResponsiveContextTest />
    </main>
  )
}
```

## 컨텍스트란?

컴포넌트의 속성은 부모 컴포넌트가 자식 컴포넌트로 어떤 정보를 전달하려고 할 때 사용하는 메커니즘입니다. 그런데 부모 컴포넌트가 직계 자식이 아닌, 손자나 증손자 컴포넌트에 정보를 전달하려고 하면 다음 그림처럼 번거로운 속성 전달을 해야 합니다.

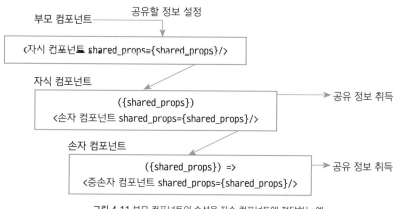

그림 4-11 부모 컴포넌트의 속성을 자손 컴포넌트에 전달하는 예

리액트는 이런 속성 전달의 번거로움을 해소하고자 **컨텍스트**[context]라는 메커니즘을 구현해 놓았습니다. 리액트나 리액트 네이티브에서 컨텍스트는 createContext와 useContext 훅으로 이뤄지며, 이 둘의 관계는 다음 그림처럼 표현할 수 있습니다.

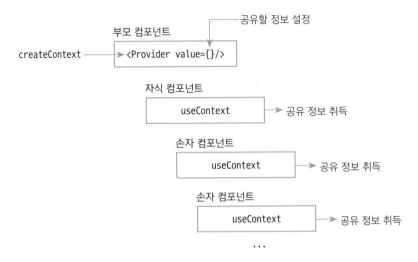

그림 4-12 컨텍스트를 통한 정보 공유 예

컨텍스트 기능을 사용하는 리액트와 리액트 네이티브 코드는 항상 이름에 'Provider'가 있는 컴포넌트와 'use컨텍스트_이름()' 형태의 커스텀 훅을 사용합니다. 컨텍스트 기능을 구현한 react-native-paper와 같은 패키지 또한 항상 Provider란 이름이 있는 컴포넌트와 Provider 가 제공하는 정보를 사용할 수 있게 하는 useTheme과 같은 커스텀 훅을 제공합니다.

## createContext 함수 탐구

컨텍스트 기능을 구현하려고 할 때 제일 먼저 해야 하는 일은 react 패키지가 제공하는 createContext 함수로 컨텍스트 객체를 생성하는 것입니다.

createContext 임포트

```
import React, {createContext} from 'react'
```

그런데 타입스크립트에서 createContext 함수 호출은 다음과 같은 코드 패턴으로 작성해야
합니다.

```
createContext 함수 호출 패턴

type ContextType = {
  // 공유할 데이터 속성
}
const defaultContextValue: ContextType = {
  // 공유할 데이터 속성 초깃값
}
const SomeContext = createContext<ContextType>(defaultContextValue)
```

## 테일윈드CSS의 중단점 접두사 이해하기

이제 createContext 함수를 사용하는 코드를 볼 차례인데, 그전에 잠시 테일윈드CSS의 중단
점 접두사를 알아보겠습니다. 테일윈드CSS뿐만 아니라 부트스트랩 등 대다수 CSS 프레임워
크는 sm, md, lg, xl 등을 사용해 웹 화면의 크기를 표현합니다. 즉, 다음 표에서 보는 키워드들
은 CSS 프레임워크가 제공하는 반응형 디자인 기능을 사용할 때 씁니다.

표 4-2 CSS 프레임워크가 제공하는 크기 관련 키워드

| 키워드 | 의미 | 최소 크기 | CSS @media 규칙 |
|---|---|---|---|
| sm | small | 640px | @media (min-width: 640px) |
| md | medium | 768px | @media (min-width: 768px) |
| lg | large | 1024px | @media (min-width: 1024px) |
| xl | extra large | 1280px | @media (min-width: 1280px) |
| 2xl | 2 extra large | 1536px | @media (min-width: 1536px) |

예를 들어 다음 <img> 요소의 className에 설정된 클래스의 의미를 살펴보면 보통은 폭 4rem
(w-16)이지만 웹 브라우저의 폭이 768px보다 클 때는 폭 8rem(md:w-32), 1024px보다 클 때는
12rem(lg:w-48)으로 웹 브라우저의 넓이에 따라 <img>의 크기를 달리하도록 설정한 것입니
다. 여기서 콜론(:) 앞의 md 등을 **중단점**breakpoint이라고 하고, 중단점에 콜론 기호를 붙인 md:을
중단점 접두사라고 합니다.

```
<img className="w-16 md:w-32 lg:w-48"/>
```

## 반응형 컨텍스트 만들기

이제 「04-4」절에서 만든 **useWindowResize** 커스텀 훅으로 웹 페이지의 폭을 중단점을 사용해 화면에 표시하는 컨텍스트를 만들어 보겠습니다. 먼저 다음 명령으로 src 디렉터리에 contexts 하위 디렉터리를 만들고 여기에 index.ts 와 ResponsiveContext.tsx 파일을 만듭니다.

```
T 터미널                                                           – □ ×

> cd src
> mkdir contexts
> cd contexts
> touch index.ts ResponsiveContext.tsx
> cd ../..
```

그리고 ResponsiveContext.tsx 파일을 열고 다음처럼 코드를 구현합니다.

**Do it!** 반응형 컨텍스트 구현하기(초기 모습)　　　　　• src/contexts/ResponsiveContext.tsx

```
import {createContext} from 'react'

type ContextType = {
  breakpoint: string    // 공유할 데이터 속성
}
const defaultContextValue: ContextType = {
  breakpoint: ''    // 공유할 데이터 속성 초깃값
}
export const ResponsiveContext = createContext<ContextType>(defaultContextValue)
```

그리고 같은 디렉터리의 index.ts 파일에 **ResponsiveContext**를 다음처럼 반영해 줍니다.

**Do it!** 인덱스 파일에 추가하기　　　　　　　　　　　　　　• src/contexts/index.ts

```
export * from './ResponsiveContext'
```

## 컨텍스트 객체가 제공하는 Provider 컴포넌트

createContext 함수 호출로 생성된 컨텍스트 객체는 Provider와 Consumer라는 컴포넌트를 제공합니다. 여기서 Provider는 컨텍스트의 기능을 제공할 컴포넌트이고, Consumer는 Provider가 제공한 기능을 사용하고 싶은 클래스 컴포넌트입니다. 그런데 이 책은 대부분 컴포넌트를 함수 형태로 구현하므로 Consumer는 무시해도 됩니다. 함수 컴포넌트는 클래스 컴포넌트와 달리 Consumer보다 훨씬 사용법이 단순한 useContext 훅을 사용하면 되기 때문입니다.

Provider 컴포넌트는 다음처럼 value와 children 속성이 있는 ProviderProps 속성을 제공합니다. 여기서 타입 변수 T는 createContext<T>와 같아야 하고, children은 「02-4」절에서 알아본 컴포넌트의 children 속성과 같습니다. 그리고 value 속성에 설정하는 값이 Provider 컨텍스트가 제공하는 기능이 됩니다.

```
interface ProviderProps<T> {
  value: T;
  children?: ReactNode;
}
// 사용 예: <ResponsiveContext.Provider value={value} children={children} />
```

다음 화면은 이렇게 작성한 ResponsiveContext를 App.tsx 파일에 적용했을 때 나타난 오류 화면입니다. 이 오류는 Provider 컴포넌트는 반드시 value 속성에 값을 설정해 줘야 하는데 코드에서는 value 속성을 설정하는 부분이 없어서 발생합니다. 이제 이 오류를 해결하기 위해 ResponsiveContext.Provider를 감싸는 ResponsiveProvider 컴포넌트를 Responsive Context.tsx 파일에 구현해 보겠습니다.

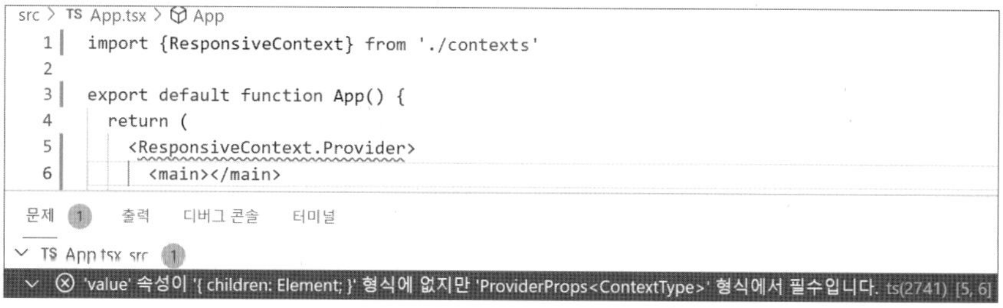

```
src > TS App.tsx > App
1  import {ResponsiveContext} from './contexts'
2
3  export default function App() {
4    return (
5      <ResponsiveContext.Provider>
6        <main></main>
```

문제 1   출력   디버그 콘솔   터미널

∨ TS App.tsx src 1

∨ ⊗ 'value' 속성이 '{ children: Element; }' 형식에 없지만 'ProviderProps<ContextType>' 형식에서 필수입니다. ts(2741) [5, 6]

그림 4-13 Provider의 value 속성값을 설정하지 않아서 생긴 오류

## ResponsiveProvider 컴포넌트 만들기

다음 코드는 ResponsiveContext.Provider를 감싸는 ResponsiveProvider 컴포넌트의 초기 구현 모습입니다. ResponsiveContext.Provider는 value와 children 속성을 제공한다는 것에 착안해 코드를 작성합니다.

```tsx
Do it!  ResponsiveProvider 구현하기                    • src/contexts/ResponsiveContext.tsx

import type {FC, PropsWithChildren} from 'react'
import {createContext} from 'react'

type ContextType = {
  breakpoint: string    // 공유할 데이터 속성
}
const defaultContextValue: ContextType = {
  breakpoint: ''    // 공유할 데이터 속성 초깃값
}
export const ResponsiveContext = createContext<ContextType>(defaultContextValue)

type ResponsiveProviderProps = {}
export const ResponsiveProvider: FC<PropsWithChildren<ResponsiveProviderProps>> = ({
  children,
  ...props
}) => {
  const breakpoint = 'sm'
  const value = {
    breakpoint    // breakpoint: breakpoint 코드를 간결하게 표현
  }
  return <ResponsiveContext.Provider value={value} children={children} />
}
```

이렇게 만든 ResponsiveProvider 컴포넌트를 다음처럼 src/App.tsx 파일에 적용해 보겠습니다. 모든 컨텍스트 제공자는 가장 최상위 컴포넌트로 동작해야 한다는 원칙에 따라 ResponsiveProvider를 <main>의 부모 컴포넌트로 만들었습니다.

```tsx
import ResponsiveContextTest from './pages/ResponsiveContextTest'
import {ResponsiveProvider} from './contexts'

export default function App() {
  return (
    <ResponsiveProvider>
      <main>
        <ResponsiveContextTest />
      </main>
    </ResponsiveProvider>
  )
}
```

## useContext 훅 알아보기

이제 ResponsiveContextTest 컴포넌트를 구현할 차례인데, 그전에 useContext 훅을 알아보겠습니다. useContext 훅은 컨텍스트 객체가 제공하는 Provider 컴포넌트의 value 속성값을 얻을 수 있게 하는 목적으로 사용되는 훅입니다. useContext 훅을 사용하려면 다음처럼 임포트합니다.

useContext 훅 임포트

```tsx
import {useContext} from 'react'
```

다음 코드는 useContext 훅을 사용하는 useResponsive 커스텀 훅을 구현한 예입니다. useContext는 항상 컨텍스트 제공자의 value 속성값을 반환하므로 앞서 본 컨텍스트 제공자의 value 속성에 설정해 놓았던 breakpoint 멤버 속성값을 반환하고 있습니다.

```tsx
export const useResponsive = () => {
  const value = useContext(ResponsiveContext)
  return value.breakpoint
}
```

다음 코드는 지금까지 내용을 모두 종합한 ResponsiveContext.tsx 파일 구현 내용입니다. 코드는 「04-4」절에서 제작한 useWindowResize 훅으로 현재 웹 페이지의 넓이를 구한 뒤, 앞에서 알아본 테일윈드CSS의 중단점 접두사가 의미하는 픽셀 크기에 따라 breakpoint 변숫값을 계산합니다. 또한 객체에 적용하는 비구조화 할당 구문으로 좀 더 간결하게 구현했습니다.

**Do it!** 반응형 컨텍스트 완성하기 • (완성)src/contexts/ResponsiveContext.tsx

```tsx
import type {FC, PropsWithChildren} from 'react'
import {createContext, useContext} from 'react'
import {useWindowResize} from '../hooks'

type ContextType = {
  breakpoint: string    // 공유할 데이터 속성
}
const defaultContextValue: ContextType = {
  breakpoint: ''  // 공유할 데이터 속성 초깃값
}
export const ResponsiveContext = createContext<ContextType>(defaultContextValue)

type ResponsiveProviderProps = {}
export const ResponsiveProvider: FC<PropsWithChildren<ResponsiveProviderProps>> = ({
  children,
  ...props
}) => {
  const [width] = useWindowResize()
  // prettier-ignore
  const breakpoint = width < 640 ? 'sm' :
                     width < 768 ? 'md' :
                     width < 1024 ? 'lg' :
                     width < 1280 ? 'xl' : '2xl'

  const value = {
    breakpoint
  }
  return <ResponsiveContext.Provider value={value} children={children} />
}

export const useResponsive = () => {
  const {breakpoint} = useContext(ResponsiveContext)
  return breakpoint
}
```

이제 앞에서 제작한 useResponsive 커스텀 훅을 src/pages 디렉터리의 Responsive
ContextTest.tsx 파일에 적용합니다. useResponsive 커스텀 훅은 항상 breakpoint값을 반
환하므로 다음처럼 구현할 수 있습니다.

```
Do it!  창 크기 탐지해서 중단점 표시하기                    • src/pages/ResponsiveContextTest.tsx

import {Title, Subtitle} from '../components'
import {useResponsive} from '../contexts'

export default function ResponsiveContextTest() {
  const breakpoint = useResponsive()
  return (
    <section className="mt-4">
      <Title>ResponsiveContextTest</Title>
      <div className="mt-4">
        <Subtitle>breakpoint: {breakpoint}</Subtitle>
      </div>
    </section>
  )
}
```

▶ 실행 결과

실행 결과를 보면 현재 웹 페이지의 넓이가 640px보다 작으므로 중단점이 sm으로 표시됩니
다. 이처럼 컨텍스트는 최상위 부모 컴포넌트가 컨텍스트 제공자 컴포넌트를 통해 제공하는
기능을 자식뿐만 아니라 자손 컴포넌트들도 useContext 훅으로 사용할 수 있게 하는 기능입
니다. 다음 장부터 설명하는 리덕스, 리액트 라우터 등 대부분의 리액트 기반 패키지들은 이
컨텍스트 기능으로 구현되었습니다.

npm start 명령을 실행한 터미널에서 Ctrl+C를 눌러 종료합니다. 지금까지 리액트 훅을 사
용해 다양한 기능을 살펴봤습니다. 다음 장에서는 리덕스 패키지를 알아보겠습니다.

# 상태 관리와 리덕스 패키지

리덕스는 가장 널리 사용되는 리액트 프레임워크용 앱 수준 상태 관리 패키지입니다. 이 장에서는 리덕스의 다양한 기능을 알아봅니다.

# 05-1 리덕스 기본 개념 이해하기

이 절에서는 리덕스를 이용해 시계 애플리케이션을 만들어 보면서 기본 개념을 알아봅니다. 또한 리덕스의 간단 버전인 useReducer 훅도 살펴봅니다.

⚙️ **프로젝트 만들기**

전체 루트 디렉터리(C:\rcp)에서 다음 명령으로 ch05 디렉터리를 만든 뒤 ch05_1이라는 이름으로 프로젝트를 생성합니다. 그리고 ch05_1 디렉터리를 대상으로 VSCode를 실행합니다.

**T 터미널**

```
> mkdir ch05
> cd ch05
> npx create-react-app ch05_1 --template typescript
> code ch05_1
```

VSCode가 열리면 터미널을 하나 열고 다음 명령으로 chance와 luxon, 머티리얼 아이콘과 테일윈드CSS 관련 패키지들을 설치합니다. 그리고 이번 절에서 사용할 리덕스 관련 패키지도 설치합니다.

**T 터미널**

```
> npm i chance luxon @fontsource/material-icons
> npm i -D @types/chance @types/luxon
> npm i -D postcss autoprefixer tailwindcss @tailwindcss/line-clamp daisyui
> npm i redux @reduxjs/toolkit react-redux
```

기존에 만든 파일을 복사해 재활용하고 이 절과 상관없는 파일은 지웁니다.

**T 터미널**

```
> cp -r ../../ch04/ch04_6/src/* ./src
> cp -r ../../ch04/ch04_6/*.js .
> rm src/pages/*
```

src/copy 디렉터리의 CopyMe.tsx 파일을 복사해 이번 절에서 작성할 파일을 pages 디렉터리에 만듭니다.

```
T  터미널                                                              －  □  ✕

> cd src
> cp copy/CopyMe.tsx pages/ReduxClock.tsx
> cp copy/CopyMe.tsx pages/UseReducerClock.tsx
> cd ..
```

이제 앱 파일(src/App.tsx)을 열어 이 절에서 실습할 컴포넌트를 나열한 후 터미널에서 npm start 명령을 실행합니다.

**Do it!** 기본 앱 파일 작성하기                                          • src/App.tsx

```
import ReduxClock from './pages/ReduxClock'
import UseReducerClock from './pages/UseReducerClock'

export default function App() {
  return (
    <main className="p-8">
      <UseReducerClock />
      <ReduxClock />
    </main>
  )
}
```

## 리덕스와 리덕스 관련 필수 패키지

리액트 제작사인 메타[Meta](구 페이스북)는 리액트를 처음 발표할 때 플럭스[flux]라고 부르는 앱 설계 규격을 함께 발표했습니다. 플럭스는 앱 수준 상태, 즉 여러 컴포넌트가 공유하는 상태를 리액트 방식으로 구현하는 방법입니다. 이후로 플럭스 설계 규격을 준수하는 오픈소스 라이브러리가 등장했는데, **리덕스**[redux]는 그중에서 가장 많이 사용되는 패키지입니다.

리덕스를 사용하려면 redux와 @reduxjs/toolkit(줄여서 RTK) 패키지, 그리고 리액트 프레임워크에서 사용할 react-redux 패키지를 설치해야 합니다. redux와 RTK는 프레임워크와 무관하므로 리액트는 물론 앵귤러나 뷰에서도 사용할 수 있습니다. 반면에 react-redux는 리액트와 함께 동작해야 하므로 다른 프레임워크에서는 사용할 수 없습니다. 이 패키지들은 모두 타입스크립트로 제작되었으므로 타입 라이브러리를 별도로 설치할 필요는 없습니다.

앞에서 프로젝트를 만들면서 이 패키지들을 설치했습니다. 다음은 이 프로젝트에 설치된 3가지 리덕스 관련 패키지의 버전입니다.

```json
                                                              • package.json
... (생략) ...
"dependencies": {
  "@reduxjs/toolkit": "^2.2.1",
  "react-redux": "^9.1.0",
  "redux": "^5.0.1"
}
... (생략) ...
```

\* 여러분이 실습할 때는 버전이 더 최신일 수 있습니다.

## 앱 수준 상태 알아보기

「04-3」절에서 알아본 useState 혹은 컴포넌트가 유지해야 할 상태를 관리하는 용도로 사용됩니다. 그런데 여러 컴포넌트가 상태들을 함께 공유하는 형태로 만들 때가 많은데, 이처럼 앱을 구성하는 모든 컴포넌트가 함께 공유할 수 있는 상태를 **앱 수준 상태**app-level states 줄여서 '앱 상태'라고 합니다.

### Provider 컴포넌트와 store 속성

리덕스는 「04-6」절에서 알아본 리액트 컨텍스트에 기반을 둔 라이브러리입니다. 즉, 리덕스 기능을 사용하려면 리액트 컨텍스트의 Provider 컴포넌트가 최상위로 동작해야 합니다. 따라서 react-redux 패키지는 다음처럼 Provider 컴포넌트를 제공합니다.

```
import {Provider} from 'react-redux'
```

그런데 Provider란 이름은 너무 일반적이므로 이 책에서는 다음처럼 ReduxProvider란 별칭으로 사용하겠습니다.

```
import {Provider as ReduxProvider} from 'react-redux'
```

그런데 ReduxProvider를 src/App.tsx 파일에 적용해 보면 다음처럼 store 속성값이 설정돼 있지 않다는 오류가 발생합니다. 이제 이 오류가 발생하는 배경을 알아보겠습니다.

```tsx
src > TS App.tsx > ⓨ App
  1   import {Provider as ReduxProvider} from 'react-redux'
  2   import ReduxClock from './pages/ReduxClock'
  3   import UseReducerClock from './pages/UseReducerClock'
  4
  5   export default function App() {
  6     return (
  7       <ReduxProvider>
```

문제 ①    디버그 콘솔    터미널

∨ TS App.tsx src ①

∨   ⊗ 'store' 속성이 '{ children: Element; }' 형식에 없지만 'ProviderProps<AnyAction, any>' 형식에서 필수입니다.

그림 5-1 ReduxProvider에 store 속성값을 설정하지 않아 발생한 오류

## 리덕스 저장소와 리듀서, 액션 알아보기

타입스크립트 언어로 리덕스 기능을 사용할 때는 먼저 다음처럼 앱 수준 상태를 표현하는 AppState와 같은 타입을 선언해야 합니다.

```
export type AppState = {}
```

만일 시계 앱을 만든다면 AppState는 다음처럼 작성할 수 있습니다.

```
export type AppState = {
  today: Date
}
```

**리덕스 저장소**<sup>redux store</sup>는 AppState 타입 데이터를 저장하는 공간입니다. 그런데 리덕스 저장소를 생성하려면 리듀서라는 함수를 알아야 합니다. 리덕스에서 **리듀서**<sup>reducer</sup>는 현재 상태와 액션이라는 2가지 매개변수로 새로운 상태를 만들어서 반환합니다.

다음은 리듀서 함수의 선언문입니다.

```
Reducer 선언문

export type Reducer<S = any, A extends Action = AnyAction> = (
  state: S | undefined,
  action: A
) => S
```

리듀서 선언문에 나오는 **액션**action은 플럭스에서 온 용어로서 **type**이란 이름의 속성이 있는 평범한 자바스크립트 객체를 의미합니다. redux 패키지는 다음처럼 액션 객체의 타입을 선언하고 있습니다. 이 액션 선언문은 type 속성이 반드시 있어야 한다는 의미입니다.

> **Action 선언문**
>
> ```
> export interface Action<T = any> {
>   type: T
> }
> ```

## 스토어 객체 관리 함수

RTK 패키지는 리듀서에서 반환한 새로운 상태를 **스토어**store라는 객체로 정리해 관리하는 configureStore 함수를 제공합니다.

> ```
> import {configureStore} from '@reduxjs/toolkit'
> ```

다음은 단순하게 표현한 configureStore 함수의 선언문으로, 이 선언문에 따르면 configure Store는 ConfigureStoreOptions 제네릭 타입 매개변수를 1개 입력받는 함수입니다.

> **configureStore 함수 선언문**
>
> ```
> export declare function configureStore<S, A, M>(options: ConfigureStoreOptions<S, A, M>):
> EnhancedStore<S, A, M>;
> ```

다음은 ConfigureStoreOptions 타입을 단순하게 표현한 예입니다. 이 타입은 필수 속성인 reducer와 더불어 middleware 등 선택 속성 4개로 구성되었습니다.

> **ConfigureStoreOptions 타입 정의**
>
> ```
> export interface ConfigureStoreOptions<S, A, M> {
>   reducer
>   middleware?
>   devTools?
>   reloadedState?
>   enhancers?
> }
> ```

다음은 기본 앱 파일에 지금까지의 내용을 추가한 것으로 더 이상 컴파일 오류는 발생하지 않습니다. 다만 이러한 형태는 조금 복잡해 보이므로 전형적인 리덕스 앱의 소스 구조로 바꿔 보겠습니다.

**Do it! 리덕스로 시계 구현하기(초기 모습)** • src/App.tsx

```tsx
import type {Action} from 'redux'
import {Provider as ReduxProvider} from 'react-redux'
import {configureStore} from '@reduxjs/toolkit'

import ReduxClock from './pages/ReduxClock'
import UseReducerClock from './pages/UseReducerClock'

type AppState = {
  today: Date
}
const initialAppState = {
  today: new Date()
}
const rootReducer = (state: AppState = initialAppState, action: Action) => state
const store = configureStore({
  reducer: rootReducer,
  middleware: getDefaultMiddleware => getDefaultMiddleware()
})

export default function App() {
  return (
    <ReduxProvider store={store}>
      <main className="p-8">
        <UseReducerClock />
        <ReduxClock />
      </main>
    </ReduxProvider>
  )
}
```

## 기본 앱 파일 분리하기

먼저 다음처럼 src 디렉터리에 store라는 디렉터리를 만들고 여기에 index.ts 등 5개 파일을 생성합니다. 참고로 리액트 커뮤니티에서는 리덕스 관련 파일을 store라는 이름의 디렉터리에 저장하는 관행이 있습니다.

```
T  터미널                                                      − □ ✕

> cd src
> mkdir store
> cd store
> touch index.ts AppState.ts rootReducer.ts useStore.ts
> cd ../..
```

그리고 App.tsx 파일에 선언된 **AppState** 타입을 src/store 디렉터리의 AppState.ts 파일에 다음처럼 옮겨 놓습니다.

```
Do it!  AppState 선언문 옮기기                        • src/store/AppState.ts

export type AppState = {
  today: Date
}
```

그리고 비슷한 방법으로 App.tsx 파일의 **rootReducer** 관련 코드를 src/store 디렉터리의 rootReducer.ts 파일에 다음처럼 옮겨 놓습니다.

```
Do it!  루트 리듀서 코드 옮기기                        • src/store/rootReducer.ts

import type {Action} from 'redux'
import type {AppState} from './AppState'

const initialAppState = {
  today: new Date()
}
export const rootReducer = (state: AppState = initialAppState, action: Action) => state
```

그리고 **configureStore** 관련 코드는 다음처럼 **useMemo** 훅을 사용한 **useStore**란 이름의 커스텀 훅 형태로 메모리 효율을 생각해서 구현합니다.

```
import {configureStore} from '@reduxjs/toolkit'
import {useMemo} from 'react'
import {rootReducer} from './rootReducer'

const initializeStore = () => {
  const store = configureStore({
    reducer: rootReducer,
    middleware: getDefaultMiddleware => getDefaultMiddleware()
  })
  return store
}

export function useStore() {
  const store = useMemo(() => initializeStore(), [])
  return store
}
```

이제 같은 디렉터리의 index.ts 파일에 지금까지 구현한 내용을 반영해 줍니다. 참고로 **initializeStore**는 useStore.ts 파일에서만 사용하므로 **export** 문으로 내보낼 필요가 없습니다.

```
export * from './AppState'
export * from './useStore'
```

App.tsx 파일에서 리덕스 관련 코드들을 분리했으므로 다음처럼 간결해졌습니다.

```
import {Provider as ReduxProvider} from 'react-redux'
import {useStore} from './store'

import ReduxClock from './pages/ReduxClock'
import UseReducerClock from './pages/UseReducerClock'

export default function App() {
  const store = useStore()
  return (
```

```
    <ReduxProvider store={store}>
      <main className="p-8">
        <UseReducerClock />
        <ReduxClock />
      </main>
    </ReduxProvider>
  )
}
```

## useSelector 훅 사용하기

이제 리덕스 저장소에 어떤 내용이 저장되었는지 알고자 스토어의 상탯값을 반환해 주는
useSelector 훅을 살펴보겠습니다. useSelector 훅은 react-redux 패키지가 제공합니다.

useSelector 훅 임포트

```
import {useSelector} from 'react-redux'
```

useSelector 훅은 다음처럼 구현된 제네릭 함수입니다.

useSelector 선언문

```
export function useSelector<TState, TSelected>(
    selector: (state: TState) => TSelected
): TSelected;
```

다음 코드는 useSelector 훅으로 AppState 타입의 today 속성값을 얻는 예입니다.

```
const today = useSelector<AppState, Date>(state => state.today)
```

다음은 「04-1」절의 Clock.tsx 파일 내용을 src/pages 디렉터리의 ReduxClock.tsx 파일에
복사한 다음 useSelector 훅을 적용한 예입니다. 코드에서 useSelector 훅으로 today 변숫값
을 얻으므로 더 이상 today를 컴포넌트 속성으로 구현하지 않아도 됩니다. 코드를 실행해 보
면 「04-1」절에서 본 Clock 컴포넌트의 초기 모습을 볼 수 있습니다.

```
import {useSelector} from 'react-redux'
import type {AppState} from '../store'
import {Div, Title, Subtitle} from '../components'

export default function ReduxClock() {
  const today = useSelector<AppState, Date>(state => state.today)

  return (
    <Div className="flex flex-col items-center justify-center mt-16">
      <Title className="text-5xl">ReduxClock</Title>
      <Title className="mt-4 text-3xl">{today.toLocaleTimeString()}</Title>
      <Subtitle className="mt-4 text-2xl">{today.toLocaleDateString()}</Subtitle>
    </Div>
  )
}
```

## 리덕스 액션 알아보기

앞서 구현한 ReduxClock 컴포넌트가 시계로서 동작하려면 리덕스 저장소의 today값을 현재
시각으로 변경해 줘야 합니다. 이와 동시에 ReduxClock 컴포넌트를 다시 렌더링하여 바뀐
today값을 화면에 반영해야 합니다.

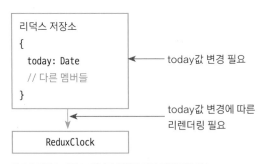

그림 5-2 리덕스 저장소 데이터 변화에 따른 리렌더링 필요

비록 이 절의 샘플 코드는 리덕스 저장소에 today란 이름의 속성밖에 없지만, 좀 더 일반적인
관점으로 보면 today 외에 다른 멤버 속성들이 있을 수 있습니다. 그리고 시계를 만드는 코드
는 리덕스 저장소의 다른 멤버 속성들의 값은 건드리지 않고, 오직 today 속성값만 변경해 줘
야 합니다.

리덕스에서 액션은 저장소의 특정 속성값(여기서는 **today**)만 변경하고 싶을 때 사용하는 방법입니다. 이제 src/store 디렉터리에 actions.ts라는 이름의 파일을 만듭니다.

터미널

```
touch src/store/actions.ts
```

그리고 다음처럼 이 파일의 초기 모습을 구현합니다.

**Do it!** 오늘 날짜 액션 만들기 • src/store/actions.ts

```
export type SetTodayAction = {
  today: Date
}
```

그런데 리덕스 액션은 반드시 **type**이란 이름의 속성이 있어야 하므로 redux 패키지는 **Action** 타입을 제공합니다. 다음 코드는 타입스크립트의 교집합 타입[intersection type] 구문으로 **SetTodayAction** 타입에 **type**이란 속성을 추가해 줍니다.

**Do it!** 액션에 type 속성 추가 • src/store/actions.ts

```
import type {Action} from 'redux'

export type SetTodayAction = Action & {
  today: Date
}
```

액션의 **type** 속성은 리듀서에 **switch~case** 문 같은 분기문을 써서 **type** 속성에 따라 적절하게 분기하도록 합니다.

```
const rootReducer = (state: AppState = initialState, action: Action): AppState => {
  switch (action.type) {
    case '액션_타입1':
      return {...state}    // 액션_타입1을 반영한 새로운 상태 반환
    case '액션_타입2':
      return {...state}    // 액션_타입2를 반영한 새로운 상태 반환
  }
  return state
}
```

이처럼 액션의 type 속성이 리듀서에 분기문을 구현할 수 있게 해주는 것이므로, type 속성의 타입을 다음처럼 'setToday'로 정할 수 있습니다.

**Do it! 액션에 type 속성의 타입 추가** • src/store/actions.ts

```
import type {Action} from 'redux'

export type SetTodayAction = Action<'setToday'> & {
  today: Date
}
export type Actions = SetTodayAction
```

## 리덕스 리듀서 알아보기

앞서 작성한 src/store 디렉터리의 rootReducer.ts 파일에서 변수 이름만 다음처럼 바꿔보겠습니다. 그러면 "첫 번째 매개변수에 담긴 과거 상탯값(preState)을 바탕으로 새로운 상탯값(newState)을 반환한다"는 리듀서* 함수의 목적이 분명해집니다. 이 코드에 앞서 구현한 액션 부분의 코드를 반영해 보겠습니다.

> \* '리듀서(reducer)'라는 이름에는 prevState 와 action 두 객체를 결합하여 1개의 newState 로 줄이는(reduce) 용도라는 의미를 내포하고 있습니다.

**Do it! 리듀서에 액션 추가하기** • src/store/rootReducer.ts

```
import type {Action} from 'redux'
import type {AppState} from './AppState'

const initialAppState = {
  today: new Date()
}
export const rootReducer = (prevState: AppState = initialAppState, action: Action) => {
  const newState = {...prevState}    // 깊은 복사 필요
  return newState
}
```

다음은 앞에서 구현한 SetTodayAction을 반영한 것으로, 액션과 리듀서의 관계를 좀 더 명확하게 표현하고 있습니다. 그런데 리덕스에서 리듀서를 구현할 때는 prevState, newState라는 이름 대신 그냥 state를 주로 사용합니다.

```
import type {Actions} from './actions'
import type {AppState} from './AppState'

const initialAppState = {
  today: new Date()
}
export const rootReducer = (state: AppState = initialAppState, action: Actions) => {
  switch (action.type) {
    case 'setToday': {
      return {...state, today: action.today}
    }
  }
  return state   // 필수
}
```

이 코드는 액션이 SetTodayAction 타입이 아니면 state값을 변경하지 않고 그대로 반환한다는 의미를 보여 줍니다. 또한 마지막 줄에 '필수'라는 주석을 단 이유는 VSCode가 필요 없는 코드처럼 회색으로 표시해서인데, 꼭 있어야 하는 코드입니다. 왜 그런지는 다음 절에서 알아봅니다.

## useDispatch 훅 사용하기

이번에는 useDispatch 훅을 알아보겠습니다. react-redux 패키지는 다음처럼 useDispatch 훅을 제공합니다.

useDispatch 훅 임포트

```
import {useDispatch} from 'react-redux'
```

useDispatch 훅을 호출하면 다음처럼 dispatch() 함수를 얻을 수 있습니다.

```
const dispatch = useDispatch()
```

dispatch() 함수를 사용하여 다음 코드 형태로 리덕스 저장소에 저장된 AppState 객체의 멤버 전부나 일부를 변경할 수 있습니다. 다음은 type 속성값이 'setToday'인 액션을 dispatch() 함수를 통해 리덕스 저장소로 보내는 코드입니다.

```
dispatch({type: 'setToday', today: new Date()})
```

## dispatch 함수와 리듀서 간의 관계 이해하기

지금까지 리덕스 저장소와 리듀서 그리고 액션과 dispatch() 함수를 알아보았는데, 이들의 관계를 그림으로 표현하면 다음과 같습니다.

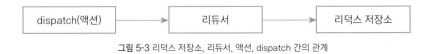

**그림 5-3** 리덕스 저장소, 리듀서, 액션, dispatch 간의 관계

이 그림은 리덕스 저장소에 저장된 앱 수준 상태의 일부 속성값을 변경하려면 일단 액션을 만들어야 한다는 것을 의미합니다. 그리고 액션은 반드시 dispatch() 함수로 리덕스 저장소에 전달해야 합니다. 그리고 액션이 리덕스 저장소에 전달될 때 리듀서가 관여합니다.

또한 다음 그림은 리듀서에 전달되는 두 매개변수 state와 action이 어떻게 만들어지는지를 보여 줍니다. 리덕스 저장소는 앱 수준 상태를 저장하는 것이 목적이므로 첫 번째 매개변숫값을 만들 수 있습니다. 또한 액션은 반드시 dispatch() 함수로 전달되므로 dispatch(액션) 코드가 실행되면 두 번째 매개변수 action이 리듀서로 전달됩니다.

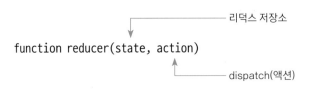

**그림 5-4** 리듀서에 전달되는 state와 action 매개변수 생성 주체

## 시계 완성하기

이제 useDispatch 훅을 호출하여 dispatch() 함수를 얻고, dispatch(액션)를 1초에 한 번씩 호출하여 시계를 완성해 보겠습니다.

src/pages 디렉터리에 있는 ReduxClock.tsx 파일을 열고 다음처럼 코드를 작성합니다. 앞서 「04-1」절에서 구현한 useInterval 커스텀 훅을 사용해 현재 시각을 rootReducer에 보내는 방식으로 시계를 구현합니다. 이 코드를 저장하고 앱이 실행 중인 웹 브라우저를 확인해 보면 비로서 시계가 동작하는 것을 확인할 수 있습니다.

---

**Do it!** 시계 완성하기
• src/pages/ReduxClock.tsx

```tsx
import {useSelector, useDispatch} from 'react-redux'
import type {AppState} from '../store'
import {Div, Title, Subtitle} from '../components'
import {useInterval} from '../hooks'

export default function ReduxClock() {
  const today = useSelector<AppState, Date>(state => state.today)
  const dispatch = useDispatch()

  useInterval(() => {
    dispatch({type: 'setToday', today: new Date()})
  })

  return (
    <Div className="flex flex-col items-center justify-center mt-16">
      <Title className="text-5xl">ReduxClock</Title>
      <Title className="mt-4 text-3xl">{today.toLocaleTimeString()}</Title>
      <Subtitle className="mt-4 text-2xl">{today.toLocaleDateString()}</Subtitle>
    </Div>
  )
}
```

---

## useReducer 훅 사용하기

이번에는 useReducer 훅을 알아보겠습니다. useReducer 훅은 이름에서 알 수 있듯이 리덕스의 리듀서와 사실상 똑같은 기능을 수행합니다. useReducer 훅은 04장에서 본 다른 훅 함수들처럼 ReduxProvider와 같은 컨텍스트 없이 사용합니다. 이 때문에 리덕스의 상태는 앱의 모든 컴포넌트에서 접근할 수 있지만(즉, 전역 상태), useReducer 훅이 상태는 다른 훅 함수들처럼 useReducer 훅을 호출한 컴포넌트 안에서만 유효하다는(즉, 지역 상태) 차이가 있습니다.

react 패키지는 다음처럼 useReduer 훅을 제공합니다.

---

useReducer 훅 임포트

```tsx
import React, {useReducer} from 'react'
```

---

useReducer 훅을 사용하면 여러 번의 useState와 useCallback 훅 호출 코드를 간결하게 구현할 수 있습니다.

> **useReducer 훅 사용법**
>
> ```
> const [상태, dispatch] = useReducer(리듀서, 상태_초깃값)
> ```

그런데 리덕스의 리듀서와 useReducer 훅은 초기 상탯값을 설정하는 부분에 차이가 있습니다. 리덕스의 리듀서는 다음처럼 리듀서의 첫 번째 매개변수에 기본값을 설정합니다.

> **리덕스의 리듀서 기본값 설정 방법**
>
> ```
> const initialState: AppState = {
>   today: new Date()
> }
> export const rootReducer = (state: AppState = initialState, action: AppActions) => {}
> ```

반면에 useReducer 훅은 두 번째 매개변수에 초깃값을 설정합니다.

> **useReducer 훅 초기 상탯값 설정 방법**
>
> ```
> useReducer((state: AppState, action: AppActions) => {}, {today: new Date()})
> ```

이제 useReducer 훅을 실습해 보겠습니다. 먼저 ReduxClock.tsx 파일을 복사해 UseReducerClock.tsx 파일을 만듭니다.

> **T 터미널**　　　　　　　　　　　　　　　　　　　　　　　　　　　　　　　　　　　— □ ×
>
> ```
> > cd src/pages
> > cp ReduxClock.tsx UseReducerClock.tsx
> > cd ../..
> ```

방금 만든 UseReducerClock.tsx 파일을 열고 useReducer 훅을 사용하는 다음 코드를 작성합니다. 이 파일은 앞에서 작성한 ReduxClock.tsx와 똑같이 동작합니다.

```tsx
import {useReducer} from 'react'
import type {AppState} from '../store'
import type {SetTodayAction} from '../store/actions'
import {Div, Title, Subtitle} from '../components'
import {useInterval} from '../hooks'

export default function UseReducerClock() {
  const [{today}, dispatch] = useReducer(
    (state: AppState, action: SetTodayAction) => {
      switch (action.type) {
        case 'setToday':
          return {...state, today: new Date()}
      }
      return state   // 필수
    },
    {
      today: new Date()
    }
  )

  useInterval(() => {
    dispatch({type: 'setToday', today: new Date()})
  })

  return (
    <Div className="flex flex-col items-center justify-center h-24">
      <Title className="text-5xl">UseReducerClock</Title>
      <Title className="mt-4 text-3xl">{today.toLocaleTimeString()}</Title>
      <Subtitle className="mt-4 text-2xl">{today.toLocaleDateString()}</Subtitle>
    </Div>
  )
}
```

▶ 실행 결과

**UseReducerClock**

오후 8:34:27

2022. 10. 18.

**ReduxClock**

오후 8:34:27

2022. 10. 18.

## src/copy 디렉터리에 리덕스 관련 파일 생성하기

여기서는 이번 절에서 구현한 내용을 각 파일로 분리하고 다음 절 실습을 준비합니다. 먼저 src/copy 디렉터리(src/store 디렉터리가 아님)에 store라는 디렉터리를 만들고 여기에 index.ts를 비롯해 총 4개의 파일을 생성합니다.

```
T 터미널                                                    – □ ✕

> cd src/copy
> mkdir store
> cd store
> touch index.ts AppState.ts rootReducer.ts useStore.ts
> # 아직 디렉터리를 이동하지 마세요.
```

그리고 src/copy/store 디렉터리의 AppState.ts 파일을 열고 다음처럼 작성합니다.

**Do it! 앱 상태 파일 작성하기**                        • src/copy/store/AppState.ts

```
export type AppState = {}
```

또한 rootReducer.ts 파일을 다음처럼 구현합니다.

**Do it! 루트 리듀서 파일 작성하기**                    • src/copy/store/rootReducer.ts

```
import { combineReducers } from 'redux'
export const rootReducer = combineReducers({})
```

그리고 useStore.ts 파일에 이 절에서 구현한 내용을 다음처럼 그대로 구현합니다.

**Do it! 스토어 파일 작성하기**                         • src/copy/store/useStore.ts

```
import {configureStore} from '@reduxjs/toolkit'
import {useMemo} from 'react'
import {rootReducer} from './rootReducer'

const initializeStore = () => {
  const store = configureStore({
    reducer: rootReducer,
    middleware: getDefaultMiddleware => getDefaultMiddleware()
```

```
  })
  return store
}


export function useStore() {
  const store = useMemo(() => initializeStore(), [])
  return store
}
```

마지막으로 AppState 타입과 useStore() 함수를 다른 파일에서 사용할 수 있도록, index.ts 파일을 다음처럼 구현합니다.

**Do it!** 인덱스 파일 작성하기 ・ src/copy/store/index.ts

```
export * from './AppState'
export * from './useStore'
```

다시 터미널에서 다음 명령으로 src/copy/store 디렉터리에 copy라는 이름의 디렉터리를 만들고, 여기에 다시 index.ts 등 4개의 파일을 생성합니다.

**T** 터미널  src/copy/store에서 명령 실행하기 — ☐ ✕

```
> mkdir copy
> cd copy
> touch index.ts types.ts actions.ts reducers.ts
> cd ../../../..
```

그리고 src/copy/store/copy 디렉터리의 types.ts 파일을 다음처럼 구현합니다.

**Do it!** 타입 파일 작성하기 ・ src/copy/store/copy/types.ts

```
import type {Action} from 'redux'

export type State = any
export type Actions = Action
```

또한 actions.ts 파일을 다음처럼 구현합니다.

• src/copy/store/copy/actions.ts

```
import type * as T from './types'
```

또한 reducers.ts 파일을 다음처럼 구현합니다.

• src/copy/store/copy/reducers.ts

```
import * as T from './types'

const initialState: T.State = {}

export const reducer = (state: T.State = initialState, action: T.Actions) => {
  return state
}
```

마지막으로 index.ts 파일을 다음처럼 구현합니다.

• src/copy/store/copy/index.ts

```
export * from './types'
export * from './actions'
export * from './reducers'
```

이제 npm start 명령을 실행한 터미널에서 Ctrl+C를 눌러 종료합니다. 다음 절에서는 리듀서를 활용하는 방법을 알아보겠습니다.

# 05-2 리듀서 활용하기

이 절에서는 시계와 카운터, 사용자 정보 변경, 사용자 카드 등을 만들어 볼 텐데 각 기능을 하나의 멤버 상태로 구성하여 독립적으로 동작하도록 해보겠습니다. 그런데 이처럼 앱 수준 상태를 구성하는 멤버 속성이 많아지면 리듀서를 구현하는 코드가 점점 복잡해집니다. 리덕스는 이런 리듀서의 복잡함을 덜 수 있게 여러 리듀서를 하나로 합쳐 주는 combineReducers() 함수를 제공합니다.

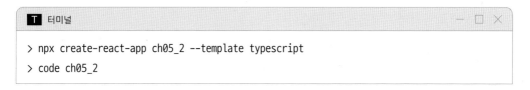

ch05 디렉터리에서 다음 명령으로 ch05_2라는 프로젝트를 생성합니다. 그리고 ch05_2 디렉터리를 대상으로 VSCode를 실행합니다.

```
T 터미널                                                    — □ ×
> npx create-react-app ch05_2 --template typescript
> code ch05_2
```

VSCode가 열리면 터미널을 하나 열고 다음 명령으로 chance와 luxon, 머티리얼 아이콘과 테일윈드CSS, 리덕스 관련 패키지들을 설치합니다.

```
T 터미널                                                    — □ ×
> npm i chance luxon @fontsource/material-icons
> npm i -D @types/chance @types/luxon
> npm i -D postcss autoprefixer tailwindcss @tailwindcss/line-clamp daisyui
> npm i redux @reduxjs/toolkit react-redux
```

이어서 앞 절의 src 디렉터리와 기존에 만든 파일을 복사해 재활용하고 이 절과 상관없는 파일은 지웁니다.

```
> cp -r ../ch05_1/src/* ./src
> cp -r ../ch05_1/*.js .
> rm src/pages/*
> rm -r -force src/store/*     # 맥에서는 rm -rf src/store/*
```

그리고 다음 명령으로 앞 절에서 만들었던 src/copy/store 디렉터리의 파일들을 src/store 디렉터리로 복사합니다.

```
> cd src
> cp -r copy/store/* store
> cd ..
```

이제 앱 파일(src/App.tsx)을 열어 다음처럼 작성한 후 터미널에서 npm start 명령을 실행합니다. 웹 브라우저를 확인해 보면 비록 아무것도 나타나지는 않지만 src/store 쪽 리덕스 기능이 정상으로 동작하는 것을 알 수 있습니다.

참고로 react-redux 패키지가 버전 8이 되면서 리액트 버전 18에서는 ReduxProvider에 반드시 1개 이상의 자식 요소를 가져야 합니다. 따라서 <div /> 요소를 추가했습니다.

**Do it!** 기본 앱 파일                                                              • src/App.tsx

```
import {Provider as ReduxProvider} from 'react-redux'
import {useStore} from './store'

export default function App() {
  const store = useStore()
  return (
    <ReduxProvider store={store}>
      <div />   // 리액트 버전 18 대응 추가 요소
    </ReduxProvider>
  )
}
```

## 리듀서 합치기

combineReducers() 함수는 여러 리듀서를 통합하여 새로운 리듀서를 만들어 줍니다. redux 패키지는 다음처럼 combineReducers() 함수를 제공합니다.

> **combinReducers 함수 임포트**
>
> ```
> import {combineReducers} from 'redux'
> ```

combineReducers() 함수는 다음처럼 ReducersMapObject 타입 객체를 입력 매개변수로 받는 함수입니다. 여기서 타입 변수 S는 상태를 의미하며 이 절에서는 AppState가 이에 해당합니다.

> **combinReducers 함수 선언문**
>
> ```
> export function combineReducers<S>(reducers: ReducersMapObject<S, any>):
> Reducer<CombinedState<S>>
> ```

combineReducers() 함수의 매개변수 reducers는 ReducersMapObject 타입 객체입니다. 이 객체의 선언문을 보면 상태 타입의 키에 설정되는 값은 Reducer<State[Key], Action> 타입의 함수여야 한다는 것을 알 수 있습니다.

> **ReducersMapObject 타입 선언문**
>
> ```
> export type ReducersMapObject<State = any, A extends Action = Action> = {
>   [Key in keyof State]: Reducer<State[Key], A>
> }
> ```

## 앱 상태를 구성하는 멤버 상태 구현하기

combineReducers() 함수를 실습해 보겠습니다. 먼저 터미널에서 다음 명령으로 src/store 디렉터리의 copy 디렉터리를 복사하여 4개의 디렉터리와 관련 파일들을 만듭니다.

> **■ 터미널**                                              — □ ×
>
> ```
> > cd src/store
> > cp -r copy clock
> > cp -r copy counter
> > cp -r copy remoteUser
> > cp -r copy cards
> > cd ../..
> ```

그리고 src/store 디렉터리의 AppState.ts 파일에 방금 만든 4개 디렉터리의 내용을 다음처럼 추가합니다. 이 코드는 앱 수준 상태 AppState를 다시 clock, counter, remoteUser, cards 라는 이름의 독립적으로 동작하는 멤버 상태로 구성한 것입니다.

**Do it!** 앱 상태 파일 작성하기      • src/store/AppState.ts

```
import * as Clock from './clock'
import * as Counter from './counter'
import * as R from './remoteUser'
import * as Cards from './cards'

export type AppState = {
  clock: Clock.State
  counter: Counter.State
  remoteUser: R.State
  cards: Cards.State
}
```

코드에서 **AppState**는 4개의 멤버 상태로 구성했으므로 이를 각각 처리하는 4개의 리듀서가 필요합니다. 그리고 앞서 만든 clock, counter와 같은 디렉터리 안에는 컴파일 오류만 없는 최소한으로 구현한 리듀서가 이미 있습니다.

이제 src/store 디렉터리의 rootReducer.ts 파일을 다음처럼 구현합니다. 코드는 `combineReducers()` 함수로 '상태_이름: 해당_리듀서' 형태의 조합을 모두 결합하여 새로운 루트 리듀서를 만듭니다. 앞서 `combineReducers()`의 매개변수 reducers는 `ReducersMapObject` 타입이라고 했습니다. 이 타입 선언문에서 `[Key in keyof State]: Reducer<State[Key], A>` 부분을 고려해 보면, clock, counter 등의 멤버 상태는 모두 **AppState**의 키이므로, `[Key in keyof State]` 조건을 만족합니다. 또한 각 키 설정값의 타입은 `Reducer<State[Key], A>`, 즉 리듀서 함수여야 하므로 `Clock.reducer`를 설정해야 합니다.

**Do it!** 루트 리듀서 작성하기      • src/store/rootReducer.ts

```
import {combineReducers} from 'redux'
import * as Clock from './clock'
import * as Counter from './counter'
import * as R from './remoteUser'
import * as Cards from './cards'
```

```
export const rootReducer = combineReducers({
  clock: Clock.reducer,
  counter: Counter.reducer,
  remoteUser: R.reducer,
  cards: Cards.reducer
})
```

combineReducers() 함수는 리덕스 관련 코드를 어떤 기계적인 패턴으로 구현할 수 있게 해줍니다. 이제 clock부터 차례로 AppState의 멤버 상태에 대응하는 리덕스 기능을 구현해 가면서 이 기계적인 패턴의 코드를 어떻게 작성하는지 알아보겠습니다.

먼저 src/copy 디렉터리의 CopyMe.tsx 파일을 복사해 이번 절에서 작성할 파일을 pages 디렉터리에 만듭니다.

```
┌─ T 터미널 ──────────────────────────────────────────  − □ ✕ ┐
│                                                              │
│  > cd src                                                    │
│  > cp copy/CopyMe.tsx pages/ClockTest.tsx                    │
│  > cp copy/CopyMe.tsx pages/CounterTest.tsx                  │
│  > cp copy/CopyMe.tsx pages/RemoteUserTest.tsx               │
│  > cp -r copy/CopyMe pages/CardsTest                         │
│  > cd ..                                                     │
│                                                              │
└──────────────────────────────────────────────────────────────┘
```

그리고 앱 파일(src/App.tsx)을 열어 이 절에서 실습할 컴포넌트를 추가합니다.

**Do it!** 앱 파일에 컴포넌트 추가하기  • src/App.tsx

```
import {Provider as ReduxProvider} from 'react-redux'
import {useStore} from './store'
import ClockTest from './pages/ClockTest'
import CounterTest from './pages/CounterTest'
import RemoteUserTest from './pages/RemoteUserTest'
import CardsTest from './pages/CardsTest'

export default function App() {
  const store = useStore()
  return (
```

```
      <ReduxProvider store={store}>
        <CardsTest />
        <RemoteUserTest />
        <CounterTest />
        <ClockTest />
      </ReduxProvider>
    )
  }
```

## 시계 만들기

먼저 AppState의 clock 멤버 상태에 대한 타입을 선언하겠습니다. src/store/clock 디렉터리의 types.ts 파일을 열고 다음처럼 코드를 작성합니다. 코드는 AppState.clock의 타입을 any가 아닌 string으로 변경합니다. 그리고 Action<'@clock/setClock'> 타입과 payload라는 속성이 있는 '이름 없는 타입anonymous type'의 교집합으로 액션을 선언합니다. 그런데 @clock/이나 payload라는 이름이 좀 생소합니다. 이 이름은 리덕스 커뮤니티에서 관행으로 사용하는 타입과 변수 이름입니다. 왜 이런 이름을 사용하는지는 잠시 후에 알아보겠습니다.

**Do it!** clock 타입 선언하기 · src/store/clock/types.ts

```
import type {Action} from 'redux'

export type State = string

export type SetClockAction = Action<'@clock/setClock'> & {
  payload: State
}

export type Actions = SetClockAction
```

이제 SetClockAction 타입의 액션 객체를 생성하는 setClock이란 '액션 생성기action creator'를 만들어 보겠습니다. src/store/clock 디렉터리의 actions.ts 파일을 열고 다음처럼 코드를 작성합니다. 참고로 코드에서 setClock은 매개변수 payload의 타입을 설정할 수 있게 해주므로 {type: '@clock/setClock', payload} 형태의 코드에서 발생할 수 있는 타입 오류를 미연에 방지해 주는 효과가 있습니다.

**Do it! 액션 생성기 작성하기**  • src/store/clock/actions.ts

```
import type * as T from './types'

export const setClock = (payload: T.State): T.SetClockAction => ({
  type: '@clock/setClock',
  payload
})
```

이제 src/store/clock 디렉터리의 reducers.ts 파일을 다음처럼 작성합니다. 앞서 types.ts 파일의 State 타입은 string이므로 직렬화를 위해 Date를 ISO 문자열로 바꿔서 설정합니다.

**Do it! 리듀서 작성하기**  • src/store/clock/reducers.ts

```
import * as T from './types'

const initialState: T.State = new Date().toISOString()

export const reducer = (state: T.State = initialState, action: T.Actions) => {
  switch (action.type) {
    case '@clock/setClock':
      return action.payload
  }
  return state
}
```

이제 지금까지 만든 src/store/clock 디렉터리의 리덕스 기능을 테스트하고자 src/pages 디렉터리의 ClockTest.tsx 파일을 다음처럼 작성합니다. 이 코드는 AppState의 clock 속성값을 화면에 출력하므로 useSelector의 타입 변수들을 <AppState, C.State>로 설정합니다. 그리하여 state의 clock 등 4개의 멤버 상태 가운데 clock만 useSelector로 꺼냅니다.

```tsx
import {useSelector, useDispatch} from 'react-redux'
import {Title} from '../components'
import {useInterval} from '../hooks'
import type {AppState} from '../store'
import * as C from '../store/clock'

export default function ClockTest() {
  const clock = new Date(useSelector<AppState, C.State>(state => state.clock))
  const dispatch = useDispatch()
  useInterval(() => dispatch(C.setClock(new Date().toISOString())))

  return (
    <section className="mt-4">
      <Title>ClockTest</Title>
      <div className="flex flex-col items-center mt-4">
        <p className="text-2xl text-blue-600 text-bold">
          {clock.toLocaleTimeString()}</p>
        <p className="text-lg text-blue-400 text-bold">
          {clock.toLocaleDateString()}</p>
      </div>
    </section>
  )
}
```

▶ 실행 결과

오후 4:43:46
2022. 2. 3.

## 카운터 만들기

다음은 잠시 후 구현할 CounterTest 컴포넌트의 동작 화면으로, 더하기 아이콘을 누르면 숫자가 1씩 증가하고, 빼기 아이콘을 누르면 1씩 감소합니다. 이 기능을 src/store/counter 디렉터리의 파일들에 구현해 보겠습니다.

그림 5-5 카운터 결과 화면

이번에는 src/pages 디렉터리의 CounterTest.tsx 파일을 먼저 구현하겠습니다. 그러고 나서 관련 리덕스 기능을 차례로 작성해 보겠습니다. 이 코드에서 counter는 더하기와 빼기 연산을 하므로 타입은 number여야 합니다.

**Do it!** 카운터 테스트 코드 작성하기 • src/pages/CounterTest.tsx

```tsx
import {useCallback} from 'react'
import {useSelector, useDispatch} from 'react-redux'
import {Title, Subtitle} from '../components'
import {Icon} from '../theme/daisyui'
import type {AppState} from '../store'
import * as C from '../store/counter'

export default function CounterTest() {
  const dispatch = useDispatch()

  const counter = useSelector<AppState, C.State>(({counter}) => counter)
  const increase = useCallback(() => dispatch(C.increaseCounter()), [dispatch])
  const decrease = useCallback(() => dispatch(C.decreaseCounter()), [dispatch])

  return (
    <section className="mt-4">
      <Title>CounterTest</Title>
      <div className="flex justify-center p-4 mt-4">
        <div className="flex items-center justify-around w-1/3 text-blue-500 text-bold">
          <Icon name="add_circle" iconClassName="text-3xl" onClick={increase} />
          <Subtitle>{counter}</Subtitle>
          <Icon name="remove_circle" iconClassName="text-3xl" onClick={decrease} />
        </div>
      </div>
    </section>
  )
}
```

중요! rootReducer와 AppState의 속성명을 같게 해야 함(다르면 속성을 못 찾음)

먼저 src/store/counter 디렉터리의 types.ts 파일을 열고 다음처럼 코드를 작성합니다. 이 코드에서는 State 타입을 number로 하고 SetCounterAction 타입을 선언합니다. 그리고 @counter 접두사와 payload 변수명을 사용합니다. 현재 State 타입은 number이므로 payload라는 이름 대신 operand와 같은 이름이 더 적합해 보일 수도 있지만 여전히 payload라는 이름을 고수하 겠습니다.

```
Do it!  number 타입 선언하기                        • src/store/counter/types.ts

import type {Action} from 'redux'


export type State = number


export type SetCounterAction = Action<'@counter/setCounter'> & {
  payload: State
}
export type Actions = SetCounterAction
```

그리고 src/store/counter 디렉터리의 actions.ts 파일에 액션 생성기를 다음처럼 구현합니 다. setCounter(1)란 이름보다는 더 의미가 분명한 increaseCounter와 같은 도움 액션 생성 기를 추가로 만들어 두었습니다.

```
Do it!  액션 생성기 작성하기                          • src/store/counter/actions.ts

import type * as T from './types'


export const setCounter = (payload: T.State): T.SetCounterAction => ({
  type: '@counter/setCounter',
  payload
})
export const increaseCounter = () => setCounter(1)
export const decreaseCounter = () => setCounter(-1)
```

이제 src/store/counter 디렉터리의 reducers.ts 파일을 다음처럼 구현합니다. 현재 T.State 타입은 실제로는 number이고 action.payload는 더하기 연산자의 피연산자로 동작하므로 과거 상태에 action.payload를 더하면 앞서 본 CounterTest 컴포넌트의 구현 내용을 만족 합니다.

```ts
import * as T from './types'

const initialState: T.State = 0

export const reducer = (state: T.State = initialState, action: T.Actions) => {
  switch (action.type) {
    case '@counter/setCounter':
      return state + action.payload
  }
  return state
}
```

## '@이름/' 접두사와 payload라는 변수 이름을 사용하는 이유 알기

앞서 알아보았듯이 combineReducers()는 여러 개의 리듀서를 하나로 결합해 주는 함수입니다. 그런데 이 리듀서에 @clock/setClock이나 @counter/setCounter 타입의 액션이 유입되면, 특정 리듀서뿐만 아니라 combineReducers()가 결합한 모든 리듀서에 액션이 전송됩니다.

즉, @clock/setClock 액션은 clock/reducers.ts 파일에 구현된 리듀서뿐만 아니라, counter/reducers.ts 파일에 구현된 리듀서에도 전송됩니다. 즉, 앱에 구현된 아무 리듀서에나 다음처럼 console.log 코드로 출력해 보면 앱에서 dispatch 함수로 전송되는 모든 액션을 콘솔 창에서 확인해 볼 수 있습니다.

```ts
export const reducer = (state: T.State = initialState, action: T.Actions) => {
  console.log(action)    // 모든 액션이 유입
... (생략) ...
```

따라서 액션 타입을 평범하게 setClock, setCounter 등 접두사가 없는 이름으로 지으면 type 값이 겹칠 수 있으며, 의도하지 않은 리듀서가 자신의 것이 아닌 액션을 처리하다가 오류가 발생할 수 있습니다. 이런 이름 충돌을 방지하는 효과적인 방법이 @이름/ 접두사를 type 이름 앞에 붙이는 것입니다. 그러면 액션의 행선지가 분명해져서 이름 충돌이 발생하는 코드를 미연에 방지할 수도 있고 가독성도 좋아집니다.

그리고 payload라는 이름을 사용한 이유는 규모가 큰 앱을 개발하다 보면 AppState를 구성하는 멤버 상태의 타입들이 수시로 변하기 때문입니다. 즉, 개발 초기에는 Date, number 등의 단순한 타입이었지만, 개발 후반에는 다른 속성들이 추가되어 좀 더 복잡한 상태로 변경될 수 있습니다. 이럴 때 상태의 이름을 clock, operand 등으로 지으면, 나중에 clock.clock, operand.operand처럼 의미가 이상한 이름이 됩니다. 반면에 payload는 payload.clock, payload.operand처럼 훨씬 더 자연스러운 이름이 됩니다.

### 리듀서는 순수 함수여야 한다

리덕스는 리덕스 저장소에 저장된 과거 상태와 리듀서 함수가 반환하는 현재 상태를 if(과거_상태 !== 현재_상태) 방식으로 비교합니다. 그런데 04장에서 알아보았듯이 이런 형태의 비교가 가능하려면 리듀서 함수 내부에서 **현재 상태**는 **과거 상태**를 깊은 복사해야 하며, 이 때문에 리덕스의 리듀서는 반드시 순수 함수여야 합니다.

함수형 언어 분야에서 **순수 함수**<sup>pure function</sup>는 다음 요건을 만족해야 합니다. 만약 다음 요건을 만족하지 않으면 **불순 함수**<sup>impure function</sup>라고 하며, 다음 요건을 만족하지 않는 경우를 **부작용**<sup>side-effect</sup>이라고 합니다.

- 함수 몸통에서 입력 매개변수의 값을 변경하지 않는다(즉, 입력 매개변수는 상수나 읽기 전용으로만 사용한다).
- 함수는 함수 몸통에서 만들어진 결과를 즉시 반환한다.
- 함수 내부에 전역 변수(global variable)나 정적 변수(static variable)를 사용하지 않는다.
- 함수가 예외(exception)를 발생시키지 않는다.
- 함수가 콜백 함수 형태로 구현되어 있거나, 함수 몸통에 콜백 함수를 사용하는 코드가 없다.
- 함수 몸통에 Promise처럼 비동기(asynchronous) 방식으로 동작하는 코드가 없다.

예를 들어 다음 add() 함수는 add(1, 2)처럼 호출할 때 항상 3을 반환하므로 순수 함수입니다.

```
const add = (a: number, b: number) => a + b
```

여기서 리덕스 리듀서를 구현할 때 가장 흔히 하는 실수는 입력 매개변숫값을 변경하는 것입니다. 예를 들어 다음처럼 리듀서를 구현한 코드에서 매개변수 state의 값을 변경하므로 이 리듀서는 불순 함수가 됩니다.

```
const impureReducer = (state, action) => {
  state += action.payload
  return state
}
```

반면에 다음 코드는 입력 매개변수 state의 값을 유지하므로 리듀서를 정상으로 구현한 예입니다.

```
const pureReducer = (state, action) => {
  return state + action.payload
}
```

다음 리듀서는 입력 매개변수 state값을 변경하므로 리듀서를 불순 함수로 만드는 또 다른 예입니다.

```
const impureReducer2 = (state, action) => {
  state.name = 'Jack'
  return state
}
```

반면에 다음 리듀서는 전개 연산자로 과거 state를 깊은 복사하여 새로운 state 객체를 만들고, 이 새로운 state 객체의 name 속성만 바꾸므로 정상으로 구현한 예입니다.

```
const pureReducer2 = (state, action) => {
  return { ...state, name: 'Jack' }
}
```

다음 리듀서는 입력 매개변수 state의 값을 변경하므로 리듀서를 불순 함수로 만드는 또 다른 예입니다.

**불순 함수 예 3**

```
const impureReducer3 = (state, action) => {
  state.push({name: 'Jack', age: 32})
  return state
}
```

반면에 다음 리듀서는 전개 연산자로 과거 state 배열을 깊은 복사하여 새로운 state 배열을 만들고, 이 새로운 state 배열 객체에 새 아이템을 추가하므로 정상으로 구현한 예입니다.

**순수 함수 예 3**

```
const pureReducer3 = (state, action) => {
  return [...state, {name: 'Jack', age: 32}]
}
```

다음 리듀서는 입력 매개변수 state의 값을 변경하므로 리듀서를 불순 함수로 만드는 예입니다.

**불순 함수 예 4**

```
const impureReducer4 = (state, action) => {
  const index = 0
  state.splice(index, 1)
  return state
}
```

반면에 다음 리듀서는 배열의 `filter()` 메서드를 사용하여 index값이 0인 아이템을 제거한 새로운 배열을 반환하므로 정상으로 구현한 예입니다.

**순수 함수 예 4**

```
const pureReducer4 = (state, action) => {
  return state.filter((item, index) => index !== 0)
}
```

## 사용자 정보 변경 기능 만들기

앞서 「04-4」절에서는 임의의 사용자 정보를 불러오는 `fetchRandomUser()` 함수를 구현한 적이 있습니다. 다음 화면은 잠시 후 구현할 `RemoteUserTest` 컴포넌트의 동작 화면으로, 「04-4」절의 `FetchTest` 컴포넌트에 이름, 이메일, 사진 등 사용자 정보를 변경하는 버튼을 3개 더 추가한 것입니다.

그림 5-6 사용자 정보 표시와 버튼 화면

사용자 정보 위에 있는 〈CHANGE NAME〉이나 〈CHANGE PICTURE〉 버튼을 클릭하면 해당 항목만 변경되는 기능을 구현해 보겠습니다.

먼저 src/pages 디렉터리의 RemoteUserTest.tsx 파일을 열고 다음처럼 코드를 작성합니다. 이 코드는 「04-4」절의 FetchTest.tsx 코드에 사용자 정보를 변경하는 버튼과 각 버튼의 `onClick` 이벤트 처리기를 추가한 것입니다. 코드에서 가장 핵심은 `user` 데이터를 얻는 부분입니다.

**Do it!** 사용자 정보 변경 화면 작성하기       • src/pages/RemoteUserTest.tsx

```tsx
import {useState, useCallback, useEffect} from 'react'
import {useSelector, useDispatch} from 'react-redux'
import {useToggle} from '../hooks'
import {Title, Avatar} from '../components'
import {Button} from '../theme/daisyui'
import * as D from '../data'
import type {AppState} from '../store'
import * as R from '../store/remoteUser'

export default function RemoteUserTest() {
  const dispatch = useDispatch()
  const user = useSelector<AppState, R.State>(({remoteUser}) => remoteUser)
  const [loading, toggleLoading] = useToggle()
  const [error, setError] = useState<Error | null>(null)

  const getRemoteUser = useCallback(() => {
```

```
    toggleLoading()
    D.fetchRandomUser()
      .then(user => dispatch(R.setUser(user)))
      .catch(setError)
      .finally(toggleLoading)
  }, [dispatch, toggleLoading])
  const changeName = useCallback(() => {
    toggleLoading()
    D.fetchRandomUser()
      .then(user => dispatch(R.changeName(user.name)))
      .catch(setError)
      .finally(toggleLoading)
  }, [dispatch, toggleLoading])
  const changeEmail = useCallback(() => dispatch(R.changeEmail(D.randomEmail())), [dis
patch])
  const changePicture = useCallback(
    () => dispatch(R.changePicture({large: D.randomAvatar()})),
    [dispatch]
  )

  useEffect(getRemoteUser, [getRemoteUser])

  return (
    <section className="mt-4">
      <Title>RemoteUserTest</Title>
      <div className="flex justify-center mt-4">
        <Button className="btn-sm btn-primary" onClick={getRemoteUser}>
          GET REMOTE USER
        </Button>
        <Button className="ml-4 btn-sm btn-accent" onClick={changeName}>
          CHANGE NAME
        </Button>
        <Button className="ml-4 btn-sm btn-success" onClick={changeEmail}>
          CHANGE EMAIL
        </Button>
        <Button className="ml-4 btn-sm btn-secondary" onClick={changePicture}>
          CHANGE PICTURE
        </Button>
      </div>
```

```
    {loading && (
      <div className="flex items-center justify-center">
        <Button className="btn-circle loading"></Button>
      </div>
    )}
    {error && (
      <div className="p-4 mt-4 bg-red-200">
        <p className="text-3xl text-red-500 text-bold">{error.message}</p>
      </div>
    )}

    <div className="flex justify-center p-4 mt-4">
      <Avatar src={user.picture.large} />
      <div className="ml-4">
        <p className="text-xl text-bold">
          {user.name.title}. {user.name.first} {user.name.last}
        </p>
        <p className="italic text-gray-600">{user.email}</p>
      </div>
    </div>
  </section>
  )
}
```

앞서 리듀서는 순수 함수여야 한다고 했는데, 리듀서가 순수 함수려면 D.fetchRandomUser()
와 같은 Promise 객체로 동작하는 비동기 함수 호출 코드가 없어야 합니다. 따라서 D.fetch
RandomUser() 호출과 관련 있는 loading이나 error와 같은 데이터들은 리덕스 관련 코드에
서 제외해야 합니다. 결국 remoteUser 멤버 상태와 관련된 데이터는 user만 있게 됩니다.

```
const getRemoteUser = useCallback(() => {
  toggleLoading()
  D.fetchRandomUser()
    .then(user => dispatch(R.setUser(user)))
    .catch(setError)
    .finally(toggleLoading)
}, [])
```

이제 src/store/remoteUser 디렉터리의 types.ts 파일을 열고 다음처럼 코드를 작성합니다. 리듀서가 순수 함수여야 하므로 remoteUser의 타입은 D.IRandomUser가 돼야 합니다. 그런데 코드에서 NameType이나 PictureType을 선언하고 있는데, 이는 src/data/fetchRandomUser.ts 파일에 이름이 없는 타입들의 구체적인 내용이 필요하기 때문입니다. 리덕스를 사용하다 보면 이처럼 구현에 필요한 타입들을 추가로 선언해 주어야 할 때가 종종 발생합니다.

**Do it! 타입 선언하기** • src/store/remoteUser/types.ts

```ts
import type {Action} from 'redux'
import * as D from '../../data'

export type State = D.IRandomUser

export type SetUserAction = Action<'@remoteUser/setUser'> & {
  payload: D.IRandomUser
}
export type ChangeEmailAction = Action<'@remoteUser/changeEmail'> & {
  payload: string
}
export type NameType = {
  title: string
  first: string
  last: string
}
export type ChangeNameAction = Action<'@remoteUser/changeName'> & {
  payload: NameType
}
export type PictureType = {large: string}
export type ChangePictureAction = Action<'@remoteUser/changePicture'> & {
  payload: PictureType
}

export type Actions =
  | SetUserAction
  | ChangeEmailAction
  | ChangeNameAction
  | ChangePictureAction
```

그리고 src/store/remoteUser 디렉터리의 actions.ts 파일을 열고 다음처럼 코드를 작성합니다. RemoteUserTest.tsx 파일에 사용된 4개의 액션 생성기 함수입니다.

**Do it! 액션 생성기 작성하기** • src/store/remoteUser/actions.ts

```ts
import type * as T from './types'


export const setUser = (payload: T.State): T.SetUserAction => ({
  type: '@remoteUser/setUser',
  payload
})
export const changeEmail = (payload: string): T.ChangeEmailAction => ({
  type: '@remoteUser/changeEmail',
  payload
})
export const changeName = (payload: T.NameType): T.ChangeNameAction => ({
  type: '@remoteUser/changeName',
  payload
})
export const changePicture = (payload: T.PictureType): T.ChangePictureAction => ({
  type: '@remoteUser/changePicture',
  payload
})
```

그리고 src/store/remoteUser 디렉터리의 reducers.ts 파일을 열고 다음처럼 코드를 작성합니다. 이 코드에서 주의 깊게 봐야 할 점은 초기 상탯값을 undefined나 null로 설정하면 안 된다는 것입니다. 이 때문에 initialState의 각 멤버 속성값을 빈 문자열로 설정하고 있습니다.

또한 자신의 액션만 처리하기는 하지만 return state 문을 구현하고 있습니다. VSCode 편집기는 이 코드가 불필요하다는 의미로 회색으로 표시하지만, 리듀서는 순수 함수여야 하므로 자신의 것이 아닌 액션이 유입될 때도 항상 자신의 현재 상태를 반환해 줘야 하기 때문입니다.

**Do it! 리듀서 작성하기** • src/store/remoteUser/reducers.ts

```ts
import * as T from './types'


const initialState: T.State = {
  email: '',
```

```
    name: {title: '', first: '', last: ''},
    picture: {large: ''}
}

export const reducer = (state: T.State = initialState, action: T.Actions) => {
  switch (action.type) {
    case '@remoteUser/setUser':
      return action.payload
    case '@remoteUser/changeEmail':
      return {...state, email: action.payload}
    case '@remoteUser/changeName':
      return {...state, name: action.payload}
    case '@remoteUser/changePicture':
      return {...state, picture: action.payload}
  }
  return state    // 필수
}
```

## 사용자 카드 만들기

이번에는 다음 그림처럼 사용자 정보를 카드 형태로 추가하고 삭제하는 기능을 만들어 보겠습니다. 더하기 아이콘을 누르면 카드가 추가되고, 빼기 아이콘을 누르면 해당 카드가 삭제되는 기능입니다.

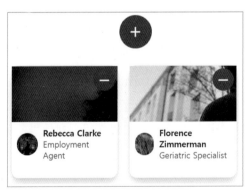

그림 5-7 사용자 카드 추가와 삭제

먼저 src/pages/CardsTest 디렉터리에 다음 명령으로 Card.tsx 파일을 만듭니다.

```
 T   터미널                                                    — □ ✕

> cd src
> cp copy/CopyMe.tsx pages/CardsTest/Card.tsx
> cd ..
```

그리고 Card.tsx 파일을 다음처럼 작성합니다. Card 컴포넌트는 card와 onRemove라는 2개의 속성을 가지는데, card는 화면 UI를 구현하고 onRemove는 이 Card 컴포넌트를 외부에서 삭제할 때 필요합니다.

**Do it!** 사용자 카드 작성하기                          • src/pages/CardsTest/Card.tsx

```tsx
import type {FC} from 'react'
import type {ICard} from '../../data'
import {Div, Avatar} from '../../components'
import {Icon} from '../../theme/daisyui'

export type UserCardProps = {
  card: ICard
  onRemove?: () => void
}

const Card: FC<UserCardProps> = ({card, onRemove}) => {
  const {image, writer} = card
  const {avatar, name, jobTitle} = writer

  return (                          카드 위쪽도 라운딩 처리 코드
    <Div className="m-2 overflow-hidden border shadow-lg rounded-xl" width="10rem">
      <Div src={image} className="relative h-20">
        <Icon
          name="remove"
          className="absolute right-1 top-1 btn-primary btn-xs"
          onClick={onRemove}
        />
      </Div>
      <Div className="flex flex-col p-2">
        <Div minHeight="4rem" height="4rem" maxHeight="4rem">
```

```
            <Div className="flex flex-row items-center">
              <Avatar src={avatar} size="2rem" />
              <Div className="ml-2">
                <p className="text-xs font-bold">{name}</p>
                <p className="text-xs text-gray-500">{jobTitle}</p>
              </Div>
            </Div>
          </Div>
        </Div>
      </Div>
    )
  }
}
export default Card
```

그리고 src/pages/CardsTest 디렉터리의 index.tsx 파일을 다음처럼 작성합니다. 코드는
배열 타입의 멤버 상태 cards를 얻은 후 앞서 구현한 Card의 배열로 바꿔 웹 페이지에 보이는
내용입니다.

**Do it!** • src/pages/CardsTest/index.tsx

```
import {useCallback, useMemo, useEffect} from 'react'
import {useSelector, useDispatch} from 'react-redux'
import {Icon} from '../../theme/daisyui'
import * as D from '../../data'
import type {AppState} from '../../store'
import * as C from '../../store/cards'
import {Title} from '../../components'
import Card from './Card'

const makeCard = () =>
  D.makeCard(D.randomUUID(), D.makeRandomUser(), D.randomImage(200, 100), '', '', '', '')

export default function CardsTest() {
  const dispatch = useDispatch()
  const cards = useSelector<AppState, C.State>(({cards}) => cards)
  const addCard = useCallback(() => {
    dispatch(C.addCard(makeCard()))
  }, [dispatch])
```

```
  const removeCard = useCallback(
    (id: string) => () => dispatch(C.removeCard(id)),
    [dispatch]
  )
  const children = useMemo(
    () =>
      cards.map(card => (
        <Card key={card.uuid} card={card} onRemove={removeCard(card.uuid)} />
      )),
    [cards, removeCard]
  )
  useEffect(addCard, [addCard])

  return (
    <section className="mt-4">
      <Title>CardsTest</Title>
      <div className="flex justify-center mt-4">
        <Icon name="add" className="btn-primary" onClick={addCard} />
      </div>
      <div className="flex flex-wrap mt-4">{children}</div>
    </section>
  )
}
```

그런 다음 src/store/cards 디렉터리의 types.ts 파일을 다음처럼 작성합니다. 멤버 상태를
Card 타입의 배열로 선언합니다.

**Do it!** 타입 선언하기 • src/store/cards/types.ts

```
import type {Action} from 'redux'
import * as D from '../../data'

export type Card = D.ICard
export type State = Card[]

export type AddCardAction = Action<'@cards/addCard'> & {
  payload: Card
```

```
  }
export type RemoveCardAction = Action<'@cards/removeCard'> & {
  payload: string
}


export type Actions = AddCardAction | RemoveCardAction
```

그리고 src/store/cards 디렉터리의 actions.ts 파일에는 배열에 새로운 카드를 추가하는 것과 특정 카드를 배열에서 삭제하는 내용의 액션 생성기를 만듭니다.

**Do it! 액션 생성기 작성하기** • src/store/cards/actions.ts

```
import type * as T from './types'

export const addCard = (payload: T.Card): T.AddCardAction => ({
  type: '@cards/addCard',
  payload
})
export const removeCard = (payload: string): T.RemoveCardAction => ({
  type: '@cards/removeCard',
  payload
})
```

마지막으로 src/store/cards 디렉터리의 reducers.ts 파일을 열고 다음처럼 코드를 작성합니다. 그리고 웹 브라우저를 확인해 보면 사용자 카드를 추가·삭제하는 기능을 확인할 수 있습니다. 이 리듀서는 앞서 만든 2개 액션의 배열 상태를 변경합니다. 리듀서는 순수 함수여야 하므로 addCard 액션에는 배열에 적용하는 비구조화 할당 구문으로 새로운 배열을 만들고, removeCard 액션에는 filter() 메서드로 특정 카드의 uuid값이 아닌 카드만으로 새로운 배열을 만듭니다.

**Do it! 리듀서 작성하기** • src/store/cards/reducers.ts

```
import * as T from './types'

const initialState: T.State = []
```

```
export const reducer = (state: T.State = initialState, action: T.Actions) => {
  switch (action.type) {
    case '@cards/addCard':
      return [action.payload, ...state]
    case '@cards/removeCard':
      return state.filter(card => card.uuid !== action.payload)
  }
  return state
}
```

이제 npm start 명령을 실행한 터미널에서 [Ctrl]+[C]를 눌러 종료합니다. 다음 절에서는 리덕스 미들웨어를 알아보겠습니다.

# 05-3 리덕스 미들웨어 이해하기

이 절에서는 리덕스의 **미들웨어**<sup>middleware</sup> 기능을 알아봅니다. 리덕스 미들웨어는 리듀서가 반드시 순수 함수여야 한다는 조건을 보완해 주는 방법입니다.

ch05 디렉터리에서 다음 명령으로 ch05_3이라는 프로젝트를 생성합니다. 그리고 ch05_3 디렉터리를 대상으로 VSCode를 실행합니다.

```
T  터미널                                                    − ☐ ✕

> npx create-react-app ch05_3 --template typescript
> code ch05_3
```

VSCode가 열리면 터미널을 하나 열고 다음 명령으로 chance와 luxon, 머티리얼 아이콘과 테일윈드CSS, 리덕스 관련 패키지들을 설치합니다.

```
T  터미널                                                    − ☐ ✕

> npm i chance luxon @fontsource/material-icons
> npm i -D @types/chance @types/luxon
> npm i -D postcss autoprefixer tailwindcss @tailwindcss/line-clamp daisyui
> npm i redux @reduxjs/toolkit react-redux
```

이어서 앞 절의 src 디렉터리와 기존에 만든 파일을 복사해 재활용하고 이 절과 상관없는 파일은 지웁니다.

```
T  터미널                                                    − ☐ ✕

> cp -r ../ch05_2/src/* ./src
> cp -r ../ch05_2/*.js .
> rm -r src/pages/*
> rm -r -force src/store    # macOS는 rm -rf src/store
```

그리고 다음 명령으로 src/copy/store 디렉터리의 파일들을 src/store 디렉터리로 복사합니다.

```
T  터미널                                                    — □ ✕
> cd src
> cp -r copy/store .
> cd ..
```

## 앱 상태를 구성하는 멤버 상태 만들기

이번 절에서는 앞 절에서 remoteUser 디렉터리에 구현한 내용이 필요하므로 다음 명령으로 remoteUser 디렉터리를 fetchUser라는 이름으로 다시 복사합니다.

```
T  터미널                                                    — □ ✕
> cp -r ../ch05_2/src/store/remoteUser ./src/store/fetchUser
```

그리고 src/store 디렉터리의 copy 디렉터리를 복사하여 loading과 errorMessage라는 이름의 디렉터리와 관련 파일들을 만듭니다.

```
T  터미널                                                    — □ ✕
> cd src/store
> cp -r copy loading
> cp -r copy errorMessage
> cd ../..
```

그리고 src/store 디렉터리의 AppState.ts 파일에 이 디렉터리들의 내용을 다음처럼 추가합니다.

```
Do it!  앱 상태 작성하기                          • src/store/AppState.ts
import * as L from './loading'
import * as E from './errorMessage'
import * as F from './fetchUser'

export type AppState = {
  loading: L.State
  errorMessage: E.State
  fetchUser: F.State
}
```

그리고 이와 유사하게 src/store 디렉터리의 rootReducer.ts 파일을 다음처럼 작성합니다.

**Do it!** 루트 리듀서 작성하기 • src/store/rootReducer.ts

```
import {combineReducers} from 'redux'
import * as L from './loading'
import * as E from './errorMessage'
import * as F from './fetchUser'

export const rootReducer = combineReducers({
  loading: L.reducer,
  errorMessage: E.reducer,
  fetchUser: F.reducer
})
```

src/copy 디렉터리의 CopyMe.tsx 파일을 복사해 이번 절에서 작성할 파일을 pages 디렉터리에 만듭니다.

**T** 터미널 — □ ✕

```
> cd src
> cp copy/CopyMe.tsx pages/LoggerTest.tsx
> cp copy/CopyMe.tsx pages/LoadingTest.tsx
> cp copy/CopyMe.tsx pages/ErrorMessageTest.tsx
> cp copy/CopyMe.tsx pages/FetchTest.tsx
> cd ..
```

이제 앱 파일(src/App.tsx)을 열어 이 절에서 실습할 컴포넌트를 나열한 후 터미널에서 npm start 명령을 실행합니다.

**Do it!** 기본 앱 파일 작성하기 • src/App.tsx

```
import {Provider as ReduxProvider} from 'react-redux'
import {useStore} from './store'
import LoggerTest from './pages/LoggerTest'
import LoadingTest from './pages/LoadingTest'
import ErrorMessageTest from './pages/ErrorMessageTest'
import FetchTest from './pages/FetchTest'
```

```
export default function App() {
  const store = useStore()
  return (
    <ReduxProvider store={store}>
      <FetchTest />
      <ErrorMessageTest />
      <LoadingTest />
      <LoggerTest />
    </ReduxProvider>
  )
}
```

## 리덕스 미들웨어란?

앞 절에서 알아본 것처럼 리듀서 함수 몸통에서는 부작용<sup>side effect</sup>을 일으키는 코드를 사용할 수 없습니다. 그런데 이 점은 앞서 구현한 RemoteUserTest 컴포넌트처럼 리덕스 기능을 사용하는 컴포넌트를 복잡하게 만듭니다.

다음 그림에서 보듯 리덕스 미들웨어는 리듀서 앞 단에서 부작용이 있는 코드들을 실행하여 얻은 결과를 리듀서 쪽으로 넘겨주는 역할을 합니다.

그림 5-8 리덕스 미들웨어

리덕스 미들웨어는 다음 형태의 2차 고차 함수입니다.

리덕스 미들웨어

```
import {Action, Dispatch} from 'redux'

export function someMiddleware<S = any>({dispatch: Dispatch, getState}: {getState: () => S}) {
  return (next: Dispatch) => (action: Action) => {
    const returnValue = next(action)
    return returnValue
  }
}
```

여기서 Dispatch는 다음처럼 선언된 타입으로 useDispatch 훅으로 얻을 수 있는 dispatch()
함수의 타입과 같습니다.

---

Dispatch 타입

```
export interface Dispatch<A extends Action = AnyAction> {
  <T extends A>(action: T): T
}
```

---

그리고 리덕스 미들웨어는 항상 다음처럼 action을 매개변수로 받는 함수를 반환해야 합니다.

---

액션을 매개변수로 받는 함수 반환

```
(dispatch: Dispatch) => (action: Action) => {}
```

---

그리고 미들웨어는 몸통에서 next 함수를 호출해 다음 미들웨어나 리듀서에 액션을 전달해
야 합니다. next 함수의 반환값은 각각의 미들웨어를 거쳐 최종 리듀서까지 전달된 후에 처리
되어 돌아온 액션입니다. 따라서 현재 미들웨어에서 이 액션을 반환하면 이전 미들웨어에서
는 next 함수의 반환값으로 받게 됩니다.

즉, 미들웨어가 next 함수를 호출해서 반환된 액션은 각각의 미들웨어를 거쳐 최종 리듀서까
지 전달되고, 다시 역으로 미들웨어들을 거쳐서 돌아옵니다. 리덕스 미들웨어는 이런 구조로
동작하므로 리듀서에서 액션을 처리하기 전이나 후에 추가 로직을 넣을 수 있습니다.

결국, 미들웨어를 사용하는 기본 형태는 다음과 같습니다.

---

미들웨어 기본 형태

```
(next: Dispatch) => (action: Action) => {
  return next(action)
}
```

---

## 로거 미들웨어 만들기

이제 logger라는 이름의 미들웨어를 만들어 보면서 미들웨어의 동작 원리를 좀 더 알아보겠
습니다. 먼저 다음 명령으로 src/store 디렉터리에 logger.ts 파일을 생성합니다.

---

■T■ 터미널                                                              ─ □ ✕

```
> touch src/store/logger.ts
```

---

logger.ts 파일을 열고 다음과 같은 코드를 작성합니다. 코드는 리덕스 미들웨어에 유입되는 액션과 리듀서 호출 전후의 앱 수준 상태를 콘솔 창에 출력하는 기능을 구현한 것입니다.

**Do it! 로거 미들웨어 구현하기** • src/store/logger.ts

```
import {Action, Dispatch} from 'redux'

export default function logger<S = any>({getState}: {getState: () => S}) {
  return (next: Dispatch) => (action: Action) => {
    console.log('state before next', getState())
    console.log('action', action)
    const returnedAction = next(action)
    console.log('state after next', getState())
    return returnedAction
  }
}
```

우선 getState() 함수는 현재 리덕스 저장소에 담긴 모든 상탯값을 가져옵니다. 그다음 코드는 next() 함수를 호출하기 전과 후로 구분됩니다. next() 함수를 호출하기 전에 현재 저장소의 상태와 유입된 액션을 콘솔 창에 출력하고, next() 함수 호출로 내용이 변경된 저장소의 상태를 콘솔 창에 출력합니다. 미들웨어는 반드시 next() 함수 호출로 얻은 반환값(예에서는 returnedAction)을 다시 반환해야 합니다.

returnedAction을 반환하면 이전 미들웨어 몸통에 있는 next(action)의 반환값이 됩니다. 만약 반환하지 않으면 이전 미들웨어 몸통에 있는 next(action)의 반환값이 undefined가 되므로 후처리 코드가 있을 때에는 처리할 수 없게 됩니다. 따라서 후처리가 없더라도 netx() 함수 호출로 얻은 반환값을 반환해 주는 것이 좋습니다.

## 미들웨어 설정하기

이세 이렇게 만든 로거 미들웨이를 리덕스 저장소에 적용하는 방법을 알아보겠습니다. 「05-1」절에서는 src/store 디렉터리의 useStore.ts 파일에 configureStore() 함수를 호출하는 코드를 다음처럼 작성했는데, configureStore() 함수의 매개변수는 middleware란 이름의 선택 속성을 가지고 있습니다.

```
const initializeStore = () => {
  const store = configureStore({
    reducer: rootReducer,
    middleware: getDefaultMiddleware => getDefaultMiddleware()
  })
  return store
}
```

따라서 getDefaultMiddleware() 함수로 기본 미들웨어를 설정한 middleware 속성에 다음처럼 logger 미들웨어를 추가하면 될 것 같습니다. 그런데 이 코드는 logger 미들웨어가 개발할 때만 필요하다는 것을 간과하고 있습니다. 만일 이런 형태로 구현한 소스를 실제로 서비스한다면 해킹 위험뿐만 아니라 성능이 떨어지는 문제도 생깁니다.

• src/store/useStore.ts

```
... (생략) ...
import logger from './logger'

const initializeStore = () => {
  const middleware: any[] = [logger]
  const store = configureStore({
    reducer: rootReducer,
    middleware: getDefaultMiddleware => getDefaultMiddleware()
  })
  return store
}
... (생략) ...
```

따라서 개발 모드일 때에만 기록하도록 해야 하는데, Node.js 환경에서 개발 모드인지는 process.env.NODE_ENV 속성이 'production'으로 설정되었는지로 판단합니다. 이처럼 개발 모드일 때에만 기록하도록 하면 잠재적인 해킹이나 성능 문제를 해결할 수 있습니다.

```ts
import {configureStore} from '@reduxjs/toolkit'
import {useMemo} from 'react'
import {rootReducer} from './rootReducer'
import logger from './logger'

const useLogger = process.env.NODE_ENV !== 'production'

const initializeStore = () => {
  const middleware: any[] = []
  if (useLogger) {
    middleware.push(logger)
  }

  const store = configureStore({
    reducer: rootReducer,
    middleware: getDefaultMiddleware => getDefaultMiddleware()
  })
  return store
}

export function useStore() {
  const store = useMemo(() => initializeStore(), [])
  return store
}
```

## 미들웨어 테스트하기

이제 로거 미들웨어가 실제 동작하는 모습을 보고자 src/pages 디렉터리에 LoggerTest.tsx 파일을 다음처럼 작성합니다. 앞서 구현한 로거는 액션이 실제로 리덕스 저장소에 유입돼야 비로소 console.log() 함수가 호출되도록 구현되었으므로 테스트용 액션을 만들어 dispatch 를 호출해 주어야 로거가 동작합니다.

```
import {useEffect} from 'react'
import {useDispatch} from 'react-redux'
import {Title} from '../components'

export default function LoggerTest() {
  const dispatch = useDispatch()
  useEffect(() => {
    dispatch({type: 'hello', payload: 'world'})
  }, [dispatch])

  return (
    <section className="mt-4">
      <Title>LoggerTest</Title>
      <div className="mt-4"></div>
    </section>
  )
}
```

▶ 실행 결과

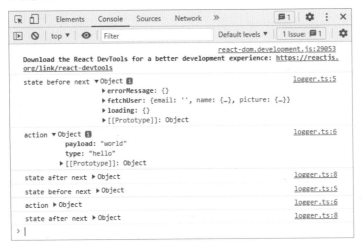

소스를 저장하고 웹 브라우저의 콘솔 창을 확인해 보면 로거 미들웨어의 출력 내용을 확인할
수 있습니다. 그런데 사실 이렇게 동작하는 redux-logger라는 패키지가 이미 존재합니다.
이제 이 패키지를 설치하고 사용해 보겠습니다.

## 리덕스 로거 패키지 사용하기

먼저 VSCode 터미널에서 redux-logger 패키지를 다음 명령으로 설치합니다.

```
T  터미널                                                        – □ ×
> npm i redux-logger
> npm i -D @types/redux-logger
```

그리고 src/store/useStore.ts 파일을 열어 `logger` 임포트 구문을 redux-logger 패키지로
수정합니다.

> **Do it!** redux-logger 패키지로 수정하기               • src/store/useStore.ts
>
> ```
> // import {logger} from './logger'
> import logger from 'redux-logger'
> ```

▶ 실행 결과

그리고 웹 브라우저의 콘솔 창을 확인해 보면 리덕스 로거가 출력한 내용을 확인할 수 있습니
다. 앞에서 제작했던 logger.ts와 똑같은 내용을 출력합니다.

## 썽크 미들웨어 알아보기

redux-thunk 패키지는 가장 많이 사용되는 리덕스 미들웨어입니다. 이 패키지는 다음 명령
으로 설치할 수 있습니다.

```
T  터미널                                                        – □ ×
> npm i redux-thunk
> npm i -D @types/redux-thunk
```

앞서 리덕스 미들웨어가 2차 고차 함수라고 설명한 적이 있는데, 썽크는 다음처럼 action의 타입이 함수면 action을 함수로서 호출해 주는 기능을 추가한 미들웨어입니다.

```
import {Action, Dispatch} from 'redux'

export function thunkMiddleware<S = any>({dispatch: Dispatch, getState}: {getState: ()
=> S}) {
  return (next: Dispatch) => (action: Action) => {
    if (typeof action === 'function')
      return action(dispatch, getState)
    return next(action)
  }
}
```

이에 따라 썽크 미들웨어를 장착하면 다음처럼 dispatch 함수를 매개변수로 수신하는 함수 형태로 액션 생성기를 만들 수 있습니다.

```
const functionAction = (dispatch: Dispatch) => {
  dispatch(someAction)
}
```

앞 절에서 알아본 바와 같이 리듀서는 순수 함수여야 하지만 리덕스 미들웨어는 순수 함수일 필요가 없습니다. 사실상 미들웨어는 부작용이 있는 코드를 마치 리듀서에서 동작하는 것처럼 만들어 주는 역할을 합니다. loading 멤버 상태를 구현하면서 이 의미에 관해 알아보겠습니다.

먼저 useStore.ts 파일의 middleware 배열에 thunk를 삽입해 줍니다. 이로써 썽크 미들웨어는 로거 미들웨어와 함께 동작합니다.

• src/store/useStore.ts

```
... (생략) ...
import logger from 'redux-logger'
import {thunk} from 'redux-thunk'

const useLogger = process.env.NODE_ENV !== 'production'

const initializeStore = () => {
  const middleware: any[] = [thunk]
  if (useLogger) {
    middleware.push(logger)
  }
... (생략) ...
```

## 로딩 UI 구현하기

웹 앱이 데이터를 원격지 서버에서 가져올 때는 현재 작업이 진행 중이라는 것을 사용자에게
알려 주는 로딩<sup>loading</sup> UI가 필요합니다. 그런데 로딩이 필요한 모든 웹 페이지에 반복해서 구
현하는 것은 조금 번거롭습니다.

이런 번거로운 코드 작성을 줄일 수 있도록 loading이라는 멤버 속성을 구현해 보겠습니다.
loading 디렉터리의 types.ts 파일을 열고 다음처럼 작성합니다. 현재 로딩 중인지만 판별하
면 되므로 로딩 상태는 boolean 타입으로 충분합니다.

• src/store/loading/types.ts

```
import type {Action} from 'redux'

export type State = boolean

export type SetLoadingAction = Action<'@loading/setLoadingAction'> & {
  payload: State
}

export type Actions = SetLoadingAction
```

다음은 SetLoadingAction 타입 액션을 생성하는 setLoading 액션 생성기를 구현한 모습입니다.

**Do it!** 액션 생성기 작성하기 • src/store/loading/actions.ts

```
import type * as T from './types'

export const setLoading = (payload: T.State): T.SetLoadingAction => ({
  type: '@loading/setLoadingAction',
  payload
})
```

다음은 SetLoadingAction 타입 액션에 대한 리듀서를 구현한 모습입니다. 여기까지는 사실 거의 기계적으로 구현할 수 있는 형태입니다. 리덕스 썽크 미들웨어를 사용하는 액션을 구현해 보겠습니다.

**Do it!** 리듀서 작성하기 • src/store/loading/reducers.ts

```
import * as T from './types'

const initialState: T.State = false

export const reducer = (state: T.State = initialState, action: T.Actions) => {
  switch (action.type) {
    case '@loading/setLoadingAction':
      return action.payload
  }
  return state
}
```

다음 그림은 잠시 후 만들 LoadingTest 컴포넌트의 동작 화면입니다. 흔히 볼 수 있는 UI지만 버튼을 누르면 로딩 화면이 나타나다 3초가 지나면 자동으로 사라지도록 구현했습니다.

그림 5-9 로딩 테스트 화면

이 기능을 구현하려면 다음과 같은 코드를 LoadingTest 컴포넌트에 구현해야 하며, 만약 다른 컴포넌트에도 이 기능을 추가하고 싶다면 이 코드를 계속 반복해서 작성해야 합니다. 또한 duration을 임의로 설정하려고 하면 컴포넌트마다 일일이 코드를 수정해야 합니다.

```
const duration = 3 * 1000    // 3초
const dispatch = useDispatch()
const doTimedLoading = useCallback(() => {
  dispatch(setLoading(true))
  const timerId = setTimeout(() => {
    clearTimeout(timerId)
    dispatch(setLoading(false))
  }, duration)
}, [])
```

하지만 다음처럼 doTimedLoading 함수를 썽크 액션을 반환하는 형태로 구현하면 컴포넌트마다 발생하는 코드 중복을 막을 수 있습니다.

```
export const doTimedLoading = (duration: number = 3 * 1000) => 썽크_액션
```

이제 이렇게 동작하는 doTimedLoading 썽크 액션을 src/store/loading 디렉터리에 구현하겠습니다. 먼저 src/store/loading 디렉터리에 doTimedLoading.ts란 이름의 파일을 생성합니다.

```
T 터미널                                                    —  □  ×

> touch src/store/loading/doTimedLoading.ts
```

그리고 앞서 본 코드를 doTimedLoading 함수 내부에 다음처럼 작성합니다. 코드는 setTimeout 함수를 호출하기 전에 매개변수로 setLoading(true) 액션을 수신한 dispatch 함수로 리덕스 저장소에 보냅니다. 그리고 duration만큼 시간이 경과되어 setTimeout 호출 때 설정한 콜백 함수가 동작하면, 이번엔 setLoading(false) 액션을 다시 리덕스 저장소에 보내 로딩 상태를 true에서 false로 변경하는 내용입니다.

```
import {Dispatch} from 'redux'
import {setLoading} from './actions'

export const doTimedLoading =
  (duration: number = 3 * 1000) =>
  (dispatch: Dispatch) => {
    dispatch(setLoading(true))
    const timerId = setTimeout(() => {
      clearTimeout(timerId)
      dispatch(setLoading(false))
    }, duration)
  }
```

같은 디렉터리의 index.ts 파일에 doTimedLoading을 다음처럼 추가합니다.

```
... (생략) ...
export * from './doTimedLoading'
```

그리고 doTimedLoading 함수를 테스트하고자 src/pages 디렉터리의 LoadingTest.tsx 파일
을 다음처럼 작성합니다. 코드의 전체 구조는 지금까지 구현해 보았던 리덕스 컴포넌트 사용
패턴 그대로지만, 일반 액션이 아니라 썽크 액션을 dispatch로 리덕스 저장소에 보내는 점이
다릅니다. 참고로 dispatch<any>는 type 속성이 없는 액션이라는 타입스크립트 오류를 막는
방법입니다.

```
import {useCallback} from 'react'
import {useSelector, useDispatch} from 'react-redux'
import type {AppState} from '../store'
import {Title} from '../components'
import {Button} from '../theme/daisyui'
import * as L from '../store/loading'

export default function LoadingTest() {
```

```
    const dispatch = useDispatch()
    const loading = useSelector<AppState, L.State>(({loading}) => loading)

    const doTimedLoading = useCallback(() => {
      dispatch<any>(L.doTimedLoading(1000))
    }, [dispatch])

    return (
      <section className="mt-4">
        <Title>LoadingTest</Title>
        <div className="mt-4">
          <div className="flex justify-center mt-4">
            <Button
              className="btn-sm btn-primary"
              onClick={doTimedLoading}
              disabled={loading}>
              DO TIMED LOADING
            </Button>
          </div>
          {loading && (
            <div className="flex items-center justify-center">
              <Button className="btn-circle loading"></Button>
            </div>
          )}
        </div>
      </section>
    )
}
```

## 오류 메시지 구현하기

이번엔 오류 메시지를 출력하는 errorMessage 멤버 상태를 구현해 보겠습니다. Error는 자바
스크립트 엔진이 기본으로 제공하는 타입입니다. 리액트 개발에서 Error 타입 객체는 Promise
타입 객체를 처리하는 코드와 try~catch 구문을 사용하는 코드에서 흔히 만날 수 있습니다.
보통 리액트 개발에서 Error 객체는 다음처럼 Error | null 타입 상태로 구현합니다.

```
const [error, setError] = useState<Error | null>(null)
{error && <p>{error.message}</p>}
```

하지만 리덕스 상태로서 Error 타입은 이처럼 null값일 수 있는 형태로 구현하는 것은 바람직하지 않습니다. 사실 UI 관점에서만 보면 Error 타입이 제공하는 모든 정보가 필요한 것이 아니라 오직 message 속성에 담긴 오류 메시지만 필요합니다. 따라서 다음처럼 오류 메시지의 길이가 0보다 큰지 판단하는 코드를 만드는 것이 바람직합니다.

```
const errorMessage = useSelector(state => state.errorMessage)
{errorMessage.length && <p>{errorMessage}</p>}
```

먼저 src/store/errorMessage 디렉터리의 types.ts 파일을 다음처럼 구현합니다.

**Do it!** 타입 선언하기 • src/store/errorMessage/types.ts

```
import type {Action} from 'redux'


export type State = string


export type SetErrorMessageAction = Action<'@errorMessage/setErrorMessage'> & {
  payload: State
}


export type Actions = SetErrorMessageAction
```

그리고 actions.ts 파일에 다음처럼 setErrorMessage 액션 생성기를 구현합니다.

**Do it!** 액션 생성기 작성하기 • src/store/errorMessage/actions.ts

```
import type * as T from './types'


export const setErrorMessage = (payload: T.State): T.SetErrorMessageAction => ({
  type: '@errorMessage/setErrorMessage',
  payload
})
```

그리고 리듀서를 다음처럼 구현합니다.

**Do it!** 리듀서 작성하기 • src/store/errorMessage/reducers.ts

```
import * as T from './types'

const initialState: T.State = ''

export const reducer = (state: T.State = initialState, action: T.Actions) => {
  switch (action.type) {
    case '@errorMessage/setErrorMessage':
      return action.payload
  }
  return state
}
```

이제 다음 명령으로 src/store/errorMessage 디렉터리에 generateErrorMessage.ts 파일을 만듭니다.

```
touch src/store/errorMessage/generateErrorMessage.ts
```

그리고 `generateErrorMessage` 썽크 액션을 다음처럼 구현합니다. `try~catch` 구문으로 Error 타입 객체를 throw하는 형태로 Error 객체를 만듭니다. 참고로 `if` 문은 타입스크립트 컴파일 오류를 피하기 위해 필요합니다.

**Do it!** 썽크 액션 만들기 • src/store/errorMessage/generateErrorMessage.ts

```
import {Dispatch} from 'redux'
import {setErrorMessage} from './actions'

export const generateErrorMessage =
  (errorMessage: string = 'some error occurred') =>
  (dispatch: Dispatch) => {
    dispatch(setErrorMessage(''))
    try {
      throw new Error(errorMessage)
    } catch (e) {
      if (e instanceof Error) dispatch(setErrorMessage(e.message))
    }
  }
```

이제 같은 디렉터리의 index.ts 파일에 generateErrorMessage를 다음처럼 반영해 줍니다.

---

**Do it!** 인덱스에 추가하기            • src/store/errorMessage/index.ts

```
... (생략) ...
export * from './generateErrorMessage'
```

---

generateErrorMessage를 테스트하는 코드를 작성할 차례인데, 번거로운 타이핑을 피하고자 다음처럼 LoadingTest.tsx 파일을 복사하여 ErrorMessageTest.tsx 파일을 다시 만듭니다.

---

**T** 터미널                                − □ ✕

```
> cd src/pages
> cp LoadingTest.tsx ErrorMessageTest.tsx
> cd ../..
```

---

그리고 src/pages 디렉터리의 ErrorMessageTest.tsx 파일을 다음처럼 구현합니다. 코드는 무작위 문자열로 오류 메시지를 발생합니다. 또한 오류가 없을 때 UI가 보이지 않게 하기 위해 errorMessage의 길이가 0보다 큰지를 판별합니다.

---

**Do it!** 오류 메시지 썽크 액션 테스트하기        • src/pages/ErrorMessageTest.tsx

```tsx
import {useCallback} from 'react'
import {useSelector, useDispatch} from 'react-redux'
import type {AppState} from '../store'
import {Title} from '../components'
import {Button} from '../theme/daisyui'
import * as D from '../data'
import * as E from '../store/errorMessage'

export default function ErrorMessageTest() {
  const dispatch = useDispatch()
  const errorMessage = useSelector<AppState, E.State>(({errorMessage}) => errorMessage)

  const generateErrorMessage = useCallback(() => {
    dispatch<any>(E.generateErrorMessage(D.randomSentence()))
  }, [dispatch])

  return (
```

---

```
    <section className="mt-4">
      <Title>ErrorMessageTest</Title>
      <div className="mt-4">
        <div className="flex justify-center mt-4">
          <Button className="btn-sm btn-primary" onClick={generateErrorMessage}>
            GENERATE ERROR MESSAGE
          </Button>
        </div>
        {errorMessage.length && (
          <div className="flex items-center justify-center bg-red-200">
            <p className="text-2xl text-red-600 text-bold">error: {errorMessage}</p>
          </div>
        )}
      </div>
    </section>
  )
}
```

▶ 실행 결과

# ErrorMessageTest
**GENERATE ERROR MESSAGE**
error: Zuka ohi ite neiza sehos.

## 사용자 정보 변경 기능 개선하기

「05-2」절에서 RemoteUserTest 컴포넌트는 다음과 같은 형태로 구현했습니다. 이번 절에서 살펴본 리덕스 미들웨어를 사용해 RemoteUserTest 컴포넌트와 똑같이 동작하는 fetchUser 라는 멤버 상태를 구현해 보겠습니다.

```
const getRemoteUser = useCallback(() => {
  toggleLoading()
  D.fetchRandomUser()
    .then(user => dispatch(R.setUser(user)))
    .catch(setError)
    .finally(toggleLoading)
}, [])
```

먼저 src/store/fetchUser 디렉터리에 다음 명령으로 fetch.ts 파일을 만듭니다.

```
T  터미널                                                              – ☐ ✕

> touch src/store/fetchUser/fetch.ts
```

앞서 「05-2」절의 RemoteUserTest.tsx 파일은 getRemoteUser와 changeName 콜백 함수에서 D.fetchRandomUser 함수를 호출하고 있습니다. 이제 이 콜백 함수의 내용을 fetch.ts 파일에 다음처럼 구현합니다. 코드는 리액트 훅을 사용하는 부분을 모두 썽크 액션 형태로 바꾼 다음, useState 훅 호출로 얻은 세터 함수들의 호출 코드를 loading과 errorMessage 멤버 상태의 액션들을 dispatch하는 방식으로 바꾸었습니다. 다만 changeName이란 액션의 이름이 서로 중복되므로 changeName 대신 changeNameByFetching이란 이름의 함수를 내보내고 있습니다.

**Do it!** 사용자 정보 가져오기                          • src/store/fetchUser/fetch.ts

```
import {Dispatch} from 'redux'
import * as L from '../loading'
import * as E from '../errorMessage'
import {setUser, changeName, changeEmail, changePicture} from './actions'
import * as D from '../../data'

export const getRemoteUser = () => (dispatch: Dispatch) => {
  dispatch(L.setLoading(true))
  dispatch(E.setErrorMessage(''))
  D.fetchRandomUser()
    .then(user => dispatch(setUser(user)))
    .catch((e: Error) => dispatch(E.setErrorMessage(e.message)))
    .finally(() => dispatch(L.setLoading(false)))
}
export const changeNameByFetching = () => (dispatch: Dispatch) => {
  dispatch(L.setLoading(true))
  dispatch(E.setErrorMessage(''))
  D.fetchRandomUser()
    .then(user => dispatch(changeName(user.name)))
    .catch((e: Error) => dispatch(E.setErrorMessage(e.message)))
    .finally(() => dispatch(L.setLoading(false)))
}
```

```
export const changeEmailByFetching = () => (dispatch: Dispatch) => {
  dispatch(L.setLoading(true))
  dispatch(E.setErrorMessage(''))
  D.fetchRandomUser()
    .then(user => dispatch(changeEmail(user.email)))
    .catch((e: Error) => dispatch(E.setErrorMessage(e.message)))
    .finally(() => dispatch(L.setLoading(false)))
}

export const changePictureByFetching = () => (dispatch: Dispatch) => {
  dispatch(L.setLoading(true))
  dispatch(E.setErrorMessage(''))
  D.fetchRandomUser()
    .then(user => dispatch(changePicture(user.picture)))
    .catch((e: Error) => dispatch(E.setErrorMessage(e.message)))
    .finally(() => dispatch(L.setLoading(false)))
}
```

이제 같은 디렉터리의 index.ts 파일에 fetch.ts 파일의 내용을 다음처럼 추가합니다.

**Do it!** 인덱스에 추가하기                                          • src/store/fetchUser/index.ts

```
··· (생략) ···
export * from './fetch'
```

이제 테스트 코드를 만들 차례인데, 타이핑 수고를 덜고자 다음처럼 RemoteUserTest.tsx
파일을 복사해서 FetchTest.tsx라는 파일 이름으로 저장합니다.

**T** 터미널                                                                    — □ ✕

```
> cp ../ch05_2/src/pages/RemoteUserTest.tsx src/pages/FetchTest.tsx
```

그리고 src/pages 디렉터리의 FetchTest.tsx 파일을 다음처럼 구현합니다. 코드에서 음영으
로 표시한 부분이 RemoteUserTest 컴포넌트와 달라진 부분입니다. 코드를 실행해 보면 Remote
UserTest 컴포넌트와 똑같이 동작합니다. 썽크 액션은 이처럼 복잡한 리액트 훅 코드 호출 부
분을 좀 더 간결한 형태로 구현하는 데 도움을 줍니다.

```tsx
import {useCallback, useEffect} from 'react'
import {useSelector, useDispatch} from 'react-redux'
import {Title, Avatar} from '../components'
import {Button} from '../theme/daisyui'
import * as D from '../data'
import type {AppState} from '../store'
import * as F from '../store/fetchUser'

export default function FetchTest() {
  const dispatch = useDispatch()
  const {
    loading,
    errorMessage,
    fetchUser: user
  } = useSelector<AppState, AppState>(state => state)

  const getRemoteUser = useCallback(() => {
    dispatch<any>(F.getRemoteUser())
  }, [dispatch])
  const changeName = useCallback(() => {
    dispatch<any>(F.changeNameByFetching())
  }, [dispatch])
  const changeEmail = useCallback(
    () => dispatch(F.changeEmail(D.randomEmail())),
    [dispatch]
  )
  const changePicture = useCallback(
    () => dispatch(F.changePicture({large: D.randomAvatar()})),
    [dispatch]
  )

  useEffect(getRemoteUser, [getRemoteUser])

  return (
    <section className="mt-4">
      <Title>FetchTest</Title>
```

```
      <div className="flex justify-center mt-4">
        <Button className="btn-sm btn-primary" onClick={getRemoteUser}>
          get remote user
        </Button>
        <Button className="ml-4 btn-sm btn-accent" onClick={changeName}>
          change name
        </Button>
        <Button className="ml-4 btn-sm btn-success" onClick={changeEmail}>
          change email
        </Button>
        <Button className="ml-4 btn-sm btn-secondary" onClick={changePicture}>
          change picture
        </Button>
      </div>
      {loading && (
        <div className="flex items-center justify-center">
          <Button className="btn-circle loading"></Button>
        </div>
      )}
      {errorMessage.length && (
        <div className="p-4 mt-4 bg-red-200">
          <p className="text-3xl text-red-500 text-bold">{errorMessage}</p>
        </div>
      )}

      <div className="flex justify-center p-4 mt-4">
        <Avatar src={user.picture.large} />
        <div className="ml-4">
          <p className="text-xl text-bold">
            {user.name.title}. {user.name.first} {user.name.last}
          </p>
          <p className="italic text-gray-600">{user.email}</p>
        </div>
      </div>
    </section>
  )
}
```

▶ 실행 결과

이제 npm start 명령을 실행한 터미널에서 Ctrl+C를 눌러 종료합니다. 지금까지는 앱 수준 상태를 구성하는 각 멤버 상태가 모두 독립적으로 동작했지만, 다음 절에서는 멤버 상태가 서로 관련이 있을 때 리덕스 구현 방법을 알아보겠습니다.

# 05-4 트렐로 따라 만들기

이 절에서는 지금까지 배운 내용을 토대로 아틀라시안<sup>Atlassian</sup>사가 공급하는 트렐로<sup>Trello</sup>처럼 동작하는 앱을 만들어 보겠습니다. 트렐로는 많은 개발자가 사용하는 웹 기반의 프로젝트 관리 소프트웨어로서, 드래그 앤 드롭 방식의 칸반 보드<sup>Kanban board</sup>를 기반으로 동작합니다.

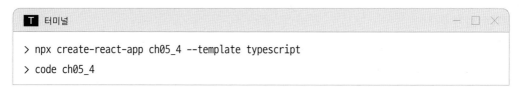

ch05 디렉터리에서 다음 명령으로 ch05_4라는 프로젝트를 생성합니다. 그리고 ch05_4 디렉터리를 대상으로 VSCode를 실행합니다.

```
T 터미널                                                  − □ ×

> npx create-react-app ch05_4 --template typescript
> code ch05_4
```

VSCode가 열리면 터미널을 하나 열고 다음 명령으로 chance와 luxon, 머티리얼 아이콘과 테일윈드CSS, 리덕스 관련 패키지들을 설치합니다.

```
T 터미널                                                  − □ ×

> npm i chance luxon @fontsource/material-icons
> npm i -D @types/chance @types/luxon
> npm i -D postcss autoprefixer tailwindcss @tailwindcss/line-clamp daisyui
> npm i redux @reduxjs/toolkit react-redux
> npm i redux-logger redux-thunk
> npm i -D @types/redux-logger @types/redux-thunk
```

이어서 앞 절의 src 디렉터리와 기존에 만든 파일을 복사해 재활용하고 이 절과 상관없는 파일은 지웁니다.

```
T  터미널                                                            —  □  ×

> cp -r ../ch05_3/src/* ./src
> cp -r ../ch05_3/*.js .
> rm src/pages/*
> rm -r -force src/store
```

그리고 다음 명령으로 src/copy/store 디렉터리의 파일들을 src/store 디렉터리로 복사
합니다.

```
T  터미널                                                            —  □  ×

> cd src
> cp -r copy/store .
> cd ..
```

### 칸반 보드란?

칸반<sup>Kanban</sup>은 '시각 신호'를 뜻하는 일본어로서 도요타 자동차 창업주가 처음 고안했습니다.
칸반 보드는 작업을 시각적으로 표시해 주어 프로젝트 관리를 쉽게 할 수 있도록 돕습니다.
카드 목록을 수직 방향으로 구성하며 각 목록이나 카드는 드래그 앤 드롭으로 소속이나 순서
를 자유롭게 변경할 수 있습니다.

다음은 이 절에서 제작해 보는 칸반 보드 앱의 모습입니다.

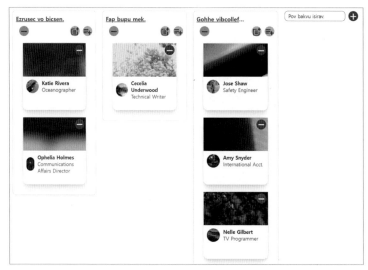

그림 5-10 칸반 보드 예

## react-dnd 패키지 설치하기

웹 브라우저는 드래그 앤 드롭 방식으로 HTML 요소의 위치를 변경할 수 있는 기능을 제공합니다. 자바스크립트 커뮤니티에서는 드래그 앤 드롭 기능을 좀 더 쉽게 구현할 수 있게 하는 많은 패키지가 존재하며, 이 절에서 사용하는 react-dnd* 패키지가 대표적입니다.

* react-dnd는 리덕스의 창시자 중 한 사람인 댄 아브라모프(Dan Abramov)가 만든 패키지입니다.

다음 명령으로 react-dnd와 관련 패키지를 설치합니다.

```
T 터미널                                                      _ □ ×

> npm i react-dnd react-dnd-html5-backend
> npm i -D @types/react-dnd
```

react-dnd는 리액트 컨텍스트에 기반하여 설계되었으므로 react-dnd가 제공하는 컴포넌트를 사용하려면, App.tsx 파일은 다음처럼 DndProvider 컴포넌트가 최상위 컴포넌트로 동작해야 합니다.

```
react-dnd용 App.tsx 예

import { DndProvider } from 'react-dnd'
import { HTML5Backend } from 'react-dnd-html5-backend'

export default function App() {
  return (
    <DndProvider backend={HTML5Backend}>
      /* react-dnd 기능 사용 컴포넌트 */
    </DndProvider>
  )
}
```

## react-beautiful-dnd 패키지 설치하기

그런데 react-dnd 패키지는 카드를 같은 목록에서는 사유롭게 드래그 앤 드롭할 수 있지만 다른 목록으로 옮기지는 못합니다. 그래서 이 절에서는 react-beautiful-dnd 패키지를 추가로 사용합니다. react-beautiful-dnd 패키지는 현재 아틀라시안사가 유지·보수하고 있지만 더 이상 새로운 기능을 추가하고 있지는 않습니다. 또한 react-beautiful-dnd 패키지는 현재 리액트 18을 peerDependencies로 설정하지 않고 있으므로 --legacy-peer-deps 옵션을 붙이지 않으면 설치할 수 없습니다.

다음 명령으로 react-beautiful-dnd 패키지를 설치합니다.

```
T  터미널                                            —  ☐  ✕

> npm i --legacy-peer-deps react-beautiful-dnd
> npm i -D @types/react-beautiful-dnd
```

## 앱 상태를 구성하는 멤버 상태 만들기

이제 src/store 디렉터리의 copy 디렉터리를 복사하여 다음처럼 4개의 디렉터리와 관련 파일들을 만듭니다.

```
T  터미널                                            —  ☐  ✕

> cd src/store
> cp -r copy listEntities
> cp -r copy listidOrders
> cp -r copy cardEntities
> cp -r copy listidCardidOrders
> cd ../..
```

그리고 src/store 디렉터리의 AppState.ts 파일에 방금 만든 디렉터리들의 내용을 다음처럼 추가합니다.

```
Do it! 앱 상태 파일 작성하기                    • src/store/AppState.ts

import * as L from './listEntities'
import * as LO from './listidOrders'
import * as LC from './listidCardidOrders'
import * as C from './cardEntities'

export type AppState = {
  listEntities: L.State
  listidOrders: LO.State
  listidCardidOrders: LC.State
  cardEntities: C.State
}
```

또한 src/store 디렉터리의 rootReducer.ts 파일을 다음처럼 구현합니다.

**Do it!** 루트 리듀서 작성하기 • src/store/rootReducer.ts

```
import {combineReducers} from 'redux'
import * as L from './listEntities'
import * as LO from './listidOrders'
import * as LC from './listidCardidOrders'
import * as C from './cardEntities'

export const rootReducer = combineReducers({
  listEntities: L.reducer,
  listidOrders: LO.reducer,
  listidCardidOrders: LC.reducer,
  cardEntities: C.reducer
})
```

## src/pages에 테스트용 컴포넌트 만들기

이제 앞서 만든 리덕스 기능들을 테스트하고자 src/copy의 CopyMe 디렉터리를 복사하여 pages 디렉터리에 다음처럼 3개의 디렉터리를 만듭니다.

```
T 터미널                                                            — □ ✕

> cd src
> cp -r copy/CopyMe pages/Board
> cp -r copy/CopyMe pages/BoardList
> cp -r copy/CopyMe pages/ListCard
> cd ..
```

그리고 src/App.tsx 파일을 다음처럼 작성하고 터미널에서 **npm start** 명령을 실행합니다.

**Do it!** 기본 앱 파일 작성하기 • src/App.tsx

```
import {Provider as ReduxProvider} from 'react-redux'
import {DndProvider} from 'react-dnd'
import {HTML5Backend} from 'react-dnd-html5-backend'
import {useStore} from './store'
```

```
import Board from './pages/Board'

export default function App() {
  const store = useStore()
  return (
    <ReduxProvider store={store}>
      <DndProvider backend={HTML5Backend}>
        <Board />
      </DndProvider>
    </ReduxProvider>
  )
}
```

## CreateListForm 컴포넌트 구현하기

이제 새로운 목록을 생성하는 CreateListForm.tsx 파일을 다음 명령으로 src/pages/Board 디렉터리에 생성합니다.

**T** 터미널       — □ ×

```
> cd src
> cp copy/CopyMe.tsx pages/Board/CreateListForm.tsx
> cd ..
```

그리고 CreateListForm.tsx 파일을 다음처럼 작성합니다.

**Do it!** 목록 생성하기       • src/pages/Board/CreateListForm.tsx

```
import type {FC, ChangeEvent} from 'react'
import {useState, useCallback} from 'react'
import {Icon} from '../../theme/daisyui'
import * as D from '../../data'

export type CreateListFormProps = {
  onCreateList: (uuid: string, title: string) => void
}
const CreateListForm: FC<CreateListFormProps> = ({onCreateList}) => {
  const [value, setValue] = useState<string>(D.randomTitleText())
```

```
  const onChange = useCallback((e: ChangeEvent<HTMLInputElement>) => {
    setValue(() => e.target.value)
  }, [])
  const addList = useCallback(() => {
    onCreateList(D.randomUUID(), value)
    setValue(() => D.randomTitleText())
  }, [value, onCreateList])

  // prettier-ignore
  return (
    <div className="flex p-2">
      <input placeholder="title"
        value={value} onChange={onChange}
        className="input-xs input-bordered input input-primary"/>
      <Icon name="add" onClick={addList} disabled={!value.length}
        className="ml-2 btn-primary btn-xs"/>
    </div>
  )
}
export default CreateListForm
```

이제 src/pages/Board 디렉터리의 index.tsx 파일을 다음처럼 작성합니다. 이 코드는
CreateListForm 컴포넌트를 화면에 보여 줍니다.

**Do it!** 목록 생성기를 화면에 보이기        • src/pages/Board/index.tsx

```
import {useCallback} from 'react'
import {Title} from '../../components'
import CreateListForm from './CreateListForm'

export default function Board() {
  const onCreateList = useCallback((uuid: string, title: string) => {
    console.log('onCreateList', uuid, title)
  }, [])
  return (
    <section className="mt-4">
      <Title>Board</Title>
      <div className="mt-4">
```

```
                    <CreateListForm onCreateList={onCreateList} />
                </div>
            </section>
        )
    }
```

▶ 실행 결과

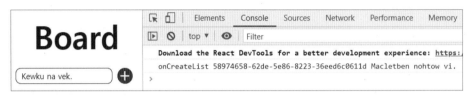

소스를 저장하고 웹 브라우저를 확인해 보면 입력 상자와 더하기 버튼이 있는 보드가 보입니다.
입력 상자에는 랜덤으로 생성된 목록 이름이 표시되고 더하기 버튼을 누르면 onCreateList 콜
백 함수가 호출되면서 콘솔 창에 목록의 uuid와 title 속성값이 출력됩니다.

## 배열 대신 ids와 entities로 상태 구현하기

이 절에서 만들 앱은 N개의 목록[list]이 있고, 각 목록은 여러 개의 카드[card]를 가질 수 있습니다.
그리고 각 목록은 드래그 앤 드롭으로 위치를 자유롭게 옮길 수 있습니다. 그런데 목록을 다
음처럼 배열에 담으면 이러한 기능을 구현하기가 어렵습니다.

```
lists = [list1, list2, ...]
```

앵귤러[Angular] 프레임워크에서는 리덕스 기능을 구현하면서 @ngrx/entity라는 패키지를 사용
할 때가 있습니다. 이 패키지는 배열에 들어갈 아이템은 모두 서로를 구분할 수 있는 고유 ID
값을 가진다고 가정합니다. 그리고 entities란 객체를 하나 만들어, id_값: 아이템 형태로
여러 개의 아이템을 저장합니다. 다음은 redux-toolkit.js.org 사이트에서 인용한 ids와
entities의 역할을 보인 것입니다.

ids와 entities의 역할
```
{
  ids: []          // 각 항목의 고유 ID. 문자열 또는 숫자
  entities: {}     // 엔티티 ID를 해당 엔티티 객체에 매핑하는 조회(lookup) 테이블
}
                         출처: https://redux-toolkit.js.org/api/createEntityAdapter
```

이제 이런 구조를 가지는 타입을 단순히 **엔티티**<sup>entity</sup>라고 부르겠습니다. 그런데 타입스크립트로 엔티티를 구현할 때는 타입스크립트가 기본으로 제공하는 Record 제네릭 타입을 이해해야 합니다.

## 타입스크립트의 Record 타입

자바스크립트는 다음 코드에서 보듯 색인 연산자<sup>index operator</sup> []를 사용하여 객체의 속성값을 얻을 수 있습니다.

**객체의 속성값을 색인 연산자로 얻기**

```
import {makeRandomCard} '../../data'
const card = makeRandomCard()
const uuid = card['uuid']   // 색인 연산자로 객체의 'uuid' 속성값 얻기
```

그런데 자바스크립트로 이런 형태의 코드를 작성할 때는 card['id']처럼 속성 이름을 잘못 작성하는 실수를 할 수 있습니다. 이런 오류는 코드가 실행되고 나서야 비로소 알게 됩니다. 이 때문에 타입스크립트는 기본으로 객체의 속성값을 색인 연산자로 얻을 수 없게 합니다. 대신 Record란 이름의 특별한 타입을 제공합니다.

다음은 Record 타입의 선언문으로 코드에 사용된 keyof는 타입스크립트 키워드이고, [P in K] 부분은 색인 연산자로 객체의 특정 속성에 접근할 수 있게 하는 타입스크립트의 색인 타입<sup>indexed access type</sup> 구문입니다. Record 타입을 사용하려면 Record<키_타입, 값_타입> 형태로 2개의 타입 변수를 지정해야 합니다. Record 타입은 색인 연산자를 사용하여 객체의 특정 속성값을 설정하거나 얻어올 수 있게 합니다.

이제 앞서 src/store 디렉터리에 만들어 놓은 listidOrders와 listEntities 멤버 상태를 다음처럼 엔티티 방식으로 구현해 보겠습니다.

**엔티티 방식으로 구현한 예**

```
type Record<K extends keyof any, T> = {
  [P in K]: T;
};
```

## 공통으로 사용하는 타입 구현하기

이 절의 코드들은 멤버 상태들이 공통으로 사용하는 타입이 있으므로 먼저 src/store 디렉터리에 다음 명령으로 commonTypes.ts란 파일을 만듭니다.

```
T 터미널                                                    – □ ✕

> touch src/store/commonTypes.ts
```

그리고 commonTypes.ts 파일을 다음처럼 작성합니다.

**Do it! 공통 타입 선언하기**　　　　　　　　　　　　　　　• src/store/commonTypes.ts

```
import type {ICard} from '../data'

export type UUID = string
export type List = {
  uuid: UUID
  title: string
}
export type Card = ICard
export type CardidListid = {
  cardid: UUID
  listid: UUID
}
export type ListidCardid = CardidListid
export type ListidCardidS = {listid: UUID; cardids: UUID[]}
export type CardidListidIndex = CardidListid & {
  index: number
}
```

## listidOrders 멤버 상태 구현하기

listidOrders 멤버 상태는 생성한 목록의 uuid값을 배열에 담아 웹 페이지에 어떤 순서로 표시할 것인지를 결정하는 역할을 합니다.

src/store/listidOrders 디렉터리의 types.ts 파일을 열고 다음과 같은 코드를 작성합니다. 코드는 목록의 uuid값을 담은 배열을 상태로 설정하고 있습니다. 또한 목록은 아무 때나 생성할 수 있고, 드래그 앤 드롭으로 순서를 변경할 수 있고, 삭제할 수 있으므로 이런 상황에 대응하는 3가지 액션을 정의합니다.

**Do it! 타입 선언하기** • src/store/listidOrders/types.ts

```
import type {Action} from 'redux'
import type {UUID} from '../commonTypes'
export * from '../commonTypes'


export type State = UUID[]


export type SetListidOrders = Action<'@listidOrders/set'> & {
  payload: State
}
export type AddListidToOrders = Action<'@listidOrders/add'> & {
  payload: UUID
}
export type RemoveListidFromOrders = Action<'@listidOrders/remove'> & {
  payload: UUID
}


export type Actions = SetListidOrders | AddListidToOrders | RemoveListidFromOrders
```

다음은 앞서 선언한 3가지 타입의 액션 생성기를 구현한 내용입니다.

**Do it! 액션 생성기 작성하기** • src/store/listidOrders/actions.ts

```
import type * as T from './types'


export const setListidOrders = (payload: T.State): T.SetListidOrders => ({
  type: '@listidOrders/set',
  payload
})
export const addListidToOrders = (payload: T.UUID): T.AddListidToOrders => ({
  type: '@listidOrders/add',
  payload
})
export const removeListidFromOrders = (payload: T.UUID): T.RemoveListidFromOrders => ({
```

```
    type: '@listidOrders/remove',
    payload
})
```

그리고 다음은 3개의 액션에 대응하는 리듀서를 구현한 내용입니다.

Do it! 리듀서 작성하기                                    • src/store/listidOrders/reducers.ts

```
import * as T from './types'

const initialState: T.State = []

export const reducer = (state: T.State = initialState, action: T.Actions) => {
  switch (action.type) {
    case '@listidOrders/set':
      return action.payload
    case '@listidOrders/add':
      return [...state, action.payload]
    case '@listidOrders/remove':
      return state.filter(uuid => uuid !== action.payload)
  }
  return state
}
```

## listEntities 멤버 상태 구현하기

listEntities 멤버 상태는 앞서 commonTypes.ts 파일에 선언했던 List 타입 객체들을 엔티티 방식으로 저장하는 역할을 수행합니다. List 타입은 string 타입의 uuid 속성과 사용자가 특정 카드 목록의 용도를 쉽게 구분할 수 있도록 string 타입의 title이라는 속성을 가지고 있습니다.

List의 타입

```
export type List = {
  uuid: UUID
  title: string
}
```

다음은 src/store/listEntities 디렉터리에 있는 types.ts 파일의 구현 내용입니다.

**Do it!** 타입 선언하기 • src/store/listEntities/types.ts

```ts
import type {Action} from 'redux'
import type {List} from '../commonTypes'
export * from '../commonTypes'

export type State = Record<string, List>

export type AddListAction = Action<'@listEntities/add'> & {
  payload: List
}
export type RemoveListAction = Action<'@listEntities/remove'> & {
  payload: string
}
export type Actions = AddListAction | RemoveListAction
```

그리고 다음은 같은 디렉터리의 actions.ts 파일 내용입니다. types.ts 파일에 선언한 2개의 액션 타입에 대한 각각의 생성기를 구현하고 있습니다.

**Do it!** 액션 생성기 작성하기 • src/store/listEntities/actions.ts

```ts
import type * as T from './types'

export const addList = (payload: T.List): T.AddListAction => ({
  type: '@listEntities/add',
  payload
})
export const removeList = (payload: string): T.RemoveListAction => ({
  type: '@listEntities/remove',
  payload
})
```

그런데 엔티티의 리듀서를 구현할 때는 조금 생각이 필요합니다. 이에 관해 알아보겠습니다. 다음처럼 작성된 리듀서 코드에서 각 액션의 `return state` 부분을 수정하여 새로운 목록을 state에 저장하거나 state에서 특정 uuid를 가진 목록을 제거해야 합니다.

```
export const reducer = (state: T.State = initialState, action: T.Actions) => {
  switch (action.type) {
    case '@listEntities/add':
      return state      // 이 코드를 수정해야 함
    case '@listEntities/remove':
      return state      // 이 코드를 수정해야 함
    return state
}
```

먼저 목록을 생성하는 @listEntities/add 액션을 구현해 보겠습니다. 현재 새로운 목록은 다음처럼 action.payload에 담겨 있습니다.

```
const list = action.payload
const {uuid} = list
```

그런데 state는 Record<UUID, List> 타입의 엔티티이므로 다음처럼 state[uuid] = list 형태로 구현할 수 있습니다. 하지만 이 구현 방법은 리듀서의 입력 매개변숫값을 수정하는 것이므로 리듀서를 불순 함수로 만듭니다. 따라서 리듀서가 순수 함수가 되려면 {...state, [uuid]: card} 형태로 구현해야 합니다.

```
state[uuid] = list; return state     // 리듀서는 순수 함수여야 하므로 잘못된 구현
return {...state, [uuid]: list}       // 올바른 구현
```

이번엔 목록을 제거하는 @listEntities/remove 액션을 구현해 보겠습니다. 현재 제거할 목록의 uuid값은 다음처럼 action.payload에 담겨 있습니다.

```
const {uuid} = action.payload
```

타입스크립트에서 객체의 특정 속성을 삭제할 때는 다음처럼 특정 속성을 대상으로 delete 연산자를 사용합니다. 그런데 이 방식은 리듀서를 불순 함수로 만들므로 잘못된 구현입니다.

```
delete state[uuid]; return state     // 리듀서는 순수 함수여야 하므로 잘못된 구현
```

반면에 다음처럼 전개 연산자를 사용하여 깊은 복사 방식으로 새로운 상태를 만든 뒤 delete 연산자를 적용하면 리듀서의 매개변수 state값을 바꾸지 않으므로 올바른 구현 방법이 됩니다.

```
const newState = {...state}
delete newState[uuid]
return newState
```

지금까지 살펴본 내용으로 src/store/listEntities 디렉터리의 reducers.ts 파일을 다음처럼 작성합니다.

**Do it!** 리듀서 작성하기 • src/store/listEntities/reducers.ts
```
import * as T from './types'

const initialState: T.State = {}

export const reducer = (state: T.State = initialState, action: T.Actions) => {
  switch (action.type) {
    case '@listEntities/add':
      return {...state, [action.payload.uuid]: action.payload}
    case '@listEntities/remove': {
      const newState = {...state}
      delete newState[action.payload]
      return newState
    }
  }
  return state
}
```

이제 listIdOrders와 listEntities 멤버 상태를 Board 컴포넌트에 적용합니다. src/pages/ Board 디렉터리의 index.tsx 파일에 다음처럼 작성합니다.

```tsx
import {useCallback} from 'react'
import {useDispatch} from 'react-redux'
import {Title} from '../../components'
import CreateListForm from './CreateListForm'

import * as LO from '../../store/listidOrders'
import * as L from '../../store/listEntities'

export default function Board() {
  const dispatch = useDispatch()

  const onCreateList = useCallback((uuid: string, title: string) => {
    const list = {uuid, title}
    dispatch(LO.addListidToOrders(list.uuid))
    dispatch(L.addList(list))
  }, [dispatch])
  return (
    <section className="mt-4">
      <Title>Board</Title>
      <div className="mt-4">
        <CreateListForm onCreateList={onCreateList} />
      </div>
    </section>
  )
}
```

▶ 실행 결과

```
▼ action @listEntities/add @ 14:03:40.990                              redux-logger.js:1
    prev state                                                         redux-logger.js:1
    ▶ {listEntities: {…}, listidOrders: Array(2), listidCardidOrders: {…}, cardEntities: {…}}
    action      ▶ {type: '@listEntities/add', payload: {…}}            redux-logger.js:1
    next state                                                         redux-logger.js:1
  ▼ {listEntities: {…}, listidOrders: Array(2), listidCardidOrders: {…}, cardEntities: {…}} ⓘ
      ▶ cardEntities: {}
      ▶ listEntities: {21bd5385-b5db-5270-85bb-0396cb7d3cdd: {…}, d1e37c9b-9124-5578-8002-d55bec4db1f0: {…}}
      ▶ listidCardidOrders: {}
      ▶ listidOrders: (2) ['21bd5385-b5db-5270-85bb-0396cb7d3cdd', 'd1e37c9b-9124-5578-8002-d55bec4db1f0']
        ▶ [[Prototype]]: Object
```

실행 결과는 보드에서 더하기 아이콘을 2번 눌러 2개의 목록을 생성했을 때 리덕스 로거가 콘솔 창에 출력한 내용입니다. listEntities와 listidOrders에 각각 2개의 목록 관련 내용이 담겨 있음을 확인할 수 있습니다.

## BoardList 컴포넌트 구현하기

앞에서 목록을 생성하는 기능을 만들었는데 이번에는 이 목록을 다음 그림처럼 화면에 표시하고 빼기 아이콘을 눌렀을 때 해당 목록을 제거하는 BoardList 컴포넌트를 만들겠습니다.

그림 5-11 보드에 목록이 표시된 모습

다음은 src/pages/BoardList 디렉터리에 있는 index.tsx 파일의 초기 모습입니다.

**Do it!** 보드에 목록 표시하기(초기 모습)　　　　　　　　• src/pages/BoardList/index.tsx

```
import type {FC} from 'react'
import type {List} from '../../store/commonTypes'
import {Icon} from '../../theme/daisyui'

export type BoardListProps = {
  list: List
  onRemoveList?: () => void
}
const BoardList: FC<BoardListProps> = ({list, onRemoveList, ...props}) => {
  return (
    <div {...props} className="p-2 m-2 border border-gray-300 rounded-lg">
      <div className="flex justify-between mb-2">
        <p className="w-32 text-sm font-bold underline line-clamp-1 ">{list.title}</p>
        <div className="flex justify-between ml-2">
          <Icon name="remove" className="btn-error btn-xs" onClick={onRemoveList} />
        </div>
      </div>
    </div>
  )
}
export default BoardList
```

이제 BoardList 컴포넌트를 Board 컴포넌트에 적용할 차례인데, 그 전에 리스트 엔티티를 배열로 바꾸는 방법을 알아보겠습니다. listEntities 객체에 담긴 목록을 화면에 보이게 하려면 다음처럼 listEntities의 타입 Record<UUID, List>가 아니라, List[] 타입 배열로 바꿔줘야 합니다.

```
import type {AppState} from '../store'
import type {List} from '../store/commonTypes'
import * as L from '../store/listEntities'

const lists = useSelector<AppState, List[]>(({listEntities}) => ???)
```

그런데 각 목록의 순서는 다음처럼 listidOrders에 담겨 있습니다.

```
import * as LO from '../store/listidOrders'
const listidOrders = useSelector<AppState, LO.State>(({listidOrders}) => listidOrders)
```

결국 List[] 타입 배열은 다음처럼 listidOrders를 통해 uuid의 순서를 결정한 다음, 각 uuid에 해당하는 목록을 listEntities에서 얻어올 수 있습니다.

```
const lists = useSelector<AppState, List[]>(({listidOrders, listEntities}) =>
    listidOrders.map(uuid => listEntities[uuid])
  )
```

다음은 src/pages/Board/index.tsx 파일에 BoardList 컴포넌트를 반영한 모습입니다. 여기까지 작성하면 이제 더하기 아이콘으로 새로운 목록을 만들고, 빼기 아이콘으로 목록을 삭제할 수 있습니다.

**Do it!** Board에 BoardList 반영하기          • src/pages/Board/index.tsx

```
import {useCallback, useMemo} from 'react'
import {useSelector, useDispatch} from 'react-redux'
import {Title} from '../../components'
import CreateListForm from './CreateListForm'
import BoardList from '../BoardList'
```

```
import type {AppState} from '../../store'
import type {List} from '../../store/commonTypes'
import * as LO from '../../store/listidOrders'
import * as L from '../../store/listEntities'

export default function Board() {
  const dispatch = useDispatch()

  const lists = useSelector<AppState, List[]>(({listidOrders, listEntities}) =>
    listidOrders.map(uuid => listEntities[uuid])
  )

  const onCreateList = useCallback(
    (uuid: string, title: string) => {
      const list = {uuid, title}
      dispatch(LO.addListidToOrders(uuid))
      dispatch(L.addList(list))
    },
    [dispatch]
  )
  const onRemoveList = useCallback(
    (listid: string) => () => {
      dispatch(L.removeList(listid))
      dispatch(LO.removeListidFromOrders(listid))
    },
    [dispatch]
  )

  const children = useMemo(
    () =>
      lists.map(list => (
        <BoardList key={list.uuid} list={list} onRemoveList={onRemoveList(list.uuid)} />
      )),
    [lists, onRemoveList]
  )
  return (
    <section className="mt-4">
      <Title>Board</Title>
```

```tsx
      <div className="flex flex-wrap p-2 mt-4">
        {children}
        <CreateListForm onCreateList={onCreateList} />
      </div>
    </section>
  )
}
```

▶ 실행 결과

## 리덕스 기능을 커스텀 훅으로 만들기

그런데 Board 컴포넌트는 현재 리덕스 기능을 그대로 구현하고 있어서 코드가 복잡합니다.
좀 더 간결하게 하고자 src/store 디렉터리에 useLists.ts 파일을 만들겠습니다.

```
T  터미널                                                    –  □  ×

> touch src/store/useLists.ts
```

그리고 Board.tsx 파일의 코드를 useLists란 이름의 커스텀 훅으로 만듭니다.

**Do it!** useLists 커스텀 훅 만들기(초기 모습)                    • src/store/useLists.ts

```ts
import {useCallback} from 'react'
import {useSelector, useDispatch} from 'react-redux'
import type {AppState} from '../store'
import type {List} from '../store/commonTypes'
import * as LO from '../store/listidOrders'
import * as L from '../store/listEntities'

export const useLists = () => {
  const dispatch = useDispatch()

  const lists = useSelector<AppState, List[]>(({listidOrders, listEntities}) =>
```

```
      listidOrders.map(uuid => listEntities[uuid])
  )

  const onCreateList = useCallback(
    (uuid: string, title: string) => {
      const list = {uuid, title}
      dispatch(LO.addListidToOrders(uuid))
      dispatch(L.addList(list))
    },
    [dispatch]
  )
  const onRemoveList = useCallback(
    (listid: string) => () => {
      dispatch(L.removeList(listid))
      dispatch(LO.removeListidFromOrders(listid))
    },
    [dispatch]
  )
  return {lists, onCreateList, onRemoveList}
}
```

이제 src/pages/Board/index.tsx 파일은 **useLists** 훅 덕분에 코드가 다음처럼 간결해집니다.

**Do it!** useLists 훅으로 간결해진 Board 컴포넌트 • src/pages/Board/index.tsx

```
import {useMemo} from 'react'
import {Title} from '../../components'
import CreateListForm from './CreateListForm'
import BoardList from '../BoardList'

import {useLists} from '../../store/useLists'

export default function Board() {
  const {lists, onRemoveList, onCreateList} = useLists()

  const children = useMemo(
    () =>
      lists.map(list => (
```

```
            <BoardList key={list.uuid} list={list} onRemoveList={onRemoveList(list.uuid)} />
        )),
      [lists, onRemoveList]
    )
  return (
    <section className="mt-4">
      <Title>Board</Title>
      <div className="flex flex-wrap p-2 mt-4">
        {children}
        <CreateListForm onCreateList={onCreateList} />
      </div>
    </section>
  )
}
```

## ListCard 컴포넌트 구현하기

이번에는 BoardList에 카드를 추가하는 기능을 구현하겠습니다. 먼저 「05-2」절에서 구현
한 src/pages/CardsTest 디렉터리의 Card.tsx 파일을 src/pages/ListCard 디렉터리에
index.tsx 파일로 저장합니다.

```
> cp ../ch05_2/src/pages/CardsTest/Card.tsx ./src/pages/ListCard/index.tsx
```

이 파일을 열고 다음처럼 작성합니다. 참고로 onClick이란 이벤트 속성은 다음 장을 위해 만
들어 두었습니다.

Do it! listCard 컴포넌트 작성하기                                  • src/pages/ListCard/index.tsx

```
import type {FC} from 'react'
import type {ICard} from '../../data'
import {Div, Avatar} from '../../components'
import {Icon} from '../../theme/daisyui'

export type ListCardProps = {
  card: ICard
```

```
    onRemove?: () => void
    onClick?: () => void
}

const ListCard: FC<ListCardProps> = ({card, onRemove, onClick}) => {
  const {image, writer} = card
  const {avatar, name, jobTitle} = writer

  return (
    <Div className="m-2 border shadow-lg rounded-xl" width="10rem" onClick={onClick}>
      <Div src={image} className="relative h-20">
        <Icon
          name="remove"
          className="absolute right-1 top-1 btn-primary btn-xs"
          onClick={onRemove}
        />
      </Div>
      <Div className="flex flex-col p-2">
        <Div minHeight="4rem" height="4rem" maxHeight="4rem">
          <Div className="flex flex-row items-center">
            <Avatar src={avatar} size="2rem" />
            <Div className="ml-2">
              <p className="text-xs font-bold">{name}</p>
              <p className="text-xs text-gray-500">{jobTitle}</p>
            </Div>
          </Div>
        </Div>
      </Div>
    </Div>
  )
}
export default ListCard
```

## cardEntities 멤버 상태 구현하기

다음 src/store/cardEntities 디렉터리의 types.ts 파일은 엔티티 타입의 State를 선언하고
2개의 액션 타입을 선언하고 있습니다. 사실 이 내용은 List 타입 대신 Card 타입을 사용했을
뿐 앞서 구현한 listEntities의 내용과 같습니다.

```
import type {Action} from 'redux'
import type {Card, UUID} from '../commonTypes'
export * from '../commonTypes'

export type State = Record<UUID, Card>

export type AddCardAction = Action<'@cardEntities/add'> & {
  payload: Card
}
export type RemoveCardAction = Action<'@cardEntities/remove'> & {
  payload: UUID
}
export type Actions = AddCardAction | RemoveCardAction
```

다음은 같은 디렉터리의 actions.ts 파일에 구현한 액션 생성기입니다.

```
import type * as T from './types'

export const addCard = (payload: T.Card): T.AddCardAction => ({
  type: '@cardEntities/add',
  payload
})
export const removeCard = (payload: T.UUID): T.RemoveCardAction => ({
  type: '@cardEntities/remove',
  payload
})
```

다음은 같은 디렉터리의 reducers.ts 파일에 구현한 리듀서입니다.

> **Do it!** 리듀서 작성하기            • src/store/cardEntities/reducers.ts

```ts
import * as T from './types'

const initialState: T.State = {}

export const reducer = (state: T.State = initialState, action: T.Actions) => {
  switch (action.type) {
    case '@cardEntities/add':
      return {...state, [action.payload.uuid]: action.payload}
    case '@cardEntities/remove': {
      const newState = {...state}
      delete newState[action.payload]
      return newState
    }
  }
  return state
}
```

## listidCardidOrders 멤버 상태 구현하기

카드는 각각 특정 목록에 소속되어 있으며 드래그 앤 드롭으로 순서를 바꿀 수 있습니다. 따라서 특정 목록이 어떤 카드를 어떤 순서로 가지고 있는지를 나타내는 정보가 필요합니다. listidCardidOrders 멤버 상태는 Record<리스트_uuid, 카드_uuid[]> 타입의 엔티티를 가집니다. 다음은 src/store/listidCardidOrders 디렉터리의 types.ts 파일 내용입니다.

> **Do it!** 타입 선언하기            • src/store/listidCardidOrders/types.ts

```ts
import type {Action} from 'redux'
import * as CT from '../commonTypes'
export * from '../commonTypes'

export type State = Record<CT.UUID, CT.UUID[]>

export type SetListidCardids = Action<'@listidCardids/set'> & {
  payload: CT.ListidCardidS
}
```

```
export type RemoveListidAction = Action<'@listidCardids/remove'> & {
  payload: CT.UUID
}

export type PrependCardidToListidAction = Action<'@listidCardids/prependCardid'> & {
  payload: CT.ListidCardid
}
export type AppendCardidToListidAction = Action<'@listidCardids/appendCardid'> & {
  payload: CT.ListidCardid
}
export type RemoveCardidFromListidAction = Action<'@listidCardids/removeCardid'> & {
  payload: CT.ListidCardid
}

export type Actions =
  | SetListidCardids
  | RemoveListidAction
  | PrependCardidToListidAction
  | AppendCardidToListidAction
  | RemoveCardidFromListidAction
```

다음은 같은 디렉터리의 actions.ts 파일에 구현한 액션 생성기입니다.

Do it! 액션 생성기 작성하기 • src/store/listidCardidOrders/actions.ts

```
import type * as T from './types'
import * as CT from '../commonTypes'

export const setListidCardids = (payload: CT.ListidCardidS): T.SetListidCardids => ({
  type: '@listidCardids/set',
  payload
})
export const removeListid = (payload: string): T.RemoveListidAction => ({
  type: '@listidCardids/remove',
  payload
})

export const prependCardidToListid = (
  payload: CT.ListidCardid
```

```
): T.PrependCardidToListidAction => ({
  type: '@listidCardids/prependCardid',
  payload
})
export const appendCardidToListid = (
  payload: CT.ListidCardid
): T.AppendCardidToListidAction => ({
  type: '@listidCardids/appendCardid',
  payload
})
export const removeCardidFromListid = (
  payload: CT.ListidCardid
): T.RemoveCardidFromListidAction => ({
  type: '@listidCardids/removeCardid',
  payload
})
```

이제 왜 이런 액션들이 필요한지 리듀서를 구현하면서 알아보겠습니다. 먼저 `@listidCardids` `/set` 액션은 목록 uuid의 속성에 카드 uuid의 배열을 추가하려고 할 때 사용합니다.

카드 uuid 배열을 일괄 설정하기

```
state[목록_uuid] = [카드_uuid]
```

`@listidCardids/remove` 액션은 `listidOrders`에서 특정 목록이 삭제되면 `llistidCardidOrders` 에서도 `state[삭제된_리스트_uuid]` 부분을 삭제해 메모리가 낭비되지 않게 합니다. 그리고 `@listidCardids/prependCardid` 액션은 다음 코드 형태로 특정 목록이 가지고 있는 카드 uuid들 앞에 새로운 카드 uuid를 삽입하는 용도입니다.

```
const cardIds = state[리스트_uuid]   // 기존 기드_uuid들
return {...state, [리스트_uuid]: [새_카드_uuid, ...cardIds]}
```

`@listidCardids/appendCardid` 액션은 다음 코드 형태로 특정 목록이 가지고 있는 카드 uuid 들 맨 뒤에 새로운 카드 uuid를 삽입하는 용도입니다.

```
const cardIds = state[리스트_uuid]     // 기존 카드_uuid들
return {...state, [리스트_uuid]: [...cardIds, 새_카드_uuid,]}
```

@listidCardids/removeCardid 특정 카드가 삭제될 때 목록에 있는 카드 uuid를 지우는 용도
입니다.

```
const cardIds = state[리스트_uuid]     // 기존 카드_uuid들
return {
  ...state,     // listidCardids 상태 보존
  [action.payload.listid]: cardIds.filter(id => id !== 제거할_카드_uuid)
}
```

다음은 이런 내용을 구현한 reducers.ts 파일 내용입니다.

**Do it! 리듀서 작성하기**   • src/store/listidCardidOrders/reducers.ts

```typescript
import * as T from './types'

const initialState: T.State = {}

export const reducer = (state: T.State = initialState, action: T.Actions) => {
  switch (action.type) {
    case '@listidCardids/set':
      return {...state, [action.payload.listid]: action.payload.cardids}
    case '@listidCardids/remove': {
      const newState = {...state}
      delete newState[action.payload]
      return newState
    }
    case '@listidCardids/prependCardid': {
      const cardids = state[action.payload.listid]
      return {...state, [action.payload.listid]: [action.payload.cardid, ...cardids]}
    }
    case '@listidCardids/appendCardid': {
      const cardids = state[action.payload.listid]
      return {...state, [action.payload.listid]: [...cardids, action.payload.cardid]}
```

```
      }
      case '@listidCardids/removeCardid': {
        const cardids = state[action.payload.listid]
        return {
          ...state,
          [action.payload.listid]: cardids.filter(id => id !== action.payload.cardid)
        }
      }
    }
  }
  return state
}
```

이제 앞서 제작한 useLists 훅에 cardEntities와 listidCardidOrders 기능을 다음처럼 반영하겠습니다.

**Do it!** useLists 훅에 반영하기 • src/store/useLists.ts

```
import {useCallback} from 'react'
import {useSelector, useDispatch} from 'react-redux'
import type {AppState} from '../store'
import type {List} from '../store/commonTypes'
import * as LO from '../store/listidOrders'
import * as L from '../store/listEntities'
import * as C from '../store/cardEntities'
import * as LC from '../store/listidCardidOrders'

export const useLists = () => {
  const dispatch = useDispatch()

  const lists = useSelector<AppState, List[]>(({listidOrders, listEntities}) =>
    listidOrders.map(uuid => listEntities[uuid])
  )
  const listidCardidOrders = useSelector<AppState, LC.State>(
    ({listidCardidOrders}) => listidCardidOrders
  )

  const onCreateList = useCallback(
```

```
    (uuid: string, title: string) => {
      const list = {uuid, title}
      dispatch(LO.addListidToOrders(uuid))
      dispatch(L.addList(list))
      dispatch(LC.setListidCardids({listid: list.uuid, cardids: []}))
    },
    [dispatch]
  )
  const onRemoveList = useCallback(
    (listid: string) => () => {
      listidCardidOrders[listid].forEach(cardid => {
        dispatch(C.removeCard(cardid))
      })
      dispatch(LC.removeListid(listid))

      dispatch(L.removeList(listid))
      dispatch(LO.removeListidFromOrders(listid))
    },
    [dispatch, listidCardidOrders]
  )
  return {lists, onCreateList, onRemoveList}
}
```

## useCards 커스텀 훅 만들기

앞서 useLists 커스텀 훅 제작으로 Board의 내용이 간결해졌습니다. 이제 useCards 커스텀
훅을 작성하여 카드 관련 코드가 간결해지도록 하겠습니다. 먼저 다음 명령으로 src/store 디
렉터리에 useCards.ts 파일을 생성합니다.

터미널        — □ ×

```
> touch src/store/useCards.ts
```

그리고 useCards.ts 파일을 다음처럼 구현합니다.

```
import {useCallback} from 'react'
import {useDispatch, useSelector} from 'react-redux'
import type {AppState} from '../store'
import type {Card, UUID} from '../store/commonTypes'
import * as C from '../store/cardEntities'
import * as LC from '../store/listidCardidOrders'
import * as D from '../data'

export const useCards = (listid: UUID) => {
  const dispatch = useDispatch()
  const cards = useSelector<AppState, Card[]>(({cardEntities, listidCardidOrders}) =>
    listidCardidOrders[listid].map(uuid => cardEntities[uuid])
  )

  const onPrependCard = useCallback(() => {
    const card = D.makeRandomCard()
    dispatch(C.addCard(card))
    dispatch(LC.prependCardidToListid({listid, cardid: card.uuid}))
  }, [dispatch, listid])
  const onAppendCard = useCallback(() => {
    const card = D.makeRandomCard()
    dispatch(C.addCard(card))

    dispatch(LC.appendCardidToListid({listid, cardid: card.uuid}))
  }, [dispatch, listid])

  const onRemoveCard = useCallback(
    (uuid: UUID) => () => {
      dispatch(C.removeCard(uuid))
      dispatch(LC.removeCardidFromListid({listid, cardid: uuid}))
    },
    [dispatch, listid]
  )
  return {cards, onPrependCard, onAppendCard, onRemoveCard}
}
```

다음 src/pages/BoardList/index.tsx 파일 내용은 useCards 훅을 호출하여 카드 기능 구현에 필요한 cards와 onPrependCard 등의 함수를 얻고 있습니다. 여기까지 구현했으면 목록에서 카드를 추가하고 삭제할 수 있습니다.

**Do it!** BoardList 컴포넌트 수정하기(카드 기능 추가)      • src/pages/BoardList/index.tsx

```tsx
import type {FC} from 'react'
import type {List} from '../../store/commonTypes'
import {useMemo} from 'react'
import {Div} from '../../components'
import {Icon} from '../../theme/daisyui'
import ListCard from '../ListCard'
import {useCards} from '../../store/useCards'

export type BoardListProps = {
  list: List
  onRemoveList: () => void
}
const BoardList: FC<BoardListProps> = ({list, onRemoveList, ...props}) => {
  const {cards, onPrependCard, onAppendCard, onRemoveCard} = useCards(list.uuid)

  const children = useMemo(
    () =>
      cards.map((card, index) => (
      <ListCard key={card.uuid} card={card} onRemove={onRemoveCard(card.uuid)} />
      )),
    [cards, onRemoveCard]
  )

  return (
    <Div
      {...props}
      className="p-2 m-2 border border-gray-300 rounded-lg"
      minWidth="13rem">
      <div className="flex justify-between mb-2">
        <p className="w-32 text-sm font-bold underline line-clamp-1">{list.title}</p>
      </div>
      <div className="flex justify-between ml-2">
```

```
        <Icon name="remove" className="btn-error btn-xs" onClick={onRemoveList} />
        <div className="flex">
          <Icon name="post_add" className="btn-success btn-xs" onClick={onPrependCard} />
          <Icon
            name="playlist_add"
            className="ml-2 btn-success btn-xs"
            onClick={onAppendCard}
          />
        </div>
      </div>
      <div className="flex flex-col p-2 ">{children}</div>
    </Div>
  )
}
export default BoardList
```

▶ 실행 결과

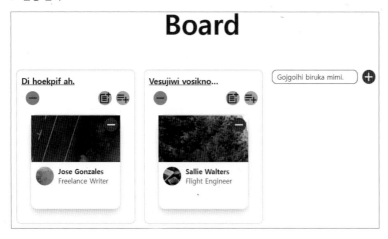

## react-dnd의 useDrop 훅 알아보기

이제 react-dnd 패키지의 기능으로 보드에서 목록을 드래그 앤 드롭으로 옮기는 기능을 구현하겠습니다. react-dnd 패키지는 다음처럼 useDrop 훅을 제공합니다.

| useDrop 훅 임포트 |
| --- |
| import {useDrop} from 'react-dnd' |

useDrop 훅의 기본 사용법은 다음처럼 튜플 타입 반환값에서 두 번째 멤버인 drop 함수를 얻는 것입니다. 참고로 accept는 'card', 'list' 등 드래그 앤 드롭 대상을 구분하는 용도로 사용할 문자열입니다.

```
useDrop 훅 기본 사용법

const [, drop] = useDrop(() => ({
    accept: 'card'
}))
```

그리고 이 drop 함수를 드롭을 원하는 HTML 요소의 ref에 설정해 줍니다.

```
<div ref={(node) => drop(node)} />
```

또는 다음처럼 drop 함수를 호출하는 방식으로 구현할 수도 있습니다.

```
const divRef = useRef<HTMLDivElement>(null)
drop(divRef)
```

## react-dnd의 useDrag 훅 알아보기

react-dnd는 다음처럼 useDrag 훅도 제공합니다.

```
useDrag 훅 임포트

import {useDrag} from 'react-dnd'
```

useDrag 훅 사용법은 다음과 같은 샘플 코드에서 찾을 수 있습니다. 그런데 이 절에서 사용하는 드래그 앤 드롭 기능을 구현하려면 useDrop과 useDrag 훅을 함께 사용해야 합니다.

```
Sortable/Simple의 Card.js 샘플 코드

const [{ isDragging }, drag] = useDrag({
  type: 'card',
  item: () => {
    return { id, index }
```

```
  },
  collect: (monitor: any) => ({
    isDragging: monitor.isDragging(),
  }),
})

const opacity = isDragging ? 0 : 1
drag(ref)
return (
  <div ref={ref} style={{ ...style, opacity }} data-handler-id={handlerId}>
    {text}
  </div>
)
```

## ListDraggable 컴포넌트 구현하기

이제 앞에서 본 Card.js 샘플 코드를 바탕으로 **ListDraggable** 컴포넌트를 만들겠습니다. 먼저 다음 명령으로 src/components 디렉터리에 ListDraggable.tsx 파일을 생성합니다.

**T** 터미널                                                                        – □ ✕

```
> touch src/components/ListDraggable.tsx
```

그리고 이 파일을 열어 다음처럼 작성합니다.

**Do it!** ListDraggable 컴포넌트 작성하기                    • src/components/ListDraggable.tsx

```
import type {FC} from 'react'
import {useRef} from 'react'
import type {DivProps} from './Div'
import {useDrag, useDrop} from 'react-dnd'
import type {Identifier} from 'dnd-core'

export type MoveFunc = (dragIndex: number, hoverIndex: number) => void

export type ListDraggableProps = DivProps & {
  id: any
  index: number
```

```
    onMove: MoveFunc
  }

interface DragItem {
  index: number
   id: string
   type: string
  }

export const ListDraggable: FC<ListDraggableProps> = ({
    id,
    index,
    onMove,
    style,
    className,
    ...props
}) => {
    const ref = useRef<HTMLDivElement>(null)
    const [{handlerId}, drop] = useDrop<DragItem, void, {handlerId: Identifier ¦ null}>({
      accept: 'list',
      collect(monitor) {
        return {
          handlerId: monitor.getHandlerId()
        }
      },
      hover(item: DragItem) {
        if (!ref.current) {
          return
        }
        const dragIndex = item.index
        const hoverIndex = index

        if (dragIndex === hoverIndex) {
          return
        }
        onMove(dragIndex, hoverIndex)
        item.index = hoverIndex
      }
```

```
    })

    const [{isDragging}, drag] = useDrag({
      type: 'list',
      item: () => {
        return {id, index}
      },
      collect: (monitor: any) => ({
        isDragging: monitor.isDragging()
      })
    })

    const opacity = isDragging ? 0 : 1
    drag(drop(ref))
    return (
      <div
        ref={ref}
        {...props}
        className={[className, 'cursor-move'].join(' ')}
        style={{...style, opacity}}
        data-handler-id={handlerId}
      />
    )
}
```

이제 같은 디렉터리의 index.ts 파일에 다음처럼 ListDraggable을 반영해 줍니다.

Do it! 인덱스에 추가하기 • src/components/index.ts

```
... (생략) ...
export * from './ListDraggable'
```

다음은 src/pages/BoardList/index.tsx 파일에 ListDraggable 컴포넌트를 반영한 것으로, ListDraggable이 요구하는 index와 onMoveList 함수를 Board로부터 받기 위해 이 2개의 속성을 추가로 설정하고 있습니다.

```tsx
import type {FC} from 'react'
import type {List} from '../../store/commonTypes'
import type {MoveFunc} from '../../components'

import {useMemo} from 'react'
import {Div} from '../../components'
import {Icon} from '../../theme/daisyui'
import {ListDraggable} from '../../components'
import ListCard from '../ListCard'
import {useCards} from '../../store/useCards'

export type BoardListProps = {
  list: List
  onRemoveList?: () => void
  index: number
  onMoveList: MoveFunc
}
const BoardList: FC<BoardListProps> = ({
  list,
  onRemoveList,
  index,
  onMoveList,
  ...props
}) => {
  const {cards, onPrependCard, onAppendCard, onRemoveCard} = useCards(list.uuid)

  const children = useMemo(
    () =>
      cards.map((card, index) => (
        <ListCard key={card.uuid} card={card} onRemove={onRemoveCard(card.uuid)} />
      )),
    [cards, onRemoveCard]
  )

  return (
    <ListDraggable id={list.uuid} index={index} onMove={onMoveList}>
      <Div
```

```
        {...props}
        className="p-2 m-2 border border-gray-300 rounded-lg"
        minWidth="13rem">
        <div className="flex justify-between mb-2">
          <p className="w-32 text-sm font-bold underline line-clamp-1">{list.title}</p>
        </div>
        <div className="flex justify-between ml-2">
         <Icon name="remove" className="btn-error btn-xs" onClick={onRemoveList} />
          <div className="flex">
            <Icon
              name="post_add"
              className="btn-success btn-xs"
              onClick={onPrependCard}
            />
            <Icon
              name="playlist_add"
              className="ml-2 btn-success btn-xs"
              onClick={onAppendCard}
            />
          </div>
        </div>
        <div className="flex flex-col p-2 ">{children}</div>
      </Div>
    </ListDraggable>
  )
}
export default BoardList
```

그런데 이 파일에 컴파일 오류가 발생합니다. 이제 useLists 커스텀 훅을 수정하여 Board 쪽
에 발생하는 컴파일 오류를 해결하겠습니다. ListDraggable에 추가한 onMoveList 속성을
Board로부터 얻으려면 useLists 훅의 코드를 다음처럼 수정해야 합니다.

```ts
import {useCallback} from 'react'
import {useSelector, useDispatch} from 'react-redux'
import type {AppState} from '../store'
import type {List} from '../store/commonTypes'
import * as LO from '../store/listidOrders'
import * as L from '../store/listEntities'
import * as C from '../store/cardEntities'
import * as LC from '../store/listidCardidOrders'

export const useLists = () => {
  const dispatch = useDispatch()

  const lists = useSelector<AppState, List[]>(({listidOrders, listEntities}) =>
    listidOrders.map(uuid => listEntities[uuid])
  )
  const listidCardidOrders = useSelector<AppState, LC.State>(
    ({listidCardidOrders}) => listidCardidOrders
  )

  const listidOrders = useSelector<AppState, LO.State>(({listidOrders}) => listidOrders)

  const onCreateList = useCallback(
    (uuid: string, title: string) => {
      const list = {uuid, title}
      dispatch(LO.addListidToOrders(uuid))
      dispatch(L.addList(list))
      dispatch(LC.setListidCardids({listid: list.uuid, cardids: []}))
    },
    [dispatch]
  )
  const onRemoveList = useCallback(
    (listid: string) => () => {
      listidCardidOrders[listid].forEach(cardid => {
        dispatch(C.removeCard(cardid))
      })
      dispatch(LC.removeListid(listid))
```

```
      dispatch(L.removeList(listid))
      dispatch(LO.removeListidFromOrders(listid))
    },
    [dispatch, listidCardidOrders]
  )
  const onMoveList = useCallback(
    (dragIndex: number, hoverIndex: number) => {
      const newOrders = listidOrders.map((item, index) =>
        index === dragIndex
          ? listidOrders[hoverIndex]
          : index === hoverIndex
          ? listidOrders[dragIndex]
          : item
      )
      dispatch(LO.setListidOrders(newOrders))
    },
    [dispatch, listidOrders]
  )

  return {lists, onCreateList, onRemoveList, onMoveList}
}
```

이제 src/pages/Board/index.tsx 파일을 열고 다음처럼 코드를 수정합니다. 여기까지 작성하고 실행해 보면 드래그 앤 드롭으로 목록을 옮길 수 있습니다.

**Do it!** 드래그 앤 드롭으로 목록 옮기기 추가 • src/pages/Board/index.tsx

```
import {useMemo} from 'react'
import {Title} from '../../components'
import CreateListForm from './CreateListForm'
import BoardList from '../BoardList'

import {useLists} from '../../store/useLists'

export default function Board() {

  const {lists, onRemoveList, onCreateList, onMoveList} = useLists()
```

```
const children = useMemo(
  () =>
    lists.map((list, index) => (
      <BoardList
        key={list.uuid}
        list={list}
        onRemoveList={onRemoveList(list.uuid)}
        index={index}
        onMoveList={onMoveList}
      />
    )),
  [lists, onRemoveList, onMoveList]
)

return (
  <section className="mt-4">
    <Title>Board</Title>
    <div className="flex flex-wrap p--2 mt-4">
      {children}
      <CreateListForm onCreateList={onCreateList} />
    </div>
  </section>
)
}
```

▶ 실행 결과

## react-beautiful-dnd 패키지 이해하기

이번에는 react-beautiful-dnd 패키지 기능을 사용하여 카드를 드래그 앤 드롭으로 옮길 수 있게 해보겠습니다. react-beautiful-dnd 패키지는 다음처럼 `DragDropContext`와 `Droppable`, `Draggable` 컴포넌트를 제공합니다.

> **컴포넌트 임포트**
>
> ```
> import { DragDropContext, Droppable, Draggable } from "react-beautiful-dnd"
> ```

이 패키지 또한 컨텍스트를 기반으로 하고 있으며 기본 사용법은 다음과 같습니다.

```
import { DragDropContext, Droppable, Draggable } from "react-beautiful-dnd"
import type {DropResult} from 'react-beautiful-dnd'

const onDragEnd = (result: DropResult) => {}

<DragDropContext onDragEnd={onDragEnd}>
  /* Droppable과 Draggable을 사용하는 컴포넌트 */
</DragDropContext>
```

이제 src/pages/Board/index.tsx 파일에 다음처럼 react-beautiful-dnd 패키지가 동작할 수 있도록 `DragDropContext` 컴포넌트를 추가합니다. `DragDropContext`가 동작하려면 `onDragEnd`라는 콜백 함수를 `onDragEnd` 속성에 추가해야 합니다. 그런데 `onDragEnd`는 `useLists` 훅에서 가져오므로 `useLists` 훅을 수정하기 전까지는 오류가 발생합니다.

> **Do it!** DragDropContext 추가하기        • src/pages/Board/index.tsx
>
> ```
> import {useMemo} from 'react'
> import {DragDropContext} from 'react-beautiful-dnd'
> import {Title} from '../../components'
> import CreateListForm from './CreateListForm'
> import BoardList from '../BoardList'
> import {ListDroppable} from '../../components'
>
> import {useLists} from '../../store/useLists'
>
> export default function Board() {
> ```

```
    const {lists, onRemoveList, onCreateList, onMoveList, onDragEnd} = useLists()

    const children = useMemo(
      () =>
        lists.map((list, index) => (
          <BoardList
            key={list.uuid}
            list={list}
            onRemoveList={onRemoveList(list.uuid)}
            index={index}
            onMoveList={onMoveList}
          />
        )),
      [lists, onRemoveList, onMoveList]
    )

    return (
      <section className="mt-4">
        <Title>Board</Title>
        <DragDropContext onDragEnd={onDragEnd}>
          <ListDroppable className="flex flex-row p-2 mt-4">
            <div className="flex flex-wrap p-2 mt-4">
              {children}
              <CreateListForm onCreateList={onCreateList} />
            </div>
          </ListDroppable>
        </DragDropContext>
      </section>
    )
  }
```

## CardDraggable 컴포넌트 구현하기

react-beautiful-dnd 패키지는 다음처럼 Draggable 컴포넌트를 제공합니다.

---

Draggable 컴포넌트 임포트

---

```
import {Draggable} from 'react-beautiful-dnd'
```

486 **Do it!** 리액트로 웹앱 만들기 with 타입스크립트

그런데 이 컴포넌트는 사용법이 독특하므로 다음처럼 src/components 디렉터리에 Card Draggable.tsx 파일을 만들고 여기에 새로 구현하겠습니다.

```
T 터미널                                                          — □ ✕

> touch src/components/CardDraggable.tsx
```

이 파일을 열고 다음과 같은 코드를 작성합니다. 여기서 draggableId는 카드의 uuid, index는 카드가 담긴 배열에서의 특정 위치(즉 색인)를 의미합니다.

**Do it!** CardDraggable 컴포넌트 작성하기 • src/components/CardDraggable.tsx

```tsx
import type {FC, PropsWithChildren} from 'react'
import {Draggable} from 'react-beautiful-dnd'

export type CardDraggableProps = {
  draggableId: string
  index: number
}

export const CardDraggable: FC<PropsWithChildren<CardDraggableProps>> = ({
  draggableId,
  index,
  children
}) => {
  return (
    <Draggable draggableId={draggableId} index={index}>
      {provided => {
        return (
          <div
            ref={provided.innerRef}
            {...provided.draggableProps}
            {...provided.dragHandleProps}>
            {children}
          </div>
        )
      }}
    </Draggable>
  )
}
```

이제 같은 디렉터리의 index.ts 파일에 CardDraggable을 추가합니다.

<br>

**Do it!** 인덱스에 추가하기                  • src/components/index.ts

```
... (생략) ...
export * from './CardDraggable'
```

<br>

이제 ListCard 컴포넌트에 CardDraggable 컴포넌트를 적용합니다. react-beautiful-dnd 관련 코드가 없으므로 드래그 앤 드롭 관련 코드가 간결해졌습니다.

<br>

**Do it!** CardDraggable 컴포넌트 적용하기         • src/pages/ListCard/index.tsx

```tsx
import type {FC} from 'react'
import type {ICard} from '../../data'
import {CardDraggable} from '../../components'
import {Div, Avatar} from '../../components'
import {Icon} from '../../theme/daisyui'

export type ListCardProps = {
  card: ICard
  onRemove?: () => void
  onClick?: () => void
  draggableId: string
  index: number
}

const ListCard: FC<ListCardProps> = ({card, onRemove, onClick, draggableId, index}) => {
  const {image, writer} = card
  const {avatar, name, jobTitle} = writer

  return (
    <CardDraggable draggableId={draggableId} index={index}>
      <Div className="m-2 border shadow-lg rounded-xl" width="10rem" onClick={onClick}>
        <Div src={image} className="relative h-20">
          <Icon
            name="remove"
            className="absolute right-1 top-1 btn-primary btn-xs"
            onClick={onRemove}
          />
```

**Do it!** 리액트로 웹앱 만들기 with 타입스크립트

```
        </Div>
        <Div className="flex flex-col p-2">
          <Div minHeight="4rem" height="4rem" maxHeight="4rem">
            <Div className="flex flex-row items-center">
              <Avatar src={avatar} size="2rem" />
              <Div className="ml-2">
                <p className="text-xs font-bold">{name}</p>
                <p className="text-xs text-gray-500">{jobTitle}</p>
              </Div>
            </Div>
          </Div>
        </Div>
      </Div>
    </CardDraggable>
  )
}
export default ListCard
```

## CardDroppable 컴포넌트 구현하기

이번엔 react-beautiful-dnd 패키지의 Droppable 컴포넌트를 이용하여 CardDroppable 컴
포넌트를 만들어 보겠습니다. react-beautiful-dnd 패키지는 다음 Droppable 컴포넌트를
제공합니다.

Droppable 컴포넌트 임포트

```
import {Droppable} from 'react-beautiful-dnd'
```

그런데 이 컴포넌트 또한 사용법이 독특하므로 다음처럼 src/components 디렉터리에
CardDroppable.tsx 파일을 만들고 여기에 새로 구현하겠습니다.

터미널                                                               — □ ×

```
> touch src/components/CardDroppable.tsx
```

이 파일을 열고 다음과 같은 코드를 작성합니다. 여기서 droppableId는 목록의 uuid를 설정
하는 속성입니다.

```
import type {FC, PropsWithChildren} from 'react'
import {Droppable} from 'react-beautiful-dnd'

export type CardDroppableProps = {
  droppableId: string
}
export const CardDroppable: FC<PropsWithChildren<CardDroppableProps>> = ({
  droppableId,
  children
}) => {
  return (
    <Droppable droppableId={droppableId}>
      {provided => (
        <div
          {...provided.droppableProps}
          ref={provided.innerRef}
          className="flex flex-col p-2">
          {children}
          {provided.placeholder}
        </div>
      )}
    </Droppable>
  )
}
```

같은 디렉터리의 index.ts 파일에 **CardDroppable**을 추가합니다.

```
... (생략) ...
export * from './CardDroppable'
```

이제 다음처럼 BoardList 컴포넌트에 CardDroppable 컴포넌트를 적용합니다.

```tsx
import type {FC} from 'react'
import type {List} from '../../store/commonTypes'
import type {MoveFunc} from '../../components'

import {useMemo} from 'react'
import {Div} from '../../components'
import {CardDroppable} from '../../components'
import {Icon} from '../../theme/daisyui'
import {ListDraggable} from '../../components'
import ListCard from '../ListCard'
import {useCards} from '../../store/useCards'

export type BoardListProps = {
  list: List
  onRemoveList?: () => void
  index: number
  onMoveList: MoveFunc
}
const BoardList: FC<BoardListProps> = ({
  list,
  onRemoveList,
  index,
  onMoveList,
  ...props
}) => {
  const {cards, onPrependCard, onAppendCard, onRemoveCard} = useCards(list.uuid)

  const children = useMemo(
    () =>
      cards.map((card, index) => (
        <ListCard
          key={card.uuid}
          card={card}
          onRemove={onRemoveCard(card.uuid)}
          draggableId={card.uuid}
```

```
            index={index}
          />
        )),
      [cards, onRemoveCard]
  )


  return (
    <ListDraggable id={list.uuid} index={index} onMove={onMoveList}>
      <Div
        {...props}
        className="p-2 m-2 border border-gray-300 rounded-lg"
        minWidth="13rem">
        <div className="flex justify-between mb-2">
          <p className="w-32 text-sm font-bold underline line-clamp-1">{list.title}</p>
        </div>
        <div className="flex justify-between ml-2">
          <Icon name="remove" className="btn-error btn-xs" onClick={onRemoveList} />
          <div className="flex">
            <Icon
              name="post_add"
              className="btn-success btn-xs"
              onClick={onPrependCard}
            />
            <Icon
              name="playlist_add"
              className="ml-2 btn-success btn-xs"
              onClick={onAppendCard}
            />
          </div>
        </div>
        <CardDroppable droppableId={list.uuid}>{children}</CardDroppable>
      </Div>
    </ListDraggable>
  )
}
export default BoardList
```

## 배열 관련 유틸리티 함수 구현하기

이제 DragDropContext 컴포넌트가 요구하는 **onDragEnd** 속성에 설정할 콜백 함수를 구현할 차례인데, 잠시 이 콜백 함수를 구현할 때 필요한 유틸리티 함수들을 src/utils 디렉터리에 구현하겠습니다.

먼저 다음 명령으로 src/utils 디렉터리에 arrayUtil.ts 파일을 생성합니다.

```
T 터미널                                                              — □ ×

> touch src/utils/arrayUtil.ts
```

그리고 arrayUtil.ts 파일에 다음처럼 함수 3개를 구현합니다. 이 함수들은 순수 함수 형태로 배열에서 아이템의 순서를 변경하거나 제거, 삽입하는 기능을 수행합니다.

**Do it! 유틸리티 함수 구현하기** • src/utils/arrayUtil.ts

```
export const swapItemsInArray = <T>(array: T[], index1: number, index2: number) =>
  array.map((item, index) =>
    index === index1 ? array[index2] : index === index2 ? array[index1] : item
  )

export const removeItemAtIndexInArray = <T>(array: T[], removeIndex: number) =>
  array.filter((notUsed, index) => index !== removeIndex)

export const insertItemAtIndexInArray = <T>(array: T[], insertIndex: number, item: T) => {
  const before = array.filter((item, index) => index < insertIndex)
  const after = array.filter((item, index) => index >= insertIndex)
  return [...before, item, ...after]
}
```

같은 디렉터리의 index.ts 파일에 **arrayUtil**을 추가합니다.

**Do it! 인덱스에 추가하기** • src/utils/index.ts

```
... (생략) ...
export * from './arrayUtil'
```

## onDragEnd 콜백 함수 구현하기

react-beautiful-dnd 패키지의 DragDropContext가 요구하는 onDragEnd 콜백 함수를 구현하려면 먼저 react-beautifull-dnd가 제공하는 DropResult 타입의 실제 값을 이해해야 합니다. 만약 useLists.ts 파일에 다음 내용을 구현하면 onDragEnd에서 result 매개변숫값을 관찰해 볼 수 있습니다.

```
const onDragEnd = useCallback(
    (result: DropResult) => {
        console.log('onDragEnd result', result)
}, [])
```

다음은 같은 목록에서 드래그 앤 드롭으로 카드를 옮겼을 때 result값의 내용입니다. source와 destination이라는 속성에 droppableId값이 있는데, 같은 목록에서 카드 순서를 바꿨으므로 이 값은 서로 같습니다. 또한 index값은 카드의 순서를 담은 배열의 색인입니다. source의 index가 1이고, destination의 index가 0이므로 두 번째 카드가 첫 번째로 이동했음을 확인할 수 있습니다.

```
onDragEnd result  ▼{draggableId: '8480441a-e4fa-58d1-9893-277e81522d0b', type: 'DEFAULT', source: {…}, reason: 'DROP',
                    combine: null
                  ▼destination:
                      droppableId: "8b430661-8680-50ad-8fc6-a278c666cf6a"
                     (index: 0)
                    ▶[[Prototype]]: Object
                    draggableId: "8480441a-e4fa-58d1-9893-277e81522d0b"
                    mode: "FLUID"
                    reason: "DROP"
                  ▼source:
                      droppableId: "8b430661-8680-50ad-8fc6-a278c666cf6a"
                     (index: 1)
```

그림 5-12 같은 목록에서 카드를 옮겼을 때 결괏값

그런데 타입스크립트로 result의 destination 속성은 undefined일 수 있습니다. 타입스크립트에서는 string 타입과 string | undefined 타입은 전혀 다릅니다. 이를 해결하려면 다음처럼 if 문으로 undefined일 때는 아무런 작업을 하지 않는 코드가 필요합니다. 그러면 타입스크립트는 if 문 이후의 값들은 더 이상 undefined 여부를 체크하지 않습니다.

```
const onDragEnd = useCallback(
  (result: DropResult) => {
    console.log('onDragEnd result', result)
    const destinationListid = result.destination?.droppableId
    const destinationCardIndex = result.destination?.index
    if (destinationListid === undefined || destinationCardIndex === undefined) return
}, [])
```

같은 목록에서 카드를 옮길 때는 카드의 두 색인값 source.index와 destination.index를 교체해 줘야 합니다. 그리고 이 작업은 앞서 구현해 놓은 arrayUtil.ts 파일에서 swapItemsInArray 함수를 사용하면 다음처럼 쉽게 구현할 수 있습니다.

같은 목록에서 카드 옮기기

```
const sourceListid = result.source.droppableId
const sourceCardIndex = result.source.index

if (destinationListid === sourceListid) {
  const cardidOrders = listidCardidOrders[destinationListid]

  dispatch(
    LC.setListidCardids({
      listid: destinationListid,
      cardids: U.swapItemsInArray(cardidOrders, sourceCardIndex, destinationCardIndex)
    })
  )
}
```

카드를 다른 목록으로 옮길 때는 다음처럼 source 쪽 listid 부분에서 카드의 uuid를 삭제하고, destination 쪽 listid 부분에는 해당 index에 카드의 uuid를 추가해 줘야 합니다

```
const sourceCardidOrders = listidCardidOrders[sourceListid]
dispatch(
  LC.setListidCardids({
    listid: sourceListid,
    cardids: U.removeItemAtIndexInArray(sourceCardOrders, sourceCardIndex)
  })
)
const destinnationCardidOrders = listidCardidOrders[destinationListid]
dispatch(
  LC.setListidCardids({
    listid: destinationListid,
    cardids: U.insertItemAtIndexInArray(
      destinationCardidOrders,
      destinationCardIndex,
      result.draggableId
    )
  })
)
```

다음은 이런 내용으로 **onDragEnd** 콜백 함수를 구현한 useLists.ts 파일입니다. 이로써 칸반 보드 앱을 완성했습니다. 목록과 카드를 추가, 삭제해 보고 드래그 앤 드롭으로 목록이나 카드를 옮겨 보세요.

**Do it!** useLists 훅 완성하기 • src/store/useLists.ts

```
import type {DropResult} from 'react-beautiful-dnd'
import {useCallback} from 'react'
import {useSelector, useDispatch} from 'react-redux'
import type {AppState} from '../store'
import type {List} from '../store/commonTypes'
import * as LO from '../store/listidOrders'
import * as L from '../store/listEntities'
import * as C from '../store/cardEntities'
import * as LC from '../store/listidCardidOrders'
import * as U from '../utils'
```

```
export const useLists = () => {
  const dispatch = useDispatch()

  const lists = useSelector<AppState, List[]>(({listidOrders, listEntities}) =>
    listidOrders.map(uuid => listEntities[uuid])
  )
  const listidCardidOrders = useSelector<AppState, LC.State>(
    ({listidCardidOrders}) => listidCardidOrders
  )
  const listidOrders = useSelector<AppState, LO.State>(({listidOrders}) => listidOrders)

  const onCreateList = useCallback(
    (uuid: string, title: string) => {
      const list = {uuid, title}
      dispatch(LO.addListidToOrders(uuid))
      dispatch(L.addList(list))
      dispatch(LC.setListidCardids({listid: list.uuid, cardids: []}))
    },
    [dispatch]
  )
  const onRemoveList = useCallback(
    (listid: string) => () => {
      listidCardidOrders[listid].forEach(cardid => {
        dispatch(C.removeCard(cardid))
      })
      dispatch(LC.removeListid(listid))

      dispatch(L.removeList(listid))
      dispatch(LO.removeListidFromOrders(listid))
    },
    [dispatch, listidCardidOrders]
  )
  const onMoveList = useCallback(
    (dragIndex: number, hoverIndex: number) => {
      const newOrders = listidOrders.map((item, index) =>
        index === dragIndex
          ? listidOrders[hoverIndex]
```

```
          : index === hoverIndex
          ? listidOrders[dragIndex]
          : item
    )
    dispatch(LO.setListidOrders(newOrders))
  },
  [dispatch, listidOrders]
)
const onDragEnd = useCallback(
  (result: DropResult) => {
    console.log('onDragEnd result', result)
    const destinationListid = result.destination?.droppableId
    const destinationCardIndex = result.destination?.index
    if (destinationListid === undefined || destinationCardIndex === undefined) return

    const sourceListid = result.source.droppableId
    const sourceCardIndex = result.source.index

    if (destinationListid === sourceListid) {
      const cardidOrders = listidCardidOrders[destinationListid]

      dispatch(
        LC.setListidCardids({
          listid: destinationListid,
          cardids: U.swapItemsInArray(
            cardidOrders,
            sourceCardIndex,
            destinationCardIndex
          )
        })
      )
    } else {
      const sourceCardidOrders = listidCardidOrders[sourceListid]
      dispatch(
        LC.setListidCardids({
          listid: sourceListid,
          cardids: U.removeItemAtIndexInArray(sourceCardidOrders, sourceCardIndex)
        })
```

```
        )
        const destinationCardidOrders = listidCardidOrders[destinationListid]
        dispatch(
          LC.setListidCardids({
            listid: destinationListid,
            cardids: U.insertItemAtIndexInArray(
              destinationCardidOrders,
              destinationCardIndex,
              result.draggableId
            )
          })
        )
      }
    },
    [listidCardidOrders, dispatch]
  )
  return {lists, onCreateList, onRemoveList, onMoveList, onDragEnd}
}
```

이번 실습의 실행 결과는 다음 두 쪽에 걸쳐 소개했습니다. 목록을 만든 후 카드를 추가해 보세요. 자연스럽게 확장하는 것을 볼 수 있습니다. 또한 카드나 목록을 마우스 드래그 앤 드롭으로 옮기는 기능도 테스트해 보세요.

이 장의 모든 실습을 마쳤습니다. npm start 명령을 실행한 터미널에서 [Ctrl]+[C]를 눌러 종료합니다. 다음 장에서는 리액트 라우터 패키지를 알아보겠습니다.

▶ 실행 결과

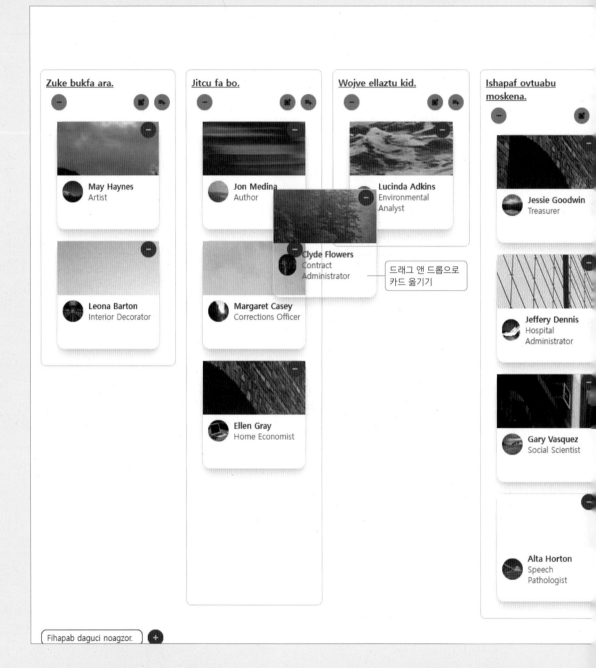

드래그 앤 드롭으로
카드 옮기기

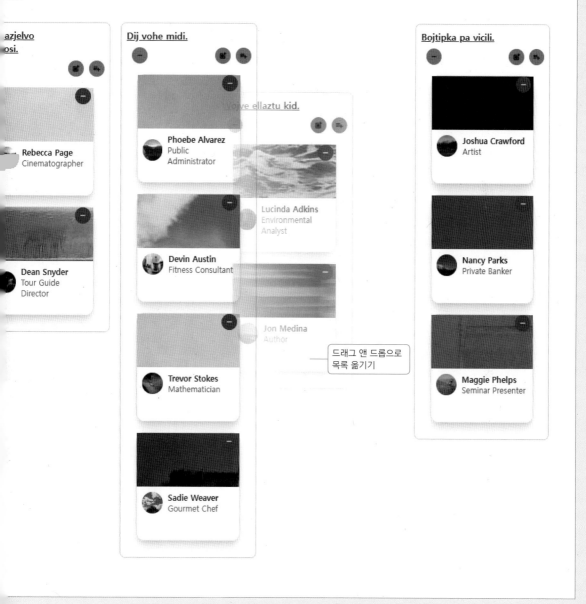

드래그 앤 드롭으로
목록 옮기기

# 리액트 라우터

이 장에서는 리액트 생태계에서 가장 대표적인 클라이언트 측 라우팅 패키지인 리액트 라우터에 관해 알아봅니다. 그리고 이를 활용해 내비게이션 메뉴와 회원 가입, 로그인/로그아웃 기능 등을 만들어 봅니다.

# 06-1 처음 만나는 리액트 라우터

이 절에서는 리덕스와 함께 리액트 생태계에서 가장 널리 사용되는 리액트 라우터 패키지의
기본 기능을 알아봅니다. 리액트 라우터는 사용자가 요청한 URL에 따라 알맞은 자원을 제공
하는 기능을 합니다.

## URL이란?

리액트 라우터를 이해하려면 URL과 `location`, `history`와 같은 이름의 객체가 제공하는 속성
이나 메서드를 알아야 합니다. 먼저 URL<sup>uniform resource locator</sup>은 인터넷에서 자원의 위치를 의미
합니다. 여기서 자원이란 HTML, CSS, 이미지 등 웹 브라우저가 이해할 수 있는 모든 형태의
데이터를 뜻합니다.

URL은 웹 브라우저가 특정 웹 서버에 원하는 자원을 요청할 때 사용됩니다. 다음 그림은
URL을 구성하는 요소들을 나타낸 것입니다.

```
http://localhost:3000/a/b/c/?d=100&e=hello#fgh
```
프로토콜  도메인  포트  경로  쿼리 매개변수  프레그먼트

그림 6-1 URL 구성 요소

URL은 먼저 'http://'나 'https://'와 같은 통신 프로토콜을 명시하고, 프로토콜 다음에 호스
트<sup>host</sup>나 도메인<sup>domain</sup>이라고 부르는 웹 서버 이름, 그리고 도메인 다음에 '/'로 시작하는 경로
<sup>path</sup>로 구성됩니다. 여기서 포트 번호가 80이 아닐 때는 도메인 뒤에 ':' 기호를 붙이고 포트 번
호를 명시합니다. 그리고 '?'로 시작하는 쿼리 매개변수<sup>query parameter</sup>나 '#'으로 시작하는 프래
그먼트<sup>fragment</sup> 부분이 있을 수 있습니다.

URL의 가장 간단한 형태는 'http://localhost:3000'처럼 프로토콜과 도메인만을 명시하는
것으로, 이때 웹 브라우저는 생략된 경로 '/'를 추가한 'http://localhost:3000/'을 도메인
localhost:3000에 요청<sup>request</sup>하며, localhost:3000은 경로 '/'에 해당하는 자원을 HTTP 프
로토콜을 사용하여 웹 브라우저 쪽으로 응답<sup>response</sup>합니다.

## location 객체 알아보기

웹 브라우저에서 URL은 주소 창^address bar^에 입력합니다. 그러면 웹 브라우저는 `window.location` 형태로 얻을 수 있는 `location` 객체를 제공합니다.

표 6-1 location 객체의 속성

| location 객체의 속성 | 의미 |
|---|---|
| href | 주소 창에 입력된 URL 전체 문자열을 얻고 싶거나, 다른 URL을 프로그래밍으로 설정하고 싶을 때 사용 |
| protocol | URL의 프로토콜 문자열을 얻고 싶을 때 사용하며, 마지막의 콜론(:)도 포함 |
| host | 도메인과 포트 번호가 결합된 문자열을 얻고 싶을 때 사용 |
| pathname | '/' 문자 뒤 경로 부분의 문자열을 얻고 싶을 때 사용 |
| search | 쿼리 매개변수 문자열을 얻고 싶을 때 사용 |
| hash | 프래그먼트 문자열을 얻고 싶을 때 사용 |

## 웹 브라우저가 제공하는 history 객체 알아보기

웹 브라우저는 또한 `window.history` 형태로 얻을 수 있는 `history` 객체도 제공합니다. `location` 객체가 URL을 구성하는 각종 요소를 속성으로 제공한다면, `history` 객체는 '앞으로 가기', '뒤로 가기' 등 페이지 이동을 프로그래밍으로 할 수 있게 하는 메서드를 제공합니다.

표 6-2 history 객체의 메서드

| history 객체의 메서드 | 의미 |
|---|---|
| back() | 뒤로 가기를 프로그래밍으로 하려 할 때 사용 |
| forward() | 앞으로 가기를 프로그래밍으로 하려 할 때 사용 |
| go(숫자 혹은 URL) | go(-1)은 뒤로 가기에 해당하고, go(1)은 앞으로 가기에 해당<br>go(-2)는 2번 뒤로 가기에 해당 |

## 라우팅이란?

URL의 'L'은 위치 제공자^locator^라는 의미입니다. 웹 서버는 많은 자원을 제공하므로 원하는 자원을 얻으려면 자원이 있는 경로와 쿼리 매개변수 등을 조합하여 웹 서버로 하여금 원하는 자원이 구체적으로 무엇인지를 알게 해야 합니다. 이때 웹 서버에서 URL에 명시된 자원을 찾는 과정을 **라우팅**^routing^이라고 합니다.

보통 웹에서 라우팅은 항상 서버에서<sup>server-side routing</sup> 일어납니다. 그런데 앞서 알아본 location 과 history 객체의 기능으로 실제로는 라우팅이 웹 브라우저, 즉 클라이언트에서 일어나지만 사용자 관점에서는 서버 쪽 라우팅과 똑같은 사용자 경험을 줄 수 있습니다. 이처럼 웹 브라우저에서 발생하는 라우팅을 **클라이언트 측 라우팅**<sup>client-side routing</sup>이라고 합니다.

## SPA 방식 웹 앱의 특징

웹 서버와 웹 브라우저가 여러 HTML 파일을 주고받는 방식을 다중 페이지 앱<sup>multi page application</sup>, 줄여서 MPA라고 합니다. 반면에 라우팅이 웹 브라우저에서만 일어나는 웹 방식을 단일 페이지 앱<sup>single page application</sup>, 줄여서 SPA라고 합니다.

SPA 방식 웹 앱은 사용자가 처음 서버에 접속할 때 다양한 컴포넌트들로 구성된 1개의 HTML 파일을 웹 브라우저에 전송합니다. 그리고 이 HTML 파일에 포함된 자바스크립트 코드가 동작하면서 사용자가 원하는 내용을 DOM 구조로 만들어 가면서 보여 줍니다.

SPA 방식 웹 앱에서 클라이언트 측 라우팅(이하 CSR)은 수많은 컴포넌트 중 특정 컴포넌트를 찾아 화면에 보여 줍니다. SPA 방식 웹 앱은 자바스크립트 코드가 동작하므로 데스크톱 앱을 사용하는 것처럼 느끼게 해줍니다. 또한 CSR은 프로그래밍으로 URL을 입력하지만 실제 서버에 전송하는 URL이 아니므로 사용자가 보고 있는 컴포넌트가 바뀌어도 화면 새로 고침<sup>refresh</sup>이 발생하지 않습니다.

## 리액트 라우터 패키지란?

리액트 라우터는 리덕스와 더불어 리액트 커뮤니티에서 가장 널리 사용되는 CSR 패키지입니다. 리액트 라우터는 2014년에 처음 만들어졌습니다. 리액트 라우터 6 버전은 과거 버전과 달리 리액트 훅 기술에 기반을 두고 있습니다.

리액트 라우터 또한 컨텍스트 기반으로 설계되었으므로 다음처럼 컨텍스트 제공자인 BrowserRouter를 최상위 컴포넌트로 사용해야 합니다.

```
import {BrowserRouter} from 'react-router-dom'

export default function App() {
  return <BrowserRouter>
  /* 리액트 라우터 기능 사용 컴포넌트 */
  </BrowserRouter>
}
```

🔧 프로젝트 만들기

전체 루트 디렉터리(C:\rcp)에서 다음 명령으로 ch06 디렉터리를 만든 뒤 ch06_1이라는 이름으로 프로젝트를 생성합니다. 그리고 ch06_1 디렉터리를 대상으로 VSCode를 실행합니다.

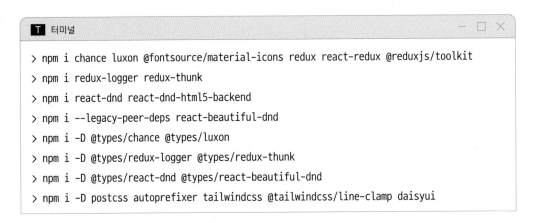

```
T  터미널                                                              –  □  ×

> mkdir ch06
> cd ch06
> npx create-react-app ch06_1 --template typescript
> code ch06_1
```

VSCode가 열리면 터미널을 하나 열고 다음 명령으로 chance와 luxon, 머티리얼 아이콘과 테일윈드CSS 관련 패키지들을 설치합니다. 그리고 05장에서 살펴본 리덕스와 드래그 앤 드롭 관련 패키지도 설치합니다.

```
T  터미널                                                              –  □  ×

> npm i chance luxon @fontsource/material-icons redux react-redux @reduxjs/toolkit
> npm i redux-logger redux-thunk
> npm i react-dnd react-dnd-html5-backend
> npm i --legacy-peer-deps react-beautiful-dnd
> npm i -D @types/chance @types/luxon
> npm i -D @types/redux-logger @types/redux-thunk
> npm i -D @types/react-dnd @types/react-beautiful-dnd
> npm i -D postcss autoprefixer tailwindcss @tailwindcss/line-clamp daisyui
```

그리고 이 절에서 살펴볼 리액트 라우터 패키지를 다음 명령으로 설치합니다.

```
T  터미널                                                    - □ ×
> npm i react-router-dom
```

다음은 이 명령으로 설치된 리액트 라우터 패키지의 버전입니다.

```
타입스크립트 기반 리액트 프로젝트 생성 명령              • package.json
... (생략) ...
"dependencies": {
  "react-router-dom": "^6.22.2",
... (생략) ...
```

\* 여러분이 실습할 때는 버전이 더 최신일 수 있습니다.

기존에 만든 파일을 복사해 재활용하고 이 절과 상관없는 파일은 지웁니다. 이 장에서는 「05-4」절에서 만든 드래그 앤 드롭 기능을 그대로 사용하므로 src/pages 디렉터리에 있는 파일들을 지우지 않습니다. 다만 pages란 이름 대신 리액트 라우터가 권고하는 routes라는 이름으로 변경합니다.

```
T  터미널                                                    - □ ×
> cp -r ../../ch05/ch05_4/src/* ./src
> cp -r ../../ch05/ch05_4/*.js .
> mkdir -p ./src/routes
```

src/copy 디렉터리의 CopyMe.tsx 파일을 복사해 이번 절에서 작성할 파일을 routes 디렉터리에 만듭니다.

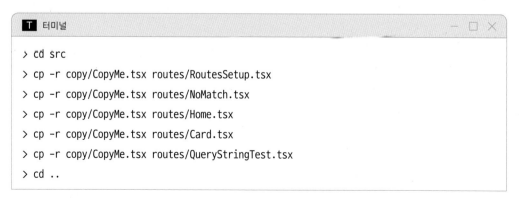

```
T  터미널                                                    - □ ×
> cd src
> cp -r copy/CopyMe.tsx routes/RoutesSetup.tsx
> cp -r copy/CopyMe.tsx routes/NoMatch.tsx
> cp -r copy/CopyMe.tsx routes/Home.tsx
> cp -r copy/CopyMe.tsx routes/Card.tsx
> cp -r copy/CopyMe.tsx routes/QueryStringTest.tsx
> cd ..
```

이제 앱 파일(src/App.tsx)을 열어 이 절에서 실습할 컴포넌트를 나열한 후 터미널에서 npm start 명령을 실행합니다.

---

**Do it!** 기본 앱 파일 작성하기　　　　　　　　　　　　　　　　　　　　　　• src/App.tsx

```tsx
import {Provider as ReduxProvider} from 'react-redux'
import {DndProvider} from 'react-dnd'
import {HTML5Backend} from 'react-dnd-html5-backend'
import {BrowserRouter} from 'react-router-dom'
import RoutesSetup from './routes/RoutesSetup'
import {useStore} from './store'

export default function App() {
  const store = useStore()
  return (
    <ReduxProvider store={store}>
      <DndProvider backend={HTML5Backend}>
        <BrowserRouter>
          <RoutesSetup />
        </BrowserRouter>
      </DndProvider>
    </ReduxProvider>
  )
}
```

## NoMatch 컴포넌트 만들기

먼저 src/routes 디렉터리의 NoMatch.tsx 파일을 다음처럼 작성합니다. 참고로 alert과 alert-error 클래스는 daisyui 패키지가 제공하는 alert 컴포넌트가 제공하는 클래스입니다.

---

**Do it!** NoMatch 컴포넌트 작성하기(초기 모습)　　　　　　　　　• src/routes/NoMatch.tsx

```tsx
export default function NoMatch() {
  return <p className="text-xl text-center p-4 alert alert-error">
    Oops! No page found! </p>
}
```

리액트 라우터 패키지를 사용하려면 Routes와 Route, 그리고 Link라는 이름의 컴포넌트를 알아야 합니다. 리액트 라우터는 다음처럼 Routes와 Route 컴포넌트를 제공합니다.

Routes, Route 컴포넌트 임포트

```
import {Routes, Route} from 'react-router-dom'
```

Route 컴포넌트는 path와 element라는 속성을 제공하며, 다음 코드는 주소 창에 경로 '/'가 있을 때 Home이란 이름의 컴포넌트를 화면에 보이게 설정(라우팅)하는 예입니다.

경로 '/'를 Home 컴포넌트로 라우팅하기

```
import Home from './Home'
<Route path="/" element={<Home />} />
```

만일 모든 경로를 element 속성에 설정한 컴포넌트로 라우팅하고 싶다면 다음처럼 path 경로에 "*"을 설정합니다.

모든 경로를 NoMath 컴포넌트로 라우팅하기

```
import NoMatch from './NoMatch'
<Route path="*" element={<NoMatch />} />
```

그런데 Route 컴포넌트는 단독으로 사용할 수 없고 항상 Routes 컴포넌트의 자식 컴포넌트로 사용해야 합니다. 다음 src/routes 디렉터리의 RoutesSetup.tsx 파일은 모든 경로에 대해 NoMatch 컴포넌트가 화면에 나타나도록 설정합니다. 그런데 Route는 독립적일 수 없으므로 Routes 컴포넌트의 자식 컴포넌트로 사용되고 있습니다.

**Do it!** 라우트 설정하기 · (초기 모습)src/routes/RoutesSetup.tsx

```
import {Routes, Route} from 'react-router-dom'
import NoMatch from './NoMatch'

export default function RoutesSetup() {
  return (
    <Routes>
      <Route path="*" element={<NoMatch />} />
    </Routes>
  )
}
```

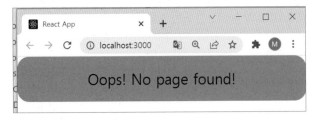

## Home 컴포넌트 만들기

이번에는 경로가 '/'일 때 Home.tsx 파일이 화면에 나타나도록 하겠습니다. 먼저 src/routes
디렉터리의 Home.tsx 파일을 다음처럼 작성합니다. 코드는 앞서 NoMatch와는 다르게 title
이란 이름의 선택 속성을 제공합니다.

**Do it!** Home 컴포넌트 작성하기(초기 모습)        • src/routes/Home.tsx

```
import type {FC} from 'react'

type HomeProps = {
  title?: string
}

const Home: FC<HomeProps> = ({title}) => {
  return <p>{title ?? 'Home'}</p>
}
export default Home
```

그런 다음 RoutesSetup.tsx 파일에서 Home 컴포넌트의 라우트 경로를 설정합니다. 이 코드
는 왜 Route 컴포넌트가 component라는 이름이 아닌 element라는 이름의 속성을 제공하는지
힌트를 줍니다. 즉, 만일 component={Home}처럼 사용하도록 설계했다면 라우트 경로에 맞는
컴포넌트가 제공하는 속성을 사용할 수 없지만, element는 element={<Home title="hello"}
형태로 컴포넌트의 속성에 적절한 값을 설정할 수 있기 때문입니다.

이제 웹 브라우저에서는 '/'와 '/welcome' 경로로 접속했을 때 각기 다른 내용을 보여 줍니다.

```tsx
import {Routes, Route} from 'react-router-dom'
import NoMatch from './NoMatch'
import Home from './Home'
export default function RoutesSetup() {
  return (
    <Routes>
      <Route path="/" element={<Home />} />
      <Route path="/welcome" element={<Home title="Welcome to our site" />} />
      <Route path="*" element={<NoMatch />} />
    </Routes>
  )
}
```

▶ 실행 결과

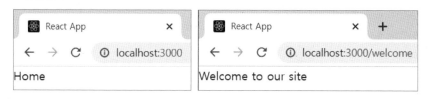

## Link 컴포넌트 알아보기

HTML에서 다른 웹 사이트로 이동하거나 특정 경로의 내용을 보려면 <a href="다른_사이트_url"> 요소를 사용합니다. 다만 <a> 요소는 클라이언트 측 라우팅을 위한 용도로는 바로 사용할 수 없습니다. 이 때문에 리액트 라우터는 <a> 요소를 감싼 Link 컴포넌트를 다음처럼 제공합니다.

Link 컴포넌트 임포트

```
import {Link} from 'react-router-dom'
```

Link 컴포넌트는 <a> 요소의 href 속성 대신 다음처럼 to 속성을 제공합니다. 이 코드는 'Home'이라는 텍스트를 마우스로 클릭하면 '/' 경로로 이동합니다.

```
<Link to="/Home">Home</Link>
```

이제 src/routes 디렉터리의 Home.tsx 파일을 다음처럼 수정하여, Link 컴포넌트가 화면에 나타나도록 하겠습니다.

```tsx
import type {FC} from 'react'
import {Link} from 'react-router-dom'

type HomeProps = {
  title?: string
}

const Home: FC<HomeProps> = ({title}) => {
  return (
    <div>
      <div className="flex bg-gray-200 p-4">
        <Link to="/">Home</Link>
        <Link to="/welcome" className="ml-4">
          Welcome
        </Link>
        <Link to="/board" className="ml-4">
          Board
        </Link>
      </div>
      <p className="text-bold text-center text-xl">{title ?? 'Home'}</p>
    </div>
  )
}
export default Home
```

그리고 /board 경로에 실제로 src/pages 디렉터리의 Board 컴포넌트가 화면에 나타나도록 RoutesSetup.tsx 파일을 수정하겠습니다.

```tsx
import {Routes, Route} from 'react-router-dom'
import NoMatch from './NoMatch'
import Home from './Home'
import Board from '../pages/Board'
export default function RoutesSetup() {
  return (
    <Routes>
      <Route path="/" element={<Home />} />
      <Route path="/welcome" element={<Home title="Welcome to our site" />} />
      <Route path="/board" element={<Board />} />
      <Route path="*" element={<NoMatch />} />
    </Routes>
  )
}
```

▶ 실행 결과

실행 결과를 보면 위쪽의 [Home]과 [Welcom]을 클릭했을 때 각 경로에 해당하는 컴포넌트가 나타나고, [Board]를 클릭하면 「05-4」절에서 만든 보드가 나타납니다. 그런데 보드가 나타날 때는 화면 위쪽에 내비게이션 메뉴가 나타나지 않습니다. 이 문제는 다음 절에서 해결해 보겠습니다.


## useNavigate 훅 알아보기

리액트 라우터는 다음처럼 useNavigate 훅을 제공합니다.

useNavigate 훅 임포트

```
import {useNavigate} from 'react-router-dom'
```

useNavigate 훅을 호출하면 다음 코드에서 보듯 navigate 함수를 얻을 수 있습니다.

```
const navigate = useNavigate()
```

navigate 함수는 다음처럼 매개변수로 전달한 경로로 이동하게 해줍니다.

```
navigate('/')
```

navigate 함수는 window.history 객체의 go 메서드처럼 −1과 같은 숫자로 '뒤로 가기' 등의 효과를 줄 수도 있습니다.

```
navigate(-1)
```

이제 src/routes 디렉터리의 NoMatch.tsx 파일에 useNavigate 훅이 제공하는 기능을 추가하겠습니다. navigate(-1) 코드는 이전 페이지로 이동합니다. 이 코드는 Link 컴포넌트가 useNavigate 훅을 좀 더 쉽게 사용하도록 제공된 컴포넌트라는 것을 알게 해줍니다.

**Do it!** NoMatch 컴포넌트에 useNavigate 훅 적용하기 • src/routes/NoMatch.tsx

```tsx
import {useCallback} from 'react'
import {useNavigate} from 'react-router-dom'
import {Button} from '../theme/daisyui'

export default function NoMatch() {
  const navigate = useNavigate()

  const goBack = useCallback(() => {
    navigate(-1)
  }, [navigate])
  return (
    <div className="flex flex-col p-4">
      <p className="text-xl text-center alert alert-error">Oops! No page found!</p>
      <div className="flex justify-center mt-4">
        <Button className="ml-4 btn-primary btn-xs" onClick={goBack}>
          GO BACK
        </Button>
```

```
        </div>
      </div>
    )
  }
```

▶ 실행 결과

실행 결과는 RoutesSetup.tsx의 라우트 설정에 없는 '/123'과 같은 경로를 주소 창에 고의로
작성하여 화면에 `NoMatch` 컴포넌트가 나타나게 한 모습입니다. 이 화면에서 〈GO BACK〉을
클릭하면 `navigate(-1)` 효과로 '/' 경로로 돌아갑니다.


## 라우트 변수란?

라우트를 설정할 때 라우트 경로는 다음처럼 콜론(:)을 붙일 수 있는데, 이처럼 콜론을 앞에
붙인 `uuid`, `title`과 같은 심볼을 **라우트 변수**route parameter라고 합니다. 라우트 변수는 라우트
경로의 일정 부분이 수시로 바뀔 때 사용합니다. 예를 들어 다음처럼 `cardid`는 마치 변수에
담긴 값처럼 수시로 바뀔 수 있습니다.

라우트 변수

```
<Route path="/board/card/:cardid" element={<Card />} />
```

이러한 라우트 변수를 이용해 src/pages/BoardList 디렉터리의 index.tsx 파일을 수정해 보
겠습니다. 카드의 `uuid`값을 라우트 경로에 포함해 '/board/card' 부분은 같지만, 경로 끝의
카드 `uuid`값에 따라 라우트 경로가 수시로 바뀌도록 했습니다.

```tsx
import type {FC} from 'react'
import type {List} from '../../store/commonTypes'
import type {MoveFunc} from '../../components'

import {useMemo, useCallback} from 'react'
import {useNavigate} from 'react-router-dom'

import {Div} from '../../components'
import {CardDroppable} from '../../components'
import {Icon} from '../../theme/daisyui'
import {ListDraggable} from '../../components'
import ListCard from '../ListCard'
import {useCards} from '../../store/useCards'

export type BoardListProps = {
  list: List
  onRemoveList?: () => void
  index: number
  onMoveList: MoveFunc
}
const BoardList: FC<BoardListProps> = ({
  list,
  onRemoveList,
  index,
  onMoveList,
  ...props
}) => {
  const {cards, onPrependCard, onAppendCard, onRemoveCard} = useCards(list.uuid)

  const navigate = useNavigate()
  const cardClicked = useCallback(
    (cardid: string) => () => {
      navigate(`/board/card/${cardid}`)
    },
    [navigate]
  )
```

```
const children = useMemo(
  () =>
    cards.map((card, index) => (
      <ListCard
        key={card.uuid}
        card={card}
        onRemove={onRemoveCard(card.uuid)}
        draggableId={card.uuid}
        index={index}
        onClick={cardClicked(card.uuid)}
      />
    )),
  [cards, onRemoveCard, cardClicked]
)


return (
  <ListDraggable id={list.uuid} index={index} onMove={onMoveList}>
    <Div
      {...props}
      className="p-2 m-2 border border-gray-300 rounded-lg"
      minWidth="13rem">
      <div className="flex justify-between mb-2">
        <p className="w-32 text-sm font-bold underline line-clamp-1">{list.title}</p>
      </div>
      <div className="flex justify-between ml-2">
        <Icon name="remove" className="btn-error btn-xs" onClick={onRemoveList} />
        <div className="flex">
          <Icon
            name="post_add"
            className="btn-success btn-xs"
            onClick={onPrependCard}
          />
          <Icon
            name="playlist_add"
            className="ml-2 btn-success btn-xs"
            onClick={onAppendCard}
          />
```

```
          </div>
        </div>
        <CardDroppable droppableId={list.uuid}>{children}</CardDroppable>
      </Div>
    </ListDraggable>
  )
}
export default BoardList
```

▶ 실행 결과

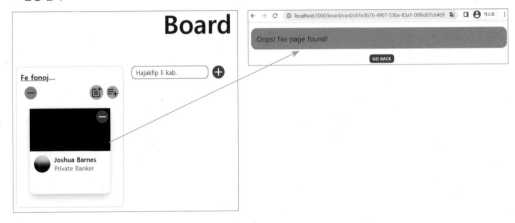

실행 결과는 보드에서 목록과 카드를 하나 만들고 카드를 클릭했을 때 나타나는 화면을 보여
줍니다. 현재 '/board/card/:cardid' 경로에 대한 화면 컴포넌트가 없으므로 NoMatch 컴포넌
트가 나타났습니다. 이제 이런 라우트 변수가 있는 경로에 컴포넌트를 설정하는 방법을 알아
보겠습니다.


## Card 컴포넌트 만들기

먼저 src/routes 디렉터리에 다음 명령으로 Card.tsx 파일을 만듭니다.

```
T 터미널                                                          − □ ✕

> cd src
> cp copy/CopyMe.tsx routes/Card.tsx
> cd ..
```

그리고 src/routes 디렉터리의 RoutesSetup.tsx 파일에 Card.tsx에 대한 라우트 경로를 다음처럼 작성합니다. 코드에서는 **cardid**라는 이름의 라우트 변수를 사용합니다.

```
Do it!  라우트 설정하기(/board/card 경로 추가)                    • src/routers/RoutesSetup.tsx

import {Routes, Route} from 'react-router-dom'
import NoMatch from './NoMatch'
import Home from './Home'
import Board from '../pages/Board'
import Card from './Card'

export default function RoutesSetup() {
  return (
    <Routes>
      <Route path="/" element={<Home />} />
      <Route path="/welcome" element={<Home title="Welcome to our site" />} />
      <Route path="/board" element={<Board />} />
      <Route path="/board/card/:cardid" element={<Card />} />
      <Route path="*" element={<NoMatch />} />
    </Routes>
  )
}
```

## Card 컴포넌트에 리액트 라우터 훅 적용하기

이제 리액트 라우터가 제공하는 몇 가지 훅을 알아보고 Card 컴포넌트에 적용해 보겠습니다.

### useLocation 훅 알아보기

리액트 라우터는 다음처럼 useLocation 훅을 제공합니다.

```
useLocation 훅 임포트

import {useLocation} from 'react-router-dom'
```

useLocation 훅은 다음처럼 location 객체를 얻습니다.

```
const location = useLocation()
```

location 객체는 웹 브라우저가 기본으로 제공하는 `window.location`과 개념적으로 비슷하나 완전히 똑같지는 않습니다. 이제 location 객체가 어떤 정보를 담고 있는지 src/routes 디렉터리의 Card.tsx 파일을 다음처럼 구현해 보겠습니다.

**Do it!** Card 컴포넌트 작성하기 · src/routes/Card.tsx

```tsx
import {useCallback} from 'react'
import {useLocation, useNavigate} from 'react-router-dom'
import {Button} from '../theme/daisyui'

export default function Card() {
  const location = useLocation()

  const navigate = useNavigate()
  const goBack = useCallback(() => {
    navigate(-1)
  }, [navigate])
  return (
    <div>
      <p>location: {JSON.stringify(location, null, 2)}</p>
      <Button className="mt-4 btn-primary btn-xs" onClick={goBack}>
        GO BACK
      </Button>
    </div>
  )
}
```

▶ 실행 결과

실행 결과는 location 객체가 제공하는 정보를 보여 줍니다. 이 가운데 `location.pathname`으로 현재 실행된 라우트 경로를 얻을 수 있음을 확인합니다.

## useParams 훅 알아보기

리액트 라우터는 다음처럼 useParams 훅을 제공합니다.

```
useParams 훅 임포트

import {useParams} from 'react-router-dom'
```

useParams 훅은 다음처럼 params 객체를 얻습니다. 그리고 이 params 객체로부터 라우트 매개변숫값을 얻습니다.

```
const params = useParams()
```

이제 Card.tsx 파일에 다음과 같은 코드를 추가해 보겠습니다. 참고로 Card.tsx의 전체 코드는 잠시 후에 볼 수 있습니다.

```
const params = useParams()
<p>params: {JSON.stringify(params, null, 2)}</p>
```

▶ 실행 결과
```
params: { "cardid": "db54e886-c810-56c9-9baf-96bbfdbb27ac" }
```

실행 결과는 params 부분을 발췌한 것으로 params는 '라우트_매개변수_이름: 값' 형태의 정보를 가지는 Record<string, any> 타입의 객체임을 알 수 있습니다.

## useSearchParams 훅 알아보기

리액트 라우터는 다음처럼 useSearchParams 훅도 제공합니다.

```
import {useSearchParams} from 'react-router-dom'
```

useSearchParams 훅은 다음처럼 searchParams 객체와 setSearchParams 세터 함수*를 튜플 형태로 반환합니다.

\* 사실 setSearchParams 세터 함수는 보통 사용할 필요가 없습니다.

```
const [searchParams, setSearchParams] = useSearchParams()
```

라우트 경로에 쿼리 매개변수가 '?from=0&to=20'처럼 포함되었을 때, from과 to 쿼리 매개
변수는 다음처럼 searchParams의 get 메서드로 얻을 수 있습니다.

```
const from = searchParams.get('from')
const to = searchParams.get('to')
```

## Card 컴포넌트에 리액트 라우터 훅 적용하기

이제 Card.tsx 파일을 다음처럼 구현하겠습니다.

**Do it!** Card 컴포넌트 수정하기(리액트 라우터 훅 반영) • src/routes/Card.tsx

```
import {useCallback} from 'react'
import {useLocation, useParams, useNavigate, useSearchParams} from 'react-router-dom'
import {Button} from '../theme/daisyui'

export default function Card() {
  const location = useLocation()
  const params = useParams()
  const navigate = useNavigate()
  const [search] = useSearchParams()
  const goBack = useCallback(() => {
    navigate(-1)
  }, [navigate])
  return (
    <div className="p-4">
      <p>location: {JSON.stringify(location, null, 2)}</p>
      <p>params: {JSON.stringify(params, null, 2)}</p>
      <p>cardid: {params['cardid']}</p>
      <p>
        from: {search.get('from')}, to: {search.get('to')}
      </p>
      <p></p>
```

```
        <Button className="mt-4 btn-primary btn-xs" onClick={goBack}>
          GO BACK
        </Button>
      </div>
    )
  }
}
```

▶ 실행 결과

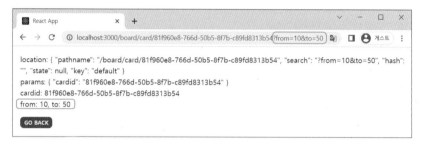

실행 결과는 보드에서 목록과 카드를 하나 만든 다음 카드를 클릭하여 쿼리 매개변수가 없는 라우트 경로를 만든 다음, 주소 창에서 쿼리 매개변수 부분(?from=10&to=50)만 직접 작성하여 최종 라우트 경로를 만든 것입니다.

## 카드 상세 페이지 만들기

이제 Card.tsx 파일을 조금 더 수정하여 다음 그림처럼 보드에서 특정 카드를 클릭하면 해당 카드의 상세 페이지가 나타나도록 하겠습니다.

그림 6-2 카드 상세 페이지

다음 Card.tsx 파일은 useState 훅을 사용하여 CardType이나 null인 card 객체를 설정합니다. 이렇게 구현한 이유는 useParams로 얻은 cardid값이 없거나, 있더라도 cardEntities[cardid]에서 얻은 값이 null일 수 있기 때문입니다. 라우트 경로는 주소 창에서 임의로 변경될 수 있으므로 이런 방어적인 코드가 필요합니다.

**Do it!** Card 컴포넌트 최종          • src/routes/Card.tsx

```tsx
import type {AppState} from '../store'
import type {Card as CardType} from '../store/commonTypes'
import * as CE from '../store/cardEntities'

import {useCallback, useState, useEffect} from 'react'
import {useLocation, useParams, useNavigate, useSearchParams} from 'react-router-dom'
import {useSelector} from 'react-redux'

import {Div, Avatar} from '../components'
import {Button} from '../theme/daisyui'

export default function Card() {
  const location = useLocation()
  const params = useParams()
  const navigate = useNavigate()
  const [search] = useSearchParams()
  const goBack = useCallback(() => {
    navigate(-1)
  }, [navigate])

  const [card, setCard] = useState<CardType | null>(null)
  const {cardid} = params
  const cardEntities = useSelector<AppState, CE.State>(({cardEntities}) => cardEntities)

  useEffect(() => {
    if (!cardEntities || !cardid) return

    cardEntities[cardid] && setCard(notUsed => cardEntities[cardid])
  }, [cardEntities, cardid])

  if (!card) {
```

```tsx
  return (
    <div className="p-4">
      <p>location: {JSON.stringify(location, null, 2)}</p>
      <p>params: {JSON.stringify(params, null, 2)}</p>
      <p>cardid: {params['cardid']}</p>
      <p>
        from: {search.get('from')}, to: {search.get('to')}
      </p>
      <p></p>
      <Button className="mt-4 btn-primary btn-xs" onClick={goBack}>
        GO BACK
      </Button>
    </div>
  )
}


  return (
    <div className="p-4">
      <Div src={card.image} className="w-full" minHeight="10rem" height="10rem" />
      <Div className="flex flex-row items-center mt-4">
        <Avatar src={card.writer.avatar} size="2rem" />
        <Div className="ml-2">
          <p className="text-xs font-bold">{card.writer.name}</p>
          <p className="text-xs text-gray-500">{card.writer.jobTitle}</p>
        </Div>
      </Div>
      <Button className="mt-4 btn-primary btn-xs" onClick={goBack}>
        GO BACK
      </Button>
    </div>
  )
}
```

이제 다음 절을 위해 다음 명령으로 src/copy에 routes 디렉터리를 만들고 src/routes 디렉터리의 NoMatch.tsx 파일과 RoutesSetup.tsx 파일을 복사합니다.

**T** 터미널      − □ ×

```
> mkdir -p src/copy/routes
> cd src
> cp routes/NoMatch.tsx copy/routes
> cp routes/RoutesSetup.tsx copy/routes
> cd ..
```

그리고 src/copy/routes 디렉터리의 RoutesSetup.tsx 파일을 다음처럼 작성하고 저장합니다.

**Do it!** 라우트 설정하기      • src/copy/routes/RoutesSetup.tsx

```
import {Routes, Route} from 'react-router-dom'
import NoMatch from './NoMatch'

export default function RoutesSetup() {
  return (
    <Routes>
      <Route path="*" element={<NoMatch />} />
    </Routes>
  )
}
```

이제 npm start 명령을 실행한 터미널에서 Ctrl+C를 눌러 종료합니다. 다음 절에서는 Outlet 컴포넌트와 중첩 라우팅을 알아보겠습니다.

# 06-2 Outlet 컴포넌트와 중첩 라우팅

이 절에서는 리액트 라우터 패키지의 Outlet 컴포넌트를 알아봅니다. Outlet 컴포넌트는 라우트를 중첩하여 내비게이션 메뉴나 바닥글처럼 컴포넌트마다 공통으로 사용하는 부분의 코드를 줄여 줍니다.

⚙️ **프로젝트 만들기**

ch06 디렉터리에서 다음 명령으로 ch06_2라는 프로젝트를 생성합니다. 그리고 ch06_2 디렉터리를 대상으로 VSCode를 실행합니다.

**T** 터미널     — □ ✕

```
> npx create-react-app ch06_2 --template typescript
> code ch06_2
```

VSCode가 열리면 터미널을 하나 열고 다음 명령으로 chance와 luxon, 머티리얼 아이콘과 테일윈드CSS 관련 패키지들을 설치합니다. 그리고 05장에서 살펴본 리덕스와 드래그 앤 드롭 관련 패키지도 설치합니다.

**T** 터미널     — □ ✕

```
> npm i chance luxon @fontsource/material-icons redux react-redux @reduxjs/toolkit
> npm i redux-logger redux-thunk react-router-dom
> npm i react-dnd react-dnd-html5-backend
> npm i --legacy-peer-deps react-beautiful-dnd
> npm i -D @types/chance @types/luxon
> npm i -D @types/redux-logger @types/redux-thunk
> npm i -D @types/react-dnd @types/react-beautiful-dnd
> npm i -D postcss autoprefixer tailwindcss @tailwindcss/line-clamp daisyui
```

이어서 앞 절의 src 디렉터리와 기존에 만든 파일을 복사해 재활용하고 이 절과 상관없는 파일은 지웁니다.

```
T  터미널                                                              − □ ✕
> cp -r ../ch06_1/src/* ./src
> cp -r ../ch06_1/*.js .
> rm -r src/routes/*
```

이제 다음 명령으로 src/copy/routes 디렉터리의 파일들을 src/routes 디렉터리에 복사하고, CopyMe 디렉터리를 복사하여 src/routes 디렉터리에 Layout과 LandingPage라는 이름의 디렉터리를 만듭니다.

```
T  터미널                                                              − □ ✕
> cd src
> cp copy/routes/* routes
> cp -r copy/CopyMe routes/Layout
> cp -r copy/CopyMe routes/LandingPage
> cd ..
```

그리고 src/copy/routes 디렉터리의 NoMatch.tsx 파일을 열어 `Button` 컴포넌트의 임포트 경로를 `../../theme/daisyui`로 수정합니다.

### 리액트 라우터의 Outlet 컴포넌트

다음 그림은 앞 절에서 만든 화면으로 내비게이션 메뉴가 없어서 다른 경로로 이동할 때 불편합니다. 그런데 내비게이션 메뉴를 만들려고 하면 모든 라우트 컴포넌트마다 거의 똑같은 코드를 작성해야 합니다. 리액트 라우터는 이런 번거로움을 줄이고자 `Outlet`이란 컴포넌트를 제공합니다.

그림 6-3 내비게이션 메뉴가 없는 화면

리액트 라우터 패키지의 버전 6에서 가장 큰 변화는 `Outlet` 컴포넌트가 도입되었다는 것입니다. `Outlet` 컴포넌트는 다른 컴포넌트들이 렌더링되는 위치를 지정해 주는 역할을 합니다.

```
import {Outlet} from 'react-router-dom'
```

이제 src/routes/Layout 디렉터리의 index.tsx 파일을 다음처럼 작성합니다. 코드에서 Outlet 컴포넌트는 RoutesSetup.tsx 파일에서 설정한 라우트 경로의 컴포넌트가 여기에 위치하게 하는 역할을 합니다.

**Do it!** 인덱스에 Outlet 추가하기 • src/routes/Layout/index.tsx

```
import {Outlet} from 'react-router-dom'

export default function Layout() {
  return <Outlet />
}
```

그리고 src/routes 디렉터리의 RoutesSetup.tsx 파일을 다음처럼 작성합니다. 앞서 언급한 대로 Outlet 컴포넌트는 다른 컴포넌트가 렌더링되는 위치를 지정해 주는 용도이므로 Outlet 에 보이기 원하는 컴포넌트는 Outlet을 사용하는 컴포넌트(예에서는 Layout 컴포넌트)의 자식 라우터로 구성합니다. 따라서 Board와 NoMatch의 Route는 Layout의 자식으로 설정합니다.

**Do it!** 라우트 설정하기(Layout 적용) • src/routes/RoutesSetup.tsx

```
import {Routes, Route} from 'react-router-dom'
import Layout from './Layout'
import Board from '../pages/Board'
import NoMatch from './NoMatch'

export default function RoutesSetup() {
  return (
    <Routes>
      <Route path="/" element={<Layout />}>
        <Route path="/board" element={<Board />} />
        <Route path="*" element={<NoMatch />} />
      </Route>
    </Routes>
  )
}
```

다음 그림은 'http://localhost:3000' 주소로 접속한 웹 브라우저 화면으로, 오른쪽 개발 도구 창의 [Elements] 탭 내용을 보면 Layout 컴포넌트 내부의 `<Outlet>` 컴포넌트가 현재는 존재하는지조차 알 수가 없습니다.

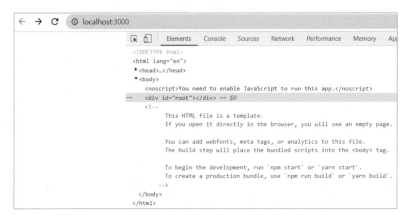

그림 6-4 '/' 경로일 때 모습

하지만 주소 창에 'http://localhost:3000/board' 경로를 직접 입력해 보면 다음 그림처럼 Board 컴포넌트가 화면에 나타납니다.

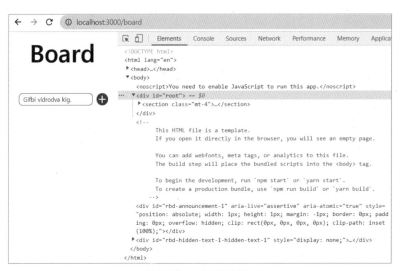

그림 6-5 '/board' 경로일 때 모습

웹 브라우저의 화면과 RoutesSetup.tsx 파일 내용을 비교해 보면, Layout 내부의 Outlet 컴포넌트는 자신의 자식 라우트 경로에 설정된 컴포넌트를 화면에 나타나게 하는 역할을 하고 있음을 알 수 있습니다.

```
<Route path="/" element={<Layout />}>
  <Route path="/board" element={<Board />} />
  <Route path="*" element={<NoMatch />} />
</Route>
```

앞 절에서 본 라우터 설정은 다음처럼 Home과 NoMatch 컴포넌트가 형제 관계로 이루어졌습니다.

```
<Routes>
  <Route path="/" element={<Home />} />
  <Route path="*" element={<NoMatch />} />
</Routes>
```

반면에 앞서 본 Outlet 컴포넌트를 사용하면 NoMatch는 Outlet의 자식 라우터로 설정되는데, 리액트 라우터에서는 이를 **중첩 라우트**[nested route] 설정이라고 합니다. 리액트에서 부모 컴포넌트는 자식 컴포넌트 안에서 렌더링될 수 없습니다. 또한 형제 컴포넌트가 다른 형제 컴포넌트 안에서 렌더링될 수도 없습니다. 따라서 NoMatch가 Outlet 안에서 렌더링되려면 라우터 설정은 부모/자식 관계의 라우팅, 즉 중첩 라우팅 형태로 설정해야 합니다.

---

중첩 라우트

```
<Routes>
  <Route path="/" element={<Outlet />}>
    <Route path="*" element={<NoMatch />} />
  </Route>
</Routes>
```

---

## 색인 라우트 알아보기

앞서 라우트 설정 코드에서 한 가지 문제는 경로가 '/'일 때 Outlet을 채울 컴포넌트를 지정하지 않았으므로 'http://localhost:3000' 수소로 접속하면 화면에 아무것도 나타나지 않는다는 점입니다. 이제 경로가 '/'일 때 Outlet에 자동으로 기본 컴포넌트를 나타나게 하는 방법을 알아보겠습니다.

Route 컴포넌트는 index란 이름의 boolean 타입 속성을 제공하는데, `<Route index/>` 형태로 사용하는 Route를 색인 라우트index route라고 합니다. 다음 RoutesSetup.tsx 파일은 색인 라우트 형태로 LandingPage라는 컴포넌트의 경로를 설정합니다.

**Do it!** 색인 라우트 적용하기                                    • src/routes/RoutesSetup.tsx

```tsx
import {Routes, Route} from 'react-router-dom'
import Layout from './Layout'
import LandingPage from './LandingPage'
import Board from '../pages/Board'
import NoMatch from './NoMatch'

export default function RoutesSetup() {
  return (
    <Routes>
      <Route path="/" element={<Layout />}>
        <Route index element={<LandingPage />} />
        <Route path="/board" element={<Board />} />
        <Route path="*" element={<NoMatch />} />
      </Route>
    </Routes>
  )
}
```

▶ 실행 결과

실행 결과는 경로가 '/'일 때 LandingPage 컴포넌트가 나타난 모습을 보여 주는데, 앞서 아무 것도 보이지 않던 것과 달리, 색인 라우트 경로의 LandingPage가 자동으로 화면에 나타났다 는 차이가 있습니다.

## 내비게이션 메뉴와 바닥글 만들기

앞에서 알아본 Outlet과 중첩 라우트를 이용하면 어느 컴포넌트에서나 공통으로 보이는 내용을 간편하게 만들 수 있습니다. 여기서는 상단에는 내비게이션 메뉴(NavigationBar), 하단에는 바닥글(Footer)이 보이고, 그 사이에 Outlet의 자식 라우트 경로에 설정한 컴포넌트가 보이도록 만들어 보겠습니다.

먼저 다음 명령으로 src/routes/Layout 디렉터리에 NavigationBar.tsx와 Footer.tsx 파일을 만듭니다.

```
T  터미널                                                        ─ □ ×

> cd src
> cp copy/CopyMe.tsx routes/Layout/NavigationBar.tsx
> cp copy/CopyMe.tsx routes/Layout/Footer.tsx
> cd ..
```

그리고 src/routes/Layout 디렉터리의 NavigationBar.tsx 파일을 다음처럼 작성합니다.

**Do it!** NavigationBar 컴포넌트 작성하기          • src/routes/Layout/NavigationBar.tsx

```
import {Link} from 'react-router-dom'

export default function NavigationBar() {
  return (
    <div className="flex p-2 navbar bg-base-100">
      <Link to="/">Home</Link>
      <Link to="/board" className="ml-4">
        Board
      </Link>
    </div>
  )
}
```

또한 같은 디렉터리의 Footer.tsx 파일을 다음처럼 작성합니다.

```
import * as D from '../../data'

export default function Footer() {
  return (
    <footer className="p-4 footer footer-center bg-primary text-primary-content">
      <div>
        <p>Copyright © 2022 - All right reserved by {D.randomCompanyName()}</p>
      </div>
    </footer>
  )
}
```

그리고 src/routes/Layout 디렉터리의 index.tsx 파일에 이 두 컴포넌트를 다음처럼 추가합니다.

```
import {Outlet} from 'react-router-dom'
import NavigationBar from './NavigationBar'
import Footer from './Footer'

export default function Layout() {
  return (
    <>
      <NavigationBar />
      <Outlet />
      <Footer />
    </>
  )
}
```

▶ 실행 결과

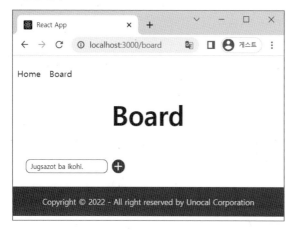

## 랜딩 페이지 만들기

사용자가 특정 웹 사이트에 접속할 때 처음 보게 되는 페이지를 **랜딩 페이지**<sup>landing page</sup>라고 부릅니다. 보통 랜딩 페이지는 다음 그림처럼 방문자가 호감을 가질 수 있도록 마케팅 관점에서 웹 사이트의 대표 이미지, 슬로건, 프로모션 등의 내용으로 채웁니다.

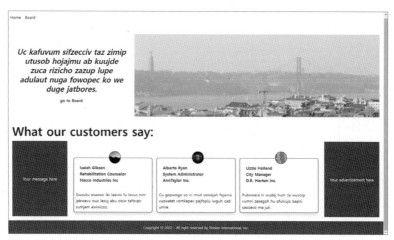

그림 6-6 랜딩 페이지 예

이러한 랜딩 페이지를 만들어 보겠습니다. 다음 명령으로 src/routes/LandingPage 디렉터리에 3개의 파일을 만듭니다.

```
> cd src
> cp copy/CopyMe.tsx routes/LandingPage/Hero.tsx
> cp copy/CopyMe.tsx routes/LandingPage/Promotion.tsx
> cp copy/CopyMe.tsx routes/LandingPage/CustomerComment.tsx
> cd ..
```

그리고 src/routes/LandingPage 디렉터리의 index.tsx 파일을 다음처럼 작성합니다.

**Do it! 랜딩 페이지 인덱스 작성하기**                    • src/routes/LandingPage/index.tsx

```
import Hero from './Hero'
import Promotion from './Promotion'

export default function LandingPage() {
  return (
    <section className="mt-4">
      <Hero />
      <Promotion />
    </section>
  )
}
```

## 히어로 영역 만들기

랜딩 페이지에서 해당 웹 사이트를 대표하는 이미지를 히어로[hero] 이미지라고 부르는 경향이 있습니다. 그리고 히어로 이미지와 함께 해당 웹 사이트를 대표하는 슬로건과 대표 메뉴로 가는 버튼을 함께 제공하는데 이를 히어로 영역이라고 합니다.

다음 코드는 src/routes/LandingPage 디렉터리의 Hero.tsx 파일 내용으로, 히어로 이미지와 함께 슬로건, 대표 메뉴로 가는 버튼으로 히어로 영역을 구현하고 있습니다.

**Do it! 히어로 영역 만들기**                        • src/routes/LandingPage/Hero.tsx

```
import {Link} from 'react-router-dom'
import {Div} from '../../components'
import {Button} from '../../theme/daisyui'
import * as D from '../../data'
```

```
export default function Hero() {
  return (
    <div className="flex items-center p-4">
      <Div minWidth="30rem" width="30rem" maxWidth="30rem">
        <div className="flex flex-col justify-center p-4 font-bold">
          <p className="text-3xl italic text-center line-clamp-5">
            {D.randomSentence(20)}
          </p>
          <div className="flex items-center justify-center mt-4">
            <Link to="/board">
              <Button className="btn-primary btn-outline">go to Board</Button>
            </Link>
          </div>
        </div>
      </Div>
      <Div
        src={D.randomImage(2000, 1600, 100)}
        className="w-full ml-4"
        minHeight="20rem"
        height="20rem"
      />
    </div>
  )
}
```

▶ 실행 결과

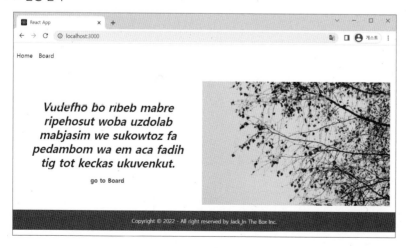

## 프로모션 영역 만들기

랜딩 페이지는 마케팅적인 측면이 강하므로 다음 그림처럼 특정 고객이 어떤 평가를 하는지 구체적인 사례를 보여 줄 때가 많습니다.

그림 6-7 프로모션 영역 예

이런 화면을 만들려면 고객 평가customer comment 데이터가 필요하므로, 다음 명령으로 src/data 디렉터리에 CustomerComment.ts 파일을 생성합니다.

```
> touch src/data/CustomerComment.ts
```

그리고 이 파일을 다음처럼 작성합니다.

**Do it! 고객 평가 데이터 만들기** • src/data/CustomerComment.ts

```typescript
import * as C from './chance'
import * as I from './image'
export type CustomerComment = {
  uuid: string
  name: string
  jobTitle: string
  company: string
  avatar: string
  comment: string
}

export const makeCustomerComment = (
  uuid: string,
  name: string,
  jobTitle: string,
```

```
  company: string,
  avatar: string,
  comment: string
): CustomerComment => ({uuid, name, jobTitle, company, comment, avatar})

export const makeRandomCustomerComment = () =>
  makeCustomerComment(
    C.randomUUID(),
    C.randomName(),
    C.randomJobTitle(),
    C.randomCompanyName(),
    I.randomAvatar(),
    C.randomParagraphs(1)
  )
```

그리고 같은 디렉터리의 index.ts 파일에 `CustomerComment`를 다음처럼 추가합니다.

**Do it!** 인덱스에 추가하기 • src/data/index.ts

```
... (생략) ...
export * from './CustomerComment'
```

이제 src/data/CustomerComment.ts 파일을 사용하여 src/routes/LandingPage의 CustomerComment.tsx 파일을 다음처럼 작성합니다. 코드는 고객의 아바타 이미지가 `CustomerComment` 컴포넌트 바깥 위쪽에 보이도록 position 스타일 속성에 absolute 클래스를 적용했고, 아바타 이미지의 부모 클래스에는 relative 클래스를 적용했습니다.

**Do it!** 고객 평가 만들기 • src/routes/LandingPage/CustomerComment.tsx

```
import type {FC} from 'react'
import type {CustomerComment as CustomerCommentType} from '../../data'
import {Div, Avatar} from '../../components'

export type CustomerCommentProps = {
  customerComment: CustomerCommentType
}
```

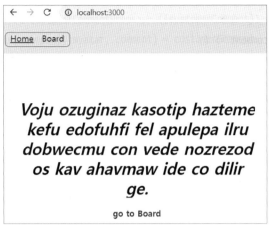

그림 6-8 활성화된 메뉴 밑에 밑줄이 생긴 모습

현재 보이는 페이지의 메뉴에 밑줄을 그어 보겠습니다. 먼저 다음 명령으로 src/components 디렉터리에 Link.tsx 파일을 생성합니다.

```
T 터미널                                                              – □ ✕

> touch src/components/Link.tsx
```

그리고 다음 형태로 Link 컴포넌트의 초기 모습을 구현합니다.

**Do it!** Link 컴포넌트 구현하기 • src/components/Link.tsx

```
import type {FC} from 'react'
import type {LinkProps as RRLinkProps} from 'react-router-dom'
import {Link as RRLink} from 'react-router-dom'


export type LinkProps = RRLinkProps & {}


export const Link: FC<LinkProps> = ({className: _className, to, ...props}) => {
  const className = [_className].join(' ')
  return <RRLink {...props} to={to} className={className} />
}
```

그리고 같은 디렉터리의 index.ts 파일에 다음처럼 Link를 추가합니다.

```
Do it! 인덱스에 추가하기                              • src/components/index.ts

... (생략) ...
export * from './Link'
```

그리고 src/routes/Layout 디렉터리의 NavigationBar.tsx 파일에 다음처럼 Link 컴포넌트를 적용합니다.

```
Do it! 내비게이션 바 설정하기                    • src/routes/Layout/NavigationBar.tsx

//import {Link} from 'react-router-dom'
import {Link} from '../../components'

export default function NavigationBar() {
  return (
    <div className="flex p-4 bg-gray-200">
      <Link to="/" className="btn btn-link">
        Home
      </Link>
      <Link to="/board" className="btn btn-link ml-4">
        Board
      </Link>
    </div>
  )
}
```

## useResolvedPath와 useMatch 훅 알아보기

이제 Link 컴포넌트가 현재 페이지에 해당하는 메뉴에만 밑줄을 표시하도록 만들어 보겠습니다. 여기서는 useResolvedPath와 useMatch 훅을 사용합니다. Link.tsx 파일에 이 두 훅을 구현한 모습을 먼저 보이겠습니다.

```tsx
import type {FC} from 'react'
import type {LinkProps as RRLinkProps} from 'react-router-dom'
import {useResolvedPath, useMatch} from 'react-router-dom'
import {Link as RRLink} from 'react-router-dom'

export type LinkProps = RRLinkProps & {}

export const Link: FC<LinkProps> = ({className: _className, to, ...props}) => {
  const resolved = useResolvedPath(to)
  console.log('resolved', resolved)
  const match = useMatch({path: resolved.pathname, end: true})
  console.log('match', match)
  const className = [_className, match ? 'btn-active' : ''].join(' ')
  return <RRLink {...props} to={to} className={className} />
}
```

다음 그림은 [Board] 메뉴를 눌렀을 때 웹 브라우저의 콘솔 창에서 useResolvedPath와 useMatch의 반환값을 보여 줍니다. 이 내용은 Link의 to 설정값이 /board일 때 해소된(즉, resolved) 경로 정보입니다.

```
resolved ▶ {pathname: '/board', search: '', hash: ''}
match ▶ {params: {...}, pathname: '/board', pathnameBase: '/board', pattern: {...}}
```

그림 6-9 useResolvedPath와 useMatch 훅의 반환값

반면에 다음 콘솔 창은 이때 to 설정값 '/'의 내용입니다. 두 내용을 비교해 보면 활성화되지 않은 메뉴는 match값이 항상 null임을 알 수 있습니다.

```
resolved ▶ {pathname: '/', search: '', hash: ''}
match null
```

그림 6-10 useResolvedPath 와 useMatch 훅의 또 다른 반환값

그리고 다음 useMatch 코드를 보면 쿼리 매개변수 부분을 제외한 경로, 즉 resolved.pathname과 RoutesSetup.tsx에 설정된 모든 라우터 경로를 비교하여 같을 때만 유효한 match 결과를 반환함을 알 수 있습니다.

```
const match = useMatch({path: resolved.pathname, end: true})
```

이제 npm start 명령을 실행한 터미널에서 Ctrl+C를 눌러 종료합니다. 다음 절에서는 공개 라우트와 비공개 라우트를 구현하는 방법을 알아보겠습니다.

# 06-3 공개 라우트와 비공개 라우트 구현하기

이 절에서는 리액트 라우터에서 공개 라우트와 비공개 라우트 기능을 알아봅니다. 공개 라우트는 누구나 볼 수 있는 페이지, 비공개 라우트는 로그인한 사용자만 볼 수 있는 페이지처럼 제한할 수 있습니다.

### 🛠️ 프로젝트 만들기

ch06 디렉터리에서 다음 명령으로 ch06_3이라는 프로젝트를 생성합니다. 그리고 ch06_3 디렉터리를 대상으로 VSCode를 실행합니다.

```
T 터미널                                                    – ☐ ✕

> npx create-react-app ch06_3 --template typescript
> code ch06_3
```

VSCode가 열리면 터미널을 하나 열고 다음 명령으로 chance와 luxon, 머티리얼 아이콘과 테일윈드CSS 관련 패키지들을 설치합니다. 그리고 05장에서 살펴본 리덕스와 드래그 앤 드롭 관련 패키지도 설치합니다.

```
T 터미널                                                    – ☐ ✕

> npm i chance luxon @fontsource/material-icons redux react-redux @reduxjs/toolkit
> npm i redux-logger redux-thunk react-router-dom
> npm i react-dnd react-dnd-html5-backend
> npm i --legacy-peer-deps react-beautiful-dnd
> npm i -D @types/chance @types/luxon
> npm i -D @types/redux-logger @types/redux-thunk
> npm i -D @types/react-dnd @types/react-beautiful-dnd
> npm i -D postcss autoprefixer tailwindcss @tailwindcss/line-clamp daisyui
```

이어서 앞 절의 src 디렉터리와 기존에 만든 파일을 복사해 재활용하고 이 절과 상관없는 파일은 지웁니다.

```
> cp -r ../ch06_2/src/* ./src
> cp -r ../ch06_2/*.js .
```

그리고 다음 명령으로 src/copy 디렉터리의 CopyMe 디렉터리를 복사하여 src/routes 디렉터리에 Auth 디렉터리를 만듭니다.

```
터미널                                                        — ☐ ✕
> cd src
> cp -r copy/CopyMe routes/Auth
```

마지막으로 다음 명령으로 src/routes/Auth 디렉터리에 이번 절에서 작성할 파일을 만들고 index.tsx 파일은 삭제합니다. 그리고 터미널에서 **npm start** 명령으로 앱을 실행합니다.

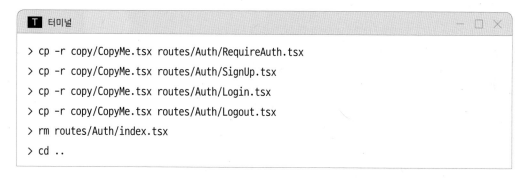

```
터미널                                                        — ☐ ✕
> cp -r copy/CopyMe.tsx routes/Auth/RequireAuth.tsx
> cp -r copy/CopyMe.tsx routes/Auth/SignUp.tsx
> cp -r copy/CopyMe.tsx routes/Auth/Login.tsx
> cp -r copy/CopyMe.tsx routes/Auth/Logout.tsx
> rm routes/Auth/index.tsx
> cd ..
```

## 공개 라우트와 비공개 라우트

웹 사이트에 회원 가입을 해야지만 주요 서비스를 이용할 수 있도록 할 때가 많습니다. 보통 홈 페이지(/), 로그인 페이지(/login), 회원 가입 페이지(/signup)처럼 누구나 접속힐 수 있는 경로를 **공개 라우트**public route라고 합니다. 반면에 로그인한 사용자만 접속할 수 있는 경로는 **비공개 라우트**private route라고 합니다.

## 사용자 인증 컨텍스트 만들기

웹 페이지에서 사용자가 로그인이나 회원 가입을 했는지 알려면 모든 비공개 경로의 컴포넌트는 자유롭게 사용자의 정보를 알 수 있어야 합니다. 리액트 프레임워크에서 여러 컴포넌트가 어떤 정보를 공유하게 하는 것은 「04-6」절에서 알아본 컨텍스트를 사용하는 방법과 05장에서 알아본 리덕스를 사용하는 방법이 있습니다. 그러나 앱이 항상 리덕스를 사용한다고 가정하기는 어려우므로 이 절에서는 컨텍스트를 사용하여 사용자가 로그인했는지 알아보겠습니다.

먼저 다음 명령으로 src/contexts 디렉터리에 AuthContext.tsx 파일을 생성합니다.

```
> touch src/contexts/AuthContext.tsx
```

그리고 다음 형태로 AuthContext.tsx 파일을 작성합니다. 이 코드는 잠시 후에 자세히 알아보겠습니다.

**Do it!** 인증 컨텍스트 작성하기 • src/contexts/AuthContext.tsx

```
import type {FC, PropsWithChildren} from 'react'
import {createContext, useContext, useState, useCallback} from 'react'

export type LoggedUser = {email: string; password: string}
type Callback = () => void

type ContextType = {
  loggedUser?: LoggedUser
  signup: (email: string, password: string, callback?: Callback) => void
  login: (email: string, password: string, callback?: Callback) => void
  logout: (callback?: Callback) => void
}

export const AuthContext = createContext<ContextType>({
  signup: (email: string, password: string, callback?: Callback) => {},
  login: (email: string, password: string, callback?: Callback) => {},
  logout: (callback?: Callback) => {}
})
```

```
type AuthProviderProps = {}

export const AuthProvider: FC<PropsWithChildren<AuthProviderProps>> = ({children}) => {
  const [loggedUser, setLoggedUser] = useState<LoggedUser | undefined>(undefined)

  const signup = useCallback((email: string, password: string, callback?: Callback) => {
    setLoggedUser(notUsed => ({email, password}))
    callback && callback()
  }, [])
  const login = useCallback((email: string, password: string, callback?: Callback) => {
    setLoggedUser(notUsed => ({email, password}))
    callback && callback()
  }, [])
  const logout = useCallback((callback?: Callback) => {
    setLoggedUser(undefined)
    callback && callback()
  }, [])

  const value = {
    loggedUser,
    signup,
    login,
    logout
  }
  return <AuthContext.Provider value={value} children={children} />
}

export const useAuth = () => {
  return useContext(AuthContext)
}
```

같은 디렉터리의 index.ts 파일에 AuthContext를 다음처럼 추가합니다.

**Do it!** 인덱스에 추가하기 • src/context/index.ts

```
... (생략) ...
export * from './AuthContext'
```

앞서 AuthContext 파일을 구현했으므로 src/App.tsx 파일에 AuthProvider를 다음처럼 반영합니다.

```tsx
Do it! 앱 파일에 AuthProvider 반영하기                              • src/App.tsx

import {Provider as ReduxProvider} from 'react-redux'
import {DndProvider} from 'react-dnd'
import {HTML5Backend} from 'react-dnd-html5-backend'
import {BrowserRouter} from 'react-router-dom'
import {AuthProvider} from './contexts'
import RoutesSetup from './routes/RoutesSetup'
import {useStore} from './store'

export default function App() {
  const store = useStore()
  return (
    <ReduxProvider store={store}>
      <DndProvider backend={HTML5Backend}>
        <BrowserRouter>
          <AuthProvider>
            <RoutesSetup />
          </AuthProvider>
        </BrowserRouter>
      </DndProvider>
    </ReduxProvider>
  )
}
```

## 로그인 여부에 따라 내비게이션 메뉴 구분하기

다음은 src/routes 디렉터리의 RoutesSetup.tsx 파일 내용입니다. 코드에서 LandingPage나 Board 같은 컴포넌트는 Layout 컴포넌트 내부의 Outlet에 나타나게 하지만, SignUp 등은 Outlet 바깥에 나타나게 합니다. 이는 Signup이나 Login, Logout 등의 컴포넌트가 나타날 때는 내비게이션 메뉴가 나타나지 않는 것이 바람직하기 때문입니다.

**Do it!** 라우트 설정하기(초기 모습) • src/routes/RoutesSetup.tsx

```
import {Routes, Route} from 'react-router-dom'
import Layout from './Layout'
import LandingPage from './LandingPage'
import Board from '../pages/Board'
import Signup from './Auth/SignUp'
import Login from './Auth/Login'
import Logout from './Auth/Logout'
import NoMatch from './NoMatch'

export default function RoutesSetup() {
  return (
    <Routes>
      <Route path="/" element={<Layout />}>
        <Route index element={<LandingPage />} />
        <Route path="/board" element={<Board />} />
        <Route path="*" element={<NoMatch />} />
      </Route>
      <Route path="/signup" element={<Signup />} />
      <Route path="/login" element={<Login />} />
      <Route path="/logout" element={<Logout />} />
      <Route path="*" element={<NoMatch />} />
    </Routes>
  )
}
```

다음은 src/routes/Layout 디렉터리의 NavigationBar.tsx 파일 내용입니다. 코드에서는
react-router-dom 패키지가 제공하는 Link 컴포넌트를 RRLink라는 이름으로 사용하는데,
[SIGNUP], [LOGIN] 등의 메뉴를 눌렀을 때 해당 메뉴가 활성화된 모습으로 보이는 것은 바
람직하지 않기 때문입니다.

**Do it!** NavigationBar 컴포넌트 작성하기(초기 모습) • src/routes/Layout/NavigationBar.tsx

```
import {Link as RRLink} from 'react-router-dom'
import {Link} from '../../components'

export default function NavigationBar() {
```

```
    return (
      <div className="flex justify-between bg-base-100">
        <div className="flex p-2 navbar">
          <Link to="/" className="btn btn-link">
            Home
          </Link>
          <Link to="/board" className="btn btn-link ml-4">
            Board
          </Link>
        </div>
        <div className="flex p-2 items-center">
          <RRLink to="/login" className="btn btn-sm btn-primary">
            LOGIN
          </RRLink>
          <RRLink to="/signup" className="ml-4 btn btn-sm btn-outline btn-primary">
            SIGNUP
          </RRLink>
          <RRLink to="/logout" className="ml-4 mr-4">
            LOGOUT
          </RRLink>
        </div>
      </div>
    )
}
```

▶ 실행 결과

그런데 실행 결과를 보면 로그인해야 볼 수 있는 [Board] 메뉴도 보이고 로그인이나 회원 가입을 한 적이 없는데도 [LOGOUT] 메뉴가 보입니다. 인증 컨텍스트를 수정해서 이런 부분을 좀 더 현실적으로 수정해 보겠습니다.

현재 회원 가입이나 로그인하지 않은 사용자는 화면이 다음처럼 보여야 바람직합니다.

그림 6-11 로그인하기 전 모습

앞서 구현했던 useAuth 커스텀 훅은 다음 코드 형태로 loggedUser 객체를 얻을 수 있습니다.

```
import {useAuth} from '../../contexts'
const {loggedUser} = useAuth()
```

그리고 로그인을 안 했을 때 loggedUser 객체는 undefined값을 가지므로 다음처럼 loggedUser 값이 undefined인지에 따라 내비게이션 메뉴 구성을 다르게 구현할 수 있습니다.

```
{loggedUser && (<Link to="/board">Board</Link>)}
{!loggedUser && (<Link to="/login">Login</Link>)}
```

다음은 이런 패턴으로 NavigationBar.tsx 파일을 수정한 것입니다.

**Do it!** NavigationBar 수정하기 • src/routes/Layout/NavigationBar.tsx

```
import {Link as RRLink} from 'react-router-dom'
import {Link} from '../../components'
import {useAuth} from '../../contexts'

export default function NavigationBar() {
  const {loggedUser} = useAuth()

  return (
    <div className="flex justify-between bg-base-100">
      <div className="flex p-2 navbar ">
        <Link to="/" className="btn btn-link">
          Home
        </Link>
```

```
      {loggedUser && (
        <Link to="/board" className="btn btn-link ml-4">
          Board
        </Link>
      )}
    </div>
    <div className="flex p-2 items-center">
      {!loggedUser && (
        <RRLink to="/login" className="btn btn-sm btn-primary">
          LOGIN
        </RRLink>
      )}
      {!loggedUser && (
        <RRLink to="/signup" className="ml-4 btn btn-sm btn-outline btn-primary">
          SIGNUP
        </RRLink>
      )}
      {loggedUser && (
        <RRLink to="/logout" className="ml-4 mr-4 btn btn-sm btn-link">
          LOGOUT
        </RRLink>
      )}
    </div>
  </div>
  )
}
```

## 회원 가입 기능 만들기

이제 다음 그림과 같은 모습의 회원 가입 컴포넌트를 만들어 보겠습니다.

그림 6-12 SignUp 컴포넌트 모습

그런데 이런 폼 형태의 화면에서 <input> 요소들은 다음처럼 번거로운 형태의 코드를 계속 반복해야 합니다.

```
const [email, setEmail] = useState<string>(D.randomEmail())
const [password, setPassword] = useState<string>('1')
const [confirmPassword, setConfirmPassword] = useState<string>('1')
const emailChanged = useCallback((e: ChangeEvent<HTMLInputElement>) => {
  setEmail(notUsed => e.target.value)
}, [])
const passwordChanged = useCallback((e: ChangeEvent<HTMLInputElement>) => {
  setPassword(notUsed => e.target.value)
}, [])
const confirmPasswordChanged = useCallback((e: ChangeEvent<HTMLInputElement>) => {
  setConfirmPassword(notUsed => e.target.value)
}, [])
```

이보다 좀 더 간결하고 바람직한 구현 방법은 다음처럼 폼에서 <input> 요소의 value 속성에 설정할 변수 이름을 속성으로 가진 Record 타입을 만드는 것입니다.

```
type SignUpFormType = Record<'email' | 'password' | 'confirmPassword', string>
```

그리고 SignUpFormType 객체를 useState 훅으로 생성한 뒤, 값 부분에 타입스크립트의 비구조화 할당문을 적용하여 email, password 등의 값을 얻습니다.

```
const [{email, password, confirmPassword}, setForm] =
    useState<SignUpFormType>(initialFormState)
```

또한 다음 처럼 changed라는 이름의 2차 고차 함수를 구현합니다.

```
const changed = useCallback(
  (key: string) => (e: ChangeEvent<HTMLInputElement>) => {
    setForm(obj => ({...obj, [key]: e.target.value}))
}, [])
```

그러면 다음처럼 `<input>`의 value와 onChange 속성값을 매우 간결하게 구현할 수 있습니다.

```
<input value={email} onChange={changed('email')}/>
```

다음은 〈CREATE ACCOUNT〉 버튼을 눌렀을 때 호출되는 createAccount 콜백 함수를 구현한 것입니다.

```
const navigate = useNavigate()
const {signup} = useAuth()

const createAccount = useCallback(() => {
signup(email, password, () => navigate('/'))
}, [email, password, navigate, signup])
```

앞서 AuthContext.tsx 파일에 구현했던 signup 함수의 타입은 다음과 같습니다. 그리고 이함수는 세 번째 매개변수 callback이 유효한 값이면 callback 함수를 호출해 주므로, 회원 가입 뒤 바로 '/' 라우트 경로로 진입할 수 있습니다.

```
signup: (email: string, password: string, callback?: Callback) => void
```

이런 내용을 종합하여 src/routes 디렉터리의 SignUp.tsx 파일을 다음처럼 구현합니다.

**Do it!** 회원 가입 컴포넌트 만들기         • src/routes/Auth/SignUp.tsx

```
import type {ChangeEvent} from 'react'
import {useState, useCallback} from 'react'
import {Link, useNavigate} from 'react-router-dom'
import {useAuth} from '../../contexts'
import * as D from '../../data'

type SignUpFormType = Record<'email' | 'password' | 'confirmPassword', string>
const initialFormState = {email: D.randomEmail(), password: '1', confirmPassword: '1'}

export default function SignUp() {
  const [{email, password, confirmPassword}, setForm] =
    useState<SignUpFormType>(initialFormState)
```

```
const changed = useCallback(
  (key: string) => (e: ChangeEvent<HTMLInputElement>) => {
    setForm(obj => ({...obj, [key]: e.target.value}))
  }, []
)

const navigate = useNavigate()
const {signup} = useAuth()
const createAccount = useCallback(() => {
  console.log(email, password, confirmPassword)
  if (password === confirmPassword) {
    signup(email, password, () => navigate('/'))
  } else alert('password is not equal to confirmPassword')
}, [email, password, confirmPassword, navigate, signup])

return (
  <div className="flex flex-col min-h-screen border-gray-300
                  rounded-xl shadow-xl bg-gray-100 border">
    <div className="flex flex-col items-center justify-center
                    flex-1 max-w-sm px-2 mx-auto">
      <div className="w-full px-6 py-8 text-black bg-white rounded shadow-md">
        <h1 className="mb-8 text-2xl text-center text-primary">Sign Up</h1>
        <input
          type="text"
          className="w-full p-3 mb-4 input input-primary"
          name="email"
          placeholder="Email"
          value={email}
          onChange={changed('email')}
        />
        <input
          type="password"
          className="w-full p-3 mb-4 input input-primary"
          name="password"
          placeholder="Password"
          value={password}
          onChange={changed('password')}
        />
```

```
    <input
      type="password"
      className="w-full p-3 mb-4 input input-primary"
      name="confirm_password"
      placeholder="Confirm Password"
      value={confirmPassword}
      onChange={changed('confirmPassword')}
    />
    <button
      type="submit"
      className="w-full btn btn-primary"
      onClick={createAccount}>
      CREATE ACCOUNT
    </button>
  </div>

  <div className="mt-6 text-grey-800">
    Already have an account?
    <Link className="btn btn-link btn-primary" to="/login/">
      LOG IN
    </Link>
  </div>
    </div>
  </div>
  )
}
```

## 웹 브라우저를 종료해도 지워지지 않는 저장소 이용하기

이제 로그인 컴포넌트를 만들 차례인데, 그전에 localStorage에 관해 먼저 알아보겠습니다. 다음 그림에서 왼쪽은 회원 가입 화면이고, 오른쪽은 잠시 후 만들 로그인 화면입니다. 만약 회원 가입할 때의 이메일 주소가 로그인할 때의 이메일 주소에 반영되지 않는다면 불편할 겁니다.

그림 6-13 회원 가입과 로그인 화면

회원 가입할 때 입력한 이메일 주소를 로그인할 때 이메일 주소에 표시하도록 해보겠습니다. 그런데 사용자가 회원 가입을 한 뒤 바로 웹 브라우저를 종료하면 어떨까요? 이처럼 웹 브라우저를 종료하면 사용자가 입력한 데이터가 바로 사라지므로 로그인 화면에서 사용자가 과거에 입력한 데이터를 알 수 있는 방법이 없습니다. 이런 상황을 고려해 사용자가 회원 가입할 때 입력한 정보를 지워지지 않는 공간에 저장해 둬야 합니다.

자바스크립트 엔진은 window.localStorage 객체를 기본으로 제공합니다. window.localStorage 객체는 간단히 localStorage로 사용하며, 이 객체는 웹 브라우저가 접속한 웹 사이트별로 데이터를 저장할 수 있는 공간을 제공합니다. 이 저장 공간은 웹 브라우저가 종료했을 때도 그대로 남아있으므로 사용자가 회원 가입할 때 입력한 데이터를 여기에 저장해 두면, 로그인 화면에서 읽어올 수 있습니다.

localStorage는 getItem과 setItem 메서드를 제공하여 저장 공간에 데이터를 (키, 값) 형태로 저장하고, 저장한 값을 읽을 수 있습니다. 다만 이 메서드들은 예외를 일으키므로 때로는 프로그램이 비정상으로 종료될 수 있습니다. 이런 문제를 예방하도록 다음 명령으로 src/utils 디렉터리에 localStorageP.ts와 readWriteObjectP.ts 파일을 만들겠습니다.

```
T  터미널                                                    — □ ×

> cd src/utils
> touch localStorageP.ts readWriteObjectP.ts
> cd ../..
```

그리고 localStorageP.ts 파일을 다음처럼 구현합니다. 여기에 작성한 두 함수는 데이터를 어떤 저장소를 사용한다는 느낌을 주고자 'read', 'write'와 같은 접두사를 가진 이름으로 지었습니다. 이 두 함수는 모두 Promise 객체를 반환하는데, 비록 localStorage 객체의 getItem

과 setItem은 비동기 함수가 아니지만, 이처럼 구현하면 호출하는 쪽 코드를 좀 더 간결한 형태로 만들 수 있습니다. localStorage의 getItem은 key에 해당하는 값이 저장되어 있지 않으면 null을 반환하므로 string | null 타입의 Promise 객체를 반환합니다.

그런데 item이란 단어의 의미가 좀 모호합니다. localStorage에서 값 부분은 항상 문자열이므로 그 의미를 좀 더 분명하게 하고자 readItemFromStorageP는 readStringP로, writeItemToStorageP는 writeStringP라는 이름으로 사용할 수 있도록 했습니다.

**Do it!** 저장소에 데이터를 읽고 쓰는 함수 작성하기 • src/utils/localStorageP.ts

```ts
export const readItemFromStorageP = (key: string) =>
  new Promise<string | null>(async (resolve, reject) => {
    try {
      const value = localStorage.getItem(key)
      resolve(value)
    } catch (e) {
      reject(e)
    }
  })
export const writeItemToStorageP = (key: string, value: string) =>
  new Promise<string>(async (resolve, reject) => {
    try {
      localStorage.setItem(key, value)
      resolve(value)
    } catch (e) {
      reject(e)
    }
  })

export const readStringP = readItemFromStorageP
export const writeStringP = writeItemToStorageP
```

그런데 localStorage 객체의 getItem과 setItem은 모두 문자열 타입의 값을 다루므로 자바스크립트 객체를 저장해야 할 때 JSON.stringify와 JSON.parse 함수를 호출해야 하는 번거로움이 생깁니다.

이제 이런 번거로움을 줄이고자 readWriteObjectP.ts 파일을 다음처럼 작성합니다.

```
import * as L from './localStorageP'

export const readObjectP = <T extends object>(key: string) =>
  new Promise<T | null>((resolve, reject) => {
    L.readStringP(key)
      .then(value => resolve(value ? JSON.parse(value) : null))
      .catch(reject)
  })

export const writeObjectP = (key: string, value: object) =>
  L.writeStringP(key, JSON.stringify(value))
```

이제 같은 디렉터리의 index.ts 파일에 방금 작성한 두 파일의 내용을 다음처럼 반영해 줍니다.

```
... (생략) ...
export * from './localStorageP'
export * from './readWriteObjectP'
```

이제 src/context/AuthContext.tsx 파일에 앞서 구현한 **writeObjectP** 함수를 사용하여 localStorage에 사용자가 회원 가입할 때 입력한 정보를 저장합니다. 'user'라는 키로 사용자 정보를 localStorage에 저장하는 코드를 추가했습니다. 참고로 Promise 객체는 항상 finally 메서드를 호출하므로 굳이 then이나 catch 메서드를 호출하는 코드가 필요하지 않습니다.

```
import * as U from '../utils'
... (생략) ...
export const AuthProvider: FC<AuthProviderProps> = ({children}) => {
  const [loggedUser, setLoggedUser] = useState<LoggedUser | undefined>(undefined)
  const signup = useCallback((email: string, password: string, callback?: Callback) => {
    const user = {email, password}
    setLoggedUser(notUsed => ({email, password}))
    U.writeObjectP('user', user).finally(() => callback && callback())
    // callback && callback()
}, [])
... (생략) ...
```

## 로그인 기능 만들기

사실상 로그인 컴포넌트는 회원 가입 컴포넌트와 매우 유사합니다. 다음 명령으로 SignUp.tsx 파일을 복사하여 Login.tsx 파일을 만듭니다.

```
T  터미널                                                      – □ ✕

> cd src/routes
> cp Auth/SignUp.tsx Auth/Login.tsx
> cd ../..
```

그리고 Login.tsx 파일을 다음처럼 작성합니다. 앞서 구현한 readObjectP 함수를 사용하여 localStorage에 담긴 'user' 키에 해당하는 값이 있으면 이를 입력 상자의 초깃값으로 사용합니다. 따라서 실행 결과를 보면 회원 가입할 때 입력한 이메일 주소가 로그인할 때 기본값으로 나타납니다.

```
Do it!                                          • src/routes/Auth/Login.tsx

import type {ChangeEvent} from 'react'
import {useState, useCallback, useEffect} from 'react'
import {Link, useNavigate} from 'react-router-dom'
import {useAuth} from '../../contexts'
import * as U from '../../utils'

type LoginFormType = Record<'email' | 'password', string>
const initialFormState = {email: '', password: ''}

export default function Login() {
  const [{email, password}, setForm] = useState<LoginFormType>(initialFormState)
  const changed = useCallback(
    (key: string) => (e: ChangeEvent<HTMLInputElement>) => {
      setForm(obj => ({...obj, [key]: e.target.value}))
    }, []
  )

  const navigate = useNavigate()
  const {login} = useAuth()

  const loginAccount = useCallback(() => {
```

```
    login(email, password, () => navigate('/'))
}, [email, password, navigate, login])

useEffect(() => {
  U.readObjectP<LoginFormType>('user')
    .then(user => {
      if (user) setForm(user)
    })
    .catch(e => {
      /* 오류 무시 */
    })
}, [])


return (
  <div className="flex flex-col min-h-screen bg-gray-100 border border-gray-300
                  shadow-xl rounded-xl">
    <div className="flex flex-col items-center justify-center
                    flex-1 max-w-sm px-2 mx-auto">
      <div className="w-full px-6 py-8 text-black bg-white rounded shadow-md">
        <h1 className="mb-8 text-2xl text-center text-primary">Login</h1>
        <input
          type="text"
          className="w-full p-3 mb-4 input input-primary"
          name="email"
          placeholder="Email"
          value={email}
          onChange={changed('email')}
        />
        <input
          type="password"
          className="w-full p-3 mb-4 input input-primary"
          name="password"
          placeholder="Password"
          value={password}
          onChange={changed('password')}
        />
        <button type="submit" className="w-full btn btn-primary" onClick={loginAccount}>
          LOGIN
```

```
        </button>
      </div>

      <div className="mt-6 text-grey-800">
        Create account?
        <Link className="btn btn-link btn-primary" to="/signup">
          SIGN UP
        </Link>
      </div>
    </div>
  </div>
  )
}
```

▶ 실행 결과

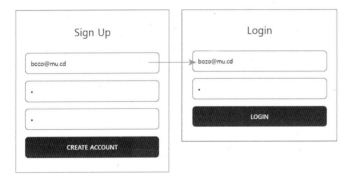

## 로그아웃 기능 만들기

다음은 「04-3」절에서 만든 daisyui의 모달 컴포넌트를 사용하여 사용자의 로그아웃 의사를 다시 한번 묻는 대화 상자입니다. 이런 형태로 로그아웃 컴포넌트를 만들겠습니다.

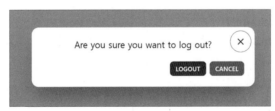

그림 6-14 로그아웃할 것인지 묻는 대화 상자

src/routes 디렉터리의 Logout.tsx 파일을 열고 다음처럼 코드를 작성합니다.

**Do it!** 로그아웃 컴포넌트 작성하기      • src/routes/Auth/Logout.tsx

```tsx
import {useCallback} from 'react'
import {useNavigate} from 'react-router-dom'
import {Modal, ModalContent, ModalAction} from '../../theme/daisyui'
import {useToggle} from '../../hooks'
import {useAuth} from '../../contexts'
import {Button} from '../theme/daisyui'

export default function Logout() {
  const [open, toggleOpen] = useToggle(true)

  const navigate = useNavigate()
  const {logout} = useAuth()
  const onAccept = useCallback(() => {
    logout(() => {
      toggleOpen()    // 대화 상자 닫기
      navigate('/')   // 홈 페이지로 이동
    })
  }, [navigate, toggleOpen, logout])
  const onCancel = useCallback(() => {
    toggleOpen()    // 대화 상자 닫기
    navigate(-1)    // 이전 페이지로 돌아감
  }, [navigate, toggleOpen])

  return (
    <Modal open={open}>
      <ModalContent
        closeIconClassName="btn-primary btn-outline"
        onCloseIconClicked={onCancel}>
        <p className="text-xl text-center">Are you sure you want to log out?</p>
        <ModalAction>
          <Button className="btn-primary btn-sm" onClick={onAccept}>
            LOGOUT
          </Button>
          <Button className="btn-secondary btn-sm" onClick={onCancel}>
            CANCEL
```

```
        </Button>
      </ModalAction>
    </ModalContent>
  </Modal>
  )
}
```

## 로그인한 사용자만 접근하도록 막기

클라이언트 측 라우팅은 웹 브라우저의 주소 창을 이용하므로 사용자가 주소 창에서 'http://
localhost:3000/logout'을 직접 입력하면 로그인하지 않았는데도 로그아웃 페이지에 진입
할 수 있습니다. 이 때문에 '/logout' 등의 경로가 로그인하지 않으면 절대로 진입할 수 없는
비공개 라우트가 되려면 useAuth 훅 호출로 얻은 loggedUser값이 undefined인지를 검사하는
로직을 모든 비공개 라우트와 연결된 컴포넌트에 구현해 주어야 합니다.

그런데 이 작업은 똑같은 로직을 모든 컴포넌트에 구현해 줘야 하므로 상당히 번거롭습니다.
RequireAuth 컴포넌트는 모든 비공개 라우트에 구현해 줘야 하는 기능을 한군데에 구현해 놓
아 중복되는 코드를 줄이는 역할을 합니다.

다음은 잠시 후 구현할 RoutesSetup.tsx 코드에서 RequireAuth 컴포넌트 사용 예를 가져온
것입니다. RequireAuth의 구현 목적이 비공개 라우트에 설정된 컴포넌트마다 구현할 로직을 한
군데에서 처리하는 것이므로 <Board/>가 비공개 라우트가 되도록 <Board/>를 RequireAuth로
감싸는 방식으로 구현합니다.

```
<Route path="/board"
  element={
    <RequireAuth>
      <Board />
    </RequireAuth>
  }
/>
```

이제 src/routes 디렉터리의 RequireAuth.tsx 파일을 열고 다음과 같은 코드를 작성합니다.
코드는 loggedUser값이 undefined일 때는 이전 페이지로 돌아가고, 아니면 <Board/>와 같은
children 속성에 담긴 요소가 화면에 나타나게 합니다. <>{children}</> 부분은 02장에서

알아본 것처럼 {children}을 직접 반환할 수 없으므로 React.Fragment 컴포넌트의 단축형인 <></>로 {children}을 감싼 것입니다.

> **Do it!** 로그인한 사용자만 접근하게 하기 • src/routes/Auth/RequireAuth.tsx

```tsx
import type {FC, PropsWithChildren} from 'react'
import {useEffect} from 'react'
import {useNavigate} from 'react-router-dom'
import {useAuth} from '../../contexts'

type RequireAuthProps = {}

const RequireAuth: FC<PropsWithChildren<RequireAuthProps>> = ({children}) => {
  const {loggedUser} = useAuth()
  const navigate = useNavigate()

  useEffect(() => {
    if (!loggedUser) navigate(-1)     // 허가되지 않은 사용자: 이전 페이지로 돌아감
  }, [loggedUser, navigate])

  return <>{children}</>     // 허가된 사용자: children이 element가 되도록 함
}
export default RequireAuth
```

이제 RequireAuth 컴포넌트를 src/routes 디렉터리의 RoutesSetup.tsx 파일에 다음과 같은 형태로 적용합니다. 이 코드는 /board 등 비공개 라우트 경로는 반드시 로그인한 사용자만 접근하게 하려는 의도입니다.

> **Do it!** 라우트 설정하기(RequireAuth 반영) • src/routes/RoutesSetup.tsx

```tsx
import {Routes, Route} from 'react-router-dom'
import Layout from './Layout'
import RequireAuth from './Auth/RequireAuth'
import LandingPage from './LandingPage'
import Board from '../pages/Board'
import Signup from './Auth/SignUp'
import Login from './Auth/Login'
import Logout from './Auth/Logout'
```

```
import NoMatch from './NoMatch'

export default function RoutesSetup() {
  return (
    <Routes>
      <Route path="/" element={<Layout />}>
        <Route index element={<LandingPage />} />
        <Route
          path="/board"
          element={
            <RequireAuth>
              <Board />
            </RequireAuth>
          }
        />
        <Route path="*" element={<NoMatch />} />
      </Route>
      <Route path="/signup" element={<Signup />} />
      <Route path="/login" element={<Login />} />
      <Route
        path="/logout"
        element={
          <RequireAuth>
            <Logout />
          </RequireAuth>
        }
      />
      <Route path="*" element={<NoMatch />} />
    </Routes>
  )
}
```

이제 npm start 명령을 실행한 터미널에서 Ctrl+C를 눌러 종료합니다. 다음 장에서는 Node.
js 환경에서 몽고DB와 익스프레스 프레임워크를 사용하여 백엔드 API 서버를 만들고 리액트
웹 앱에서 데이터를 주고받는 방법을 알아보겠습니다.

# 몽고DB와 API 서버

이 장에서는 Node.js 환경에서 익스프레스 프레임워크와 몽고DB를 활용하여
다양한 기능을 하는 API 서버를 만들어 보겠습니다.

# 07-1 몽고DB 이해하기

이 절에서는 몽고DB를 설치하고 몽고셸의 사용법을 알아봅니다. 몽고셸에서 데이터를 다루면서 몽고DB의 특징을 알아볼 것이므로 리액트 프로젝트를 만들지는 않습니다.

## 몽고DB란?

현재 데이터베이스 시장은 크게 오라클과 같은 관계형 데이터베이스 시스템[RDBMS]과 몽고DB와 같은 NoSQL[Non SQL] 데이터베이스 시스템으로 양분되어 있습니다. RDBMS는 SQL[structured query language]이라 부르는 데이터 질의 언어를 사용하지만, 몽고DB와 같은 NoSQL 시스템은 SQL을 사용하지 않고 자바스크립트와 같은 전혀 다른 방식의 질의어를 사용합니다.

몽고DB는 2009년에 처음 발표되었고 현재 최신 버전은 7입니다. 사용자 측면에서 몽고DB의 가장 큰 특징은 자바스크립트를 질의어로 사용한다는 점입니다. 이 때문에 자바스크립트를 알기만 하면 몽고DB를 사용하려고 특별히 다른 언어를 배울 필요가 없습니다.

관계형 DB에 익숙한 개발자들은 왜 군이 몽고DB와 같은 NoSQL DB를 사용하는지 의아해하기도 합니다. 이 책에서 몽고DB를 사용하는 가장 큰 이유는 05장에서 리덕스 저장소에 만들었던 `listidOrders`, `listidCardidOrders`와 같은 배열 형태의 데이터는 관계형 DB에 저장하기 어렵고 구현 방법도 복잡하기 때문입니다.

반면에 몽고DB는 JSON 포맷으로 바꿀 수 있는 모든 자바스크립트 객체를 자유롭게 저장할 수 있어서 `listidOrders`, `listidCardidOrders`와 같은 배열 데이터를 저장하고 다루기가 매우 편리합니다. 또한 SQL을 질의어로 사용하는 관계형 DB와 달리, 자바스크립트 언어를 질의어로 사용하므로 특정 데이터를 조회할 때 구현 방법이 매우 자유로운 장점이 있습니다.

## 몽고DB 설치하기

몽고DB를 설치해 보겠습니다. 몽고DB 홈페이지(mongodb.com)에서 다음 그림처럼 플랫폼별 설치 파일을 내려받은 후 실행합니다.

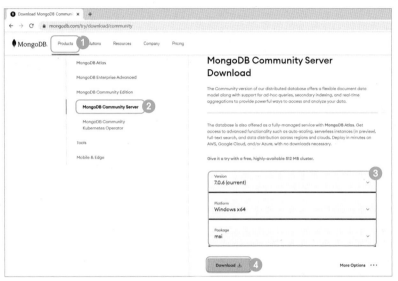

그림 7-1 몽고DB 홈페이지에서 설치 파일 내려받기

내려받은 설치 파일을 실행합니다. 그런데 윈도우에서는 몽고DB 서버가 서비스 방식으로 동작합니다. 따라서 기본 옵션으로 설치하다가 설정 유형에서 〈Complete〉을 클릭하고 [Install MongoD as a Service]와 그 아래 [Run service as Network Service user]가 선택된 상태로 〈Next〉를 눌러 설치합니다.

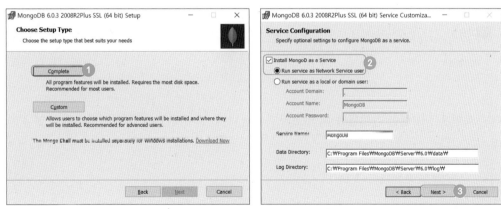

그림 7-2 몽고DB 설치하기(윈도우)

## 몽고DB 셸 설치하기

몽고DB뿐만 아니라 대다수의 DB 시스템은 데몬이나 서비스 형태로 동작하는 DB 서버와 DB 서버에 접속하여 다양한 DB 작업을 서버에 전달하는 DB 클라이언트 두 부분으로 동작합니다. 셸$^{shell}$은 명령 줄 방식으로 입력한 명령을 서버에 전달하여 다양한 DB 작업을 할 수 있게 해주는 대표적인 DB 클라이언트 프로그램입니다.

몽고DB 셸(이하 몽고셸)은 홈페이지에서 다음처럼 플랫폼별 파일을 내려받아 기본 옵션으로 설치합니다.

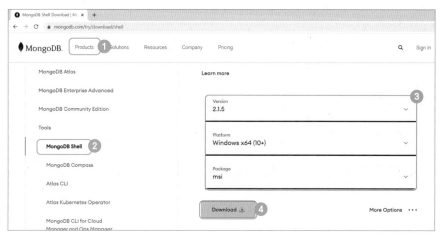

그림 7-3 몽고DB 셸 설치하기

몽고DB는 다음 명령으로 셸 프로그램을 실행합니다. 파워셸이나 터미널에서 다음 명령을 입력해 보세요.

다음 화면은 몽고셸을 실행했을 때의 초기 화면입니다. 셸에서 'exit'를 입력하면 몽고셸을 빠져 나옵니다.

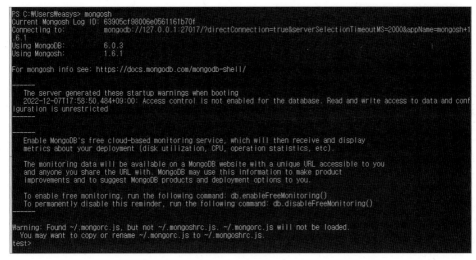

**그림 7-4** 몽고셸 실행 화면

## DB 목록 조회하기

몽고셸에서 show dbs 명령은 현재 설치된 데이터베이스의 목록을 알고 싶을 때 사용합니다. 이 명령을 실행하면 몽고DB가 설치될 때 기본으로 생성되는 3개의 DB를 보여 줍니다.

## DB 선택하기

DB를 사용하려면 먼저 'use DB_이름' 형태의 use 명령으로 DB를 선택해야 합니다. 다음은 local이라는 DB를 선택하는 명령입니다.

## 사용 중인 DB 이름 보기

가끔 현재 사용 중인 DB 이름을 알아야 할 때가 있는데 이때는 db 명령을 사용합니다.

```
> db
local
```

## DB 생성하기

몽고DB는 흥미롭게도 새로운 DB를 생성하는 명령이 없습니다. 몽고DB는 "있으면 사용하고 없으면 생성하는" 형태로 동작합니다. 따라서 mydb라는 이름의 DB를 새로 만들고 싶으면 다음처럼 use 명령을 사용합니다.

```
> use mydb
switched to db mydb
```

그런데 몽고DB는 이 시점에서 새로운 DB를 생성하지 않습니다. 새로운 DB는 실제 데이터가 새로운 DB에 생성될 때 함께 만들어집니다. 이제 다음 명령으로 실제 데이터를 하나 만들겠습니다.

```
> db.user.insertOne({ name: 'Jack' })
{
  acknowledged : true,
  insertedId : ObjectId("63575ee5f02d6a7cb7934b51")
}
```

## 특정 DB 지우기

현재 사용 중인 DB를 삭제하려면 일단 use 명령으로 삭제하고 싶은 DB를 선택해야 합니다. 그리고 나서 다음 명령을 실행하면 선택한 DB를 삭제할 수 있습니다.

```
M  몽고셸                                                  ─ □ ✕

> use mydb
switched to db mydb
> db.dropDatabase()
{ ok: 1, dropped: 'mydb' }
```

## 컬렉션과 문서

RDBMS에서는 데이터들을 여러 개로 나누어 각각을 **테이블**^table이라는 곳에 저장합니다. 그리고 테이블에 저장되는 한 건의 데이터를 **레코드**^record라고 부릅니다. 즉, RDBMS에서 테이블이란 테이블에 정의된 스키마에 맞춰 작성된 레코드 저장소입니다.

몽고DB에서는 RDBMS의 테이블을 **컬렉션**^collection이라고 부르는데, 스키마가 있는 저장소가 테이블이므로 이 둘을 서로 구분하기 위해 스키마가 없는 저장소를 컬렉션이라고 합니다. 그리고 RDBMS의 레코드에 해당하는 한 건의 데이터를 **문서**^document라고 합니다. 즉, 몽고DB에서 컬렉션이란 스키마 없이 자유롭게 작성된 여러 개의 문서를 보관하는 저장소입니다.

### 새로운 컬렉션 만들기

DB에 새로운 컬렉션을 생성하려면 다음 명령을 사용합니다. "user"라는 이름의 컬렉션을 기본 옵션으로 생성한 예입니다. 만약 컬렉션 설정 옵션을 지정하고 싶으면 {} 안에 작성합니다.

```
M  몽고셸                                                  ─ □ ✕

> use mydb
> db.createCollection("user", {})
{ ok : 1 }
```

### DB의 컬렉션 목록 보기

현재 사용 중인 DB의 모든 컬렉션을 보려면 다음 명령을 실행합니다.

```
M  몽고셸                                                  ─ □ ✕

> db.getCollectionNames()
[ 'user' ]
```

## 컬렉션 삭제하기

생성한 컬렉션을 삭제하려면 다음 명령을 사용합니다. user라는 이름의 컬렉션을 삭제하는 예입니다.

```
M  몽고셸                                                    –  □  ✕
> db.user.drop()
true
```

## _id 필드와 ObjectId 타입

모든 몽고DB 문서는 _id라는 특별한 이름의 필드<sup>field</sup>를 가지는데, 이 필드는 문서가 DB에 저장될 때 자동으로 만들어집니다. _id 필드는 UUID와 개념적으로 같지만, - 기호 없이 ObjectId("문자열") 형태로 사용해야 합니다.

```
M  몽고셸                                                    –  □  ✕
> db.user.find({})
{ _id: ObjectId("639061f7fb7c81b1e9f4fbce"), name: 'Jack' },
{ _id: ObjectId("6390624afb7c81b1e9f4fbcf"), email: 'a@b.com' }
```

몽고DB는 ObjectId("문자열") 부분을 다음처럼 생성하고 해석합니다.

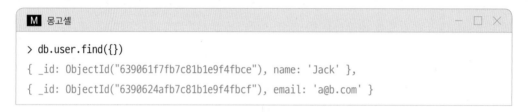

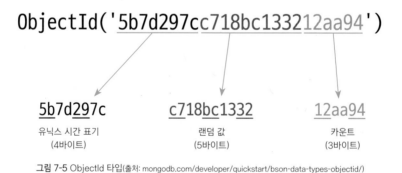

그림 7-5 ObjectId 타입(출처: mongodb.com/developer/quickstart/bson-data-types-objectid/)

## 컬렉션의 CRUD 메서드

대다수 DB 시스템은 데이터를 생성(C), 검색(R), 수정(U), 삭제(D)할 수 있게 하는 CRUD 메서드를 제공합니다. 몽고DB 또한 다음 표에서 보듯 CRUD 메서드들을 제공합니다. 이 메서드들의 이름을 살펴보면 문서 1개를 대상으로 하는 메서드는 '이름One' 형태의 'One'이란

접미사를 사용하고, 여러 문서를 대상으로 하는 메서드는 '이름Many' 형태의 'Many'란 접미
사를 사용합니다(단, find만 제외).

표 7-1 몽고DB의 CRUD 메서드

| 컬렉션 메서드 이름 | 의미 |
| --- | --- |
| insertOne | 생성(create operations) |
| insertMany | |
| findOne | 검색(read operations) |
| find | |
| updateOne | 수정(update operations) |
| updateMany | |
| findOneAndUpdate | |
| deleteOne | 삭제(delete operations) |
| deleteMany | |

## 문서 생성 메서드 사용하기

앞서 언급한 대로 몽고DB는 스키마가 없는 DB입니다. 또한 컬렉션을 db.createCollection
메서드로 생성하지 않아도, db.컬렉션_이름.insertOne 형태의 명령을 사용하면, 해당 이름
으로 컬렉션이 자동 생성됩니다.

이제 몽고셸에서 다음 명령으로 mydb란 이름의 DB를 선택하고, 'user'란 이름의 컬렉션에
담긴 문서들을 모두 지웁니다.

```
M 몽고셸                                                    － □ ✕
> use mydb
> db.user.drop()
```

그리고 다음 명령으로 user 컬렉션에 문서를 하나 생성합니다. 실행 결과를 보면 몽고DB는
_id값이 ObjectId("63… (생략) …d0")인 새로운 문서를 만들었음을 알려 줍니다.

```
M  몽고셸                                                      —  ☐  ✕

> db.user.insertOne({name: 'Jack', age: 32})
{
  acknowledged: true,
  insertedId: ObjectId("639062c9fb7c81b1e9f4fbd0")
}
```

이번에는 다음 명령으로 insertMany 메서드를 사용해 보겠습니다. insertMany는 여러 문서 데이터를 배열 형태로 받으므로 다음 예에서는 문서 데이터 2개를 배열로 만들었습니다. 실행 결과는 insertMany 호출 결과 배열에 담긴 문서 순서대로 생성된 _id값을 insertedIds란 필드에 담은 것을 보여 줍니다.

```
M  몽고셸                                                      —  ☐  ✕

> db.user.insertMany([ {name: 'Jane', age: 22}, {name: 'Tom', age: 11} ] )
{
  acknowledged: true,
  insertedIds: {
    '0': ObjectId("63906361fb7c81b1e9f4fbd1"),
    '1': ObjectId("63906361fb7c81b1e9f4fbd2")
  }
}
```

## 문서 검색 메서드 사용하기

findOne과 find 메서드는 다음처럼 검색 조건(query)을 매개변수로 전달해야 하며, 검색 조건은 객체 형태로 표현해야 합니다. 만일 컬렉션의 모든 문서를 검색하고 싶다면 검색 조건을 {}로 설정합니다.

문서 검색 메서드 사용법

findOne(검색_조건_객체)
find(검색_조건_객체)

다음은 findOne과 find 메서드의 사용 예입니다. findOne은 검색 조건을 만족하는 문서 중 가장 먼저 찾은 문서 하나만 반환합니다. 앞서 name 필드가 'Jack'이었던 문서를 가장 먼저 생성했으므로 findOne은 'Jack' 문서를 하나만 반환합니다. 반면에 find는 조건에 맞는 문서를 모두 반환하므로 3개의 문서를 반환합니다.

```
M  몽고셸                                                          — □ ×

> db.user.findOne({})
{ _id: ObjectId("639062c9fb7c81b1e9f4fbd0"), name: 'Jack', age: 32 }
> db.user.find({})
[
  { _id: ObjectId("639062c9fb7c81b1e9f4fbd0"), name: 'Jack', age: 32 },
  { _id: ObjectId("63906361fb7c81b1e9f4fbd1"), name: 'Jane', age: 22 },
  { _id: ObjectId("63906361fb7c81b1e9f4fbd2"), name: 'Tom', age: 11 }
]
```

다음은 name 필드값이 "Jack"인 문서를 찾는 예입니다.

```
M  몽고셸                                                          — □ ×

> db.user.find({name: 'Jack'})
[
  { _id: ObjectId("639062c9fb7c81b1e9f4fbd0"), name: 'Jack', age: 32 }
]
```

다음은 age 필드값이 20보다 큰 문서를 찾는 예입니다. 이때 $gt는 몽고DB의 연산자입니다. 이에 관해 자세히 살펴보겠습니다.

```
M  몽고셸                                                          — □ ×

> db.user.find({age: {$gt: 20}})
[
  { _id: ObjectId("639062c9fb7c81b1e9f4fbd0"), name: 'Jack', age: 32 },
  { _id: ObjectId("63906361fb7c81b1e9f4fbd1"), name: 'Jane', age: 22 }
]
```

## 몽고DB에서 연산자란?

몽고DB에서는 $gt처럼 달러 기호를 접두사로 사용하는 키워드를 연산자라고 합니다. 몽고 DB는 많은 종류의 연산자를 제공합니다. 그중에서 검색 조건을 만들 때 사용하는 연산자를 알아보겠습니다. 검색 연산자는 다음과 같은 형식으로 사용합니다.

## 비교 연산자 알아보기

비교 연산자로는 일반적인 프로그래밍 언어에
서 두 값을 비교할 때 사용하는 '=', '>', '<' 기호
와 이들의 조합을 의미하는 다음과 같은 연산자
가 있습니다.

표 7-2 비교 연산자

| 연산자 이름 | 의미 |
|---|---|
| $eq | 필드_값 == 값 |
| $ne | 필드_값 != 값 |
| $gt | 필드_값 > 값 |
| $gte | 필드_값 >= 값 |
| $lt | 필드_값 < 값 |
| $lte | 필드_값 <= 값 |

다음 검색 명령은 name 필드값이 'Jack'이고, age 필드값이 10보다 큰 문서를 찾습니다.

```
M  몽고셸                                                          – □ ×

> db.user.find({ name: {$eq: 'Jack'}, age: {$gt: 10} })
[
  { _id: ObjectId("639062c9fb7c81b1e9f4fbd0"), name: 'Jack', age: 32 }
]
```

그런데 가끔 어떤 필드가 여러 값 중에서 일치하는 값을 가지는 문서를 찾거나, 또는 반대로
여러 값 중에서 하나도 일치하지 않는 값을 가지는 문서를 찾아야 할 때가 있습니다. 이때 $in
과 $nin 연산자를 사용합니다.

표 7-3 $in과 $nin 연산자

| 연산자 이름 | 의미 |
|---|---|
| $in | { 필드명: { $in: [값1, 값2, ...] } } 형태로 사용하며,<br>$in 연산자에 설정한 배열에서 하나라도 매치되면 해당 문서 반환 |
| $nin | { 필드명: { $nin: [값1, 값2, ...] } } 형태로 사용하며,<br>$nin 연산자에 설정한 배열에서 모두 매치되지 않는 문서 반환 |

다음 명령은 $in 연산자로 age 필드값이 11이거나 22인 문서를 찾습니다.

```
M  몽고셸                                                              —  □  ×

> db.user.find( {age: {$in: [11, 22]}} )
[
  { _id: ObjectId("63906361fb7c81b1e9f4fbd1"), name: 'Jane', age: 22 },
  { _id: ObjectId("63906361fb7c81b1e9f4fbd2"), name: 'Tom', age: 11 }
]
```

다음 명령은 $nin 연산자로 age 필드값이 11 또는 22가 아닌 문서를 찾습니다.

```
M  몽고셸                                                              —  □  ×

> db.user.find( {age: {$nin: [11, 22]}} )
[
  { _id: ObjectId("639062c9fb7c81b1e9f4fbd0"), name: 'Jack', age: 32 }
]
```

## 논리 연산자 알아보기

논리 연산자는 4개가 있습니다. 이는 프로그래밍 언어에서 &&, ||, ! 등의 논리 조건을 표현할
때와 유사합니다.

표 7-4 논리 연산자

| 연산자 이름 | 의미 |
|---|---|
| $and | 모든 검색 조건을 모두 만족하는(AND) 문서를 찾을 때 사용 |
| $not | 모든 검색 조건을 모두 만족하지 않는(NOT) 문서를 찾을 때 사용 |
| $or | 모든 검색 조건 중 하나라도 만족하는(OR) 문서를 찾을 때 사용 |
| $nor | 모든 검색 조건 중 하나도 만족하지 않는(NOR) 문서를 찾을 때 사용 |

논리 연산자는 다음처럼 값 부분을 검색 조건을 가진 객체의 배열로 설정하여 사용합니다.

```
타입스크립트 기반 리액트 프로젝트 생성 명령

{ 논리_연산자: [ { 검색_조건1 }, { 검색_조건2 }, ...  { 검색_조건N } ] }
```

다음 명령은 검색 조건 2개를 $and 연산자로 표현한 예입니다.

```
M 몽고셸                                                          – □ ×
> db.user.find({ $and: [{name: {$in: ['Jack', 'Tom']}}, {age: {$lt: 20}}] })
[ { _id: ObjectId("63906361fb7c81b1e9f4fbd2"), name: 'Tom', age: 11 } ]
```

### $regex 정규식 연산자

자바스크립트는 RegEx라는 이름의 클래스로 정규 표현식$^{regular\ expression}$이란 기능을 제공합니다. 정규식은 "이름이 J로 시작하는 모든 것"처럼 와일드카드$^{wildcard}$ 검색을 할 때 유용한 기능입니다. 다음은 RegEx 클래스를 사용하여 정규식을 만드는 코드입니다.

```
const re = new RegEx(정규식)
```

그런데 보통 정규식을 제공하는 많은 프로그래밍 언어는 '/' 문자를 정규식 앞뒤에 붙여 좀 더 간결한 방법으로 만들 수 있게 합니다. 다음 코드는 앞의 RegEx 코드를 '/' 기호로 좀 더 간결하게 구현한 예입니다.

```
const re = /정규식/
```

다음은 $regex 연산자로 name 필드값이 문자 'J'로 시작하는 모든 문서를 찾는 예입니다. 실행 결과를 보면 Jack과 Jane이 문자 'J'로 시작하는 이름이므로 2건의 문서가 검색되었습니다.

```
M 몽고셸                                                          – □ ×
> db.user.find({ name: { $regex: /^J.*$/ } })
[
  { _id: ObjectId("639062c9fb7c81b1e9f4fbd0"), name: 'Jack', age: 32 },
  { _id: ObjectId("63906361fb7c81b1e9f4fbd1"), name: 'Jane', age: 22 }
]
```

### 필드 업데이트 연산자 알아보기

컬렉션의 update 관련 메서드는 문서의 특정 필드값을 다른 값으로 바꾸는 데 사용되며, 몽고 DB는 다음 표처럼 필드 업데이트 연산자를 제공합니다. 이제 이 필드 업데이트 연산자로 특정 조건에 만족하는 문서의 필드값을 어떻게 수정하는지 알아보겠습니다.

표 7-5 필드 업데이트 연산자

| 연산자 이름 | 용도 |
|---|---|
| $set | { $set: { 필드_이름: 값, ... } } 형태로 문서의 특정 필드값을 변경할 때 사용 |
| $inc | { $inc: { 필드_이름: 값, ... } } 형태로 문서의 숫자 타입 필드값을 증가할 때 사용 |
| $dec | { $dec: { 필드_이름: 값, ... } } 형태로 문서의 숫자 타입 필드값을 감소할 때 사용 |

## 문서 수정 메서드 사용하기

앞서 언급한 대로 updateOne, updateMany, findOneAndUpdate 등은 컬렉션에 저장된 문서의 필드값을 수정하는 메서드로서, 사용법은 다음과 같으며 옵션 부분은 생략할 수 있습니다.

수정 메서드 사용법

```
db.컬렉션_이름.updateOne(검색_조건_객체, 필드_업데이트_연산자_객체, 옵션)
db.컬렉션_이름.updateMany(검색_조건_객체, 필드_업데이트_연산자_객체, 옵션)
db.컬렉션_이름.findOneAndUpdate(검색_조건_객체, 필드_업데이트_연산자_객체, 옵션)
```

다음 명령은 user 컬렉션에 저장된 문서 가운데 name 필드값이 'J'로 시작하는 문서를 찾아 'John'으로 바꾸고 age값은 10만큼 증가시키는 예입니다.

결과를 보면 검색 조건에 맞는 문서가 한 건이라는 의미로 matchedCount 속성값이 1이며, 수정된 문서가 1건이란 의미로 modifiedCount 속성값도 1임을 확인할 수 있습니다. updateOne은 검색 조건에 맞는 문서 중 1개만 선택하여 수정합니다. 따라서 'Jack'은 'John'이 되었지만, 'Jane'은 수정되지 않았습니다.

```
M 몽고셸                                                    — □ ✕
> db.user.updateOne( {name: { $regex: /^J.*$/ } }, {$set: {name: 'John'}, $inc: {age:
10} } )
{
  acknowledged: true,
  insertedId: null,
  matchedCount: 1,
  modifiedCount: 1,
  upsertedCount: 0
}
> db.user.find({})
[
```

```
    { _id: ObjectId("639062c9fb7c81b1e9f4fbd0"), name: 'John', age: 42 },
    { _id: ObjectId("63906361fb7c81b1e9f4fbd1"), name: 'Jane', age: 22 },
    { _id: ObjectId("63906361fb7c81b1e9f4fbd2"), name: 'Tom', age: 11 }
  ]
```

다음은 이름이 'J'로 시작하는 모든 문서의 age값을 10씩 증가시키는 명령입니다. 결과를 보면 검색 조건에 맞는 모든 문서를 수정하므로 matchedCount는 'John'과 'Jane'이 모두 포함되므로 2이고, 'John'과 'Jane'은 모두 age값이 10씩 증가했습니다.

```
M  몽고셸                                                            —  ☐  ✕

> db.user.updateMany({ name: { $regex: /^J.*$/ } }, { $inc: {age: 10} } )
{
  acknowledged: true,
  insertedId: null,
  matchedCount: 2,
  modifiedCount: 2,
  upsertedCount: 0
}
> db.user.find({})
[
  { _id: ObjectId("639062c9fb7c81b1e9f4fbd0"), name: 'John', age: 52 },
  { _id: ObjectId("63906361fb7c81b1e9f4fbd1"), name: 'Jane', age: 32 },
  { _id: ObjectId("63906361fb7c81b1e9f4fbd2"), name: 'Tom', age: 11 }
]
```

이번엔 다음처럼 findOneAndUpdate 메서드를 실행해 보겠습니다. 결과를 보면 앞서 updateOne 과 지금 findOneAndUpdate 메서드가 문서를 수정하는 것은 같지만, 반환값에 차이가 있음을 알 수 있습니다. findOneAndUpdate 메서드의 반환값은 수정한 값이 아니라 수정 전의 값을 반환합니다.

```
M  몽고셸                                                                    - □ ×

> db.user.findOneAndUpdate( {name: 'Jane'}, {$set: {age: 55}} )
{ _id: ObjectId("63906361fb7c81b1e9f4fbd1"), name: 'Jane', age: 32 }
> db.user.find({})
[
  { _id: ObjectId("639062c9fb7c81b1e9f4fbd0"), name: 'John', age: 52 },
  { _id: ObjectId("63906361fb7c81b1e9f4fbd1"), name: 'Jane', age: 55 },
  { _id: ObjectId("63906361fb7c81b1e9f4fbd2"), name: 'Tom', age: 11 }
]
```

만약 수정된 값을 반환받으려면 옵션에 다음처럼 returnNewDocument 속성값을 true로 설정
해야 합니다.

```
M  몽고셸                                                                    - □ ×

> db.user.findOneAndUpdate ( {name: 'John'}, {$set: {age: 66}}, { returnNewDocument: true
} )
{ _id: ObjectId("639062c9fb7c81b1e9f4fbd0"), name: 'John', age: 66 }
> db.user.find({})
[
  { _id: ObjectId("639062c9fb7c81b1e9f4fbd0"), name: 'John', age: 66 },
  { _id: ObjectId("63906361fb7c81b1e9f4fbd1"), name: 'Jane', age: 55 },
  { _id: ObjectId("63906361fb7c81b1e9f4fbd2"), name: 'Tom', age: 11 }
]
```

## 문서 삭제 메서드 사용하기

컬렉션에 담긴 문서를 삭제할 때는 다음처럼 deleteOne과 deleteMany 메서드를 사용하며 옵
션은 생략할 수 있습니다.

문서 삭제 메서드 사용법

db.컬렉션_이름.deleteOne(검색_조건_객체, 옵션)
db.컬렉션_이름.deleteMany(검색_조건_객체, 옵션)

다음 명령은 name 필드값이 'J' 문자로 시작하는 문서 중 맨 처음 찾은 문서를 삭제합니다. 결과를 보면 'J' 문자로 시작하는 2개의 문서 중 맨 처음 찾은 'John' 문서만 삭제되었습니다.

```
M 몽고셸                                                         — □ ×
> db.user.deleteOne( { name: { $regex: /^J.*$/ } } )
{ acknowledged: true, deletedCount: 1 }
> db.user.find({})
[
  { _id: ObjectId("63906361fb7c81b1e9f4fbd1"), name: 'Jane', age: 55 },
  { _id: ObjectId("63906361fb7c81b1e9f4fbd2"), name: 'Tom', age: 11 }
]
```

다음 명령은 deleteMany 메서드를 사용하여 name 필드값이 문자 'J'로 시작하는 문서들을 모두 삭제합니다. 결과를 보면 현재 문자 'J'로 시작하는 문서가 'Jane' 1건이므로 해당 문서만 삭제되었습니다.

```
M 몽고셸                                                         — □ ×
> db.user.deleteMany( { name: { $regex: /^J.*$/ } } )
{ acknowledged: true, deletedCount: 1 }
> db.user.find({})
[ { _id: ObjectId("63906361fb7c81b1e9f4fbd2"), name: 'Tom', age: 11 } ]
```

# 07-2 프로그래밍으로 몽고DB 사용하기

앞 절에서는 몽고DB 셸에서 기본적인 DB 사용법을 살펴봤습니다. 이 절에서는 프로그래밍으로 몽고DB를 사용하는 방법을 알아봅니다.

### ⚙️ 프로젝트 만들기

전체 루트 디렉터리(C:\rcp)에서 다음 명령으로 ch07 디렉터리를 만든 뒤 ch07_2_server 라는 이름으로 프로젝트를 생성합니다. 그리고 ch07_2_server 디렉터리를 대상으로 VSCode를 실행합니다.

```
터미널                                                    — □ ✕
> mkdir ch07
> cd ch07
> mkdir ch07_2_server
> code ch07_2_server
```

VSCode가 열리면 터미널을 하나 열고 다음 명령으로 package.json 파일을 ch07_2_server 디렉터리에 생성합니다.

```
터미널                                                    — □ ✕
> npm init --y
```

타입스크립트를 개발 언어로 하는 Node.js 프로젝트는 항상 다음 3개의 패키지를 설치해 줍니다. typescript와 ts-node는 이미 01장에서 전역으로 설치했지만 관행으로 이 패키지들을 설치하겠습니다. @types/node 패키지는 setTimeout과 같은 자바스크립트 엔진이 제공하는 기능들을 타입스크립트에서 사용할 때 필요한 타입 라이브러리입니다.

```
터미널                                                    — □ ✕
> npm i -D typescript ts-node @types/node
```

그리고 다음 명령으로 tsconfig.json 설정 파일을 만듭니다.

```
┏━━━━━━━━━━━━━━━━━━━━━━━━━━━━━━━━━━━━━━━━━━━━━━━━━━━┓
  T  터미널                                    ─ □ ×

> tsc --init
┗━━━━━━━━━━━━━━━━━━━━━━━━━━━━━━━━━━━━━━━━━━━━━━━━━━━┛
```

타입스크립트 언어로 몽고DB를 사용하려면 mongodb라는 이름의 드라이버 패키지를 설치해야 합니다.

```
┏━━━━━━━━━━━━━━━━━━━━━━━━━━━━━━━━━━━━━━━━━━━━━━━━━━━┓
  T  터미널                                    ─ □ ×

> npm i mongodb
> npm i -D @types/mongodb
┗━━━━━━━━━━━━━━━━━━━━━━━━━━━━━━━━━━━━━━━━━━━━━━━━━━━┛
```

다음은 지금까지 설치한 패키지들을 보여 주는 package.json 파일 내용입니다.

package.json 파일 내용 • package.json

```json
{
  "name": "ch07_2_server",
  "version": "1.0.0",
  "description": "",
  "main": "index.js",
  "scripts": {
    "test": "echo \"Error: no test specified\" && exit 1"
  },
  "keywords": [],
  "author": "",
  "license": "ISC",
  "devDependencies": {
    "@types/mongodb": "^4.0.7",
    "@types/node": "^20.10.5",
    "ts-node": "^10.9.2",
    "typescript": "^5.3.3"
  },
  "dependencies": {
    "mongodb": "^6.3.0"
  }
}
```

이제 src 디렉터리와 index.ts 파일을 다음 명령으로 만듭니다.

```
T  터미널                                                        — □ ×
> mkdir src
> touch src/index.ts
```

그리고 테스트를 위해 src/index.ts 파일을 다음처럼 작성합니다.

**Do it!** 타입스크립트 테스트                                    • src/index.ts

```
console.log('Hello world!')
```

VSCode 터미널에서 **ts-node** 명령으로 index.ts 파일을 실행합니다. Hello world! 문자열
이 출력되면 실습 준비를 제대로 마친 것입니다. 만약 여기까지 과정에서 오류가 발생한다면
01장에서 관련 내용을 참고하기 바랍니다.

```
T  터미널                                                        — □ ×
> ts-node src/index.ts
Hello world!
```

## 몽고DB와 연결하기

프로그래밍으로 다음 URL을 사용하면 몽고DB와 연결할 수 있습니다. mongodb는 프로토콜
이름이고, localhost는 호스트 이름, 기본 포트는 27017입니다.

몽고DB 연결 URL

```
mongodb://localhost:27017
```

mongodb 패키지는 몽고DB와 연결을 쉽게 할 수 있도록 다음처럼 **MongoClient** 클래스를 제
공합니다.

MongoClient 임포트

```
import {MongoClient} from 'mongodb'
```

MongoClient 클래스는 다음처럼 connect 정적 메서드를 제공하여 프로미스 형태로 Mongo
Client 인스턴스를 얻습니다.

```
static connect(url: string): Promise<MongoClient>
```

이제 몽고DB 관련 유틸리티 함수를 만들기 위해 src 디렉터리에 mongodb란 이름의 디렉터
리를 만들고 이 디렉터리에 connectAndUseDB.ts와 index.ts 파일을 생성합니다.

```
T 터미널                                                          – □ ×
> mkdir -p src/mongodb
> cd src/mongodb
> touch connectAndUseDB.ts index.ts
> cd ../..
```

그리고 src/mongodb 디렉터리의 connectAndUseDB.ts 파일을 다음처럼 작성합니다. 이
코드는 몽고셸에서 use 명령으로 DB를 선택한 것과 같습니다.

**Do it! 몽고DB에 연결하고 DB 선택하기** • src/mongodb/connectAndUseDB.ts
```
import {MongoClient, Db} from 'mongodb'

export type MongoDB = Db
export type ConnectCallback = (db: MongoDB) => void

export const connectAndUseDB = async (
  callback: ConnectCallback,
  dbName: string,
  mongoUrl: string = 'mongodb://localhost:27017'
) => {
  let connection
  try {
    connection = await MongoClient.connect(mongoUrl)    // 몽고DB와 연결
    const db: Db = connection.db(dbName)    // 몽고셸의 'use dbName'에 해당
    callback(db)    // db 객체를 콜백 함수의 매개변수로 호출
  } catch (e) {
    // 타입스크립트의 타입 가드 구문 필요
```

```
    if (e instanceof Error) {
      console.log(e.message)
    }
  }
}
```

방금 작성한 connectAndUseDB 컴포넌트를 같은 디렉터리의 index.ts 파일에 추가합니다.

**Do it!** 인덱스에 추가하기　　　　　　　　　　　　　　　　　　　• src/mongodb/index.ts

```
export * from './connectAndUseDB'
```

이제 src 디렉터리에 test란 디렉터리를 만들고 여기에 connectTest.ts 파일을 만듭니다.

**T** 터미널　　　　　　　　　　　　　　　　　　　　　　　　　　　　　　— □ ✕

```
> mkdir -p src/test
> touch src/test/connectTest.ts
```

그리고 connectTest.ts 파일을 다음처럼 작성합니다.

**Do it!** 접속 테스트 작성하기　　　　　　　　　　　　　　　　　• src/test/connectTest.ts

```
import * as M from '../mongodb'

const connectCB = (db: M.MongoDB) => {
  console.log('db', db)
}
const connectTest = () => {
  M.connectAndUseDB(connectCB, 'ch07')
}

connectTest()
```

이제 VSCode 터미널에서 다음 명령으로 실행합니다. 몽고DB가 응답하여 실행 결과를 출력하면 접속에 성공한 것입니다. 몽고DB 클라이언트가 계속 동작 중이므로 결과를 확인했으면 Ctrl+C를 눌러 종료합니다.

```
T 터미널                                                            − □ ✕
> ts-node src/test/connectTest.ts
db Db {
  s: {
    client: MongoClient {
      _events: [Object: null prototype] {},
      _eventsCount: 0,
... (생략) ...
```

## 컬렉션의 CRUD 메서드

앞서 몽고셸에서 CRUD 메서드를 실습했는데 프로그래밍으로는 어떻게 하는지 알아보겠습니다. 몽고셸에서는 'db.컬렉션_이름' 형태로 컬렉션에 접근할 수 있었는데, 프로그래밍으로는 다음과 같은 형태로 접근해야 합니다.

```
db.collection(컬렉션_이름)
```

### 문서 생성 메서드 사용하기

이제 user라는 이름의 컬렉션에 insertOne과 insertMany 메서드를 사용하여 데이터를 입력해 보겠습니다. 다음은 두 메서드의 타입 선언문으로 둘 모두 프로미스 객체를 반환함을 알 수 있습니다.

```
insertOne(doc: OptionalUnlessRequiredId<TSchema>): Promise<InsertOneResult<TSchema>>
insertMany(docs:OptionalUnlessRequiredId<TSchema>[]) : Promise<InsertManyResult<TSchema>>
```

먼저 다음 명령으로 src/test 디렉터리에 insertTest.ts 파일을 생성합니다.

```
> touch src/test/insertTest.ts
```

그리고 insertTest.ts 파일에 문서 생성 메서드를 사용하는 다음 코드를 작성합니다.

**Do it!** 문서 생성 메서드 사용하기 • src/test/insertTest.ts

```typescript
import * as M from '../mongodb'

const connectCB = async (db: M.MongoDB) => {
  try {
    const user = db.collection('user')
    try {
      await user.drop()
    } catch (e) {
      // 오류 무시
    }

    const jack = await user.insertOne({name: 'Jack', age: 32})
    console.log('jack', jack)
    const janeAndTom = await user.insertMany([
      {name: 'Jane', age: 22},
      {name: 'Tom', age: 11}
    ])
    console.log('janeAndTom', janeAndTom)
  } catch (e) {
    if (e instanceof Error) console.log(e.message)
  }
}
const insertTest = () => {
  M.connectAndUseDB(connectCB, 'ch07')
}

insertTest()
```

다음은 insertTest.ts 파일의 실행 결과입니다. jack과 janeAndTom은 몽고셸에서 실행 결과와 일치합니다. 이 실행 결과는 InsertOneResult와 InsertManyResult 타입이 어떤 속성들을 제공하는지 알려 줍니다. 이제 Ctrl+C를 눌러 프로그램을 종료합니다.

```
T 터미널                                              –  □  ✕

> ts-node src/test/insertTest.ts
jack {
  acknowledged: true,
  insertedId: new ObjectId("635789eaaead9000ea518ee6")
}
janeAndTom {
  acknowledged: true,
  insertedCount: 2,
  insertedIds: {
    '0': new ObjectId("635789eaaead9000ea518ee7"),
    '1': new ObjectId("635789eaaead9000ea518ee8")
  }
}
```

## 문서 검색 메서드 사용하기

다음은 findOne과 find 메서드의 타입 선언문으로 프로미스 객체를 반환하는 findOne과 달리 find는 FindCursor 타입 객체를 반환합니다.

```
findOne(filter: Filter<TSchema>): Promise<WithId<TSchema> | null>
find(filter: Filter<TSchema>, options?: FindOptions): FindCursor<WithId<TSchema>>;
```

FindCursor 타입 객체는 다음 코드에서 보듯 toArray란 메서드를 제공하여 find의 반환값을 자바스크립트 배열로 바꿔줍니다.

```
const cursor = await find({})
const arrayResult = cursor.toArray()
```

이제 다음 명령으로 src/test 디렉터리에 findTest.ts 파일을 생성합니다.

```
> touch src/test/findTest.ts
```

그리고 findTest.ts 파일을 다음처럼 작성합니다. 코드는 findOne과 find 메서드로 'user' 컬렉션에 저장된 문서를 검색하는데, find는 커서 타입 객체가 반환되므로 이 객체의 toArray 메서드를 호출하여 배열로 만들었습니다.

**Do it!** 문서 검색 메서드 사용하기                              • src/test/findTest.ts

```typescript
import * as M from '../mongodb'

const connectCB = async (db: M.MongoDB) => {
  try {
    const user = db.collection('user')
    const one = await user.findOne({})
    console.log('one', one)

    const many = await user.find({}).toArray()
    console.log('many', many)
  } catch (e) {
    if (e instanceof Error) console.log(e.message)
  }
}
const findTest = () => {
  M.connectAndUseDB(connectCB, 'ch07')
}

findTest()
```

다음은 findTest.ts 파일의 실행 결과입니다. 앞서 'user' 컬렉션에 삽입한 문서 내용이 검색되었습니다.

```
T  터미널                                                    —  □  ×

> ts-node src/test/findTest.ts
one {
  _id: new ObjectId("635789eaaead9000ea518ee6"),
  name: 'Jack',
  age: 32
}
many [
  {
    _id: new ObjectId("635789eaaead9000ea518ee6"),
    name: 'Jack',
    age: 32
  },
  {
    _id: new ObjectId("635789eaaead9000ea518ee7"),
    name: 'Jane',
    age: 22
  },
  {
    _id: new ObjectId("635789eaaead9000ea518ee8"),
    name: 'Tom',
    age: 11
  }
]
```

## 문서 수정 메서드 사용하기

다음은 컬렉션의 문서 수정 관련 메서드들의 타입 선언문으로 모두 프로미스 객체를 반환함을 알 수 있습니다.

```
updateOne(filter:Filter<TSchema>,update:UpdateFilter<TSchema>|Partial<TSchema>):
    Promise<UpdateResult>
updateMany(filter: Filter<TSchema>, update: UpdateFilter<TSchema>):
    Promise<UpdateResult | Document>;
findOneAndUpdate(filter:Filter<TSchema>, update:UpdateFilter<TSchema>,
    options: FindOneAndUpdateOptions):
    Promise<ModifyResult<TSchema>>;
```

그런데 findOneAndUpdate 메서드를 호출할 때 몽고셸에서는 returnNewDocument 속성값을 true로 했지만, 프로그래밍으로 이와 똑같은 효과를 보려면 returnDocuement 속성값을 'after'로 설정해야 합니다.

```
const findOneResult = await user.findOneAndUpdate(
    {name: 'John'},
    {$set: {age: 66}},
    {returnDocument: 'after'}   // 'before'와 'after' 둘 중 하나
)
```

이제 다음 명령으로 src/test 디렉터리에 updateTest.ts 파일을 생성합니다.

**T** 터미널                                                                    — ☐ ✕

> touch src/test/updateTest.ts

그리고 문서 수정 관련 명령을 다음과 같은 코드로 작성합니다.

**Do it!** 문서 수정 메서드 사용하기                                    • src/test/updateTest.ts

```
import * as M from '../mongodb'

const connectCB = async (db: M.MongoDB) => {
  try {
    const user = db.collection('user')

    await user.updateOne(
      {name: {$regex: /^J.*$/}},
      {$set: {name: 'John'}, $inc: {age: 10}}
    )
    const updateOneResult = await user.find({}).toArray()
    console.log('updateOneResult', updateOneResult)

    await user.updateMany({name: {$regex: /^J.*$/}}, {$inc: {age: 10}})
    const updateManyResult = await user.find({}).toArray()
    console.log('updateManyResult', updateManyResult)

    const findOneResult = await user.findOneAndUpdate(
```

```
      {name: 'John'},
      {$set: {age: 66}},
      {returnDocument: 'after'}
    )
    console.log('findOneResult', findOneResult)
  } catch (e) {
    if (e instanceof Error) console.log(e.message)
  }
}
const updateTest = () => {
  M.connectAndUseDB(connectCB, 'ch07')
}

updateTest()
```

다음은 updateTest.ts 파일의 실행 결과입니다. 몽고셸에서 봤던 값들과 일치함을 알 수 있습니다.

```
T 터미널                                                          — □ ×

> ts-node src/test/updateTest.ts
updateOneResult [
  {
    _id: new ObjectId("635789eaaead9000ea518ee6"),
    name: 'John',
    age: 42
  },
  {
    _id: new ObjectId("635789eaaead9000ea518ee7"),
    name: 'Jane',
    age: 22
  },
  {
    _id: new ObjectId("635789eaaead9000ea518ee8"),
    name: 'Tom',
    age: 11
  }
]
```

```
updateManyResult [
  {
    _id: new ObjectId("635789eaaead9000ea518ee6"),
    name: 'John',
    age: 52
  },
  {
    _id: new ObjectId("635789eaaead9000ea518ee7"),
    name: 'Jane',
    age: 32
  },
  {
    _id: new ObjectId("635789eaaead9000ea518ee8"),
    name: 'Tom',
    age: 11
  }
]
findOneResult {
  lastErrorObject: { n: 1, updatedExisting: true },
  value: {
    _id: new ObjectId("635789eaaead9000ea518ee6"),
    name: 'John',
    age: 66
  },
  ok: 1
}
```

## 문서 삭제 메서드 사용하기

다음은 컬렉션의 deleteOne과 deleteMany 메서드의 타입 선언문으로 두 메서드 모두 프로미스 객체를 반환함을 알 수 있습니다.

```
deleteOne(filter: Filter<TSchema>): Promise<DeleteResult>;
deleteMany(filter: Filter<TSchema>): Promise<DeleteResult>;
```

다음 명령으로 src/test 디렉터리에 deleteTest.ts 파일을 생성합니다.

**T** 터미널     — □ ✕

```
> touch src/test/deleteTest.ts
```

그리고 문서 삭제 관련 명령을 다음과 같은 코드로 작성합니다.

**Do it!** 문서 삭제 메서드 사용하기      • src/test/deleteTest.ts

```typescript
import * as M from '../mongodb'

const connectCB = async (db: M.MongoDB) => {
  try {
    const user = db.collection('user')

    const deleteOneResult = await user.deleteOne({name: {$regex: /^J.*$/}})
    console.log('deleteOneResult', deleteOneResult)

    const deleteManyResult = await user.deleteMany({name: {$regex: /^J.*$/}})
    console.log('deleteManyResult', deleteManyResult)

    const deleteAllResult = await user.deleteMany({})
    console.log('deleteAllResult', deleteAllResult)

    const userDocuments = await user.find({}).toArray()
    console.log('userDocuments', userDocuments)
  } catch (e) {
    if (e instanceof Error) console.log(e.message)
  }
}
const deleteTest = () => {
  M.connectAndUseDB(connectCB, 'ch07')
}

deleteTest()
```

다음은 deleteTest.ts 실행 결과입니다. 역시 몽고셸에서 봤던 값들과 일치합니다.

```
T  터미널                                                        —  ☐  ✕

> ts-node src/test/deleteTest.ts
deleteOneResult { acknowledged: true, deletedCount: 1 }
deleteManyResult { acknowledged: true, deletedCount: 1 }
deleteAllResult { acknowledged: true, deletedCount: 1 }
userDocuments []
```

# 07-3 익스프레스 프레임워크로 API 서버 만들기

이 절에서는 대표적인 Node.js 기반 웹 프레임워크인 익스프레스 프레임워크를 사용하여
API 서버를 만드는 방법을 알아봅니다.

ch07 디렉터리에서 다음 명령으로 ch07_3_server라는 디렉터리를 생성합니다. 그리고
ch07_3_server 디렉터리를 대상으로 VSCode를 실행합니다.

```
T 터미널                                                    — ☐ ✕
> mkdir ch07_3_server
> code ch07_3_server
```

VSCode에서 터미널을 하나 열고 ch07_3_server 디렉터리에서 다음 명령으로 package.
json과 tsconfig.json 파일을 만듭니다.

```
T 터미널                                                    — ☐ ✕
> npm init --y
> tsc --init
```

그리고 다음 패키지들을 설치하여 타입스크립트 Node.js 환경에서 몽고DB를 프로그래밍으
로 사용할 수 있게 준비합니다.

```
T 터미널                                                    — ☐ ✕
> npm i mongodb
> npm i -D typescript ts-node @types/node @types/mongodb
```

마지막으로 ch07_3_server 디렉터리에 .prettierrc.js 파일을 생성하고 다음 내용을 작성합
니다.

```
T  터미널                                                              —  □  ×

module.exports = {
  bracketSpacing: false,
  jsxBracketSameLine: true,
  singleQuote: true,
  trailingComma: 'none',
  arrowParens: 'avoid',
  semi: false,
  printWidth: 90
};
```

## TCP/IP 프로토콜 알아보기

TCP/IP 프로토콜은 IP 프로토콜 기반에서 데이터 전송 방식을 제어하는 TCP 프로토콜을 함께 호칭하는 용어입니다. TCP/IP 프로토콜을 사용하는 시스템은 항상 데이터를 요청하는 클라이언트 프로그램과 데이터를 제공하는 서버 프로그램으로 구성됩니다. 서버 프로그램은 항상 클라이언트의 데이터 요청이 있는지 알기 위해 특정 포트를 감시하고 있어야 하는데, 이 과정을 **리슨**listen이라고 합니다. 포트의 목적이 이처럼 클라이언트의 요청을 리슨하는 데 있으므로 어떤 TCP/IP 서버가 특정 포트를 리슨하고 있을 때 다른 TCP/IP 서버는 이 포트에 접근하지 못합니다.

TCP/IP 연결이 되면 클라이언트와 서버 모두 **소켓**socket이라는 토큰을 얻습니다. 그리고 연결된 클라이언트와 서버는 이 소켓을 통해 양방향bidirectional으로 데이터를 주고받습니다. 이 방식은 여러 클라이언트가 한 대의 서버에 접속하는 상황에서 서버가 각각의 클라이언트를 구분할 수 있게 해줍니다. 즉, 각 클라이언트는 서로 중복되지 않는 소켓 번호를 가지므로 서버 입장에서 소켓값을 가지고 각각의 클라이언트를 쉽게 구분할 수 있습니다.

HTTP 프로토콜은 TCP/IP 프로토콜 위에서 동작하는 앱 수준 프로토콜입니다. HTTP 서버, 즉 웹 서버는 TCP/IP 프로토콜을 사용하므로 항상 웹 브라우저와 같은 클라이언트의 요청에 응답할 수 있도록 특정 포트를 리슨하고 있어야 합니다.

## Node.js 웹 서버 만들기

Node.js는 웹 브라우저의 자바스크립트 엔진 부분만 떼어 내어, C/C++언어로 HTTP 프로토콜을 구현하여 독립적인 프로그램 형태로 동작하는 웹 서버 기능을 가진 자바스크립트 엔진을 구현한 것입니다.

Node.js는 http란 이름의 패키지를 기본으로 제공하며 이 패키지는 **createServer**라는 함수를 제공하여 웹 서버 객체를 만들 수 있습니다.

---

createServer 임포트

```
import {createServer} from 'http'
```

---

다음은 createServer의 타입 선언문으로 createServer는 선택적으로 RequestListener 타입의 콜백 함수를 매개변수로 입력받을 수 있습니다.

```
function createServer(requestListener?: RequestListener): Server;
```

다음은 RequestListener 타입 선언문으로 IncomingMessage와 ServerResponse 타입 매개변수 2개를 입력받는 함수 타입임을 알 수 있습니다.

```
type RequestListener = (req: IncomingMessage, res: ServerResponse) => void;
```

이제 src/index.ts 파일을 다음처럼 작성합니다. HTTP 서버 또한 TCP/IP 서버이므로 **listen** 메서드를 사용하여 4000번 포트를 리슨하고 있습니다. 여기서 포트 번호를 4000으로 한 이유는 현재 포트 번호 3000은 리액트 개발 서버로 사용 중이기 때문에 이 번호와 다른 포트 번호를 사용한 것입니다.

---

**Do it!** HTTP 웹 서버 만들기                                          • src/index.ts

```
import {createServer} from 'http'

const hostname="localhost", port = 4000
createServer((req, res) => {
  console.log('req.url', req.url)
  console.log('req.method', req.method)
  console.log('req.headers', req.headers)
  res.write('Hello World!')
  res.end()
}).listen(port, () => console.log(`connect http://${hostname}:${port}`))
```

---

이제 터미널에서 다음 명령을 실행합니다. 참고로 **ts-node**에 디렉터리 이름만 적용하면 해당 디렉터리 안에 index.ts 파일을 찾아 실행해 줍니다.

```
T 터미널                                                    –  □  ×

> ts-node src
connect http://localhost:4000
```

실행 결과에서 http://localhost:4000에 접속하라는 메시지가 보이는데, Ctrl을 누른 채 이 URL을 마우스로 클릭하면 웹 브라우저가 열리면서 다음과 같은 메시지를 출력합니다.

그림 7-6 웹 브라우저에서 접속한 화면

그리고 `ts-node src`를 실행한 터미널에서는 `console.log`가 출력한 내용을 볼 수 있습니다. 이는 웹 브라우저의 주소 창에 입력된 localhost:4000이라는 URL이 실제로 웹 서버 쪽에는 다음과 같은 내용의 HTTP 프로토콜의 요청 데이터가 `req` 변숫값으로 전달된다는 것을 보여 줍니다. 내용을 확인했으면 터미널에서 Ctrl+C 키를 눌러 종료합니다.

```
req 변숫값으로 서버에 전달된 데이터

req.url /favicon.ico
req.method GET
req.headers {
  host: 'localhost:4000',
  connection: 'keep-alive',
  'sec-ch-ua': '"Chromium";v="106", "Google Chrome";v="106", "Not;A=Brand";v="99"',
  'sec-ch-ua-mobile': '?0',
... (생략) ...
```

## REST 방식 API 서버

웹 서버는 원래 웹 브라우저와 같은 HTTP 클라이언트에게 HTML 형식의 데이터를 전송해 주는 목적으로 설계되었지만, 점차 HTML이 아닌 JSON 형식의 데이터를 전송해 주는 방식 으로 진화되었습니다. 이 두 방식을 구분하기 위해 HTML 형식 데이터를 전송하는 서버를 웹 서버, JSON 형식 데이터를 전송하는 서버를 API 서버라고 합니다.

REST[representational state transfer]라는 용어는 HTTP 프로토콜의 주요 저자 중 한 사람인 로이 필딩 [Roy Fielding]의 2000년 박사학위 논문에서 처음 소개됐습니다. 앞서 src/index.ts 파일 실행 결과에서 `req.method` 부분을 본 적이 있는데, REST는 `req.method`의 설정값을 다르게 하여 API 서버 쪽에서 DB의 CRUD 작업을 쉽게 구분할 수 있게 하는 용도로 사용됩니다.

표 7-6 CRUD 작업별 HTTP 메서드 이름

| CRUD 작업 | HTTP 메서드 이름 |
|---|---|
| Create | POST |
| Read | GET |
| Update | PUT |
| Delete | DELETE |

REST API의 기본 원리는 'http://localhost:4000/user', 'http://localhost:4000/list'처럼 경로에 자신이 원하는 '/user'나 '/list' 같은 자원을 명시하고, 이 자원에 새로운 데이터를 생성하고 싶으면 POST 메서드를, 단순히 자원을 검색하고 싶으면 GET 메서드를 사용하는 것입니다.

이러한 방식은 특정 자원을 항상 일정하게 사용하므로 일관된 방식으로 API를 설계할 수 있습니다. 이제 REST 방식 API 서버를 구현해 볼 차례인데, 그전에 익스프레스 프레임워크를 설치해 보겠습니다.

## 익스프레스 설치하기

익스프레스 프레임워크express framework는 Node.js 환경에서 사실상 표준 웹 프레임워크입니다. 익스프레스를 사용하면 웹 서버는 물론 REST 방식 API 서버를 쉽게 만들 수 있습니다.

익스프레스를 사용하여 REST 방식 API 서버를 만들려면 다음처럼 express와 cors라는 패키지를 설치해야 합니다. 그리고 좀 더 편리하게 개발하고자 nodemon 패키지도 설치합니다. 참고로 nodemon은 개발할 때만 필요하므로 -D 옵션으로 설치합니다.

```
T 터미널                                                    – □ ✕
> npm i express cors
> npm i -D @types/express @types/cors nodemon
```

이제 nodemon 패키지가 동작할 수 있도록 package.json 파일을 다음처럼 수정합니다. 그리고 터미널에서 `npm start` 명령을 실행합니다. 참고로 macOS에서는 `'ts-node src'`처럼 작은따옴표로 감싸줍니다.

```json
{
  "name": "ch07_3_server",
  ... (생략) ...

  "scripts": {
    "start": "nodemon -e ts --exec ts-node src --watch src",
    "start-mac": "nodemon -e ts --exec 'ts-node src' --watch src"
  },
  ... (생략) ...
}
```

다음은 npm start 명령으로 nodemon을 실행한 모습입니다. nodemon은 src 디렉터리의 파일 확장자가 .ts인 파일이 수정되면 프로그램을 자동으로 다시 실행하여 변경된 내용을 즉시 반영해 줍니다.

**T** 터미널 — □ ×

```
> npm start

> ch07_3_server@1.0.0 start C:\rcp\ch07\ch07_3_server
> nodemon -e ts --exec ts-node src --watch src

[nodemon] 2.0.20
[nodemon] to restart at any time, enter `rs`
[nodemon] watching path(s): src\**\*
[nodemon] watching extensions: ts
[nodemon] starting `ts-node src`
Hello world!
connect http://localhost:4000
```

## 익스프레스 REST API 서버 만들기

익스프레스로 웹 서버를 만들 때는 항상 다음 코드 패턴으로 app 객체를 먼저 만들어야 합니다.

```
import express from 'express'
const app = express()
```

app 객체는 다음 표에서 보듯 앞서 언급한 4개의 HTTP 메서드에 대응하는 4개의 메서드를 제공하며, 이 메서드들은 항상 app 객체를 다시 반환합니다.

표 7-7 HTTP 메서드별 app 메서드

| HTTP 메서드 이름 | app 메서드 |
|---|---|
| POST | post |
| GET | get |
| PUT | put |
| DELETE | delete |

app의 메서드들은 항상 다음과 같은 코드 패턴으로 사용합니다. 다만 여기서 콜백 함수의 req 와 res 매개변수 타입은 앞서 본 http 패키지가 제공하는 createServer 때의 IncomingMessage, ServerResponse와는 전혀 다른 익스프레스만의 타입임을 기억해야 합니다.

```
app
  .메서드명(경로, (req, res) => {})
```

또한 메서드들은 항상 app 객체를 다시 반환하므로 REST API를 구현할 때는 보통 다음과 같은 메서드 체인 방식으로 구현합니다.

```
app
  .get(경로, (req, res) => {})
  .post(경로, (req, res) => {})
  .put(경로, (req, res) => {})
  .delete(경로, (req, res) => {})
```

app 객체의 또다른 특징으로는 다음 코드에서 보듯 createServer의 매개변수인 request Listener로서 동작할 수 있다는 점입니다.

```
const app = express()
createServer(app).listen(port, () => console.log(`connect http://${hostname}:${port}`))
```

이제 src/index.ts 파일을 다음처럼 구현합니다. 앞서 언급한 대로 express()가 생성한 app 객체는 HTTP 메서드와 유사한 이름의 메서드를 제공하므로 경로 '/'에 대해 GET 메서드로 웹 브라우저가 요청하면 이에 응답하는 코드를 구현하고 있습니다.

**Do it!** requestListener를 express() 반환값 app으로 수정하기 • src/index.ts

```typescript
import {createServer} from 'http'
import express from 'express'

const hostname = 'localhost',
  port = 4000

// prettier-ignore
const app = express()
  .get('/', (req, res) => {
    res.json({ message: 'Hello express World!' })
  })

createServer(app).listen(port, () => console.log(`connect http://${hostname}:${port}`))
```

다음 그림은 http://localhost:4000 경로로 접속했을 때 웹 브라우저의 모습입니다. 코드에서 `res.json` 메서드를 호출하여 JSON 형식 데이터를 전송하였으므로 `JSON.stringify` 호출을 통해 JSON 데이터를 화면에 보여 줍니다. 이처럼 JSON 형식으로 응답하므로 이 코드는 가장 단순한 REST API 서버로서 동작합니다.

그림 7-7 localhost:4000 경로로 접속한 모습

## 익스프레스 관련 코드 분리하기

이제 src/index.ts 파일에서 익스프레스 관련 코드를 분리해 보겠습니다. 먼저 다음 명령으로 src 디렉터리에 express라는 디렉터리와 index.ts 파일을 생성합니다.

```
> mkdir -p src/express
> touch src/express/index.ts
```

그리고 src/express 디렉터리의 index.ts 파일을 다음처럼 구현합니다. 코드는 createExpress
App은 any 타입 배열을 args라는 매개변수를 수신하는 형태로 구현했습니다. 이는 create
ExpressApp(db), createExpressApp(db1, db2)처럼 src/index.ts 파일에서 createExpressApp
함수를 호출할 때 매개변수를 입력할 수 있게 하는 용도입니다.

**Do it!** 익스프레스 관련 코드 분리하기 • src/express/index.ts

```
import express from 'express'

export const createExpressApp = (...args: any[]) => {
  const app = express().get('/', (req, res) => {
    res.json({message: 'Hello express World!'})
  })
  return app
}
```

그러면 src/index.ts 파일은 다음처럼 간결해집니다.

**Do it!** 익스프레스 관련 코드를 분리한 src/index.ts 파일 • src/index.ts

```
import {createServer} from 'http'
import {createExpressApp} from './express'

const hostname = 'localhost',
  port = 4000

createServer(createExpressApp()).listen(port, () =>
  console.log(`connect http://${hostname}:${port}`)
)
```

## 익스프레스 미들웨어와 use 메서드

익스프레스 객체 app은 다음처럼 사용하는 use 메서드를 제공하며, use 메서드의 매개변수로 사용되는 콜백 함수를 **미들웨어**<sup>middleware</sup>라고 합니다. 익스프레스 미들웨어는 다양한 종류가 있으며, 익스프레스는 여러 가지 다양한 기능을 미들웨어를 통해 쉽게 사용할 수 있도록 합니다.

```
app.use(미들웨어)
```

익스프레스 미들웨어는 다음처럼 매개변수 3개로 구성된 함수 형태로 구현합니다. 여기서 3 번째 매개변수인 next는 함수인데 이 함수를 호출하면 모든 것이 정상으로 동작합니다. 그러나 next를 호출하지 않으면 이 미들웨어 아래쪽에 메서드 체인으로 연결된 메서드들이 호출되지 않습니다.

```
const middleware = (req, res, next) => {}
```

다음 코드는 간단하게 req의 url과 method 속성값을 기록하는 미들웨어를 구현한 것입니다. 이 로깅 미들웨어는 단순히 로깅하는 기능만 하므로 next 함수를 호출하여 app 객체에 설정한 내용이 정상으로 동작하도록 합니다.

```
app.use((req, res, next) => {
  console.log(`url='${req.url}, method=${req.method}`)
  next()
})
```

이제 src/express 디렉터리의 index.ts 파일에 로깅 미들웨어를 다음처럼 추가합니다. app.use 메서드 또한 다른 메서드처럼 app 객체를 반환하므로 이와 같은 메서드 체인 형태로 작성할 수 있습니다.

**Do it!** 로깅 미들웨어 추가하기 • src/express/index.ts

```
import express from 'express'

export const createExpressApp = (...args: any[]) => {
  const app = express()
```

```
  app
    .use((req, res, next) => {
      console.log(`url='${req.url}, method=${req.method}`)
      next()
    })
    .get('/', (req, res) => {
      res.json({message: 'Hello express World!'})
    })

  return app
}
```

그리고 웹 브라우저에서 http://localhost:4000으로 접속해 보면 VSCode 터미널에서는 다음처럼 req의 url과 method 설정값을 확인할 수 있습니다.

```
┌─────────────────────────────────────────────────────┐
│  T  터미널                                    ─ □ ✕   │
├─────────────────────────────────────────────────────┤
│  ... (생략) ...                                        │
│  [nodemon] starting `ts-node src`                      │
│  connect http://localhost:4000                         │
│  url='/, method=GET                                    │
└─────────────────────────────────────────────────────┘
```

### express.static 미들웨어

다음 코드는 expresss.static이란 이름의 미들웨어를 사용하여 익스프레스 객체가 public 디렉터리에 있는 .html, .css, .js, .png와 같은 파일을 웹 브라우저에 응답할 수 있게 하는 정적 파일 서버로 동작할 수 있게 합니다.

```
app.use(express.static('public'))
```

src/express 디렉터리의 index.ts 파일을 열고 익스프레스 app 객체를 생성할 때 use 메서드로 express.static 미들웨어를 설치하는 내용을 추가합니다.

```ts
import express from 'express'

export const createExpressApp = (...args: any[]) => {
  const app = express()

  app
    .use((req, res, next) => {
      console.log(`url='${req.url}, method=${req.method}`)
      next()
    })
    .use(express.static('public'))
    .get('/', (req, res) => {
      res.json({message: 'Hello express World!'})
    })

  return app
}
```

## getPublicDirPath 함수 구현하기

그런데 express.static 미들웨어는 public과 같은 디렉터리를 실제로 생성하지는 않습니다. 이제 Node.js 환경에서 디렉터리를 실제로 생성하는 방법을 알아보겠습니다.

package.json 파일이 있는 곳에 public 같은 디렉터리를 만들려면 해당 디렉터리의 절대 경로를 알아야 합니다. 다음 명령으로 src 디렉터리에 config라는 디렉터리를 생성하고 여기에 index.ts 파일을 만듭니다.

```
T 터미널                                                    — □ ✕

> mkdir -p src/config
> touch src/config/index.ts
```

방금 만든 파일을 열고 다음과 같은 코드를 작성합니다. 코드에서 `process.cwd` 함수는 프로젝트의 package.json 파일이 있는 디렉터리의 절대 경로를 반환해 줍니다. 그리고 `path.join` 함수는 매개변수에 나열된 모든 경로를 해당 운영체제의 디렉터리 구분 문자(윈도우는 ₩, macOS는 /)를 사용하여 문자열 1개로 만들어 줍니다.

```
import path from 'path'

export const getPublicDirPath = () => path.join(process.cwd(), 'public')
```

Node.js는 파일 시스템을 의미하는 fs라는 이름의 패키지를 다음처럼 제공합니다. fs는 디렉터리와 파일을 다루는 다양한 함수를 제공하는데 이 함수들은 크게 'fs.함수_이름Sync'와 'fs.함수_이름' 2가지 범주로 나뉩니다. Sync 접미사는 동기 함수를 의미하며, 작업이 끝날때까지 결괏값을 반환하지 않습니다. 반면에 Sync 접미사가 없는 함수는 비동기 함수를 의미하며, 함수를 호출하면 결괏값을 콜백 함수로 반환합니다.

이제 앞서 구현한 getPublicDirPath 함수가 반환하는 경로에 디렉터리를 생성하는 함수를 구현하겠습니다. 먼저 src 디렉터리에 다음 명령으로 utils란 디렉터리와 index.ts, makeDir.ts 파일을 생성합니다.

**T** 터미널 — □ ×

```
> mkdir -p src/utils
> cd src/utils
> touch index.ts makeDir.ts
> cd ../..
```

그리고 makeDir.ts 파일을 다음처럼 작성합니다. 코드는 fs.existsSync 함수로 dirName 디렉터리가 현재 있는지 없는지를 판별한 뒤 없을 때만 fs.mkdirSync 함수를 호출하여 디렉터리를 생성합니다.

```
import fs from 'fs'

export const makeDir = (dirName: string) => {
  if (false == fs.existsSync(dirName)) fs.mkdirSync(dirName)
}
```

이제 같은 디렉터리의 index.ts 파일에 `makeDir`을 다음처럼 추가합니다.

```
Do it!  인덱스에 추가하기                                    • src/utils/index.ts

export * from './makeDir'
```

그리고 src/index.ts 파일에 public이란 이름의 디렉터리를 생성하는 코드를 다음처럼 추가합니다.

```
Do it!  public 디렉터리 생성하기                              • src/index.ts

import {createServer} from 'http'
import {getPublicDirPath} from './config'
import {makeDir} from './utils'

import {createExpressApp} from './express'

makeDir(getPublicDirPath())

const hostname = 'localhost',
  port = 4000

createServer(createExpressApp()).listen(port, () =>
  console.log(`connect http://${hostname}:${port}`)
)
```

방금 프로그래밍으로 생성한 public 디렉터리에 1.jpg라는 이름으로 이미지 파일을 저장합니다. 그리고 웹 브라우저에서 'public'이란 경로명을 생략한 http://localhost:4000/1.jpg 형태로 이미지 파일을 요청하면 웹 브라우저에서 이미지 파일을 볼 수 있습니다. 이것은 `express.static` 미들웨어가 정상으로 동작하고 있음을 의미합니다.

그림 7-8 public 디렉터리에 저장한 이미지가 웹 브라우저에 보이는 모습

### express.json 미들웨어

웹 브라우저에서 동작하는 리액트 코드는 다음 코드 형태로 HTTP POST 메서드를 통해 body 부분의 데이터를 서버로 전송할 수 있습니다.

```
fetch(url, {
    method: 'POST',
    headers: {'Content-Type': 'application/json'},
    body: JSON.stringify(data)
})
```

익스프레스는 이렇게 전달받은 데이터를 req.body 형태로 얻을 수 있도록 express.json 미들웨어를 제공합니다.

### cors 미들웨어

cors는 자바스크립트 코드에서 HTTP POST 메서드로 데이터를 보낼 때 프리플라이트[preflight] 요청과 응답 통신 기능을 추가하여, 악의적인 목적의 데이터를 POST나 PUT 메서드로 서버 쪽에 보내지 못하게 하는 기술입니다.

즉, 웹 브라우저 쪽에서 동작하는 리액트 코드가 다음 코드 형태로 HTTP POST 메서드를 사용하여 데이터를 서버로 전송할 때 서버는 먼저 프리플라이트 응답을 해줘야 합니다.

```
fetch(url, {
    method: 'POST',
    mode: 'cors',
    cache: 'no-cache',
    credentials: 'same-origin',
})
```

앞에서 cors 패키지를 설치한 적이 있는데, cors 패키지는 다음 형태로 사용되는 cors 미들웨어를 제공합니다. cors는 웹 브라우저가 요구하는 프리플라이트 응답을 해주는 용도의 미들웨어입니다.

```
import cors from 'cors'
app .use(cors())
```

이제 src/express 디렉터리의 index.ts 파일에 다음처럼 express.json과 cors 미들웨어를 추가합니다.

**Do it!** express.json과 cors 미들웨어 추가하기 • src/express/index.ts

```
import express from 'express'
import cors from 'cors'

export const createExpressApp = (...args: any[]) => {
  const app = express()

  app
    .use((req, res, next) => {
      console.log(`url='${req.url}, method=${req.method}`)
      next()
    })
    .use(express.static('public'))
    .use(express.json())
    .use(cors())
    .get('/', (req, res) => {
      res.json({message: 'Hello express World!'})
    })

  return app
}
```

## 익스프레스 라우터

express 패키지는 다음처럼 Router라는 함수를 제공합니다.

```
Router 함수 임포트

import {Router} from 'express'
```

익스프레스에서는 Router 함수를 호출하여 얻은 객체를 라우터라고 합니다.

```
const router = Router()
```

라우터 객체는 listen 메서드만 없을 뿐, app 객체와 똑같이 동작합니다. 라우터 객체는 app 객체의 use 메서드를 통해 다음처럼 사용합니다.

```
app.use(경로, 라우터)
```

이제 다음 명령으로 src 디렉터리에 routers 디렉터리를 만들고, 여기에 index.ts와 testRouter. ts 파일을 생성합니다.

```
T  터미널                                                             – 口 ×

> cd src
> mkdir routers
> cd routers
> touch index.ts testRouter.ts
> cd ../..
```

### testRouter.ts 파일에 REST API 구현하기

앞서 라우터는 app 객체의 use 메서드를 통해 다음처럼 사용한다고 했는데, app.use 메서드에서 사용하는 경로는 절대 경로이지만, 라우터 객체 내부에서 사용하는 경로는 상대 경로입니다.

```
app.use(경로, 라우터)
```

즉, 다음과 같은 코드는 서버에서 'http://호스트_이름:포트/test' 형식의 URL이 요청되면 testRouter 객체에 구현된 get, post, put, delete 메서드를 호출하라는 의미입니다. 그런데 라우터 객체의 이 메서드들은 모두 첫 번째 매개변수로 '경로'를 설정하는데, 이때 경로는 '/test' 밑의 상대 경로여야 합니다.

```
app.use('/test', testRouter)
```

이러한 내용을 실습으로 알아보겠습니다. src/routers/testRouter.ts 파일을 다음처럼 작성합니다.

**Do it!** 라우터 작성하기(초기 모습)                              • src/routers/testRouter.ts

```
import {Router} from 'express'

export const testRouter = (...args: any[]) => {
const router = Router()
  return router
    .get('/', (req, res) => {
      // 모든 데이터를 요청하는 경우
      res.json({ok: true})
    })
    .get('/:id', (req, res) => {
      const {id} = req.params
      // id값을 가진 데이터만 요청하는 경우
      res.json({ok: true, id})
    })
    .post('/', (req, res) => {
      // req.body의 데이터를 서버에 저장하기를 요청하는 경우
      const {body} = req
      res.json({ok: true, body})
    })
    .put('/:id', (req, res) => {
      // id값을 가진 데이터의 수정을 요청하는 경우
      const {id} = req.params
      const {body} = req
      res.json({ok: true, body, id})
    })
```

```
    .delete('/:id', (req, res) => {
      // id값을 가진 데이터의 삭제를 요청하는 경우
      const {id} = req.params
      res.json({ok: true, id})
    })
}
```

코드는 get 메서드 등의 경로를 모두 /나 경로 변수 id를 사용하는 /:id로 하고 있는데, 이는 app.use 메서드의 경로 /test를 기준으로 할 때 특별한 하위 경로가 없기 때문입니다. 이 코드는 REST API를 구현하는 기본 골격이 되는 구조를 가지고 있습니다.

다음은 HTTP 메서드별로 경로 변수를 활용한 보통의 구현 방법을 보여 줍니다.

- **GET**: 경로 변수가 없으면 모든 데이터, 있으면 해당 id를 가진 데이터만 응답하도록 구현하는 것이 보통입니다. 경로 변수는 항상 문자열 타입이므로 number 등의 타입 변수로 바꾸려면 parseInt(id) 등의 타입 변환이 필요합니다.
- **POST**: req.body에 담긴 데이터를 DB 등에 저장해 달라고 요청하는 것이므로 id를 사용하지 않습니다.
- **PUT**: 특정 id값을 가진 데이터의 수정을 요청하는 것이므로 경로 매개변수 id에는 해당 데이터의 id값을, req.body에는 수정 내용을 담는 방식으로 구현합니다.
- **DELETE**: 경로 매개변수 id값을 가진 데이터를 삭제해 달라는 형태로 구현합니다.

이제 같은 디렉터리의 index.ts 파일에 **testRouter**를 다음처럼 추가합니다.

**Do it!** 인덱스에 추가하기 • src/routers/index.ts

```
export * from './testRouter'
```

### src/express/index.ts 파일에 testRouter 반영하기

testRouter가 동작하려면 src/express 디렉터리의 index.ts 파일에 구현된 **create ExpressApp** 함수에서 다음 형태의 코드를 추가해야 합니다. 그런데 앞으로 추가할 라우터가 많으므로 라우터를 설정하는 부분을 setupRouters.ts라는 이름의 파일로 만들고 여기에 라우터 설정 부분을 구현하겠습니다.

```
app.use('/test', testRouter)
```

먼저 다음 명령으로 src/express 디렉터리에 setupRouters.ts 파일을 생성합니다.

```
T 터미널                                                    − □ ✕

> touch src/express/setupRouters.ts
```

그리고 setupRouters.ts 파일을 다음처럼 구현합니다. 코드는 app.use 메서드로 /test 경로에 testRouter를 설정한 뒤 다시 app 객체를 반환합니다.

**Do it! 라우트 설정하기**                          • src/express/setupRouters.ts

```
import {Express} from 'express'
import * as R from '../routers'

export const setupRouters = (app: Express, ...args: any[]): Express => {
  return app.use('/test', R.testRouter(...args))
}
```

이제 setupRouters 함수를 createExpressApp 함수에 다음처럼 추가합니다. 실행 결과를 보면 경로 매개변수 id값이 없을 때와 있을 때에 서버의 응답 내용이 다른 것을 볼 수 있습니다.

**Do it! 라우트 설정 반영하기**                          • src/express/index.ts

```
import express from 'express'
import cors from 'cors'
import {setupRouters} from './setupRouters'

export const createExpressApp = (...args: any[]) => {
  const app = express()

  app
    .use((req, res, next) => {
      console.log(`url='${req.url}', method=${req.method}`)
      next()
    })
    .use(express.static('public'))
    .use(express.json())
    .use(cors())
```

```
    .get('/', (req, res) => {
      res.json({message: 'Hello express World!'})
    })

  return setupRouters(app, ...args)
}
```

▶ 실행 결과

| http://localhost:4000/test 경로일 때 | http://localhost:4000/test/1234 경로일 때 |

## 몽고DB 연결하기

앞 절에서는 connectAndUseDB라는 함수를 만들어 몽고DB와 연결한 적이 있습니다. 다음 src/index.ts 파일은 이 함수를 사용하여 몽고DB의 db 객체를 createExpressApp 함수 호출 때 매개변수로 넘겨 줍니다.

**Do it!** 몽고DB 연결 추가하기                                          • src/index.ts

```
import {createServer} from 'http'
import {getPublicDirPath} from './config'
import {makeDir} from './utils'
import {createExpressApp} from './express'
import type {MongoDB} from './mongodb'
import {connectAndUseDB} from './mongodb'

makeDir(getPublicDirPath())

const connectCallback = (db: MongoDB) => {
  const hostname = 'localhost',
    port = 4000

  createServer(createExpressApp(db)).listen(port, () =>
    console.log(`connect http://${hostname}:${port}`)
  )
}
connectAndUseDB(connectCallback, 'ch07')
```

## 몽고DB 기능 추가하기

앞서 src/index.ts 파일에서는 다음 코드 형태로 createExpressApp 함수를 호출할 때 db 객체를 매개변수로 전달했습니다.

```
createServer(createExpressApp(db)).listen
```

그리고 createExpressApp 함수는 이렇게 전달받은 db 객체를 setupRouters 함수를 반환하면서 인자로 넘겨 줍니다.

```
export const createExpressApp = (...args: any[]) => {
  const app = express()
  ... (생략) ...
  return setupRouters(app, ...args)
}
```

그러면 setupRouters 함수는 다음 코드 형태로 db 객체를 전달받습니다.

```
export const setupRouters = (app: Express, ...args: any[]): Express => {
  return app.use('/test', R.testRouter(...args))
}
```

이에 따라 testRouter 입장에서는 args 배열의 첫 번째 아이템에서 db 객체를 얻을 수 있습니다.

```
export const testRouter = (...args: any[]) => {
  const db: MongoDB = args[0]
```

이때 test란 이름의 컬렉션은 다음과 같은 코드로 쉽게 얻을 수 있습니다.

```
export const testRouter = (...args: any[]) => {
  const db: MongoDB = args[0]
  const test = db.collection('test')
```

그리고 앞 절에서 알아본 것처럼 몽고DB API들은 모두 Promise 객체를 반환하므로 다음처럼 async/await 구문으로 어떤 작업을 수행할 수 있습니다. 그리고 이때 주의해야 할 점은 어떤 조건에 맞지 않아 오류가 발생할 때 try/catch 문으로 이 오류를 반드시 처리해 주어야 한다는 것입니다. 만일 이 오류를 처리하지 않으면 API 서버가 비정상으로 종료하므로 async/await 구문과 try/catch 구문을 함께 사용하는 코드 패턴은 매우 중요합니다.

```
return router
  .get('/', async (req, res) => {
    try {
      const findResult = await test.find({}).toArray()
      res.json({ok: true, body: findResult})
    } catch (e) {
      if (e instanceof Error) res.json({ok: false, errorMessage: e.message})
    }
  })
```

다음은 src/routers 디렉터리의 testRouter.ts 파일은 이런 코드 패턴으로 REST용 4가지 메서드에 대한 몽고DB 작업을 구현한 것입니다. 코드는 post 메서드에서 생성한 문서의 _id 속성값을 모르더라도 REST 작업을 쉽게 할 수 있도록 id 속성에 '1234'를 설정했습니다.

**Do it! 몽고DB 기능 추가하기** • src/routers/testRouter.ts

```
import type {MongoDB} from '../mongodb'
import {Router} from 'express'

export const testRouter = (...args: any[]) => {
  const db: MongoDB = args[0]
  const test = db.collection('test')
  const router = Router()
  return router
    .get('/', async (req, res) => {
      try {
        const findResult = await test.find({}).toArray()
        res.json({ok: true, body: findResult})
      } catch (e) {
        if (e instanceof Error) res.json({ok: false, errorMessage: e.message})
      }
    })
    .get('/:id', async (req, res) => {
      const {id} = req.params
      try {
        const findResult = await test.findOne({id})
```

```
        res.json({ok: true, body: findResult})
    } catch (e) {
      if (e instanceof Error) res.json({ok: false, errorMessage: e.message})
    }
  })
  .post('/', async (req, res) => {
    const {body} = req
    try {
      try {
        // 항상 id: '1234'인 문서가 단 하나만 있도록
        // 과거 문서를 모두 지움(보통은 필요 없는 코드)
        await test.drop()
      } catch (e) {
        /* 오류 무시 */
      }

      const insertResult = await test.insertOne({id: '1234', ...body})
      const {insertedId} = insertResult
      const findResult = await test.findOne({_id: insertedId})
      res.json({ok: true, body: findResult})
    } catch (e) {
      if (e instanceof Error) res.json({ok: false, errorMessage: e.message})
    }
  })
  .put('/:id', async (req, res) => {
    const {id} = req.params
    const {body} = req
    try {
      const updateResult = await test.findOneAndUpdate(
        {id},
        {$set: body},
        {
          returnDocument: 'after'
        }
      )
      res.json({ok: true, body: updateResult && updateResult})
    } catch (e) {
      if (e instanceof Error) res.json({ok: false, errorMessage: e.message})
    }
```

```
    })
    .delete('/:id', async (req, res) => {
      const {id} = req.params
      try {
        await test.deleteOne({id})
        res.json({ok: true})
      } catch (e) {
        if (e instanceof Error) res.json({ok: false, errorMessage: e.message})
      }
    })
}
```

## 클라이언트 만들기

이제 testRouter.ts 파일에 구현된 get, post, put, delete 메서드들을 테스트할 수 있도록 리액트 클라이언트 앱을 만들겠습니다. 먼저 ch07 디렉터리에서 다음 명령으로 ch07_3_client라는 이름으로 리액트 프로젝트를 생성하고 ch07_3_client 디렉터리를 대상으로 VSCode를 실행합니다.

```
> npx create-react-app ch07_3_client --template typescript
> code ch07_3_client
```

VSCode에서 터미널을 하나 열고 다음 명령으로 chance와 luxon, 머티리얼 아이콘과 테일윈드CSS, 리덕스와 드래그 앤 드롭 관련 패키지를 설치합니다. 그리고 리액트 라우터 관련 패키지도 설치합니다.

```
┌─ T 터미널 ──────────────────────────────────── — □ × ─┐
> npm i chance luxon @fontsource/material-icons redux react-redux @reduxjs/toolkit
> npm i redux-logger redux-thunk react-router-dom
> npm i react-dnd react-dnd-html5-backend
> npm i --legacy-peer-deps react-beautiful-dnd
> npm i -D @types/chance @types/luxon
> npm i -D @types/redux-logger @types/redux-thunk
> npm i -D @types/react-dnd @types/react-beautiful-dnd
> npm i -D postcss autoprefixer tailwindcss @tailwindcss/line-clamp daisyui
```

이어서 「06-3」절의 src 디렉터리와 기존에 만든 파일을 복사해 재활용합니다.

```
> cp -r ../../ch06/ch06_3/src/* ./src
> cp -r ../../ch06/ch06_3/*.js .
```

이제 다음 명령으로 src/copy 디렉터리의 CopyMe 디렉터리를 복사하여 RestTest 디렉터리를 src/routes에 만들고 이 디렉터리에 4개의 파일을 만듭니다.

```
> cd src
> cp -r copy/CopyMe routes/RestTest
> cp copy/CopyMe.tsx routes/RestTest/GetTest.tsx
> cp copy/CopyMe.tsx routes/RestTest/PostTest.tsx
> cp copy/CopyMe.tsx routes/RestTest/PutTest.tsx
> cp copy/CopyMe.tsx routes/RestTest/DeleteTest.tsx
> cd ..
```

그리고 src/routes/RestTest 디렉터리의 index.tsx 파일을 다음처럼 작성합니다.

**Do it!** RestTest 컴포넌트 작성하기                              • src/routes/RestTest/index.tsx

```
import GetTest from './GetTest'
import PostTest from './PostTest'
import PutTest from './PutTest'
import DeleteTest from './DeleteTest'

export default function RestTest() {
  return (
    <div>
      <p className="text 3xl lext-center text-bold">RestTest</p>
      <DeleteTest />
      <PutTest />
      <PostTest />
      <GetTest />
    </div>
  )
}
```

src/routes 디렉터리의 RoutesSetup.tsx 파일에 RestTest 컴포넌트에 대한 '/rest' 라우터
경로를 추가합니다.

**Do it!** '/rest' 라우트 경로 추가하기 • src/routes/RoutesSetup.tsx

```tsx
... (생략) ...
import RestTest from './RestTest'

export default function RoutesSetup() {
  return (
    <Routes>
      <Route path="/" element={<Layout />}>
        <Route index element={<LandingPage />} />
        <Route path="/rest" element={<RestTest />} />
        <Route
          path="/board"
          element={
            <RequireAuth>
              <Board />
            </RequireAuth>
          }
        />
        <Route path="*" element={<NoMatch />} />
      </Route>
... (생략) ...
```

그리고 src/routes/Layout 디렉터리의 NavigationBar.tsx 파일에 다음처럼 '/rest' 경로
에 대한 링크를 추가합니다.

**Do it!** RestTest 링크 추가하기 • src/routes/Layout/NavigationBar.tsx

```tsx
... (생략) ...
  return (
    <div className="flex justify-between bg-base-100">
      <div className="flex p-2 navbar ">
        <Link to="/" className="btn btn-link">
          Home
```

```
        </Link>
        <Link to="/rest" className="btn btn-link">
          Rest Test
        </Link>
        {loggedUser && (
          <Link to="/board" className="btn btn-link ml-4">
            Board
          </Link>
        )}
      </div>
  ... (생략) ...
```

## fetch 함수로 JSON 형식 데이터 가져오기

현재 ch07_3_server는 REST 방식 API 서버로서 동작하고 있습니다. 웹 브라우저에서 동작하는 자바스크립트 코드가 REST API 서버에 접속하려면 자바스크립트 엔진에서 기본으로 제공하는 fetch 함수를 사용해야 합니다. fetch는 HTTP 프로토콜의 GET, POST, PUT, DELETE와 같은 메서드를 프로그래밍으로 사용할 수 있게 해줍니다

다음은 fetch API의 타입 선언문으로, fetch는 blob, json, text와 같은 메서드가 있는 Response 타입 객체를 Promise 방식으로 얻습니다.

```
function fetch(input: RequestInfo, init?: RequestInit): Promise<Response>
interface Response {
    // 이미지 등 Blob 타입 데이터를 텍스트나 바이너리 형태로 수신할 때 사용
    blob(): Promise<Blob>;
    json(): Promise<any>;      // JSON 형식 데이터를 수신할 때 사용
    text(): Promise<string>;   // HTML 형식 데이터를 수신할 때 사용
}
```

fetch의 첫 번째 매개변수 input의 타입 RequestInfo는 다음과 같은 타입으로 보통은 http://localhost:4000/test 등의 문자열을 사용합니다. 두 번째 매개변수 init의 타입 RequestInit는 잠시 후에 알아보겠습니다.

```
type RequestInfo = Request | string
```

fetch는 Promise 타입 객체를 반환하므로 fetch로 실제 데이터를 얻으려면 Promise 객체의
then 메서드를 반드시 호출해야 합니다. 또한 서버가 동작하지 않는 등의 이유로 통신 장애가
날 수 있으므로 catch 메서드로 장애의 구체적인 내용을 텍스트 형태로 얻어야 합니다.

다음은 HTTP GET 메서드를 사용하여 API 서버에서 JSON 형식 데이터를 가져오는 코드입
니다. JSON 형식 데이터를 가져와야 하므로 Response 타입 객체의 json 메서드를 호출합니다.

```
fetch(API_서버_URL)
    .then((res) => res.json())
.catch((error: Error) => console.log(error.message))
```

이제 src/routes/RestTest 디렉터리의 GetTest.tsx 파일을 다음처럼 작성합니다. ch07_3_
server 서버의 '/test' 경로에 HTTP GET 메서드를 사용하여 데이터를 가져옵니다.

**Do it!** GET 메서드로 데이터 가져오기 • src/routes/RestTest/GetTest.tsx

```
import {useState, useEffect} from 'react'

export default function GetTest() {
  const [data, setData] = useState<object>({})
  const [errorMessage, setErrorMessage] = useState<string | null>(null)

  useEffect(() => {
    fetch('http://localhost:4000/test')
      .then(res => res.json())
      .then(data => setData(data))
      .catch(error => setErrorMessage(error.message))
  }, [])
  return (
    <div>
      <p className="text-2xl text-center text-bold">GetTest</p>
      <div className="mt-4 text-center">
        <p>data: {JSON.stringify(data, null, 2)}</p>
        {errorMessage && <p>error: {errorMessage}</p>}
      </div>
    </div>
  )
}
```

▶ 실행 결과

```
GetTest

data: { "ok": true, "body": [] }
```

```
GetTest

data: {}
error: Failed to fetch
```

실행 결과를 보면 왼쪽은 ch07_3_server가 정상으로 동작했을 때의 모습이고, 오른쪽은 ch07_3_server에 Ctrl+C를 눌러 종료했을 때 오류 메시지를 보인 것입니다. 웹 브라우저의 콘솔 창을 보면 좀 더 자세한 오류 메시지를 볼 수 있습니다. API 서버가 동작하지 않으면 ERR_CONNECTION_REFUSED라는 오류가 발생하는 것을 알 수 있습니다.

```
⊗ ▶ GET http://localhost:4000/test net::ERR_CONNECTION_REFUSED
```

그림 7-9 웹 브라우저 콘솔 창의 오류 메시지

## 서버 URL 가져오는 함수 구현하기

이번엔 컴포넌트 코드에 http://localhost:4000 등 API 서버 주소를 반복해서 하드 코딩하지 않도록 getServerUrl이란 이름의 유틸리티 함수를 구현하겠습니다. 먼저 다음 명령으로 server라는 디렉터리를 만들고 여기에 3개의 파일을 생성합니다.

```
T 터미널                                                              ─ □ ✕

> mkdir -p src/server
> cd src/server
> touch index.ts getServerUrl.ts getAndDel.ts postAndPut.ts
> cd ../..
```

그리고 getServerUrl.ts 파일을 다음처럼 구현합니다. 이제 API 서버의 주소가 바뀌면 한 줄만 수정하면 되므로 유지·보수가 간편해졌습니다.

```
Do it! 서버 URL 가져오기                                  • src/server/getServerUrl.ts

export const getServerUrl = (path: string) => {
  const host = 'http://localhost:4000'
  return [host, path].join('')
}
```

## HTTP GET과 DELETE 메서드 호출용 함수 구현하기

앞서 GetTest.tsx 코드의 fetch('http://localhost:4000/test') 부분은 조금 전에 작성한 getServerUrl 함수를 사용하면 다음처럼 구현할 수 있습니다.

```
fetch(getServerUrl('/test'))
```

그런데 위 코드는 fetch의 두 번째 매개변수 init 부분을 다음처럼 구현해도 됩니다.

```
fetch(getServerUrl('/test'), {method: 'GET'})
```

마찬가지 이유로 HTTP DELETE 메서드는 method 설정값만 GET에서 DELETE로 변경해 주면 쉽게 구현할 수 있습니다.

```
fetch(getServerUrl('/test'), {method: 'DELETE'})
```

다음은 src/server 디렉터리의 getAndDel.ts 파일을 다음처럼 작성합니다. delete는 자바스크립트 키워드이므로 함수 이름을 del로 하였습니다.

**Do it!** GET과 DELETE 메서드 호출용 함수 구현하기 • src/server/getAndDel.ts

```
import {getServerUrl} from './getServerUrl'

export const get = (path: string) => fetch(getServerUrl(path))
export const del = (path: string) => fetch(getServerUrl(path), {method: 'DELETE'})
```

## HTTP POST와 PUT 메서드 호출용 함수 구현하기

HTTP POST와 PUT 메서드는 method 설정값만 다를 뿐 사용법은 같습니다. 다음은 POST 나 PUT 메서드를 사용하여 data 변수에 담긴 데이터를 서버에 보내는 기본 코드입니다.

```
fetch(getServerUrl(path), {
method: 'POST' 혹은 'PUT',
headers: {'Content-Type': 'application/json'},
  body: JSON.stringify(data)
})
```

그런데 POST와 PUT 메서드는 cors 문제가 있으므로 다음처럼 mode와 cache, credentials 속성값을 추가해 줘야 합니다.

```
fetch(getServerUrl(path), {
method: 'POST' 혹은 'PUT',
headers: {'Content-Type': 'application/json'},
body: JSON.stringify(data),
mode: 'cors',
  cache: 'no-cache',
  credentials: 'same-origin'
})
```

다음은 이 내용을 구현한 src/server 디렉터리의 postAndPut.ts 파일 내용입니다.

**Do it!** POST와 PUT 메서드 호출용 함수 구현하기 • src/server/postAndPut.ts

```
import {getServerUrl} from './getServerUrl'

const postAndPut = (methodName: string) => (path: string, data: object) => {
  return fetch(getServerUrl(path), {
    method: methodName,
    headers: {'Content-Type': 'application/json'},
    body: JSON.stringify(data),
    mode: 'cors',
    cache: 'no-cache',
    credentials: 'same-origin'
  })
}
export const post = postAndPut('POST')
export const put = postAndPut('PUT')
```

이제 같은 디렉터리의 index.ts 파일에 지금까지 구현한 내용을 다음처럼 추가합니다.

**Do it!** 인덱스에 추가하기 • src/server/index.ts

```
export * from './getServerUrl'
export * from './getAndDel'
export * from './postAndPut'
```

## 몽고DB에서 데이터 가져오기

이제 src/routes/RestTest 디렉터리에 생성한 GetTest.tsx 파일을 다음처럼 다시 구현합니다. 코드는 get('/test')를 호출하여 몽고DB에서 'test' 컬렉션의 문서를 모두 가져오는 기능과 get('/test/1234')를 호출하여 id값이 '1234'인 문서만 가져오는 기능을 함께 구현하고 있습니다.

**Do it!** 몽고DB에서 데이터 가져오기 · (완성)src/routes/RestTest/GetTest.tsx

```tsx
import {useState, useCallback} from 'react'
import {Button} from '../../theme/daisyui'
import {get} from '../../server'

export default function GetTest() {
  const [data, setData] = useState<object>({})
  const [errorMessage, setErrorMessage] = useState<string | null>(null)

  const getAllTest = useCallback(() => {
    get('/test')
      .then(res => res.json())
      .then(data => setData(data))
      .catch(error => setErrorMessage(error.message))
  }, [])
  const getTest = useCallback(() => {
    get('/test/1234')
      .then(res => res.json())
      .then(data => setData(data))
      .catch(error => setErrorMessage(error.message))
  }, [])

  return (
    <div className="mb-4">
      <div className="flex justify-center mb-4">
        <Button onClick={getAllTest} className="mr-12 btn-primary">
          GET ALL
        </Button>
        <Button onClick={getTest} className="btn-primary">
          GET ID 1234
        </Button>
      </div>
```

```
    <div className="mt-4 text-center">
      <p>data: {JSON.stringify(data, null, 2)}</p>
      {errorMessage && <p>error: {errorMessage}</p>}
    </div>
  </div>
 )
}
```

▶ 실행 결과

실행 결과에서 왼쪽은 〈GET ALL〉을 클릭했을 때, 오른쪽은 〈GET ID 1234〉를 눌렀을 때의
모습입니다. 현재 test 컬렉션에는 아무런 문서도 없으므로 〈GET ALL〉을 클릭하면 서버에
서 test.find({}).toArray()를 호출합니다. 따라서 body 속성에 빈 배열이 반환됩니다. 그
러나 〈GET ID 1234〉를 클릭하면 null을 반환합니다. 이는 응답이 null일 수 있으므로 이에
대한 처리가 필요하다는 것을 알려 줍니다.

## 컬렉션에 데이터 저장하기

src/routers/RestTest 디렉터리의 PostTest.tsx 파일에 다음과 같은 코드를 작성합니다. 이
코드는 앞서 구현한 post 함수를 사용하여 랜덤한 카드 데이터를 서버에 보냅니다. 실행 결과
는 〈POST〉를 클릭한 후 다시 〈GET ID 1234〉를 클릭한 모습으로 두 버튼이 같은 내용을 출
력한 것을 볼 수 있습니다.

**Do it!** 컬렉션에 데이터 저장하기 • src/routes/RestTest/PostTest.tsx

```
import {useState, useCallback} from 'react'
import {Button} from '../../theme/daisyui'
import {post} from '../../server'
import * as D from '../../data'

export default function PostTest() {
  const [data, setData] = useState<object>({})
  const [errorMessage, setErrorMessage] = useState<string | null>(null)
```

```
const postTest = useCallback(() => {
  post('/test', D.makeRandomCard())
    .then(res => res.json())
    .then(data => setData(data))
    .catch(error => setErrorMessage(error.message))
}, [])

return (
  <div className="mb-4">
    <div className="flex justify-center mb-4">
      <Button onClick={postTest} className="btn-primary">
        POST
      </Button>
    </div>
    <div className="mt-4 text-center">
      <p>data: {JSON.stringify(data, null, 2)}</p>
      {errorMessage && <p>error: {errorMessage}</p>}
    </div>
  </div>
)
}
```

▶ 실행 결과

## id 속성값만 추려내기

src/routes/RestTest 디렉터리의 PutTest.tsx 파일은 PostTest.tsx 파일과 유사하지만 서버에서 수신받은 data 객체에서 id값만 따로 얻습니다. 서버에서 수신한 data의 타입을 ok라는 필수 속성과 body, errorMessage라는 선택 속성이 있는 타입으로 선언하고, Body 타입은 다시 id라는 속성이 반드시 있는 Record 타입으로 선언했습니다. 실행 결과는 버튼을 클릭했을 때

data?.body?.id값이 정상으로 추출된 것을 보여 줍니다.

```tsx
import {useState, useCallback} from 'react'
import {put} from '../../server'
import * as D from '../../data'
import {Button} from '../../theme/daisyui'

type Body = Record<'id' | string, any>
type Data = {
  ok: boolean
  body?: Body
  errorMessage?: string
}
export default function PutTest() {
  const [data, setData] = useState<Data | null>(null)
  const [errorMessage, setErrorMessage] = useState<string | null>(null)
  const putTest = useCallback(() => {
    put('/test/1234', D.makeRandomCard())
      .then(res => res.json())
      .then(data => setData(data))
      .catch(error => setErrorMessage(error.message))
  }, [])

  return (
    <div className="mb-4">
      <div className="flex justify-center mb-4">
        <Button onClick={putTest} className="btn-primary">
          PUT ID 1234
        </Button>
      </div>
      <div className="mt-4 text-center">
        <p>id: {data?.body?.id}</p>
        <p>data: {JSON.stringify(data, null, 2)}</p>
        {errorMessage && <p>error: {errorMessage}</p>}
      </div>
    </div>
  )
}
```

▶ 실행 결과

PUT ID 1234

id: 1234

data: { "ok": true, "body": { "_id": "6239f392e1aa35b0fc23a53e", "id": "1234", "uuid": "055fc7db-7630-5877-bb4e-

## 데이터 지우기

src/routes/RestTest 디렉터리의 DeleteTest.tsx 파일에는 del 함수를 사용하여 몽고DB test 컬렉션의 id값이 '1234'인 문서를 지우는 기능을 구현합니다. 실행 결과는 〈DELETE ID 1234〉를 클릭한 뒤 다시 〈GET ID 1234〉를 클릭한 모습입니다. 문서가 삭제돼서 body 속 성값이 null로 반환됩니다.

**Do it!** 데이터 지우기 • src/routes/RestTest/DeleteTest.tsx

```tsx
import {useState, useCallback} from 'react'
import {Button} from '../../theme/daisyui'
import {del} from '../../server'

export default function DelTest() {
  const [data, setData] = useState<object>({})
  const [errorMessage, setErrorMessage] = useState<string | null>(null)
  const deleteTest = useCallback(() => {
    del('/test/1234')
      .then(res => res.json())
      .then(data => setData(data))
      .catch(error => setErrorMessage(error.message))
  }, [])

  return (
    <div className="mt-4 mb-4">
      <div className="flex justify-center mb-4">
        <Button onClick={deleteTest} className="btn-primary">
          DELETE ID 1234
        </Button>
      </div>
      <div className="mt-4 text-center">
        <p>data: {JSON.stringify(data, null, 2)}</p>
        {errorMessage && <p>error: {errorMessage}</p>}
      </div>
    </div>
  )
}
```

▶ 실행 결과

이제 ch07_2_server와 ch07_2_client 프로젝트에서 모두 Ctrl+C를 눌러 종료합니다. 다음 절에서는 익스프레스 API 서버에 회원 인증 기능과 파일 업로드 기능을 구현하는 방법을 알아보겠습니다.

# 07-4 JSON 웹 토큰으로 회원 인증 기능 구현하기

이 절에서는 JSON 웹 토큰을 사용한 토큰 인증 방식으로 회원 인증 기능을 구현해 보겠습니다.

### ⚙️ 프로젝트 만들기 - 서버

먼저 ch07 디렉터리에서 ch07_4_server라는 이름으로 디렉터리를 만듭니다. 그리고 ch07_4_server 디렉터리를 대상으로 VSCode를 실행합니다.

```
T 터미널                                                    − □ ×
> mkdir ch07_4_server
> code ch07_4_server
```

VSCode에서 터미널을 하나 열고 다음 명령으로 package.json과 tsconfig.json 파일을 ch07_4_server 디렉터리에 생성합니다.

```
T 터미널                                                    − □ ×
> npm init --y
> tsc --init
```

이어서 package.json 파일을 열고 "scripts"에 다음처럼 윈도우는 "start" 항목을, macOS 는 "start-mac" 항목을 추가합니다.

```
Do it! package.json 파일에 스크립트 등록하기                    • package.json
... (생략) ...
{
  "scripts": {
    "start": "nodemon -e ts --exec ts-node src --watch src",
    "start-mac": "nodemon -e ts --exec 'ts-node src' --watch src"
  },
... (생략) ...
```

그리고 다음 패키지들을 설치하여 타입스크립트 Node.js 환경에서 몽고DB와 익스프레스 프레임워크를 설치합니다.

```
> npm i mongodb express cors
> npm i -D typescript ts-node @types/node @types/mongodb
> npm i -D @types/express @types/cors nodemon
```

마지막으로 다음 명령으로 ch07_3_server의 .prettierrc.js 파일과 src 디렉터리를 현재 디렉터리로 복사합니다. 그리고 npm start 명령으로 서버를 실행합니다.

```
> cp -r ../ch07_3_server/.* .
> cp -r ../ch07_3_server/src .
```

### ⚙️ 프로젝트 만들기 - 클라이언트

이번에는 ch07_4_server에 접속하는 클라이언트 프로젝트를 구성하겠습니다. 먼저 ch07 디렉터리에서 다음 명령으로 ch07_4_client라는 이름의 타입스크립트 리액트 프로젝트를 생성합니다. 그리고 ch07_4_client 디렉터리를 대상으로 VSCode를 실행합니다.

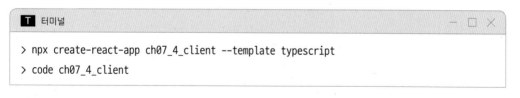

```
> npx create-react-app ch07_4_client --template typescript
> code ch07_4_client
```

VSCode에서 터미널을 하나 열고 다음 명령으로 chance와 luxon, 머티리얼 아이콘과 테일윈드CSS, 리덕스와 드래그 앤 드롭 관련 패키지를 설치합니다. 그리고 리액트 라우터 관련 패키지도 설치합니다.

그리고 「07-3」절에서 만든 ch07_3_client 프로젝트의 src 디렉터리와 기존에 만든 파일을 복사해 재활용합니다.

```
T  터미널                                                         −  □  ✕
> cp -r ../ch07_3_client/src/* ./src
> cp -r ../ch07_3_client/*.js .
```

## 사용자 인증과 JSON 웹 토큰

사용자 인증은 주로 사용자를 구분하는 목적으로 이용되므로 서비스를 제공하는 서버에 사용자가 입력한 정보를 저장합니다. 하지만 구글이나 페이스북, 네이버, 카카오와 같은 다른 사이트에 사용자가 과거에 입력한 정보를 바탕으로 회원 가입을 허용하기도 합니다. 그리고 이런 방식으로 동작하는 서버들은 모두 OAuth라고 하는 표준에 기반합니다.

OAuth<sup>open standard for access delegation</sup>는 RFC 5849 국제 표준으로 2010년에 버전 1.0이 발표되었으며 이후 2012년에 버전 2.0이 발표되었습니다. 오늘날 사용되는 OAuth는 그 버전을 구분하기 위해 1.0 버전은 OAuth1, 2.0 버전은 OAuth2라고 합니다. 그런데 OAuth는 모두 JSON 웹 토큰이란 기술에 기반을 두고 있습니다.

**토큰**<sup>token</sup>은 보통 문자열이나 숫자로 만듭니다. 만약 모바일 앱이 토큰을 전송한다면 서버는 수신한 토큰을 키로 하여 해당 토큰의 값 부분을 얻을 수 있습니다. JSON 웹 토큰(줄여서 JWT)은 선택적 서명<sup>optional signature</sup>과 선택적 암호화<sup>optional encryption</sup> 기술을 사용하여 데이터를 만들게 하는 인터넷 표준이며 명칭은 RFC 7519입니다. JWT는 HTTP 헤더의 **Authorization** 항목에 다음처럼 'Bearer' + ' ' + jwt 형태의 값으로 서버에 전송하는 방식으로 동작합니다.

```
headers: {
  Authorization: `Bearer ${jwt}`
}
```

이러한 HTTP 헤더를 수신받은 서버는 headers의 Authorization 항목에서 JWT값을 찾아 어떤 작업을 한 뒤, 그 결과를 다시 HTTP 헤더를 보낸 쪽에 전달합니다. JWT값은 주로 회원 가입할 때, 서버에서 생성하여 웹 브라우저 쪽 프런트엔드 프레임워크에 전달합니다. 프런트엔드 프레임워크 쪽 코드는 이렇게 수신한 JWT 값을 보관하고 있다가, 서버 API를 호출할 때 HTTP headers의 Authorization 항목에 실어서 전송합니다.

## JWT 기능 구현하기 — 서버

Node.js 환경에서 JSON 웹 토큰과 관련된 기능은 jsonwebtoken이란 패키지를 사용합니다. 서버에서 다음 명령으로 jsonwebtoken을 설치합니다.

```
T 터미널                                                    − □ ✕

> npm i jsonwebtoken
> npm i -D @types/jsonwebtoken
```

jsonwebtoken 패키지는 다음처럼 sign과 verify 함수를 제공합니다.

```
import {sign, verify} from 'jsonwebtoken
```

sign 함수는 다음 코드 형태로 JSON 웹 토큰을 만듭니다. 여기서 secret은 payload를 암호화할 때 키입니다. sign 함수는 payload를 secret과 options 부분을 결합해 JSON 웹 토큰을 생성합니다.

```
const secret = '짐작하기_어려운_문자열'
const jwt = sign(payload, secret, options)
```

JSON 웹 토큰의 특징은 유효 기간을 설정할 수 있다는 점입니다. 예를 들어 다음 코드는 하루('1d'는 '1day'의 의미)만 유효한 JSON 웹 토큰을 만듭니다.

```
sign({name: 'Jack', password: '1234'}, secret, {expiresIn: '1d'})
```

이렇게 만든 jwt값은 다음처럼 verify 함수로 검증할 수 있습니다.

```
const decoded = verify(jwt, secret, options)
```

이제 jsonwebtoken 패키지가 제공하는 기능을 프로그래밍으로 좀 더 쉽게 사용할 수 있게
만들어 보겠습니다. 다음 명령으로 src/utils 디렉터리에 jwtP.ts 파일을 생성합니다.

**T** 터미널　　　　　　　　　　　　　　　　　　　　　　　　　　　　　　　　　　　　　─ □ ✕

```
> touch src/utils/jwtP.ts
```

그리고 jwtP.ts 파일을 다음처럼 구현합니다. 이 코드에서는 **sign**이나 **verify** 함수가 예외를
일으킬 때 서버 프로그램이 비정상으로 종료되는 것을　　　* 함수 이름 뒤의 'P' 자는 함수가 Promise 타입
막고자 **try/catch** 문을 사용하고 있습니다.*　　　　　　　객체를 반환한다는 것을 의미합니다.

**Do it!** JWT 기능 구현하기　　　　　　　　　　　　　　　　　　　　　• src/utils/jwtP.ts

```
import type {Jwt, JwtPayload} from 'jsonwebtoken'
import {sign, verify} from 'jsonwebtoken'
import type {SignOptions, VerifyOptions} from 'jsonwebtoken'

const secret = 'very important secret'

export const jwtSignP = (payload: string | Buffer | object, options: SignOptions = {}) =>
  new Promise<string>((resolve, reject) => {
    try {
      const jwt = sign(payload, secret, options)
      resolve(jwt)
    } catch (e) {
      reject(e)
    }
  })

export const jwtVerifyP = (token: string, options: VerifyOptions = {}) =>
```

```
new Promise<Jwt | JwtPayload | string>((resolve, reject) => {
  try {
    const decoded = verify(token, secret, options)
    resolve(decoded)
  } catch (e) {
    reject(e)
  }
})
```

이제 같은 디렉터리의 index.ts 파일에 **jwtP**를 추가합니다.

**Do it!** 인덱스에 추가하기                                        • src/utils/index.ts

```
... (생략) ...
export * from './jwtP'
```

이제 jwtP.ts 파일에 구현한 두 함수를 테스트해 보고자 다음 명령으로 src/test 디렉터리에
jwtTest.ts 파일을 만듭니다.

**T** 터미널                                                    — □ ✕

```
> touch src/test/jwtTest.ts
```

그리고 jwtTest.ts 파일을 다음처럼 작성합니다. 코드는 정상으로 JSON 웹 토큰을 생성하고
생성된 토큰을 검증하는 **jwtNormalTest** 함수와 토큰이 '1234' 등 비정상적일 때를 대비한
**jwtExceptionTest**, 그리고 토큰의 유효 기간을 1초(1s)로 한 다음 2초 후에 토큰을 검증하여
유효 기간이 지난 토큰일 때를 테스트하는 **jwtExpireTest** 함수 등을 실행해 보는 내용입니다.

**Do it!** JWT 테스트하기                                        • src/test/jwtTest.ts

```
import * as U from '../utils'

const jwtNormalTest = async () => {
  try {
    const jwt = await U.jwtSignP({name: 'Jack', age: 32})
    console.log('jwt', jwt)
    const decoded = await U.jwtVerifyP(jwt)
```

```
      console.log('decoded', decoded)
    } catch (e) {
      if (e instanceof Error) console.log('error', e.message)
    }
  }
  const jwtExceptionTest = async () => {
    try {
      const decoded = await U.jwtVerifyP('1234')
      console.log('decoded', decoded)
    } catch (e) {
      if (e instanceof Error) console.log('error', e.message)
    }
  }
  const jwtExpireTest = async () => {
    const jwt = await U.jwtSignP({name: 'Jack', age: 32}, {expiresIn: '1s'})
    const id = setTimeout(async () => {
      try {
        const decoded = await U.jwtVerifyP(jwt)
        console.log('decoded', decoded)
      } catch (e) {
        if (e instanceof Error) console.log('error', e.message)
      }
    }, 2000)
  }
  jwtNormalTest().then(jwtExceptionTest).then(jwtExpireTest)
```

이제 VSCode 터미널에서 다음 명령으로 실행합니다. 실행 결과를 보면 생성한 토큰과 디코딩 결과, 비정상 토큰일 때, 기한이 지났을 때 오류를 차례로 출력합니다.

```
┌─ T 터미널                                                              — □ ✕

> ts-node src/test/jwtTest.ts
jwt eyJhbGciOiJIUzI1NiIsInR5cCI6IkpXVCJ9.eyJuYW1lIjoiSmFjayIsImFnZSI6MzIsImlhdCI6MTY2N
jc0MDQzNn0._7NRHOg641IrcVoH5z16ojfkyPH_4yZyRo9-2hpqlsE
decoded { name: 'Jack', age: 32, iat: 1666740436 }
error jwt malformed
error jwt expired
```

## 비밀번호 해시값 구하기 — 서버

이번엔 사용자 인증 기능용 라우터를 작성해야 하는데 그에 앞서 비밀번호의 해시값을 구하는 방법을 알아보겠습니다. 사용자가 회원 가입할 때 설정한 비밀번호를 그냥 저장하면 보안 문제를 일으킵니다. 따라서 비밀번호의 해시값$^{hash\ value}$을 계산하여 저장해야 합니다.

Node.js 환경에서 비밀번호와 같은 문자열은 bcrypt라는 패키지가 제공하는 기능을 사용하면 쉽게 해시값을 구할 수 있습니다. 먼저 다음 명령으로 bcrypt 패키지를 설치합니다.

```
T 터미널                                                          — □ ×
> npm i bcrypt
> npm i -D @types/bcrypt
```

bcrypt 패키지를 설치하면 다음처럼 bcrypt 객체를 얻을 수 있습니다.

```
import bcrypt from 'bcrypt'
```

그리고 이 bcrypt 객체를 통해 hash와 compare 함수를 다음처럼 bcrypt.hash, bcrypt.compare 형태로 사용할 수 있습니다.

```
export declare function hash(data: string | Buffer, saltOrRounds: string | number):
Promise<string> export declare function compare(data: string | Buffer, encrypted: string):
Promise<boolean>
```

이제 Promise 버전인 hash와 compare 함수를 이용하여 비밀번호를 해시하는 함수를 구현하겠습니다. 먼저 다음 명령으로 src/utils 디렉터리에 hashPassword.ts 파일을 생성합니다.

```
T 터미널                                                          — □ ×
> touch src/utils/hashPasswordP.ts
```

그리고 hashPasswordP.ts 파일을 다음처럼 구현합니다.

```
import bcrypt from 'bcrypt'
const saltRounds = 10

export const hashPasswordP = (password: string) =>
  new Promise<string>(async (resolve, reject) => {
    try {
      const salt = await bcrypt.genSalt(saltRounds)
      const hash = await bcrypt.hash(password, salt)
      resolve(hash)
    } catch (e) {
      reject(e)
    }
  })

export const comparePasswordP = (password: string, hashedPassword: string) =>
  new Promise<boolean>(async (resolve, reject) => {
    try {
      const result = await bcrypt.compare(password, hashedPassword)
      resolve(result)    // 비밀번호가 같으면 true
    } catch (e) {
      reject(e)
    }
  })
```

이제 같은 디렉터리의 index.ts 파일에 다음처럼 hashPasswordP를 추가합니다.

```
... (생략) ...
export * from './hashPasswordP'
```

그리고 hashPasswordP.ts 파일에 구현한 두 함수를 테스트하고자 다음 명령으로 src/test
디렉터리에 hashTest.ts 파일을 생성합니다.

터미널　　　　　　　　　　　　　　　　　　　　　　　　　　　　　－ □ ✕

```
> touch src/test/hashTest.ts
```

hashTest.ts 파일을 다음처럼 작성합니다. 코드는 평범한 문자열 비밀번호를 password 변수에 저장한 다음, hashPasswordP 함수로 이 비밀번호의 해시값을 구합니다. 그리고 compare PasswordP 함수로 평범한 비밀번호와 해시값을 비교합니다.

**Do it!** 비밀번호 해시값 테스트 • src/test/hashTest.ts

```
import * as U from '../utils'

const hashTest = async () => {
  const password = '1234'
  try {
    const hashed = await U.hashPasswordP(password)
    console.log('hashed', hashed)
    const same = await U.comparePasswordP(password, hashed)
    console.log('same', same)      // true
    const same2 = await U.comparePasswordP('abcd', hashed)
    console.log('same2', same2)    // false
  } catch (e) {
    if (e instanceof Error) console.log('error', e.message)
  }
}
hashTest()
```

터미널에서 다음 명령으로 실행해 봅니다. 결과를 보면 '1234'와 같은 간단한 문자열이 길고 복잡한 해시값으로 바뀐 것을 볼 수 있습니다.

```
> ts-node src/test/hashTest.ts
hashed $2b$10$7SmbYDZdXy6l9SkD8RORaurtX2nduyoEtzO7ZybYN00TUDozh.Kr2
same true
same2 false
```

## 라우터 구현하기 — 서버

앞에서 만든 4가지 함수를 이용해 라우터를 구현해 보겠습니다. 다음 명령으로 src/routers 디렉터리에 authRouter.ts 파일을 생성합니다.

**T** 터미널                                                                    — □ ×

```
> touch src/routers/authRouter.ts
```

그리고 authRouter.ts 파일을 다음처럼 작성합니다.

**Do it! 라우터 구현하기** • src/routers/authRouter.ts

```typescript
import type {MongoDB} from '../mongodb'
import {Router} from 'express'
import * as U from '../utils'

export const authRouter = (...args: any[]) => {
  const db: MongoDB = args[0]
  const user = db.collection('user')
  const router = Router()

  return router.post('/signUp', async (req, res) => {
    const {body} = req

    try {
      // console.log('/signup', body)
      const exists = await user.findOne({email: body.email})

      if (exists) {
        res.json({ok: false, errorMessage: '이미 가입한 회원입니다.'})
      } else {
        const {email, password} = body
        const hashed = await U.hashPasswordP(password)
        const newBody = {email, password: hashed}
        const {insertedId} = await user.insertOne(newBody)
        const jwt = await U.jwtSignP({userId: insertedId})

        res.json({ok: true, body: jwt})
      }
    } catch (e) {
      if (e instanceof Error) res.json({ok: false, errorMessage: e.message})
    }
  })
}
```

코드는 클라이언트가 전송한 이메일 주소를 가진 문서가 있는지 판별하여 이미 가입한 회원인지를 가려냅니다. 그리고 신규 회원이면 전송된 비밀번호의 해시값을 구해 컬렉션에 저장하고 컬렉션에 생성된 문서의 _id값으로 JSON 토큰을 만들어 userId 속성에 설정합니다. 이를 body 속성에 설정하여 클라이언트로 보냅니다. 이제 클라이언트 쪽에서 JSON 토큰을 보내면 이 토큰으로 userId값을 가진 문서가 user 컬렉션에 있는지 판별하여 회원 가입한 사용자가 보낸 요청인지를 알 수 있습니다.

같은 디렉터리의 index.ts 파일에 authRouter를 다음처럼 추가합니다.

**Do it!** 인덱스에 추가하기                                                              • src/routers/index.ts

```
... (생략) ...
export * from './authRouter'
```

그리고 src/express 디렉터리의 setupRouters.ts 파일에 authRouter에 대한 경로를 다음처럼 설정해 줍니다. 즉, 회원 가입 경로는 '/auth/signup'이 됩니다.

**Do it!** 회원 가입 경로 추가하기                                                   • src/express/setupRouters.ts

```
import {Express} from 'express'
import * as R from '../routers'

export const setupRouters = (app: Express, ...args: any[]): Express => {
  // prettier-ignore
  return app
        .use('/test', R.testRouter(...args))
        .use('/auth', R.authRouter(...args))
}
```

## 회원 인증 기능 구현하기 — 클라이언트

앞서 06-3절에서는 src/contexts/AuthContext.tsx 파일에 signup 함수를 다음처럼 구현했습니다. 그런데 이 코드는 원칙적으로 post('/auth/signup', user) 형태의 코드를 호출하여 백엔드 API 서버에서 회원 등록을 정상으로 마치고 호출되어야 하는 코드입니다.

```
const signup = useCallback((email: string, password: string, callback?: Callback) => {
  const user = {email, password}
  setLoggedUser(notUsed => user)
  U.writeObjectP('user', user).finally(() => callback && callback())
}, [])
```

즉, signup 함수는 백엔드 API 서버가 있을 때 다음처럼 구현한 후 서버에서 ok값이 true일 때
비로서 setLoggedUser와 U.writeObjectP 함수를 호출하는 방식으로 구현해야 정상입니다.

```
const signup = useCallback((email: string, password: string, callback?: Callback) => {
  const user = {email, password}

  post('/auth/signup', user)
    .then(res => res.json())
    .then((result: {ok: boolean; body?: string; errorMessage?: string}) => {
      const {ok, body, errorMessage} = result
      if (ok) {
        setLoggedUser(notUsed => user)
        U.writeObjectP('user', user).finally(() => callback && callback())
      }
```

또한 서버에서 보내는 JSON 토큰이나 통신 장애로 인한 오류를 처리하려면 다음처럼 2가지
상태를 구현해 줘야 합니다.

```
const [jwt, setJwt] = useState<string>('')
const [errorMessage, setErrorMessage] = useState<string>('')
```

서버에서 보내는 JSON 토큰인 jwt값은 body 속성값 자체입니다. 따라서 다음처럼 jwt값을
localStorage에 저장하여 웹 브라우저를 종료한 후 다음에 다시 시작하더라도 이 값을 읽을
수 있도록 해줘야 합니다. 그리고 회원 가입 후 즉시 웹 화면의 기능을 사용할 수 있도록 jwt값
을 컨텍스트에 유지해야 합니다.

```
const {ok, body, errorMessage} = result
if (ok) {
  U.writeStringP('jwt', body ?? '').finally(() => {
    setJwt(body ?? '')
    setLoggedUser(notUsed => user)
    U.writeObjectP('user', user).finally(() => callback && callback())
  })
}
```

또한 로그인했을 때 다음과 같은 코드로 localStorage에 저장된 jwt값을 읽어 컨텍스트의
jwt 상태값을 복원해 주는 것도 필요합니다.

```
useEffect(() => {
  U.readStringP('jwt')
    .then(jwt => setJwt(jwt ?? ''))
    .catch(() => { /* 오류 무시 */ })
}, [])
```

이러한 내용을 종합해 signup 함수를 구현해 보겠습니다. 클라이언트 프로젝트(ch07_4_
client)가 열린 VSCode에서 src/contexts/AuthContext.tsx 파일을 열고 다음과 같은 코드
를 작성합니다. 참고로 이 코드는 signup 함수만 구현한 것이고 login과 logout 함수는 수정
이 필요합니다.

Do it! signup 함수에 서버 접속 기능 추가하기 • src/contexts/AuthContext.tsx

```
import type {FC, PropsWithChildren} from 'react'
import {createContext, useContext, useState, useCallback, useEffect} from 'react'
import * as U from '../utils'
import {post} from '../server'

export type LoggedUser = {email: string; password: string}
type Callback = () => void

type ContextType = {
  loggedUser?: LoggedUser
  signup: (email: string, password: string, callback?: Callback) => void
```

```
  login: (email: string, password: string, callback?: Callback) => void
  logout: (callback?: Callback) => void
}

export const AuthContext = createContext<ContextType>({
  signup: (email: string, password: string, callback?: Callback) => {},
  login: (email: string, password: string, callback?: Callback) => {},
  logout: (callback?: Callback) => {}
})

type AuthProviderProps = {}

export const AuthProvider: FC<PropsWithChildren<AuthProviderProps>> = ({children}) => {
const [loggedUser, setLoggedUser] = useState<LoggedUser | undefined>(undefined)
const [jwt, setJwt] = useState<string>('')
  const [errorMessage, setErrorMessage] = useState<string>('')

  const signup = useCallback((email: string, password: string, callback?: Callback) => {
    const user = {email, password}

    post('/auth/signup', user)
      .then(res => res.json())
      .then((result: {ok: boolean; body?: string; errorMessage?: string}) => {
        const {ok, body, errorMessage} = result
        if (ok) {
          U.writeStringP('jwt', body ?? '').finally(() => {
            setJwt(body ?? '')
            setLoggedUser(notUsed => user)
            U.writeObjectP('user', user).finally(() => callback && callback())
          })
        } else setErrorMessage(errorMessage ?? '')
      })
      .catch((e: Error) => setErrorMessage(e.message))
  }, [])
  const login = useCallback((email: string, password: string, callback?: Callback) => {
    setLoggedUser(notUsed => ({email, password}))
    callback && callback()
  }, [])
  const logout = useCallback((callback?: Callback) => {
```

```
      setLoggedUser(undefined)
      callback && callback()
  }, [])

  useEffect(() => {
      U.readStringP('jwt')
        .then(jwt => setJwt(jwt ?? ''))
        .catch(() => {
          /* 오류 무시 */
        })
  }, [])

  const value = {
    jwt,
    errorMessage,

    loggedUser,
    signup,
    login,
    logout
  }
  return <AuthContext.Provider value={value} children={children} />
}

export const useAuth = () => {
  return useContext(AuthContext)
}
```

이제 실제로 회원 가입을 해보겠습니다. 서버와 클라이언
트에서 각각 npm start 명령을 실행합니다. 그리고 웹 브라
우저에서 〈SIGNUP〉을 클릭한 후 〈CREATE ACCOUNT〉
를 클릭해 회원 가입을 합니다.

그림 7-10 회원 가입하기

그리고 몽고셸에서 다음처럼 문서를 조회해 보면 이메일이 일치하는 것을 볼 수 있습니다.
즉, 회원 가입이 정상으로 된 것입니다.

```
M 몽고셸                                                              —  □  ✕

> use ch07
switched to db ch07
> db.user.find({})
{ "_id" : ObjectId("635883ec517d6fafdcd7ffb6"), "email" : "ovrojdug@katabep.mq", "pass-
word" : "$2b$10$rYVoOXcixVYPhGO7bhM1p.MZG3qqBpdhy4ypj5mILSvjpvW5y9yU." }
```

## 로그인 기능 구현하기 — 서버

이번엔 로그인 기능을 구현해 볼 차례인데 그 전에 잠시 몽고DB의 ObjectId에 관해 알아보
겠습니다. 앞서 「07-1」절에서는 컬렉션에 저장되는 문서는 항상 ObjectId 타입의 _id 속성
이 있다는 걸 알아봤습니다.

이제 문자열을 ObjectId 형태로 변환해 주는 stringToObjectId 함수를 만들겠습니다. 서버
프로젝트에서 다음 명령을 실행하여 stringToObjectId.ts 파일을 만듭니다.

```
T 터미널                                                              —  □  ✕

> touch src/mongodb/stringToObjectId.ts
```

그리고 stringToObjectId.ts 파일을 다음처럼 작성합니다.

```
Do it! 문자열 → ObjectId 변환 함수 만들기              • src/mongodb/stringToObjectId.ts

import {ObjectId} from 'mongodb'

export const stringToObjectId = (id: string) => new ObjectId(id)
```

그리고 같은 디렉터리의 index.ts 파일에 stringToObjectId를 다음처럼 추가합니다.

```
Do it! 인덱스에 추가하기                                        • src/mongodb/index.ts

... (생략) ...
export * from './stringToObjectId'
```

이제 다시 본론으로 돌아가서 로그인 기능을 구현해 보겠습니다. 앞서 언급한 대로 JSON 토 큰은 HTTP 요청 헤더에서 Authorization 속성의 설정값으로 서버에 전송됩니다.

```
headers: {
  Authorization: `Bearer ${jwt}`
}
```

이렇게 서버로 전송된 HTTP 요청 헤더는 다음 코드 형태로 얻을 수 있습니다.

```
router.post(경로, (req, res) => {
  const header = req.headers
```

다만, 헤더가 없는 요청도 있을 수 있으므로 다음처럼 방어하는 코드가 필요합니다.

```
router.post(경로, (req, res) => {
  const headers = req.headers || {}
```

그리고 req.headers에서 authorization 속성값은 다음 코드 형태로 얻을 수 있습니다.

```
router.post(경로, (req, res) => {
  const {authorization} = req.headers || {}
```

다만, 클라이언트 쪽에서 authorization 속성값을 항상 설정하여 보낸다고 장담할 수 없으므 로 다음처럼 방어하는 코드가 필요합니다.

```
router.post(경로, (req, res) => {
  const {authorization} = req.headers || {}
  if (!authorization) {
    res.json({ok: false, errorMessage: 'JSON 토큰이 없습니다'})
    return
  }
```

그리고 authorization 속성에 담긴 JSON 토큰은 'Bearer' + 공백(' ') 문자 + JSON_토큰 형태로 담겨 있으므로 다음과 같은 코드 형태로 얻을 수 있습니다.

```
const tmp = authorization.split(' ')
if (tmp.length !== 2)
  res.json({ok: false, errorMessage: '헤더에서 JSON 토큰을 얻을 수 없습니다.'})
else {
  const jwt = tmp[1]
}
```

그리고 이렇게 얻은 JSON 토큰으로부터 user 컬렉션의 문서 _id값을 얻어 findOne 메서드를
통해 JSON 토큰에 담긴 userId값을 가진 문서를 얻을 수 있습니다.

```
const decoded = (await U.jwtVerifyP(jwt)) as {userId: string}
const result = await user.findOne({_id: stringToObjectId(decoded.userId)})
```

다음은 이런한 내용을 바탕으로 src/routes 디렉터리의 authRouter.ts 파일에서 post('/
login') 라우트 부분을 구현한 것입니다.

**Do it!** 로그인 라우터 구현하기                    • (완성)src/routes/authRouter.ts

```
import type {MongoDB} from '../mongodb'
import {stringToObjectId} from '../mongodb'
import {Router} from 'express'
import * as U from '../utils'

export const authRouter = (...args: any[]) => {
  const db: MongoDB = args[0]
  const user = db.collection('user')
  const router = Router()

  return router
    .post('/signUp', async (req, res) => {
      const {body} = req

      try {
        // console.log('/signup', body)
        const exists = await user.findOne({email: body.email})
```

```
      if (exists) {
        res.json({ok: false, errorMessage: '이미 가입한 회원입니다.'})
      } else {
        const {email, password} = body
        const hashed = await U.hashPasswordP(password)
        const newBody = {email, password: hashed}
        const {insertedId} = await user.insertOne(newBody)
        const jwt = await U.jwtSignP({userId: insertedId})

        res.json({ok: true, body: jwt})
      }
    } catch (e) {
      if (e instanceof Error) res.json({ok: false, errorMessage: e.message})
    }
  })
  .post('/login', async (req, res) => {
    const {authorization} = req.headers || {}
    if (!authorization) {
      res.json({ok: false, errorMessage: 'JSON 토큰이 없습니다.'})
      return
    }
    try {
      const tmp = authorization.split(' ')
      if (tmp.length !== 2)
        res.json({ok: false, errorMessage: '헤더에서 JSON 토큰을 얻을 수 없습니다.'})
      else {
        const jwt = tmp[1]
        const decoded = (await U.jwtVerifyP(jwt)) as {userId: string}
        const result = await user.findOne({_id: stringToObjectId(decoded.userId)})
        if (!result) {
          res.json({ok: false, errorMessage: '등록되지 않은 사용자 입니다.'})
          return
        }

        const {email, password} = req.body
        if (email !== result.email) {
          res.json({ok: false, errorMessage: '이메일 주소가 틀립니다.'})
```

```
      return
    }
    const same = await U.comparePasswordP(password, result.password)
    if (false === same) {
      res.json({ok: false, errorMessage: '비밀번호가 틀립니다.'})
      return
    }

    res.json({ok: true})
  }
} catch (e) {
  if (e instanceof Error) res.json({ok: false, errorMessage: e.message})
  }
})
}
```

## 로그인 기능 구현하기 — 클라이언트

이제 클라이언트 쪽에서 HTTP 요청에 JSON 토큰을 실어서 보내는 방법을 알아보겠습니다. 프런트엔드 쪽에서 서버로 로그인하려면 먼저 JSON 토큰을 운반하는 post 메서드를 구현해 주어야 합니다. 이를 위해 다음처럼 fetch 함수의 두 번째 매개변수 부분을 분리해 보면 다음 과 같습니다.

```
let init: RequestInit = {
  method: 'POST' 혹은 'PUT',
  body: JSON.stringify(data),
  mode: 'cors',
  cache: 'no-cache',
  credentials: 'same-origin'
}
fetch(getServerUrl(path), init)
```

이때 JSON 웹 토큰이 있는지에 따라 headers 부분을 다음처럼 구현할 수 있습니다. 참고로 이렇게 구현한 이유는 타입스크립트 컴파일러가 init에 매우 엄격한 타입 검사를 하기 때문 입니다.

```
if (jwt) {
  init = {
    ...init,
    headers: {'Content-Type': 'application/json', Authorization: `Bearer ${jwt}`}
  }
} else init = {...init, headers: {'Content-Type': 'application/json'}}
```

이제 클라이언트 프로젝트에서 src/server 디렉터리의 postAndPut.ts 파일을 열어 다음처럼 수정합니다.

**Do it!** JSON 기능 추가하기(완성)                                              • src/server/postAndPut.ts

```
import {getServerUrl} from './getServerUrl'

const postAndPut =
  (methodName: string) =>
  (path: string, data: object, jwt?: string | null | undefined) => {
    let init: RequestInit = {
      method: methodName,
      body: JSON.stringify(data),
      mode: 'cors',
      cache: 'no-cache',
      credentials: 'same-origin'
    }
    if (jwt) {
      init = {
        ...init,
        headers: {'Content-Type': 'application/json', Authorization: `Bearer ${jwt}`}
      }
    } else init = {...init, headers: {'Content-Type': 'application/json'}}
    return fetch(getServerUrl(path), init)
  }
export const post = postAndPut('POST')
export const put = postAndPut('PUT')
```

## AuthContext.tsx 파일의 login 함수 다시 구현하기

앞서 서버의 authRouter.ts 파일에서 '/auth/login' 경로의 구현 내용을 보면 로그인할 때 JSON 토큰을 요구합니다. 이 JSON 토큰은 현재 localStorage에 담겨 있으므로 AuthContext. tsx 파일의 login 함수는 다음처럼 localStorage에서 JSON 토큰을 읽는 것으로 시작해야 합니다.

```
const login = useCallback((email: string, password: string, callback?: Callback) => {
  const user = {email, password}
  U.readStringP('jwt')
    .then(jwt => {})
.catch((e: Error) => setErrorMessage(e.message ?? '????'))
}, [])
```

그리고 localStorage에서 JSON 토큰을 정상으로 읽었으면 다음처럼 JSON 토큰과 함께 사용자의 이메일 주소와 비밀번호를 전송합니다.

```
const login = useCallback((email: string, password: string, callback?: Callback) => {
  const user = {email, password}
  U.readStringP('jwt')
    .then(jwt => {
      return post('/auth/login', user, jwt)
    })
```

이후 서버의 응답을 얻은 다음, ok 속성값이 false이면 오류 메시지를 화면에 출력하고 로그인 화면에서 멈춥니다. 만약 true이면 앞서 구현했던 setLoggedUser와 callback 함수를 호출하여 다음 화면으로 진행합니다.

```
const login = useCallback(
  (email: string, password: string, callback?: Callback) => {
    const user = {email, password}
    U.readStringP('jwt')
      .then(jwt => {
        setJwt(jwt ?? '')
        return post('/auth/login', user, jwt)
      })
```

```
    .then(res => res.json())
    .then((result: {ok: boolean; errorMessage?: string}) => {
      if (result.ok) {
        setLoggedUser(notUsed => user)
        callback && callback()
      } else {
        setErrorMessage(result.errorMessage ?? '')
      }
    })
    .catch((e: Error) => setErrorMessage(e.message ?? ''))
  },
  [jwt]
)
```

다음은 logout 함수의 구현 내용으로 AuthProvider는 useState 훅으로 얻은 jwt값을 사용하지, localStorage에 담긴 jwt값을 사용하지 않는다는 점이 핵심입니다. 즉, useState 훅으로 유지되는 jwt 토큰만 초기화해야지, localStorage에 담긴 jwt 토큰을 초기화하면 안 됩니다.

```
const logout = useCallback((callback?: Callback) => {
  setJwt(notUsed => '')
  setLoggedUser(undefined)
  callback && callback()
}, [])
```

지금까지의 내용을 종합하여 login과 logout 함수를 구현하겠습니다. src/contexts 디렉터리의 AuthContext.tsx 파일을 열고 다음처럼 작성합니다.

**Do it!** login과 logout 함수 구현하기 • src/contexts/AuthContext.tsx

```
import type {FC, PropsWithChildren} from 'react'
import {createContext, useContext, useState, useCallback, useEffect} from 'react'
import * as U from '../utils'
import {post} from '../server'

export type LoggedUser = {email: string; password: string}
type Callback = () => void
```

```
type ContextType = {
  jwt?: string
  errorMessage?: string
  loggedUser?: LoggedUser
  signup: (email: string, password: string, callback?: Callback) => void
  login: (email: string, password: string, callback?: Callback) => void
  logout: (callback?: Callback) => void
}

export const AuthContext = createContext<ContextType>({
  signup: (email: string, password: string, callback?: Callback) => {},
  login: (email: string, password: string, callback?: Callback) => {},
  logout: (callback?: Callback) => {}
})

type AuthProviderProps = {}

export const AuthProvider: FC<PropsWithChildren<AuthProviderProps>> = ({children}) => {
  const [loggedUser, setLoggedUser] = useState<LoggedUser | undefined>(undefined)
  const [jwt, setJwt] = useState<string>('')
  const [errorMessage, setErrorMessage] = useState<string>('')

  const signup = useCallback((email: string, password: string, callback?: Callback) => {
    const user = {email, password}
    post('/auth/signup', user)
      .then(res => res.json())
      .then((result: {ok: boolean; body?: string; errorMessage?: string}) => {
        const {ok, body, errorMessage} = result
        if (ok) {
          U.writeStringP('jwt', body ?? '').finally(() => {
            setJwt(body ?? '')
            setLoggedUser(notUsed => user)
            U.writeObjectP('user', user).finally(() => callback && callback())
          })
        } else setErrorMessage(errorMessage ?? '')
      })
      .catch((e: Error) => setErrorMessage(e.message))
  }, [])
```

```typescript
const login = useCallback((email: string, password: string, callback?: Callback) => {
  const user = {email, password}
  U.readStringP('jwt')
    .then(jwt => {
      setJwt(jwt ?? '')
      return post('/auth/login', user, jwt)
    })
    .then(res => res.json())
    .then((result: {ok: boolean; errorMessage?: string}) => {
      if (result.ok) {
        setLoggedUser(notUsed => user)
        callback && callback()
      } else {
        setErrorMessage(result.errorMessage ?? '')
      }
    })
    .catch((e: Error) => setErrorMessage(e.message ?? ''))
}, [])
const logout = useCallback((callback?: Callback) => {
  setJwt(notUsed => '')
  setLoggedUser(undefined)
  callback && callback()
}, [])

useEffect(() => {
  const deleteToken = false   // localStorage의 jwt값을 초기화할 때 사용
  if (deleteToken) {
    U.writeStringP('jwt', '')
      .then(() => {})
      .catch(() => {})
  } else {
    U.readStringP('jwt')
      .then(jwt => setJwt(jwt ?? ''))
      .catch(() => {
        /* 오류 무시 */
      })
  }
```

```
  }, [])

  useEffect(() => {
    if (errorMessage) {
      alert(errorMessage)
      setErrorMessage(notUsed => '')
    }
  }, [errorMessage])

  const value = {
    jwt,
    errorMessage,

    loggedUser,
    signup,
    login,
    logout
  }
  return <AuthContext.Provider value={value} children={children} />
}

export const useAuth = () => {
  return useContext(AuthContext)
}
```

## RequireAuth 컴포넌트에 JSON 토큰 반영하기

앞서 「06-3」절에서는 사용자가 회원 가입나 로그인했는지를 useAuth 훅이 반환하는 logged User 객체의 유무로 판단했지만, 지금은 JSON 토큰으로 판단하는 것이 좀 더 정확합니다.

다음은 src/routes/Auth 디렉터리의 RequireAuth.tsx 파일에 loggedUser 대신 jwt를 사용하는 코드로 수정한 것입니다.

**Do it!** jwt 기준으로 수정하기                    • src/routes/Auth/RequireAuth.tsx

```
import type {FC, PropsWithChildren} from 'react'
import {useEffect} from 'react'
import {useNavigate} from 'react-router-dom'
import {useAuth} from '../../contexts'
```

```
type RequireAuthProps = {}

const RequireAuth: FC<PropsWithChildren<RequireAuthProps>> = ({children}) => {
  const {jwt} = useAuth()
  const navigate = useNavigate()
  useEffect(() => {
    if (!jwt) navigate('/login')    // jwt 토큰이 없으므로 로그인 화면으로 이동
  }, [jwt, navigate])
  return <>{children}</>    // jwt 토큰이 있으므로 children이 element가 되게 함
}
export default RequireAuth
```

## 서버 쪽에 JSON 토큰 기능 구현하기 — 서버

서버 쪽 testRouter.ts 파일과 클라이언트 쪽 RestTest 디렉터리의 파일에 JSON 토큰 기능을 추가하여 테스트해 보겠습니다. 앞서 src/routers/authRouter.ts 파일에서는 JSON 토큰으로부터 user 컬렉션에 저장된 특정 문서의 _id 속성값을 userId란 이름으로 찾은 적이 있습니다. 그런데 이와 관련된 코드양이 적지 않고 다른 REST API 구현에도 이런 코드를 계속 중복해서 적용해야 하므로 불편합니다.

이제 이런 중복 구현을 방지하고자 getUserIdFromJwtP 유틸리티 함수를 구현하겠습니다. 서버 프로젝트에서 다음 명령으로 src/routers 디렉터리에 getUserIdFromJwtP.ts 파일을 생성합니다.

```
T 터미널                                                              — □ ✕

> touch src/routers/getUserIdFromJwtP.ts
```

그리고 authRouter.ts 파일에서 /login 경로의 코드를 복사히어 gctUserIdFromJwtP 함수를 다음처럼 구현합니다.

```
Do it!  JWP에서 UserId 가져오기                          • src/routers/getUserIdFromJwtP.ts

import type {Request} from 'express'
import * as U from '../utils'

export const getUserIdFromJwtP = (req: Request) =>
```

```
new Promise<string>(async (resolve, reject) => {
  const {authorization} = req.headers || {}
  if (!authorization) {
    reject(new Error('JSON 토큰이 없습니다.'))
    return
  }

  try {
    const tmp = authorization.split(' ')
    if (tmp.length !== 2) reject(new Error('헤더에서 JSON 토큰을 얻을 수 없습니다.'))
    else {
      const jwt = tmp[1]
      const decoded = (await U.jwtVerifyP(jwt)) as {userId: string}
      resolve(decoded.userId)
    }
  } catch (e) {
    if (e instanceof Error) reject(new Error(e.message))
  }
})
```

이제 같은 디렉터리의 testRouter.ts 파일에 getUserIdFromJwtP 함수를 호출하는 코드를 추가하겠습니다. 코드는 라우트 콜백 함수들의 try 문 첫 줄에 await getUserIdFromJwtP(req) 호출문을 추가했습니다. 결국 클라이언트에서 보내오는 JSON 웹 토큰을 얻으려면 이런 기계적인 코드를 작성하면 됩니다.

**Do it!** getUserIdFromJwtP 호출 코드 추가하기      • src/routers/testRouter.ts

```
import type {MongoDB} from '../mongodb'
import {Router} from 'express'
import {getUserIdFromJwtP} from './getUserIdFromJwtP'

export const testRouter = (...args: any[]) => {
  const db: MongoDB = args[0]
  const test = db.collection('test')
  const router = Router()
  return router
    .get('/', async (req, res) => {
```

```
    try {
      const userId = await getUserIdFromJwtP(req)
      const findResult = await test.find({}).toArray()
      res.json({ok: true, body: findResult})
    } catch (e) {
      if (e instanceof Error) res.json({ok: false, errorMessage: e.message})
    }
  })
  .get('/:id', async (req, res) => {
    const {id} = req.params

    try {
      const userId = await getUserIdFromJwtP(req)
      const findResult = await test.findOne({id})
      res.json({ok: true, body: findResult})
    } catch (e) {
      if (e instanceof Error) res.json({ok: false, errorMessage: e.message})
    }
  })
  .post('/', async (req, res) => {
    const {body} = req

    try {
      const userId = await getUserIdFromJwtP(req)
      try {
        await test.drop()    // 항상 id: '1234'인 문서가 단 하나만 있도록
        // 과거 문서를 모두 지움(보통은 필요 없는 코드)
      } catch(e) { /* 오류 무시 */ }

      const insertResult = await test.insertOne({id: '1234', ...body})
      const {insertedId} = insertResult
      const findResult = await test.findOne({_id: insertedId})
      res.json({ok: true, body: findResult})
    } catch (e) {
      if (e instanceof Error) res.json({ok: false, errorMessage: e.message})
    }
  })
```

```
    .put('/:id', async (req, res) => {
      const {id} = req.params
      const {body} = req
      try {
        const userId = await getUserIdFromJwtP(req)
        const updateResult = await test.findOneAndUpdate(
          {id},
          {$set: body},
          {
            returnDocument: 'after'
          }
        )
        res.json({ok: true, body: updateResult.value})
      } catch (e) {
        if (e instanceof Error) res.json({ok: false, errorMessage: e.message})
      }
    })
    .delete('/:id', async (req, res) => {
      const {id} = req.params
      try {
        const userId = await getUserIdFromJwtP(req)
        await test.deleteOne({id})
        res.json({ok: true})
      } catch (e) {
        if (e instanceof Error) res.json({ok: false, errorMessage: e.message})
      }
    })
}
```

다음 그림에서 왼쪽은 회원 가입이나 로그인을 하지 않아 JSON 토큰이 없을 때의 클라이언트 모습입니다. 이 결과는 모두 앞서 testRouter.ts 파일에 기계적으로 삽입한 const userId = await getUserIdFromJwtP(req) 코드 덕분입니다. 이제 클라이언트 쪽 코드를 고쳐 회원 가입이나 로그인했을 때 오른쪽 그림처럼 테스트 데이터의 REST 작업이 정상으로 진행되도록 하겠습니다.

그림 7-11 jwt 토큰이 없을 때(왼쪽)와 있을 때(오른쪽) 화면

## 클라이언트 쪽에 JSON 토큰 기능 구현하기 — 클라이언트

앞서 JSON 웹 토큰은 다음 형태로 서버로 전송된다고 알아본 바 있습니다.

```
headers: {
  Authorization: `Bearer ${jwt}`
}
```

이 내용을 클라이언트 프로젝트에서 src/server 디렉터리의 getAndDel.ts 파일에 적용하면 다음과 같은 모습이 됩니다. 코드에서 getAndDel 함수는 2번째 매개변수로 jwt 토큰을 선택적으로 수신합니다. 그리고 토큰이 있을 때는 자바스크립트 엔진이 제공하는 RequestInit 타입 init 변수의 headers 속성에 앞 코드를 추가한 후 fetch 함수를 호출하는 형태로 구현했습니다.

**Do it!** JWT 기능 반영하기 • src/server/getAndDel.ts

```typescript
import {getServerUrl} from './getServerUrl'

const getAndDel =
  (methodName: string, jwt?: string | null | undefined) =>
  (path: string, jwt?: string | null | undefined) => {
    let headers = {'Content-Type': 'application/json'}
    let init: RequestInit = {
      method: methodName
    }
```

```
    if (jwt) {
      init = {
        ...init,
        headers: {...headers, Authorization: `Bearer ${jwt}`}
      }
    } else init = {...init, headers}
    return fetch(getServerUrl(path), init)
  }
export const get = getAndDel('GET')
export const del = getAndDel('DELETE')
```

그리고 이런 코드 패턴은 같은 디렉터리의 postAndPut.ts 파일을 구현할 때도 다음처럼 똑같이 적용할 수 있습니다.

**Do it!** JWT 기능 반영하기 • src/server/postAndPut.ts

```
import {getServerUrl} from './getServerUrl'

const postAndPut =
  (methodName: string) =>
  (path: string, data: object, jwt?: string | null | undefined) => {
    let headers = {'Content-Type': 'application/json'}
    let init: RequestInit = {
      method: methodName,
      body: JSON.stringify(data),
      mode: 'cors',
      cache: 'no-cache',
      credentials: 'same-origin'
    }

    if (jwt) {
      init = {
        ...init,
        headers: {...headers, Authorization: `Bearer ${jwt}`}
      }
    } else init = {...init, headers}
    return fetch(getServerUrl(path), init)
  }
export const post = postAndPut('POST')
export const put = postAndPut('PUT')
```

다음은 src/routers/RestTest 디렉터리의 PostTest.tsx 파일에 AuthContext.tsx 파일 내용과 앞서 구현한 src/server 디렉터리의 내용을 결합한 것입니다. 코드는 useAuth 혹 호출로 localStorage에 저장된 jwt 토큰을 가져온 다음, post 함수의 3번째 매개변수에 jwt 토큰을 적용하고 있습니다. 이런 코드 패턴은 나머지 파일들도 모두 비슷하므로 생략합니다. 다른 파일들은 필자가 제공한 실습 파일을 참조 바랍니다.

**Do it!** JWT 기능 반영하기      • src/routers/RestTest/PostTest.tsx

```tsx
import {useState, useCallback} from 'react'
import {post} from '../../server'
import * as D from '../../data'
import {useAuth} from '../../contexts'

export default function PostTest() {
  const {jwt} = useAuth()

  const [data, setData] = useState<object>({})
  const [errorMessage, setErrorMessage] = useState<string | null>(null)
  const postTest = useCallback(() => {
    post('/test', D.makeRandomCard(), jwt)
      .then(res => res.json())
      .then(data => setData(data))
      .catch(error => setErrorMessage(error.message))
  }, [jwt])
... (생략) ...
```

이제 서버와 클라이언트 양쪽 터미널에서 Ctrl+C를 눌러 종료합니다.

## 〈한글〉

## 〈영어〉

기초
단계

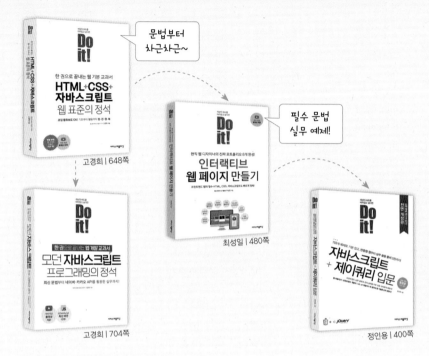

문법부터
차근차근~

필수 문법
실무 예제!

한 권으로 끝내는 웹 기본 교과서
**HTML+CSS+**
**자바스크립트**
웹 표준의 정석

고경희 | 648쪽

현직 웹 디자이너의 진짜 포트폴리오 6개 완성!
**인터랙티브**
**웹 페이지 만들기**

최성일 | 480쪽

한 권으로 끝내는 웹 개발 교과서
**모던 자바스크립트**
**프로그래밍의 정석**

고경희 | 704쪽

**자바스크립트**
**+ 제이쿼리 입문**

정인용 | 400쪽

응용
단계

**반응형 웹 페이지**
**만들기**

김운아 | 344쪽

**클론 코딩**
**줌** zoom

니꼴라스, 강윤호 | 296쪽

**클론코딩**
**영화 평점 웹서비스**

니꼴라스, 김형태 | 248쪽

**클론 코딩**
**트위터**

니꼴라스, 김준혁 | 256쪽

나는 어떤
코스가
적합할까?

**A** 웹 퍼블리셔가 되고 싶은 사람

- Do it! HTML+CSS+자바스크립트 웹 표준의 정석
- Do it! 인터랙티브 웹 페이지 만들기
- Do it! 자바스크립트+제이쿼리 입문
- Do it! 반응형 웹 페이지 만들기
- Do it! 웹 사이트 기획 입문
- Do it! 프런트앤드 UI 개발

**B** 웹 개발자가 되고 싶은 사람

- Do it! HTML+CSS+자바스크립트 웹 표준의 정석
- Do it! 모던 자바스크립트 프로그래밍의 정석
- Do it! 클론 코딩 줌
- Do it! 클론 코딩 영화 평점 웹서비스 만들기
- Do it! 클론 코딩 트위터
- Do it! Node.js 프로그래밍 입문

# 기초 프로그래밍 코스

파이썬, C 언어, 자바로 시작하는 프로그래밍!
기초 단계를 독파한 후 응용 단계로 넘어가세요!

기초
단계

박응용 | 432쪽

김성엽 | 576쪽

김동형 | 856쪽

시바타 보요 저, 강민 역 | 408쪽

시바타 보요 저, 강민 역 | 452쪽

시바타 보요 저, 강민 역 | 424쪽

응용
단계

김창현 | 384쪽

강성윤 | 720쪽

김종관 | 564쪽

나는 어떤
코스가
적합할까?

**A** 파이썬 개발자가 되고 싶은 사람

- Do it! 점프 투 파이썬
- Do it! 점프 투 파이썬 ― 라이브러리 예제 편
- Do it! 파이썬 생활 프로그래밍 with 챗GPT
- Do it! 점프 투 장고
- Do it! 점프 투 플라스크
- Do it! 장고+부트스트랩 파이썬 웹 개발의 정석
- Do it! 점프 투 파이썬 ― 라이브러리 예제 편

**B** 자바·코틀린 개발자가 되고 싶은 사람

- Do it! 점프 투 자바
- Do it! 자바 완전 정복
- Do it! 자바 프로그래밍 입문
- Do it! 코틀린 프로그래밍
- Do it! 안드로이드 앱 프로그래밍
- Do it! 깡샘의 안드로이드 앱 프로그래밍
  with 코틀린

# 앱 프로그래밍 코스

자바, 코틀린, 스위프트로 시작하는 앱 프로그래밍!
나만의 앱을 만들어 보세요!

기초
단계

김동형 | 856쪽

황영덕 | 680쪽

송호정, 이범근 | 696쪽

정재곤 | 800쪽

강성윤 | 720쪽

강성윤 | 712쪽

응용
단계

조준수 | 500쪽

전예홍 | 856쪽

김응석 | 576쪽

나는 어떤
코스가
적합할까?

## A 빠르게 앱을 만들고 싶은 사람

- Do it! 안드로이드 앱 프로그래밍
- Do it! 깡샘의 안드로이드 앱
  프로그래밍 with 코틀린
- Do it! 스위프트로 아이폰 앱 만들기 입문
- Do it! 플러터 앱 프로그래밍

## B 앱 개발 실력을 더 키우고 싶은 사람

- Do it! 자바 완전 정복
- Do it! 코틀린 프로그래밍
- Do it! 리액트 네이티브 앱 프로그래밍
- Do it! 프로그레시브 웹앱 만들기
- Do it! 깡샘의 플러터&다트 프로그래밍